伦理选择

重点马克思主义学院建设学术文库

The Academic Library of Key Marxism Shool of Higher Education in China

[美]诺曼·E.鲍伊 著

罗克全 张慧超 译

吉林大学出版社

·长春·

图书在版编目（CIP）数据

伦理选择 /(美)诺曼·E.鲍伊 (Norman E.Bowie)
著；罗克全, 张慧超译. -- 长春 : 吉林大学出版社,
2022.9
　　（重点马克思主义学院建设学术文库）
　　ISBN 978-7-5768-1257-2

　　Ⅰ.①伦… Ⅱ.①诺… ②罗… ③张… Ⅲ.①伦理学
－研究 Ⅳ.①B82

　　中国版本图书馆CIP数据核字(2022)第233274号

書　　　名：伦理选择
　　　　　　LUNLI XUANZE

作　　　者：［美］诺曼·E.鲍伊（Norman E.Bowie）著；罗克全 张慧超，译
策划编辑：代景丽
责任编辑：张鸿鹤
责任校对：闫竟文
装帧设计：林　雪
出版发行：吉林大学出版社
社　　　址：长春市人民大街4059号
邮政编码：130021
发行电话：0431-89580028/29/21
网　　　址：http://www.jlup.com.cn
电子邮箱：jldxcbs@sina.com
印　　　刷：吉广控股有限公司
开　　　本：787mm × 1092mm　　　1/16
印　　　张：30.75
字　　　数：500千字
版　　　次：2022年9月　第1版
印　　　次：2022年9月　第1次
书　　　号：ISBN 978-7-5768-1257-2
定　　　价：160.00元

译者序言

一本学术专著或某学科领域的教材，我们对它的需求是：历史感、体系化和前沿性——对历史有准确的叙述、对体系有逻辑的自恰和对前沿问题有开放的探讨。我们呈现给读者的译著——《伦理选择》完全能够满足这三点。

在多年的伦理学双语教学和专业英语教学中，我接触过许多英文伦理学原著和教材，却唯有《伦理选择》是我最为钟爱的著作。于是在16年前，我为硕士研究生开设伦理学双语教学，选择了这本伦理学著作作为教学教材。本书原著编者将古代思想家、近代思想家以及现代思想家的名篇摆放在"同一个平台"上，目别汇分地展现了他们的伦理思想之美。

首先，本书是伦理学体系的构造。简单地说，伦理学体系应当包含伦理的实质、外延、规则和应用。编者将"道德的可能""道德的范围""道德的基本原则与观念"和"道德原则在不同文化背景下的应用"等四个伦理或道德核心问题进行了逻辑分类，在此基础上，先后连贯地呈现出世界名篇的选摘或选编。具体说来，编者以伦理体系的逻辑为线索，将不同名篇以"传道、解惑"的方式串联起来，形成逻辑自成一体的伦理学"整块钢"。学习者或研究者既可以很快地熟悉伦理学所讨论或研究的主要问题，又可以在了解伦理学体系构造的基础上撷取自己所需的观点和材料。在这个意义上，本书具有学术手册或工具书的意义。

其次，本书是伦理学名篇名作的集合。除了范畴、概念清晰和结构体系化之外，一个成熟学科的重要标志是它有蜚声世界的名篇名作。本书收录了伦理学思想史上经典作家——从柏拉图、亚里士多德，到康德、克尔凯郭尔，再到萨特、罗尔斯、麦金太尔等人经典的原作或英译。从伦理学观念出发，以伦理学体系为背景，以伦理问题为导向，将这些经典作家的名篇名作安放在本书恰当和"舒适"的位置上，原汁原味地轮番呈现，有条不紊地登场亮相，使得伦理学名著"以己意进退"。在这个意义上，本书是伦理学理论与实践的"宣言书"。

再次，本书是伦理学不同派别观点的汇集。从伦理学的表达形式上看，可分为规范性和描述性两类；从伦理行为的出发点上看，可分为动机论和效果论（或反效果主义和效果主义、康德主义和功利主义），以及最新的德性理论；从伦理主体上看，可分为个人主义和利他主义；……这一切都包含在本书所叙述的内容之中，并且编者还对这些不同的观点进行了细分。例如，关于个人主义，编者将之细分为"心理本我主义"（the Psychological Egoism）和"伦理本我主义"（the Ethical Egoism），再在此基础上，将霍布斯和亚当·斯密进行对比，并把他们的观点串联在伦理学观点交锋的"舞台"上。从这个意义上讲，本书是各种不同伦理学派别的"学术论坛"。

必须指出的是，在我们探讨伦理学观念、体系、派别和主要问题的时候，离不开马克思主义伦理学的观点和方法。

伦理学的核心问题是正义，由此衍生出自由和平等问题，与自然界遵从"自然"（Nature）一样，社会应当持守正义。正义是理性的天性（Virtue），无论是理性直觉或是理性逻辑都是社会关系的准则与基础，当然也就是最"适合"人类参与其中的实践活动法则。在脱去披在人身上的宗教外衣和摆脱近代以王权为代表的民族国家的人身依附关系的身份过程中，思想家们设想"单独的个人存在"能够形成什么层级的社会组织或政治组织，或反思社会原则的理性根据，形成了倡导个人自由或理性自由的近代"启蒙运动"。"启蒙运动"通过确立自由论证平等，进而以自由、平等取代古代社会的抽象正义观念。可以说，从自由到平等的逻辑顺序是由于历史实践过程所造成的事实。

马克思主义的伦理观批判资本主义从"自由"出发，造成了社会的不平等和阶级对立，继而摧毁了"启蒙运动"所幻想达到的自由。正是从这个悖论出发，马克思主义要求重构平等的社会关系——消灭造成阶级对立的资本主义社会——实现人的"类本质"，即以平等的社会关系为前提实现人的自由。另一方面，为了追求效率而形成的分工、专业化等现象及其造成的人的异化是社会关系片面化的根源。因此，马克思指出，"人是社会关系的总和"，即只有在全面的、总和的社会关系中，人和人才处于平等关系之中，也只有处于平等的社会关系之中的人才是自由的。因此，马克思主义的平等、自由既是历史逻辑，也是理论逻辑。以麦金太尔为代表的现代德性论，从文化传统出发，追寻人的归属，他们公开或隐蔽地否认自由，论证并倡导文化平等——我们把它称之为"非自由的正义"观或"平等独立原则"。麦金太尔认为，"我"是属于我的家庭、家族、部族或民族。从文化传统中透视个人，有可能会把人消灭在理性视野之外，从而致使蒙昧主义复苏。

关于伦理学或道德学的定位问题。我们认为，伦理学来源于哲学。有什么样的哲学理论或哲学信念，其伦理理论或形态与之相应。例如，只有追求纯粹理性（先验理性或超验理性）的康德哲学，其伦理学一定是（理性直觉）动机论的；与此相反，只有经验论意义上的不可知论，才会产生功利主义伦理观念。在这个意义上，我们并不认为有什么元伦理学（meta-ethics）的问题。另一方面，伦理学又是诸如法学、政治学、社会学等学科的理论基础。

上述观点是我们在翻译本书过程中的总体感受，借机向读者朋友提出，与大家共同探讨。

另外，在翻译过程中有一些名词概念的翻译需要说明：

1. 伦理与道德：在英美传统看来，"ethic"与"morality"为同一个意思。由于本书的编者受英美传统影响，因而本书遵从伦理与道德混用的译法，即原文为"ethic"，我们译为"伦理"；原文为"morality"，我们译为"道德"。这与伦理高于道德的黑格尔哲学和道德高于伦理的中华文化传统有着完全不同的理解。

2. "virtue" 一词有 "美德" 的意思，而我们将其翻译为 "德性"，原因是 "virtue" 与 "nature" 是相对的，分别对应理性天性与自然天性，而词语本身并无好恶偏向，属中性表述，故将之译为 "德性"。

3. "good" 通常翻译为 "利益" 或 "物品"，而在本书中凡是涉及与利益相关的，我们将其翻译为 "善"。"good" 在近代伦理学中相对应的意思是 "幸福"（happiness）和 "功利"（utility），而 "善" 为现代西方伦理学中通行的词汇，故译为 "善"。

4. 本书将 "egoism" 译为 "本我主义"，是根据弗洛伊德人格发展理论中 "ego" 是为 "本我" 的意思。

需要特别说明的是：本书选编的凡有中译版本的名篇名作，本译著进行了重新翻译。另外，由于注解遵照原文翻译，其格式并非完全统一，请读者理解。

我们对代景丽老师表达衷心的感谢！感谢她的敬业精神和热情、细致、严谨的专业态度。

在翻译过程中，由于在理解上存在学术分歧，现有译文如有不足之处，恳请读者不吝赐教。

译者于寓所

2022年8月

目　录

第二部分　道德的范围

第三部分　基本伦理原则和观念

第四部分　社会环境中的伦理选择

前　言

　　《伦理选择》的第一课就与其他伦理学教科书有显著不同，大多数教科书或者是按照历史顺序来组织，即每一位哲学家出现在编年史上的顺序来排列，或是根据元伦理学和规范伦理学之间的区别来排列，其中大部分规范伦理学选集集中在两种理论上，即功利主义和道义论。

　　《伦理选择》主要解决四个难以企及的问题，这是产生于学生关心和提出的问题：伦理学可能吗？伦理的范围是什么？什么使人成为一个有道德的人？对其他有道德的人，我的责任是什么？大多数经典的历史人物确实出现在这本教科书中，但他们并不是以编年史的顺序出现的，柏拉图、亚里士多德、康德、边沁和密尔都出现过，因而，例如布拉德利、罗伊斯、萨特、罗尔斯等重要人物也是如此。然而，所有这些历史人物都出现在不同的章节中，而这些章节的主题则聚焦于他们最重要的哲学贡献。

　　有一章是关于功利主义的，虽然没有独立一章是关于道义论的，但几乎所有道义论作者的概念都出现在这本选集里。规则、尊重、权利、德性和正义构成了全部章节。本教科书理想地建构了把传统的伦理理论和基本的伦理概念能够以整体的方式统一于教学中。背离两种理论方法的原因，既有哲学上的又有教育学上的。几个重要的伦理概念，如德性，并未整齐划一地属于这两种传统理论中的任何一种。一些教学研究表明，一般原则可能不是引入伦理学的最有效的方法，例如：提交给国家人文基金会的报告中，商业伦理教育委员会的推荐等，任何商业伦理学教科书都应广泛涵盖权利、平等和德性等核心伦理概念。其中，委员会的推荐基于以下观察：

从我们自己的实验课程表明，传统的伦理理论作为实现课程目标的教学手段是不成功的。因此，伦理理论应该在课程中较晚地被引入。最好的结果是通过在课程中较早地向学生介绍道德核心概念（例如正义、诚实和自主）而取得的。

最后，你不会看到专注于自然主义、直觉主义、情绪主义、非认知主义等等这样的章节。学生们不会看到所有带有"主义"的观点。然而，大多数流派的代表是包括在这本教科书中的。而且，这里包括了几个新的伦理研究领域。书中有丰富的选文，来自麦金太尔的《追寻德性》、艾伦·多纳根的《道德理论》和查尔斯·弗雷德的《对与错》。我相信这本教科书的安排将使得伦理学课程的教学变得容易，那些足够熟悉的名字和主题都包含其中，使教学人员对这本教科书感到很舒适，并且足够新的材料也包含其中，使得教学者能够感到自信，学生们也会最低限度地被引入当代伦理研究之中。

致谢

任何书籍和选集的出版都需要许多人的合作，只有其中一些人能够得到明确的承认。麦格劳·希尔公司有许多匿名评论家，不同编辑和赞助者，这些人对我来说是无法知晓的，我特别感谢麦格劳·希尔公司的编辑巴里·本杰明两位书记员，桑迪·曼诺和帕特·奥伦多夫，他们负责保存录音许可，并进行必要的复印、打字和校对工作。每篇文章的来源由文章开头页面底部的个人姓名标识。

诺曼·E.鲍伊

导　言

作为人类社会的成员，我们每个人都面临伦理问题。赌博在道德上是错误的吗？选择一个危险的职业，例如火山救援？我应该把我收入的多少给穷人？我有举报欺骗行为的道德义务吗？当我目睹一场汽车事故的时候，能站出来作证吗？我"亏欠"国家两年在武装部队服役，或在类似国民卫队服役的生涯吗？

这些例子暗示着丰富的伦理选择问题，这些选择应该建立在什么基础上？人们可以基于感觉决定这些问题——"如果我赌博我就感觉不对"，人们可以根据宗教或者是父母的权威来决定这些问题——"我的宗教不允许赌博"。有些人试图避免做出困难的伦理选择，但这仅仅是推迟了选择，而推迟选择在本质上就是一个选择。推迟伦理选择是正确的吗？

伦理学著作提供了这样一个工具：根据对与错的知识做出伦理选择。伦理学著作应该解释什么是伦理学理论；应该提供一些对核心伦理概念的传统理解；应该为著名的伦理学理论提供代表性的范例。通过使用这些概念和理论，以及对伦理问题的理解，人们便可以基于理性做出选择。

基于伦理概念和理论做出选择并不意味着每个使用伦理知识的人都会做出相同的伦理选择。我们可以使用不同的理论，例如，有些人可能会使用责任理论而不是功利主义来为慈善行为辩护。我们可能不同意某一既定伦理原则暗含的是什么，例如，尊重人的原则是否暗含着在任何情况下都禁止堕胎。对于德性应该如何评价，我们可能也存在分歧，例如，在考虑是否登记服兵役时最能评价德性、勇气或爱。然而，所有这些分歧都是在伦理学的框架内发生的。但是，与以下分歧的情况在类型上非常不同：一种宗教禁止堕胎，而另一种宗教允许堕胎；一个父亲鼓励儿子服兵役，而另一个父亲不鼓励儿子服兵役。伦理课程并不能消除人们在伦理问题上的分歧。既然伦理选择应当以理性而不是权威为根据，那么，分歧的范围可以被缩小。

伦理学分歧的讨论变得复杂，是因为大多数伦理选择陷入了事实的问题和对与错的问题。想象要讨论的决定是一个人是否应该接受核电厂的工作。做出这个决定的重要因素是冒着风险在核电厂工作这样的事实。如果有人认为道德禁止在核电厂工作，而另一个人认为道德允许在那儿工作，他们的分歧可能是在事实上的而不是道德上的，也就是说，分歧在于在核电厂工作所冒的风险。①几乎所有关于核武器政策的争论都是事实的而非道德的。据推测，几乎所有人都认为核战争是不道德的，分裂我们的问题是一个事实问题；即怎样才能阻止核战争？本书的讨论仅限于伦理问题；事实问题在很大程度上被忽略。但是，读者们没有必要忘记，事实问题的决定在伦理选择中是至关重要的。

虽然伦理选择是我们所做的选择当中最重要的，但许多人怀疑伦理选择是否真正有可能。有时这个问题可以这样来表述，"根本上有伦理原则吗？"或者换种说法，"伦理学本身存在吗？"现在，以这种相当奇怪的方式开始的教科书是鲜见的。化学书并不是通过讨论化学是否是一门科学，也不是通过讨论化学如何与炼金术相区分而开始的。然而，大多数学生并不怀疑化学的科学性质，而很多学生确实严重怀疑伦理学的性质。这些怀疑并没有明确地表示出来，但就像伦理学教授能够确信的那样，那些都是无意义的问题。本书的前几章讨论了学生和非学生群体对道德性质最常见的怀疑。这些怀疑被命名，并被详细解释，然后由哲学家们提出，他们相信这些疑问可以被理性地解决。当然并不是每个人都相信这些哲学回答，你也许就不相信。

---

① 是指在核电厂工作冒险系数的大小这样一个事实问题，而非道德问题。——译者注

　　第一章提出了道德行为产生的原因。"为什么是道德的"这个问题的一个答案是把道德问题简化为谨慎态度的问题。我们做出选择的道德基础在根本上是基于我们的利益。为什么我们应该选择医生这个职业？因为我可以通过治病赚很多钱。我为什么要避免撒谎？因为一个谎言会引起另外一个，我迟早会被抓住。同样，这种态度有充分的理由被命名为本我主义。一些本我主义者通过研究人的本性而被激发出来，他们相信人总是按照本我的方式来行事。他们所做的每一件事都是根据他们所认为的最有利的条约，这就是人的本性。本我主义给伦理理论带来了困难。因为大多数哲学家所说的伦理选择的部分含义是把他人的利益考虑在内，所以本我主义应被剔除在伦理学的规则之外。当他人的利益凌驾于你的利益之上时，他人的利益才能够被考虑，至少在理论上是如此。换句话说，伦理学要求你在某种偶然的情况下，将他人的利益置于你的利益之上。但是本我主义者认为，那仅仅是因为"你不能"或者"你不应该"。

　　第二章讨论一个人伦理选择的根据是否可以在文化中去寻找。社会科学家，特别是人类学家，已经发现了伦理实践因文化而殊异。文化中的差别是既定的，形成了伦理选择的结构是一个人生活于其中的文化功能，何不简单地声称构成一种伦理选择是一个人生活于其中的文化功能，并因此敦促每一种文化包容其他文化。这种被称作"相对主义"的观点，将考虑被称作原始文化的人类学信息，并将消除历史上对早期人类的行为所做出的严厉的道德判断。但是，矛盾的是，文化相对主义可能暗示着削弱宽容的价值。假如相对主义是真的，你如何能有一种理论，能够为解决文化之间的伦理争论提供理性根据？如果对与错是真的取决于一个人的文化，那么这件事不就到此为止了吗？进一步的讨论不也由此终结了吗？即使是世界舞台上最漫不经心的观察者也意识到，文化之间有关对与错的问题经常是通过武力来解决的。难道相对主义不是把信任借给那些致力于通过武力来解决伦理争论的人吗？通过消除伦理选择可能性的理由，而不是消除文化禁止、允许和行为要求的理由，伦理学的传统考量将会变得不堪一击。

　　然而，伦理学发生的另一个障碍是，当你不能做你应该做的事情的时候，决定即选择：你意识到行动的各种可能性，经过深思熟虑后，某些你选择的行为胜过其他选择。各种可能性的考虑和其中一种可能作为最终选择的考虑就是一个决定。你通常不会决定得病（除非你在聚会上喝得酩酊大醉）。得病不是通常的选择，得病也不是道德谴责。伦理学中一个普通的口号是"应该意味着能够"。这个口号的意思是，你只能说一个人应该去做什么事情，例如，事实上他或她能够帮助邻居，那就应该帮助邻居。如果你没有100美元，我告诉你应该给你的邻居100美元，这是毫无意义的。这些似乎都很明显。但你如何知道你能做什么？

　　目前，我们大多数人都做不了100个俯卧撑，但如果我们有规律地进行锻炼，我们就能够做到。减肥是艰难的，学习哲学也是艰难的，但伦理选择不再困难是从什么时候开始变得不可能呢？对这个问题的完整回答引出了被称为"形而上学"的另一个哲学分支。

　　有些人可能会说，这个问题根本不是一个真正的伦理学问题。然而，即使有人采取这种立场——你不需要，萨特也不需要——对人的自由的性质和范围的考虑有助于确定伦理理论的范围。从这个角度看，第三章可以与前两章组成一个单元，讨论真正的伦理选择可能的条件。

　　本书的第二部分讨论伦理学的范围。当你做出一个伦理选择的时候，你需要考虑什么事情？许多人认为你应该按照道德行事，因为上帝要求这样，而另一些人则认为道德行事是法律所要求的。但是，如果其中的一种回答构成了完整的描述，那么伦理学就被降格为神学或法学的一个分支。第四章提供了一些把伦理学从法学和宗教中区分开来的可能的方法。

　　最近，其中一个在伦理学中争论比较激烈的问题如下：一个人做出的每一个选择是否都应该考虑伦理后果，而这种后果在做选择的时候都应该被考虑进去吗？（一个人做出每一个选择的时候都应该考虑伦理后果吗？）许多人的回答是确定的。但这难道不会让伦理学变得难以承受吗？（记住"应该意味着能够"的口号。）另一种可替代的方法是将在任何选择中应该考虑的伦理后果限制为对他人造成不可避免伤害的预期后果。其他后果——意想不到的后果或给予好处的后果——可以被忽略。但这种方法有明显的问题。对自己的责任呢？很多人相信他们有道德责任来节制自己或发展他们的思维达到可能的最高程度。这些责任是虚幻的——根本不是真正的道德责任吗？或者它们是真正的道德义务，但它们没有避免导致伤害的道德义务那么严格吗？那么道德英雄呢？——他们是那些以自己生命为代价来执行道德行为的人。请考虑政府的示警人、商界向公众警示浪费或危险产品的人，并在交易中把他们的工作置于危险的境地。我们应该敦促我们的孩子将之称为道德英雄吗？

另外一个落到"伦理学的性质和范围"标题之下的焦点问题是，在多大程度上伦理学是规则问题。我们学的大多数伦理学理论首先就是作为规则呈现给我们的。"十诫"是一个好的例子。但毫无疑问，对伦理学而言，有比学习一套规则更多的东西。毕竟，规则可能会过时。伦理规则在社会环境中发展。部分社会环境包含关于世界存在方式的信念（有关世界的事实）。但我们有些信念是错误的。世界不是我们想象的那样。其他信念是不完整的。我们对世界了解得更多。世界终于改变了。部分伦理学涉及这样一种反思：我们的伦理学规则如何与我们所知道的世界事实相契合。规则也需要解释。几乎总是存在着一个需要解决的领域，它是模糊的或缺乏清晰度的。[①]解释规则有伦理和非伦理的方法。规则可能被滥用，它们可能为不道德的决定宣称具有正当性。第六章聚焦在伦理选择中规则的使用和限定，也聚焦于基本的伦理规则只有一个还是几个，并且所有的伦理规则是否都是同一种类型。

第四章和第六章是基于伦理学的性质和范围的一些更为重要的问题。然而，这几章没有提出伦理学理论或发展伦理学观念。我们将在本书的其余六章讨论这些问题。

直到最近，大多数关于伦理学的教科书聚焦于两个基本的伦理理论

---

① 这就是作者上文所说的，为什么伦理规则需要解释的原因。——译者注

上——康德主义（反效果论）和功利主义（效果论）。但在过去的几年中，出现了一些重要的著作，它们将伦理学推向了新的方向。伦理学理论不再被划为康德主义和功利主义。例如，阿拉斯戴尔·麦金太尔的《追寻德性》一书，第九章中收录了该书的选段，这本书并没有落入伦理学划分的窠臼当中。这本著作聚焦于德性，并且强调历史与文化作为研究伦理理论的适当背景，因而它既不是康德主义，也不是功利主义。由于没有对康德主义和功利主义的讨论，伦理学的任何文本都是不完整的。因此，本书大量收录了这两种理论，但非康德和非功利主义的理论也包括在内。

我没有将剩下的章节中分为康德主义伦理学和功利主义伦理学，而是聚焦于三个基本原则或观念，这是任何个人在做出伦理选择时必须考虑的问题。因此，尊重人、权利和德性，分别构成单独的章节。最后一章聚焦于个人和他人在社会背景下如何应用这些原则和观念。

如果我必须确认一个原则作为伦理选择的基本原则，那就是尊重人的原则。尽管很多哲学家否认尊重人的原则作为伦理选择的唯一原则，尽管哲学家们对尊重人的原则的恰当表述有内部的分歧，几乎每位哲学家都同意，尊重人是我们的一个基本责任。第七章既包括伊曼努尔·康德对尊重人的原则的经典辩护，也包括当代哲学家阿兰·多纳根试图表达的，尊重人是犹太教和基督教神学伦理学共同的基本原则。此外，值得我们尊重的人是我们自己。的确，很多哲学家和心理学家都同意，自尊意识是人类发展，包括人类道德的发展的必要条件。

这一部分余下的两章将致力于讨论自尊的问题。第八章表明了尊重人的原则如何能够证明权利理论。例如，这一章中有些选文认为，除非我们有权利，否则我们不能成为人类社会的正式成员。为了做出伦理选择，我们必须有自尊，为了有自尊，我们必须有权利。

作为一位伦理选择者的特性应该是，既尊重自己又尊重他人，那我将如何做呢？首先，我会尊重他人的权利。其次，我会品行端正。德性这个话题在过去长达25年的时间里几乎从伦理学教科书中消失了。德性的概念并不被认为是一个基本的道德概念。然而，麦金太尔的《追寻德性》提高了我们的道德意识。伦理学中比较激动人心的讨论和研究的领域之一是德性的概念。一些老问题正被重新考虑。例如，柏拉图问为什么人们知道自己该做什么却不去做。柏拉图的回答是："无知。"那些不做自己该做的事的人，其实并不真正知道自己该做什么。否则，他们就会这么做。但许多哲学家不接受柏拉图的答案。他们认为人的意志是薄弱的。其中一个克服意志薄弱的建议是养成品端行正的习惯。第九章致力于德性概念能够为伦理选择提供帮助。

既然一种伦理选择的本质特征是考虑他人利益的意愿，因此，伦理选择最为突出地表现在我们与他人打交道的过程中。第七章和第八章的论点告诉我们要尊重他人的权利。但如何去做呢？当无论我们如何做出选择都会与他人的利益产生冲突，有些人的利益会被否认或忽略的时候，尊重他人权利的禁令就是无望的抽象。做出伦理选择如此困难恰恰是因为利益竞争的事实。当我作为一位伦理选择者时，面对我与他人利益相竞争的情况，或者我的决定对一些人的利益产生积极影响而对另一些人的利益产生消极影响时，我需要一些原则[①]来做这个决定。

正义理论意图提供这些原则。这些理论旨在告诉我们给予他人的应得（due）意味着什么。正义理论通常包括一项或多项平等原则。第十章提供了不同的正义、平等理论，以及正义与平等关系理论的一些讨论。如果要实现正义，在某些方面每个人的利益都要平等地计算。正义理论也为每一个道德问题提供了一个正确的道德答案——许多哲学家都认为这是不可能完成的任务。在政治背景下，民主政府可能成为裁决政治争端的公正手段。毕竟在每个问题上不能达成完全的共识。或许最好的就是制定一套解决争端的程序。第十章也考虑了这个问题。

但或许伦理选择的终极目标应该是公共利益，或是每个人的利益。第十一章在功利主义的标题下考虑这个目标。功利主义者相信人们应该把好的

---

① 原则指道德原则。

结果最大化。对于什么是好的结果，以及实现这些结果最理想的方法，功利主义的理论各不相同。一些功利主义者认为只有快乐才是善（good）；他们被称为"享乐主义者"。其他包括更广泛的善的排列，例如，美丽、真实、正义——以及快乐。功利主义者把伦理学视作未来的展望。要决定对与错，先看看将会取得什么成就（达到什么结果）。分析伦理学的某些核心观点，例如信守承诺或正义，要根据对善的贡献。例如，信守承诺，带来好的结果或者是善（享乐主义者的快乐；非享乐主义者的德性或其他的善）。

但许多哲学家（非效果论者）发现，功利主义对正义和信守承诺的考虑是不充分的。几乎所有的非效果论者都同意，取得善或带来好的结果通常是做正确的事情，但并非永远如此。正确不能用善来定义。伦理学还必须回望过去，而不是简单地展望未来。在做伦理选择的时候，仅仅看到善意的结果是不够的；还必须考虑当下和过去的情境并把它们作为伦理选择的相关因素来考虑。你是否会站在你的选择将会影响到任何一个和你有特殊关系的人的立场上吗？例如，母女关系？师生关系？医患关系？你所从事的工作、职业或角色是否赋予你特殊的道德义务？尊重隐私和保密的义务对律师、牧师尤其具有约束力。警察应当格外小心地遵守法律。你的动机是什么？你是否因为你真诚地尊重你的同伴而试图带来好的结果，或者你是否试图成为今年的扶轮社员？你做出承诺了吗？大多数非效果论者认为承诺在道德上是有约束力的，即使它不能带来好的结果。承诺、契约、忠诚的誓言等等都有其特殊性。一般来说，当做出伦理选择时，非效果论者会非常严格地对待舍弃，或给予人们应得的东西。

或许正确的伦理选择应该限制其视角。与其像功利主义那样关注抽象的"公共的善"，还不如关注我们在所属的社会和组织中所扮演的角色，例如父母、雇员。学生没有义务对每一所大学都忠诚，但他们有义务忠诚于他们所就读的大学。最后一章讨论他们创造的"角色相关的义务"和"忠诚要求"，还讨论了角色相关的义务的主要问题。有时，我们的角色义务和其他道德义务之间会有明显的冲突。例如，律师有义务用充满活力的方式为他们的当事人辩护。为了尊重义务，律师可能不得不恐吓证人。

这种恐吓是正确的道德选择吗？

设想一群人做了一个不道德的选择。即使群体中的个体成员投票反对该选择，或以其他方式表示反对，个人是否应该为群体的选择承担道德责任（全部或部分）吗？正如预期的那样，并不是所有的哲学家都同意这个问题的答案。

然而，伦理学教科书的目的并不是要对伦理学困难问题给出答案。本书的中心目标是为读者提供伦理选择的一个工具，并且提供不同的伦理概念和伦理理论。显然，这并不表明每一种伦理理论都有其批判者，并且任何伦理概念都有其限定性。通过涵盖伦理理论和伦理概念的全部范围，这本书为读者提供了一个完整的工具箱。据此，您将了解每种工具的优缺点。但是工作的质量，即您所做出伦理选择的质量，将取决于您自己。

第一部分

道德的可能性

第一章　为什么要遵循伦理

伦理学的第一课就是父母教孩子不应该自私。孩子被告知要分享她的玩具，要和妹妹一起玩球，玩完后要把东西收拾好。不自私的义务是孩子伦理学训练的中心内容，这并非偶然。保护我们的利益与做出牺牲（至少有时是这样）的切换，通过做出伦理选择表达我们说的伦理学的实质部分：我们的利益代表他人的利益。从定义上讲，自私的人不能习惯性地做出伦理选择。这就是传统——无论是在儿童教育方面还是在伦理理论方面。

在导言中，我提出，道德观点的特征之一是某种意愿要考虑他人的利益和愿望。如果你要问为什么我们要考虑他人的利益和愿望，你就是在要求为道德本身的核心特征之一进行辩护。这种对正当性的要求，正是一个道德哲学家应该提出的问题，并且正是一个道德哲学家应该能够给出的答案。

那么，为什么人们要考虑他人的利益和愿望呢？你为什么不是只关注你自己的兴趣和愿望呢？它可能会引起这样的回答："你应该考虑他人的利益和愿望，因为这样他人就将考虑你的利益和愿望。"而且，如果他人只考虑他们的利益和愿望的话，那么你也只能贯彻你的利益和愿望。这正是许多父母在孩子问这种"为什么"的问题时，对孩子的回答：

——"为什么要和约翰尼分享我的玩具？"

——"因为如果你不和约翰尼分享你的玩具，他也不会和你分享他的玩具"，妈妈回答。

这样的回答给我们上了宝贵的一课，我们的利益与他人的利益是拴在一起的，"得之所想，予之所需"。

　　然而，这个答案在任何情况下都不会成功。这种回答对普通的孩子能起到很好的作用，但是这种回答在一个顽劣的孩子身上能够得到证明吗？当然看起来不像是会那样起作用。顽劣的孩子不需要分享。他可以保留自己的玩具，拿走其他孩子的玩具。顽劣的孩子不需要为了实现自己的愿望而去帮助他人实现愿望。

　　这种道德挑战在选集中是由西方最早的哲学家之一柏拉图提出的。在著名的《理想国》对话中，柏拉图让格劳孔讲述了盖吉斯的神话。从实质上讲，这个故事讲的是一个牧羊人发现了一枚指环，当这枚指环摩擦的时候可以让佩戴者隐身。为什么拥有这样一枚指环的人要顾及他人的利益呢！为什么这样的人要采取道德的观念呢！毕竟，这样一枚指环的主人有能力实现自己的利益，而不用担心实现他人的利益。的确，指环拥有者以牺牲他人的利益为代价来实现自己的利益。

　　人们要尝试回答这个问题，首先要从提出世界是什么的问题开始。这提醒我们盖吉斯的故事只是那个——故事。根本没有什么魔法指环。在现实世界中，顽劣者必须记住，强中更有强中手，或者有老师和警察，甚至一群弱者比顽劣者更强大。就像在儿童游戏"山中之王"中，国王的统治是不稳定的，而且往往很短暂。

　　许多哲学家认为，不道德真的不是我们的利益所在。柏拉图着重强调的牧羊人的魔法指环证明了这一点。柏拉图相信，人在本质上是由欲望、意志和理性组成的，一个快乐和富有成效的人，理性会控制他或她的欲望和意志。柏拉图随后试图证明，不道德的人是一个失去理性控制的人。这样的人会有一个紊乱的灵魂，并且不会快乐。拥有一枚魔法指环也改变不了这个事实。因此柏拉图试图论证，不道德最终会自我挫败。柏拉图是否正确取决于心理学事实。人们想当然的印象是，有些僭主是很幸福的，并且他们的幸福不是短暂的，而是相当持久的。从最低限度讲，僭主们会声称自己比纯粹道德的人更快乐。

　　这些人拒绝接受这样的观点：伦理选择的实质特征之一是我们要考虑

他人的利益和愿望。有些人是本我主义者。一种本我主义是有关人的行为的经验论，它描述并解释了人的行为。这种本我主义的传统名称是"心理本我主义"。它坚持认为，人们一直是按照他们所感觉到的能够获得最大利益的方式行事。心理本我主义作为一种人的行为的经验论，根本不是一种伦理理论。它并没有告诉我们应该如何行事，而是告诉我们事实上如何行事。然而，心理本我主义是否真实，是伦理理论家非常感兴趣的问题。另一种版本的本我主义是真正的伦理理论，传统上被称为"伦理本我主义"，它坚持认为人们应该按照他们所感觉到的最大利益行事。事实上这不是一个关于人们如何行为的理论，该理论认为，人们有时确实会按照他们所感觉到的最大利益的相反方向行事。然而，伦理本我主义者认为人们不应该那样做。

在我们深入地评价这两种版本的本我主义之前，需要对有些前置性的观点进行有序说明。第一，尽管哲学家们通常会小心地区分两种版本的本我主义，但其他作者和普通人却不会，那些颂扬利己德性优于道德的人有时会利用心理本我主义，有时会利用伦理本我主义。然而，心理本我主义不能用来支持伦理本我主义，对伦理学的学生来说，保持这二者的区分是非常重要的。

第二，不要把本我主义和自恋狂混为一谈，自恋是执着于自己的人，并且这样的人是可怜本我主义的。毕竟，执着于自己几乎无助于自己的利益，伦理本我主义者肯定会谴责这一点。区分本我主义和自恋狂有助于理解一个重要的观点。本我主义的行为既无必要，也不反社会，原因很简单，反社会的行为几乎总是对你的利益不利。

政治学或经济学的学生可能在这个问题上对两个最著名的本我主义者的理论很熟悉。英国哲学家托马斯·霍布斯认为，人们追求自己的利益是为了追求能吸引他们同时又避免驱逐他们的东西。但是，个人利益当然会产生冲突，因为我们都是大致平等的（火药枪是一种很好的均衡器），没有人可以获得超越他人的恒久优势。这是一场"所有人对所有人的战争"。因此，对霍布斯来说，人们的本我主义行为会导致混乱。然而，我们的理性和事实告诉我们，人类行为最强烈的动机是自我保护。我们的理性告诉我们，与其生活在无休止的战争状态中，不如放弃自由，去寻找一个我们愿意接受的绝对的中心权威（国家）作为我们的目的。只有这样，所有人对所有人的战争才能结束，我们的最终利益才能得到维护。

政治经济学家亚当·斯密是从心理本我主义理论开始的，这点与霍布斯的理论非常相似，然而，亚当·斯密对于生活在本我世界是什么样子这个问题上与他有截然不同的看法。他同意霍布斯关于人们的行为在总体上是根据试图取得他们认为的最大利益的观点。（在斯密的道德哲学中，利他主义的情操的确占有一席之地。）竞争市场的世界最能体现斯密的本我主义观念。在市场上，我们都想贱买贵卖。通过这种方法，我们将我们的资源最大化。然而，竞争市场的世界并不像霍布斯所说的那样是所有人对所有人的战争。它既是有序的，又是高级的社会的善。在亚当·斯密看来，个人的本我主义行为似乎是由一只看不见的手所引导的，从而产生社会善的结果。因此，个人没必要屈服于国家的权力。国家更像是一个公正的裁判，而不是一个绝对的中央统治。

霍布斯和斯密之间的争论包含了许多教训。首先，霍布斯和斯密都没有把心理本我主义从伦理本我主义中区分出来，如果我必须下注的话，我会把霍布斯归为心理本我主义者，而把斯密归为伦理本我主义者。霍布斯有一个关于人类动机的机械论。很容易看出，如何产生绝对统治，它是不可避免的给予霍布斯有关人类动机和理性的假定。然而霍布斯有时似乎超越了单纯的描述和预测，他似乎在敦促我们接受国家的权威。斯密并没有这样一种关于人类动机的完善理论。他似乎更倾向清晰地表述人们应该以本我为中心，这样市场资本的利益才可能实现。然而在其他时候，我们感觉到斯密在试图描绘这个世界，人们的行为事实上就像他们在市场模式当中一样。

这种对立提供了心理本我主义和伦理本我主义不能互衬的线索。如果心理本我主义是真的，那么伦理本我主义就没有必要了。既然心理本我主义坚持人们被驱动是基于他们所认为的最大利益，那么伦理本我主义就是无用的。如果人们以最大利益的方式行事（心理本我主义——译者注），却被告知应该如何去做（伦理本我主义——译者注），这将是毫无意义的。心理本我主义的事实使得伦理本我主义显得多余。（顺便说一下，心理本我主义的事实会让任何其他伦理理论都变得无用，如果人们只能根据自我利益行事，却被告知应该与自我利益相反的方式行事，这是不可理喻的。）在霍布斯和斯密那里都有描述和道德劝告的因素，这样的事实解释了前述的对立。

当然，表述心理本我主义的真实性使得伦理本我主义变得多余，我并不是说心理本我主义在伦理问题上没有取得劝导的位置。我们对自我利益的认知实际上可能是错误的。自恋狂大错特错。然而，这个建议并不是道德建议，在自我利益要求和这种要求受到他人利益影响之间如何平衡，他不会提供任何建议。相反，它提供了如何获得自我利益的实际建议。

霍布斯和斯密争论的第二个教训是，本我主义的行为会导致形成一个反社会、乱社会呢？还是会形成一个相当有效的、仁慈的社会呢？这里有着巨大的分歧。兰德和布兰登在选集里这样辩护：伦理本我主义的实践才符合人类生活的要求，因此，作为一个次生结果，会产生一个更好的社会。

让我们把注意力从霍布斯和斯密之间的争论——采用本我主义的效果作为实践，和关注本我主义的两个版本的充分性——转移开。既然心理本我主义是一种关于人类行为的理论，那么在这里有一个恰当的问题是："心理本我主义是真的吗？"乍一看，在某些情况下，心理本我主义显然是错误的。一位母亲不顾自身的巨大危险冲去救她的孩子；一名雇员为了保护公众成为示警人，结果被炒鱿鱼。这些例子难道不会削弱心理本我主义吗？"不"，心理本我主义者回答道，"如果母亲和示警人都不这样做，他们将会有巨大的罪恶感。"用通俗的说法是，他们无法忍受自己。这种反应有些道理——尤其是母亲这个例证。如果母亲没有不顾安危去救孩子的话，她就无法原谅自己——这并不是无理的想法。但是，那个最初在波托马克河坠机事故中幸存下来却一直把绳子递给其他乘客，直到自己溺水身亡的人呢？其他乘客都是陌生人，而他自己也有妻子和孩子，他的行为是基于他所认为的最大利益吗？不管多么利他的例子，心理本我主义者通常会假设一些更深层次的自利动机（甚至是无意识的动机）。在这一点上，许多哲学家认为在心理上本我主义者是失败的。它看起来像是关于人类行为的经验论，现在看起来更像是信仰问题。心理本我者不会留下任何反对这一理论的考量，因此根本没有经验论。毕竟，科学家会把理论提交给实验，如果实验持续与理论相悖，他就会放弃这个理论。

那么伦理本我主义呢？对伦理本我主义的传统批评之一是：它是矛盾的或不连贯的。布莱恩·麦德林所采用的方法包含在本选集中。批评者的基本策略是展示悖论的结果——当你严格地采用伦理理论——我们所有人应当按照我们认为的最大利益行事。举个例子，假设你的两个朋友，吉姆（Jim）和简（Jane），向你征求道德建议，吉姆问他是否应当为了追求自己的利益而牺牲简，简问他是否应该为了追求自己的利益而牺牲吉姆。确定无疑的是，伦理本我主义者对这两个问题的回答都是"是"。悖论始于批评者的断言：如果是不矛盾的建议，那么，对这两个问题"是"的回答就会产生悖论。

在本部分的最后一篇，库尔特·拜尔通过展示伦理理性挑战本我主义，对理性自我利益来讲，考虑他人利益优先于自我利益。在现实中，我们以约定的一套伦理规则作为特定的手段，才能达成我们的目的。社会科学家，特别是经济学家，将理性定义为寻求最有效的方式来实现既定的目标，拜尔认为道德是理性人用来提升他们目标的工具。用拜尔的话说，这样构思的道德"基于每个人的利益"。

拜尔让我们导引出一个思想实验，想象有两个世界——在一个世界中，道德理性被视为优先的，而在另一个世界中就不是这样。每个人都会同意，道德理性被视为优先的世界是更好的世界。它之所以更好，是因为它是一个生活质量更好的世界，既然它是一个更好的世界，理性就倾向于这样的世界，而不是另外的世界。

但是假设有人想知道为什么我们应该对这些事保持理性，提出这个问题就是要问："为什么必须理性？"拜尔接着指出，提问者要求理性状态的理由是在胡说八道。在要求理性时，人们就是在接受理性的合法性。

拜尔还考虑了"为什么理性"这一问题的其他解释。例如，"为什么我遵循理性但会作为反对权威而存在？"拜尔的回答是，你需要一个理由来接受这个权威，而不是其他权威，或是你自己的推理。进一步公平地说，如果一个权威的选择不是基于理性做出的，那么它一定是基于一时的奇想。无论如何，这样的选择是无法得到证明的。因为诉诸正当就是诉诸理性。

拜尔的论点以及由其他哲学家发展的相似论点也许不能说服每个人，但是他们已经对伦理理论产生了重要影响。对这个问题的任何讨论都必须面对拜尔的分析。让我们考虑一下对拜尔论点共有的反对意见。

首先，"道德是基于包括我在内的每一个人的利益"和"在特殊情况下遵循道德是基于我的最大利益"，这二者之间存在着差别。仅仅因为基于我的利益而社会上有一条反对说谎的规则，这并不表明在特殊情况下基于我的利益而不说谎。事实上，对我来说，最大的利益是其他人不说谎而我说谎，并且能够逃避惩罚。为什么在这种情况下我们仍要遵循道德而不说谎？

哲学家们并没有以全体一致的声音应对这个挑战。这里有一个看似合理的回答，我要么同意，要么不同意说谎。如果我曾经同意在不符合我利益的情况下说出真相，而现在我不同意，我就是自相矛盾的。在不符合自身利益的情况下，我既同意又不同意说出真相。另外一方面，如果我曾经在处于最有利的时候这样做——不同意不说谎，那么，在他人最有利的时候就不会这样做——不同意不对我说谎。因此，当我确信没人会说谎永远不会发生时，这就是说谎的环境。既然没有人会同意不说谎，那么世界就和与霍布斯所描述的相似，道德设计正是为了阻止这种情况的发生。因此，在你可以侥幸逃脱惩罚的情况下撒谎，要么是矛盾的，要么是自我挫败的。充分的回答，将在后一章得到进一步分析。

巨吉斯的神话

柏拉图

首先，我将阐述人们对正义的本质及其起源的普遍看法；其次，我坚持认为，正义在实践中总是有些牵强，不像它的本质那样好，但是正义不可或缺；再次，这种牵强是合理的，因为不正义的生活比以上两种生活要好得多——所以人们说……与此相应，我将不遗余力地通过夸耀不正义的生活作为例证，而希望你以后能显示出对不正义生活的谴责并且赞美正义，这种计划是否适合你？

再好不过了，我回答。在所有话题中，这是一个让明智的人必定乐于交换的看法。

"好，"格劳孔说，"那么请听我说，我将从第一点开始：正义的本质和起源。"

人们所说的是，做错事本质上是一件可取的事，另一方面，做错事不想承受恶果，并且害之于承受者高于利之于始作俑者。结果，当人们同时尝到了这两种滋味时，那些没有能力得到好处和逃避伤害的人便会决定，如果他们达成了既不做坏事也不受伤害的协议，他们的境况会更好。因此，他们开始彼此制定法律和契约，无论法律规定什么，他们都认为是合法和正当的。这就是正义和正当是什么，以及它是如何存在的，它介于最好的事情——做坏事而不受到惩罚，和最坏的事情——遭受恶果而无力报复的中间。因此，正义被接受：是作为一种妥协；被珍视：实质上并不是作为善，而是为了缺乏做坏事的权利。拥有那种权利的人没人配得上正义的名声，如果这种人和其他人订立合约的话，他就是一个神经病。苏格拉底，根据这种考虑，这就是正义的本质，这就是正义产生的环境。

下一个观点是，因为没有权利做坏事，人们有悖常理地实践正义。如果我们想象两个人，一个正义，另一个不正义，这是多么真实地让我们清楚：

给予充分的许可去做他们愿意做的任何事情，都要追踪和观察他们将被欲望引导到哪里。我们就会截获到，正义之人与不正义同流合污；他将被自我利益所驱使，每个人都很自然地把个人利益当作善来追求，直到被法律和习俗强行驱使，遵守平等的原则。

　　现在，最简单方法就是让他们拥有完全的行动自由，并想象他们拥有由著名的吕底亚人的祖先巨吉斯发现的护身符。这个故事讲述了一个如何为国王服务的牧羊人。大风暴的一天，他放牧羊群的地方在地震中裂开了一条深坑。[①]他被眼前的景象惊呆了，便走近裂坑，惊奇的是，他看到了一匹铜马，空心的，两边带有窗户。他向里凝视，看见一具尸体，似乎比人还大。裸露的身体保留着一枚金指环，他从手指上取下指环，夺路而逃。就像牧羊人们每个月所做的事情一样，当牧羊人相聚向国王汇报羊群的状况时，巨吉斯戴着指环来了。当和其他人坐在一起时，他碰巧转动指环的边缘朝向他的手里，他立刻就看不见了，令他吃惊的是，他的同伴们说起他来，好像他已经离开他们了。然后，当他的手指触摸指环时，他把指环的边缘向外翻转，他又出现了。于是他开始测试这枚指环，去弄清楚是否真的有这种权力，结果总是一样。他向内或向外转动指环的边缘，相应的他就隐身和重新出现。在这一发现之后，他精心擘画成为被派往宫中的信使。在那里，他诱骗了王后，并在她的帮助下谋杀了国王，夺取了王位。

　　现在假设有两枚这样的魔法指环，一枚给了正义之人，另一枚给了不义之人。众所周知，没有人有这种钢铁般的坚强意志，坚定地站在作正义之士一边，或者不触碰他人的利益。当他可以走进市场无所顾忌地做任何他想要做的事情：和任何他想在一起的女人在一起，任意放走囚犯，杀人取乐，总之一句话，在人群中拥有着神的力量。他不会比其他人表现得更好，这两个拥有指环的人将会沆瀣一气。的确，这也被强烈地证明了，只有在强迫之下，人们才会做正确的事，没有单独的个人会认为正义对他本人来讲是件好

---

① 柏拉图，《理想国》，F.M.康福德译，1941年，牛津大学出版社。

事，因为，一旦他发现自己有权力，他就一定会做坏事。每个人都相信做坏事会给他个人带来更好的回报，而且，根据这个理论，这是事实。如果赋予他充分的许可去做他喜欢做的事，如果他们发现他拒绝对他邻居做错事或触碰他的家什，人们会认为他是一个不可容忍的大傻瓜。尽管在公共场合他们会假装赞扬他的行为，因为他们害怕自己被"误解"。如此，等等……

自利的德性①

艾茵·兰德
纳撒尼尔·布兰登

一
客观主义伦理学

艾茵·兰德

客观主义伦理学的价值标准，即判断善与恶的标准，就是人的生命，或者是人之为人的生存必需。

既然理性是人类生存的基本手段，那么适合理性存在者生命的理性就是善的，否定它、反对它或摧毁它的就是邪恶。

既然每一件人类所需要的事情都由人类的观念发现，而且产生于他自己的努力，这两种合适的生存方法对理性存在者而言的实质是：思考和生产性。

如果有些人不选择思考，而是像受过训练的动物一样，模仿和重复从别人那里学到的有规则的声音和动作来生存，而从不努力去理解自己的工作，

---

① 艾因·兰德，《自利的德性》，艾因·兰德遗产协会，1961年，由艾因·兰德版权所有。本选集是艾因·兰德的第一章"客观主义伦理学"和纳撒尼尔·布兰登的第五章"每个人都不自利吗"的编辑合并版。

他们仍然是这样：他们的生存完全仰仗选择思考和发现他们重复动作的人，才会变得可能，这种精神寄生虫的生存依赖于盲目的运气。他们不聚焦的思考不可能知道该模仿谁，或者追随谁的行为才安全。他们是那些踏入深渊的人，尾随在那些向他们承诺会承担他们逃避责任的破坏者后面：这种责任是有意识的责任。

如果有些人试图靠蛮力或欺诈的手段，通过抢劫、欺骗或奴役人从事生产，事实上他们的生存可能仅仅是因为依靠他们的牺牲者，而且仅仅依靠选择思考和生产物品的这些人，掠夺者正是抓住了这些牺牲者。这些掠夺者是没有生存能力的寄生虫，他们通过摧毁那些有能力的人、追求适合人类的行为的人来生存。

那些不是靠理性而是靠武力来生存的人，是在用动物的方法来生存。但是，正如动物不能通过尝试植物的方法，拒绝移动，等待土壤来喂养他们而生存一样，人类不能通过尝试动物的方法，拒绝理性，并指望有生产能力的人成为他们的猎物而生存。这样的掠夺者，可能在一瞬间达到他们的目标，却以毁灭为代价。毁灭他们的受害者和他们自己。作为证据，我向你告发任何罪犯或独裁政权……

客观主义伦理学把人的生命作为价值标准，把人的生命作为每一个个体的伦理目的。

在这里，"标准"和"目的"的区别如下："标准"是一种抽象的原则，作为一种标准和仪轨，指导人们选择达到固定的、具体的目的。"人之为人的生存所必需"是一个抽象的原则，适用于每一个个人。将这一原则应用于固定的、具体的目的的任务适合理性存在者的生活目的属于每一个个人，他必须过自己的生活。

人们必须通过适合人的标准去选择他的行动、价值和目标，为了实现、维持、贯彻和享受终极价值。终极价值在本质上就是人的生命。

价值是行为的得与守；德性是行为依之的得与守。客观主义伦理学的三种基本价值观——这三种价值观共同构成了一个人的终极价值和人生的实现手段，那便是理性、目的、自尊，以及与其相对应的三种德性：理性、创造力、自豪感。

创造性是理性人生命的中心目标，创造性工作是中心价值，把其他的价值凝结成整体和决定了其他价值的层级。理性是其他一切德性的源泉，创造力是前提，自豪感是结果。

理性是人的基本德性，是其他德性的源泉，人最基本的恶习，是所有罪恶的根源，是观念疏离的行为，是意识的悬置，这不是闭目塞听，而是拒绝清楚明白，不是无知，而是拒绝有知。非理性拒绝人类生存，因此，是对盲目毁灭的承诺，那就是反理性，就是反生活……

客观主义伦理的基本社会原则是，正如生命本身是目的，因而每一个活着的人自身就是目的，不是他人目的的手段或福祉。因此，人必须因自己而活着，既不能为他人牺牲自己也不能因自己而牺牲他人。为自己而活意味着实现自己的幸福是人类最高的道德目的……

客观主义伦理学自豪地倡导和持守理性的自利，这意味着：价值需要是为了人之为人的生存，这意味着：人类生存所需要的价值——不是由欲望、情感、渴望、感觉、突发奇想和无理野蛮的需求所产生的价值。人类从未产生过牺牲人类的原发性实践，从未发现过工业社会，除了抢夺当下利益之外，而只能构想一个没有自我利益的社会……

二
不是每个人都自利吗?

纳撒尼尔·布兰登

自利对比自我牺牲的问题出现在某种伦理的背景之下。伦理是一套指导人们选择和行动的价值准则——这些选择和行动决定了人们生活的目的和过程。在选择行动和目的时，人类面临着不断的可替代性的选择。为了做出选择，他需要一个价值标准——他的行为所服务的目的或目标。"'价值'预设了问题的答案：对谁的价值，为了什么？"（阿特拉斯耸耸肩）。一个人行动的目标或目的是什么？谁将成为他行为的预期受益人？他的首要道德目标是实现自己的人生和幸福，还是他的首要道德目标应该是服务于他人的愿望和需求？

本我主义和利他主义的冲突基于这些相互冲突的回答。本我主义认为人以自我为目的。利他主义认为，人是他人目的的手段。在道德上，行为的受益者应当是行为者。本我主义认为，在道德上，行为的受益人应该是行为者以外的人。

自利是由关心自我利益所驱动。这就要求人们考虑自我利益的构成以及如何实现——追求什么样的价值观和目标，采用什么样的原则和政策。如果一个人不关心这个问题，就不能客观地说他关心或渴望自己的私利。一个人不能关心或渴望那些他没有认知的东西。

自利关涉到：（a）以个人利益为标准设定的价值层级；（b）拒绝较高的价值为较低或无价值的价值牺牲。

一个真正自利的人知道，事实上，只有理性才能决定什么是自我利益，并且追求矛盾或试图违抗现实的事实而采取行动是自毁的，并且自毁不是自我利益……

因为一个真正自利的人是在理性的指引下选择他的目标的，并且因为理性的人的利益并不冲突，其他人可能经常从他的行为中受益。但是，他人的利益并不是他的首要目的或目标，他自己的利益是他的主要目的，他的清晰目标直指他的行为。

为了充分阐明这一原则，让我们考虑一个在事实上自利行为的极端例子，它实际上是自利的行为，但在传统上可能被称为自我牺牲的行为：一个男人愿意为挽救他所爱的女人的生命而死。这样的人会在什么方面受益于他的行为？

答案在《阿特拉斯耸耸肩》中得到了——这个场景中，高尔特知道自己将被逮捕，他告诉戴格妮："如果他们对我们之间的关系有丝毫的怀疑，他们就会把你放在刑讯架上——我的意思是，身体上的折磨——至少一周的时间。我不会再等了。一提到对你的威胁，我就杀了自己，在那里阻止他们……我不用告诉你，如果我这么做了，那就不是自我牺牲了。我不想按他们的方式生活。我不想服从他们，我也不想看到你忍受一场旷日持久的谋杀。这样我就没有价值可追求了——没有价值我也不在乎。"如果一个男人如此爱一个女人，以至于他不希望在她死后继续活下去，如果在这个代价下，生命不能给他更多的东西，那么他为救她而死就不是一种牺牲。

同样的原则也适用于一个被独裁统治抓住的人，他愿意冒死而获得自由。要把他的行为称为"自我牺牲"，就必须假定他喜欢像奴隶一样生活。如果必要的话，一个人愿意为他的自由而战，他的自利就在于，他不愿意继续生活在一个他不再能够按照自己的判断行事的世界里——也就是说，一个他不再可能拥有人类生存条件的世界里。

一种行为的自利或无私是要被客观地决定，它不是由行为者的感觉所决定的。就像感觉不是认知的工具一样，它也不是伦理的标准。诚然，为了行动，一个人必须被某种个人动机所驱使；在某种意义上，一个人"想"做出某种行为。一种行为是自利还是无私的问题，不取决于一个人是否想要做出某种行为，而是取决于一个人为什么要做出某种行为。采取行动的标准是什么？达到什么目标？

如果一个人宣称他认为抢劫和谋杀别人对他最有利，人们就不愿意承认他的行为是利他的。基于同样的逻辑和理由，如果一个人盲目地追求自我毁灭的过程，他从这种过程中所得到的感觉并不能构成他的自利行为。

如果仅仅出于慈善、同情、责任或利他主义的动机，一个人放弃一种价值、欲望或目标，以满足另一个人的快乐、愿望或需求，而他对另一个人的价值低于他所放弃的东西——这是一种自我牺牲的行为。一个人可能会觉得他"想"做这件事，但并没有使他的行为变得自利，或者在客观上受益。

例如，假设儿子以理性的标准选择了他想要的职业，但为了取悦他的母亲，他放弃了这个职业，母亲希望他从事一个在邻居眼中更有面子的职业。

男孩接受了母亲的愿望，因为他接受了这是他的道德责任：他认为作为一个儿子，他的责任包括把母亲的幸福置于自己的幸福之上，即使他知道母亲的要求是不合理的，即使他知道他将自己置于痛苦和挫折的生活中。断言支持"每个人都是自利的"这一信条是荒诞的，既然男孩的动机是"德行"或避免负罪感，那么就不涉及自我牺牲，他的行为是真正自利的。这里回避的问题是为什么男孩会有这样的感觉和欲望。情感和愿望不是没有原因的，他们不可削弱的前提是：人们的可接受性。男孩"想"放弃他的事业只是因为他接受了利他主义伦理，他相信自利行事是不道德的，这是指导他行动的原则。

倡导"每个人都是自利的"这一信条并不否认，在利他主义伦理的压力下，人们故意反对自己长期的幸福。他们只是断言，在某种更高的、无法定义的意义上，这些人的行为仍然是"自利的"。"自利"的定义包括或允许有意地违背自己长期幸福的可能性，这在用词上是矛盾的。

只有神秘主义的遗产才允许人们想象，当他们宣称人们能够放弃自己的幸福来寻求幸福时，他们仍然振振有词。

以"每个人都是自利的"为根据的谬论，包含着非常粗鲁的含混。所有有目的的行为都是有动机的，这是心理学上老生常谈的道理。但是，将"动机性行为"与"自利性行为"等同起来，就是无视了人类心理学的基本事实与伦理选择现象之间的区别。它回避了伦理学的核心问题，即人的动机是什么？

真正的自利是：发现什么是真正关心一个人的利益，承担实现自我利益的责任，通过盲目的情绪、冲动或瞬间感觉的行为拒绝背叛自我利益，对判断、信念和价值毫不妥协的忠诚，代表了广泛的道德成就。那些坚称"每个人都是自利的"的人，通常故意用愤世嫉俗和不屑一顾来表述。但真实的情况是，他们的表述给了人们本不该得到的恭维。

终极原则和伦理本我主义[①]

布莱恩·麦德林

　　……有过海外经历的人都知道，国外有一些邪恶的观点。无论是在酒吧还是在客厅里，我们最常遇到的一个信条是：每个人都应该照顾好自己。不管早上傲慢浮夸的社论多么令人耳目一新，参与讨论的人都知道这种学说是错误的，并且想要推翻它。但是，尽管当他相信道德语言是用来决定陈述的真假时，他能做的最好的事情就是声称本我主义者所说的是假的。不幸的是，本我主义者可以声称这是真的……本我主义者的话似乎和他们自己的话一样可靠。有些人开始半信半疑也许可以为传统道德提供一个以自我为中心的基础，而有些人则认为不可能提供任何其他基础。我不会去支持我们的传统道德，我担心成为一项超出我能力范围的负担，但在接下来的内容中，我确实想反驳伦理本我主义的学说。我想通过展示本我主义者所说的前后不一来解决这个分歧。确实存在着永远无法解决的道德分歧，但这不是其中之一。对于一个说"每个人都应该照顾自己的利益而不考虑他人的利益"的人来说，恰当的反对意见并不是他没有说真话，而是他没有说话。

　　我们首先应该做两个区分。这样一来，伦理本我主义就会失去它大部分的合理性。

一、普遍的和个人的本我主义

　　普遍的本我主义认为，每个人（包括说话者）都应该照顾自己的利益，而忽略他人的利益，除非他人的利益有利于他自己的利益。

　　个人本我主义是这种态度：只关心自己而不关心他人。本我主义者没有

---

① 《澳大利亚哲学杂志》，第35卷，1957年。

公开表示他只照顾自己。他甚至不能宣称他应该照顾好自己，并只宣称这一点。当他试图说服我他应该照顾好自己的时候，他是在试图置我于不顾，以至于当他喝了我的啤酒并偷走汤姆的妻子时，我会赞成他的做法。我不能赞成他只顾自己，不顾他人的幸福而追求自己的幸福。因此，当他试图劝我，他应该照顾自己而不顾他人时，他也必须劝服我，我应该照顾他而不顾自己和他人的利益，当然他的机会很小！如果个人本我主义者不能在不扩大的情况下公布了的学说，那么他所拥有的就根本不是学说。

二、定言的和假言的本我主义

定言本我主义认为我们都应该观察自己的利益，因为这是我们应该做的。对于定言主义者来说，本我主义教条是伦理学的终极原则。

另一方面，假言主义者坚持认为我们都应该遵守自己的利益，因为，如果我们想要这样或那样的目的，我们就必须这样做（照顾自己）。假言主义者根本不是真正的本我主义者，他很可能是一个不知情的功利主义者，错误地认为，如果每个人都能明智地审视自己，总体幸福就会增加。

一个伦理本我主义者将必须维持这一学说的普遍形式和绝对形式。如果他退回到假言的本我主义，他就不再是一个本我主义者了。如果他退回到个人本我主义，他的学说虽然在逻辑上坚不可摧，但不再是道德的，甚至不再是一种学说。本我主义者以此争辩，如果是这样，我将平静地接受。不管他怎么称呼自己，都没有关系。我是个哲学家，不是捕鼠人，我并不像个人本我主义者那样，会把将害虫从洞穴里挖掘出来视为我的工作。

一旦伦理本我主义者试图宣扬他的学说时，显然发生了一些奇怪的事情。当伦理本我主义者敦促他的信众，每个人都应该只观察自己的利益时，伦理本我主义将会做什么？难道他的行为不是违背了本我主义原则吗？说服他们不能有什么有好处，因为一直得到自己的好处，就会损害伦理本我主义。当然，如果伦理本我主义真正相信他自己所说的话，应该试图说服信众不要这样做。①也许并不是他们应该致力于他的利益，因为他们几乎无法吞咽下这些利益；但每一个人都应该以服务他人而致力于自己的利益。难道不应该相信某人应该以某种方式行事，并试图说服他这样做吗？当然，我们并不总是试图说服人们按照我们认为他们应该做的去做。例如，我们可能很懒。但只要我们相信汤姆应该这样做，我们就会倾向于诱导他这样做。"你当然应该这样做，但看在上帝的份上不要这样做"，这样说有意义吗？只有当我们的意思是："你应该出于某些原因做这件事，但有更充分的理由不做它。"如果本我主义者最终认为别人应该只关心自己，那么，他必须相应地说服他们。

如果他不能说服他们，他就不是一个普遍的本我主义者。这当然是有道理的说："我非常清楚，汤姆应该采取这样或那样的方式。但我也知道，他这样做对我不利，所以我最好劝他不要这样做。"而这正是本我主义者必须说的话，如果他要考虑自己的利益而忽略其他人的利益。也就是说，他必须表现得像个人本我主义者，如果他想成为一个本我主义者的话……

记住，原则意味着是普遍的和绝对的，让我们问一下，本我主义者在表达什么样的态度。这种态度不也同样可以用无数个这样相关联的声明来表达吗？

我希望自己走到顶端	并且	我不在乎汤姆、迪克、哈利……
并且		并且
我希望汤姆走到顶端	并且	我不在乎我自己、迪克、哈利……
并且		并且
我希望迪克走到顶端	并且	我不在乎我自己、汤姆、哈利……
并且		并且
我希望哈利走到顶端	并且	我不在乎我自己、汤姆、迪克……
等等		等等

---

① 如果每个人得到自己所要求的最大利益，那么每个人的利益将会因此而受损，这与伦理本我主义的主张相矛盾，故有此表述。——译者注。

从这一分析可以看出，表达这种态度的原则显然是不一致的。

但现在，本我主义者可能会声称，他没有被恰当地理解。当他说："每个人都应该照顾自己"时，他的意思是"让每个人做他想做的事，而不管其他人想做什么"。本我主义者可能会说，他看重的只是他和汤姆、迪克、哈利各自应该做什么，他不关心其他人想要什么，这和他的原则没有任何不一致，并且也不需要相一致。即使他和原则相一致，他也不会变得更好。他到底看重什么？是自己、汤姆、迪克和哈利的幸福，还是仅仅是他们以某种方式生活而不管这是否会促进他们的幸福？当他敦促汤姆做他想做的事时，他是在迎合汤姆的私利吗？如果是这样，他的态度可以这样表达：

我希望自己快乐

　　　　　　　　和　　　　　　　并且　　我希望自己不关心汤姆、迪克、哈利……

我希望汤姆快乐

我们无须进一步了解，这种态度的原则必定是前后矛盾的。我已经做出了这样的举动，我现在关心的是本我主义者必须采取的另一种立场，以保证自己的安全。如果本我主义者的价值观仅仅是人们应该以某种方式生活，不关心这是否会促进他们的幸福，那么当他敦促他们关心自己的利益时，他就不能要求他的信众关心自己的利益。如果汤姆一点也不顾全自己的话，本我主义者的花言巧语对他是不起作用的。进一步讲，当本我主义者说，要像其他人一样，他应该照顾自己时，他甚至没有把自己的利益放在心上。这被证明是一种有趣的本我主义。

也许现在，本我主义者声称他确实是在迎合信众的自身利益，他可能会试图反驳上述反对意见。他可能会说："让每个人做他想做的，当他们的欲求与自己的欲望相冲突时，可以让每个人忽略别人的欲求。"现在本我主义的态度可以这样表述：

我希望每个人都快乐 并且 当他人的幸福与自己的幸福相冲突时，我希望每个人忽视他人的幸福。

本我主义者可能会公正地声称，一个人可以有这样的态度，而且在一个特定的世界里，这样的人可以得到他想要的东西。我们反对本我主义者的理由是，他的欲求是不相容的。现在仍然如此，如果他和汤姆、迪克、哈利真的像他建议的那样继续生活下去，"当他人的幸福与自己的幸福相冲突时，让每个人都忽略他人的幸福"，如果这样，那么肯定的是，所有的人都会完全陷入痛苦之中，然而，他希望他们幸福。他试图反驳这一点：这仅仅是世界上的一个事实，按照他的建议继续生活下去，他们会让彼此痛苦。世界本可以完全不同，因此之故，本我主义认为原则并不相一致。这个论点可能看起来不是很有说服力，但我以本我主义者的名义提出它，因为我对它的回答感兴趣。现在我们甚至不需要告诉他世界实际上不是那样的。（世界是什么样并没有产生不同。）现在我们可以向他指出，他不是以本我主义者的身份，而是以功利主义者的身份进行论证的。他已经陷入了假言的本我主义，使他的原则免于矛盾。如果世界是这样的，我们总是通过贬低他人来取悦自己和他人，那么我们就可以找到很好的功利主义的理由来促使我们贬低他人。

那么，如果本我主义者要拯救他的原则，他必须做两件事中的一件。他必须放弃这样的主张：他是在迎合信众的自身利益，他甚至是在考虑自己的利益。或者他必须承认，虽然"我希望每个人都幸福"指的是目的，但是"当别人的幸福与自己的幸福相冲突时，我希望每个人都忽略他人的幸福"只能指的是手段。也就是说，他所谓的终极原则实际上是由一个原则和一个服从于这个原则的道德规则组成的。也就是说，他是一个真正的功利主义者，他促使每个人都以某种方式前进，这样每个人都能快乐。更重要的是，他是一个功利主义者，他对世界的本质有着荒谬的误解。照目前的情况看，他的道德准则是很坏的。事物既然是这样，就只能通过一个明显错误的经验前提，从他的原则中推导出来。好人不用怕他。他们可以放心的是，世界是而且必须是站在他们一边，他们能做的最好的事情就是做善事。

道德理性至上[①]

库尔特·拜尔

像我们所相信的那样，道德理性真的比自利理性优越吗？当我们遵循道德理性反对自利理性时，我们真的有理由站在自己一边吗？道德理性是什么呢？我们真的能回答："为什么我们要有道德？"很明显，所有这些问题都指向同一件事。当我们问："我们应该道德吗？"或"为什么我们要有道德？"或"道德理性优于其他一切吗？"我们要求回答，认为道德理性优于其他一切的理由是什么。理性是什么？

让我们从自利理性至上开始。在这种状况下，当且仅当人们的行为由利益来决定时，这种情况下，他们保持对冲动和倾向的控制。每个遵循理性的人都会约束自己早起，锻炼身体，避免过度饮酒和吸烟，与同伴保持良好关系，娶合适的姑娘，努力学习以便出人头地，等等。然而，人们的利益冲突经常会发生。在这种情况下，他们将不得不凭借计谋或诉诸武力来达到自己的目的。当人们知道这一点时，他们都会变得多疑，因为他们会把彼此视为追求生活中美好事物而诡计多端的竞争对手。自利原则的普遍至上，必然导致霍布斯所说的自然状态。与此同时，每个人都将清楚地认识到普遍的服从。对某些规则来说，凌驾于个人利益之上的事物会产生一种更符合每个人利益的状态，比那些每个人独自的、无助的追求个人利益的状态好得多。当遵循下述的道德规则会产生对他人的伤害时，道德规则被普遍性地设计是凌驾于个人利益之上的。"不可杀人""不可说谎""不可偷窃"是禁止对他人造成伤害的规则，即使这可能对自己有利。

---

① 库尔特·拜尔，《道德视角》，1958年，康奈尔大学，1965年，登书屋有限公司。

在每个人追逐自身利益会对每个人产生伤害的情况下，否决自利理性是道德理性产生存在的可能。因而，道德理性高于其他一切理性。

"但这是什么意思？"有人可能会反对。"如果这仅仅意味着我们会这样看待他们，那么你当然是对的，但是你的论点是无用的，仅仅是一种惯例，那还有什么意义呢？如果这意味着我们不仅会这样对待他们，而且应该这样对待他们，那么这样说一定有理由，但不可能有任何原因。如果你提出自利理性，你就是在兜圈子。进一步说，总是在自我的利益当中将道德理性视为优于自利理性，这不能是真的。如果是这样的话，自利和道德就永远不会发生冲突。但众所周知，两者又确实存在冲突。道德理性是说一个人应该把道德理性视为优于自利理性，但这同样是循环论证，还有其他什么原因吗？"

答案是，我们现在从任何人的角度看世界。我们不是在这个人或那个人面前检视特殊的不同的行为过程；我们正在检视两个不同的世界，在其中一个世界里，每个人都认为道德理性优于自利理性，而在另一个世界里，正好相反的是实践。我们可以看到，第一世界是更好的世界，因为我们可以看到第二个世界将是霍布斯所描述的自然状态的那种类型。

这表明我应该讲道德，因为当我问"我应该做什么？"我问的是，"什么样的行为过程是由最好的理性支持的？"但既然刚才已经证明了道德理性优于自利理性，我就得到了一个合乎道德存在的理由，一个遵循道德理性而不是其他理性的理由，也就是说，它们比其他理由更好。

道德是一种规则系统，被每个人接受，基于每个人相似的利益，而推翻了自我利益的规定。尽管遵循道德规定天然不与遵循自我利益相一致。如果是这样，道德和个人利益之间就不会有冲突，道德规定凌驾于个人利益之上也就没有意义了。

"为什么我们应该有道德？"对这个问题的答案因而如下。我们应该有道德，因为有道德就是遵守规则，这些规则旨在推翻自利理性，无论如何它们基于每个人相似的利益，这样的规则应该被普遍遵守。当个体的需要、要求和愿望彼此冲突，并且在没有压倒一切规则的情况下，所有有关的人追求其目的将导致试图消灭那些妨碍利益实现的人时，情况就会是这样。因为这样的规则总是要求竞争中的一方放弃他的追求，以支持另一方，规则往往被打破。既然前置假设是他们应当遵循每个人的利益，即使这些规则不仅应该被教导为"优于"其他规则，而且也应该被充分强制，以减少打破这些规则的诱惑。在这些规则的指导下，一个人可以承认这些规则优于自利理性的规则，而不必承认它总是或确实曾经被这些规则所吸引或转移。

但是，如果说基于一个人的利益去做与这个人的利益相反的事，这难道不是自相矛盾的吗？如果这两种表达被恰好用于相同的方法的话，这当然是可以的。但是他们不是……道德规则并不旨在直接服务于个体利益。因而，当他们发现无论如何这些规则并没有服务于他们的利益，而打破这些规则是非常不恰当的。规则旨在在利益相冲突的情况下进行优先裁决，因此从本质上讲，规则注定与其中一个受影响的一方的利益刚好相反。然而，它们也必然为另一个人的利益服务，因此他的利益基于他人对规则的洞察。基于角色互换的可能性假设，对规则的普遍洞察将服务于每个人的利益。我们在改进一个既定社会的道德规则时所采用的正义原则和其他原则有助于使现有的道德更接近于对每个人都同样有利益相似的理想。

因此，只有建立在道德假定是正确的基础上，也就是说，如果道德规则接近真实，并且被普遍遵守，遵循道德规则才内在于每个人的利益。即便如此，表述遵循道德规则同样内在于每个人的利益，仅仅意味着，应该有一种普遍遵守的道德准则，而不是承认自利原则应被视为至高无上，这对每个人来说都是更好的。当然这并不意味着，一个人遵循自我利益原则不比自己做道德上正确的事和他人做道德上正确的事情，对自己更有利。当然，这样的人也不能声称他遵循的是一个优先原则。

然而，必须补充说明，这样的规则体系只有在人们生活在社会中，也就是说，建立在共同的行为方式的条件下，才有理性的支持。在社会之外，人们没有理由遵循这样的规则，也就是道德状态。换句话说，在社会之外，是非之分消失了。

但现在可能有人会问，他是否以及为什么应该遵循理性。他可能承认道德理性高于一切，但怀疑自己是否应该遵循理性。他可能会声称这将首先被证明，因为如果他不应该遵循理性是不真实的，应该遵循最强烈的理性也是不真实的。

在过去的一百年左右的时间里，理性有着非常坏的名声。许多思想家对此嗤之以鼻，并介绍了其他的指导思想，如本能、无意识、血性意识、灵感、魅力等等。他们主张人们不应该遵循理性，而应受其他力量的引导。

……在这个问题最明显的价值判断上，我应该遵循理性吗？这是一个同义反复的问题，就像"圆是圆吗"？因此，"你不应该遵循理性"的建议和"圆不是圆"的说法一样荒谬。因此"为什么我要遵循理性？"就像"为什么圆是圆？"一样愚蠢。因此，我们不必太过关注非理性的问题。他们的主张表明他们并不清楚自己在说什么。

"我应该遵循理性吗？"是一个同义反复的问题，就像"圆是圆吗？"的问题一样。"我会这样做吗？"或者"我应该这么做吗？"或者"我必须这样做吗？"，要求每一个人（可能是我自己）代表人们深思熟虑，也就是说，要求调查事实，权衡理性和反对这种行为的过程。因此，这些问题可以解释如下，"我希望做有最有理由支持的事情，告诉我这是否得到了支持。"如前所述，"遵循理性"意味着"做最有理由支持的事情。"因此，是否（应该、必须）遵循理性的问题应当表述为，我希望去做最有理由支持的事情，告诉我是否做最有理由支持的事情是在做最有理由支持的事情，因而，这不是一个值得提问的问题。

为什么我要遵循理性？根本没有意义。问这个问题表明完全不理解"为什么"的意思。"我为什么应该这么做？"是要求我给出我应该这样做的理由。当有人说"你应该这样做"并给出理由时，这是再通常不过的了。但既然"我应该遵循理性吗？"意味着"是否做最有理由支持的事，就是在做最有理由来支持的事。"这是一个根本不应该附加"为什么"的问题。因为问题进入到："告诉我，为什么做最有理由支持的事，就是在做最有理由支持的事。"这就像恰好在问："为什么圆是圆？"

然而，必须承认，我们的问题有另一种可能的解释，根据这种解释，它是有意义的，甚至可以得到回答。"我为什么要遵循理性呢？"可能不是要求给出一个理由来支持一个重复的评论，而是要求给出一个理由来说明为什么一个人应该进行思考的理论任务……以下原因涉及两个任务的完成，理论的和实践的。理论的意义在于指导实际工作。我们执行理论只是因为我们希望按照理论的结果来完成实际任务。在我们的第一个解释中"我应该遵循理性吗？"的意思是"当实际任务按照理论任务的结果完成时，它就完成了吗？"答案显然是"是的"，因为这就是我们所说的"完成实际任务"。在我们的第二个解释中，"我应该遵循理性吗？不是一个实际的问题，而是一个理论任务的问题。这并不是一个有关是否给予一个人准备完成这两项任务的问题，而是是否以指定的方式恰当地完成的问题。这是一个是否应该进入到整个行为的问题，是这个"游戏"是否值得玩的问题。这是一个充满意义的问题。"追随灵感"可能比"追随理性"要好，从这个意义上说，最好是闭上眼睛，等待答案在脑海中闪现。

但是，当我这样解释的时候，"我应该遵循理性吗？"是有道理的，对我来说，答案是"是的，因为这是值得的"。这似乎对我来说是显然的，深思熟虑是唯一可靠的方法。即使存在其他可靠的方法，我们仅仅能够被告知的是，可以通过检视他们相反的方法来告诉他们是否可靠。想象一些有魅力的领导者建议，"不要跟随理性，跟随我。我的领导能力比理性强。"我们仍然可以通过反对通常的理性方法来检验他的主张。我们应当确认我们要做的最好的事情是——是否听从他的建议。我们能做的仅仅是检视他建议我们去做是否有最佳的理性支持。要做到这一点，我们只能通过检验他所建议我们去做的——是否有最佳理性支持的事。

他声称比理性更好，这只能依次被他所告诉我们的——与理性所做的恰好一致来支持。

　　那么，在他声称他的指导比理性的指导更可取的说法中，有什么意义吗？也许有，因为实现最佳理性支持需要很长时间。通常，最好的做法是现在快速地做一件事，比事后做最恰当的事要更好。领导应当具备观察和直觉的能力，做最好的事情是做最快的事情，而不是通过深思熟虑、劳力费神的方法可能做出来的事情。评价一个人的领导才能是评价他的遵循理性、正确的执行实践任务的能力，并不是通过冗长的理论操作来评价。要告诉我们一个人是否比普通人具有更好的领导才能，理性是必须的，正如告诉我们一个数学奇才是真的还是假的，用铅笔和纸做乘法运算是必须的一样。

第二章　相对主义

　　这一章面对的事实是，人们和文化在他们所认为的道德行为和相应的实际行为上存在很大差异。一到大学，你首先注意到的事情之一就是你的室友有一些非常奇怪的习俗和想法。你对同宿舍的许多同学都有类似的感觉，他们中的一些人也对你有同样的感觉。个人对是非的看法大相径庭，个人的行为也是如此——至少在某种文化限制的范围内是如此。这种个人意见和行动的多样性对伦理选择意味着什么呢？

　　有关伦理学的个体信念和相应的个体行为有着广泛的不同，这是文化的限制，即文化标准。在我们的文化中，我们对堕胎持不同意见。一些人支持它，一些人则不支持。然而，我们没有一个组织为杀婴行为发声。正如本章的几篇文章所显示的，杀婴在某些文化中是被接受的。我们的文化最厌恶的东西在历史的某些时期被其他文化所接受，甚至被要求。

　　人类学家、心理学家、社会学家和其他社会科学家研究了个人和文化不同的行为模式。他们对个体和文化有关对与错的不同信念进行了分类。有些人对不同文化的伦理问题的差异表示惊愕，这被简单地描述在了威尔曼的文章之中。人和文化对什么是对与错，什么是好与坏存在分歧，并与此相应的行为可以作为事实来接受。这些事实对伦理选择有什么暗示？

　　有人认为，"道德"行为的多样性表明道德相对主义理论是正确的。相对主义者如何确立他们的立场？许多相对主义者指出这样的事实：不同的个体和文化持有不同的观点构成了道德行为作为它们真实立场的证据。哲学家们几乎一致认为这是一个无效的论证。

首先,许多哲学家声称"事实"并不是它们看起来的那样。指出了这样的事实,在某些文化中,父母到了一定年龄之后就会被处死。在我们的文化中,这种行为是谋杀。我们会照顾我们的父母。这种行为上的差异能否证明两种文化在道德问题上存在的分歧?不,不是的。假设另一种文化相信人死后的状态和他们离开生命时的状态是一样的。让父母永远处于一种不健康的状态是非常残忍的。在它们相对活跃和有活力的时候杀死它们,你就能确保它们永远幸福。这种文化的基本伦理原则是,孩子对父母有义务,包括在父母年老时关心他们的幸福。这一伦理原则与我们自己的伦理原则是一致的。我们的文化和其他文化经过仔细检视被证明存在事实问题上的差异。

第二种事实并不像是在用他们看起来那样的方法。不同文化体现在物质设施、经济发展、科学技术水平、识字率以及许多其他方面。即使有普遍的道德原则,它们也必须应用于这些不同的文化背景。在既定的不同文化环境下,发现普遍原则应用于不同的方面也就不足为奇了。因此,所谓文化间伦理行为的差异只是表面上的差异。这些文化会在基本的普遍道德原则上达成一致。在本书的最后几章中,将讨论一些非常普遍的伦理原则。其中一个原则对公众利益有吸引力。它认为,社会机构和个人行为应该井然有序,以便为更大多数人带来最大的利益。许多不同形式的社会组织和个人行为都符合这一原则。

上面论点的概要都在约翰·霍斯普斯(John Hospers)的《选集》中得到了发展。这其中的争论点是,所谓道德行为的文化表面上的差异,可能并不反映真正的道德分歧。除非相对主义者能在伦理问题上建立起基本的差异,否则就不能证明相对主义。

这种讨论对于任何关注伦理选择的人来说是重要的。道德判断一定以某种复杂的方式与事实联系在一起。简单、安全的生育控制方法的存在对性道德有重要的影响。延长人类生命的成熟机械技术的存在,对医学伦理产生了影响。既然我们的伦理判断部分地取决于事实是什么,解决关于道德争议的第一步应该是确定争议者是否对事实有分歧。如果分歧是事实,那么在处理任何道德分歧之前，都需要先解决分歧。如果事实上的分歧得到解决，伦理上的分歧往往也会随之消失。

一些哲学家强烈主张，最终所有文化之间的分歧要么是对事实的分歧，要么只是试图将普遍的道德原则应用于特定的情况的分歧。这些哲学家声称，不同文化之间明显的行为差异仅仅是表面上的，而且最终，文化确实在某些基本的道德标准上达成了一致。对这一观点的讨论将使我们超越哲学，而进入到人类学、历史、神学和许多其他规则之中。到目前为止的讨论应该已经建立了一个前述的内容，即不能声称文化相对主义是真实的，因为事实上文化确实有不同的道德标准。

另一种批评相对主义的常见策略表明，采用伦理相对主义的观点会导致一些相当奇怪的结果。其中一个奇怪的结果是，如果相对主义是真的，那么道德上的一致原则是不可能的。当然，这里的"同意"是指基于理性的统一。可以通过武力达成协议。这相当于"崇拜我的上帝，否则我就砍了你的头"，为什么不可能有理性的一致，这是显而易见的审查相对主义的定义。文化相对主义是一种由文化决定对错的观点。所以，如果一种文化认为堕胎是正确的，而另一种文化认为堕胎是错误的，那么这件事就到此为止了。堕胎在一种文化中是道德允许的，而在另一种文化中则在道德上是错误的。

但假设一个人从一种文化移居到另一种文化，并试图说服另一种文化改变其观点。假设一个人从一个奴隶制是不道德的文化中走到了一个奴隶制在道德上被允许的文化中。通常情况下，如果一个人试图说服允许奴隶制的文化认为奴隶制在道德上是错误的，我们会称这样的人为道德改革者。但是，如果文化相对主义是真的，那么道德改革者的观念就没有立足之地了。奴隶制在那些说它是对的文化中是对的，在那些说它是错的文化中是错的。如果改革者未能说服一个蓄奴国家改变主意，那么他的反奴隶制立场就永远不正确。如果改革者成功地说服了一个国家改变主意，那么，在这个国家确实改变主意之前，改革者的反奴隶制观点是错误的。改革者的反奴隶制观点是正确的话，那么现在是一个奇怪的结果。

　　这两种反对意见背后隐藏着一种更广泛的反对意见，即相对主义与我们使用的道德语言是不一致的。当俄罗斯和美国争论人类所拥有的道德权利时，他们似乎真的在道德问题上有分歧。如果这一争端必须通过非理性的手段来解决，那将是多么不幸啊，因为理性的协议在原则上是不可能的。人们代表着伦理观点来组织讨论。如果相对主义是正确的，那么这样的争论注定是失败的，或者只能成为达成共识的托词。同样，我们的语言中也有道德改革者的观念。这种语言的使用真的是不正常吗？如果相对主义是正确的，它就必须是不正常的吗？

　　最后，有一种观点试图证明，如果相对主义是正确的，那么有时坚持真正的信仰却是不道德的。这个论证是这样的：

　　1. 在伊朗，持有文化相对主义的立场被认为是错误的。
　　2. 在美国，持有文化相对主义的立场在道德上是允许的。（不是错误的）

　　根据文化相对主义的定义，1和2都是正确的（事实上，他们很可能是）。如果相对主义是正确的，那么持有文化相对主义的立场在伊朗确实是错误的，有一个奇怪的结果是，在伊朗持有真正的道德理论在道德上是错误的。

　　通过目前讨论的进展我们看到，不能从所谓的道德行为的多样性和伦理学分歧的事实转移到道德相对主义。这些事实并不能建立道德相对主义，我们使用道德语言的事实与相对主义理论不一致。

　　事实上，道德行为的多样性经常被用来支持另一种观点，这种观点常常与相对主义相混淆。这种立场的通俗名称是"道德怀疑论"。道德怀疑论认为，没有办法理性地建立一种文化的道德观，也没有办法表明一种文化的道德观，也没有办法表明一种文化的道德观在理性上优于另一种文化的道德观。造成这么多困惑的是，一些道德怀疑论者继续采取道德立场——也就是说，我们应该容忍其他国家不同的道德观点。这是韦斯特马克最终采取的立场。然而，许多哲学家发现道德怀疑论者对道德宽容的托词是有缺陷的。本选集中，被泰勒和威尔曼所做的最基础的发现有两种类型。第一，一个道德怀疑论者不能始终如一地捍卫宽容是道德上正确的判断。第二，关于伦理问题的文化多样性的事实并不能建立起道德怀疑论的真实性。

回想一下，一个道德怀疑论者认为道德判断不能被充分证明。然而，人们应该宽容这一判断无疑是一种伦理判断。因此，那些主张宽容的道德怀疑论者并不能证明他们的观点是正确的，即使他们可以，他们也不再是始终如一的道德怀疑论者。他们争辩道，没有伦理判断能够被证明，但"你应该宽容"能够被证明。

许多反对相对主义的讨论同样有力地反对了这里所讨论的道德怀疑论的类型：在对与错的信仰上的明显分歧并不会导致伦理信仰的最终分歧。正如我们所看到的，分歧可能是关于事实，而不是道德判断本身。但假设分歧是关于道德判断本身，而不是关于道德判断所基于的事实。仅仅是分歧的事实证明了什么？在各种事情上都有分歧，但这种分歧并不会判断任何人相信分歧中的一部分不能是错误的。也许真正的问题是道德怀疑论者不相信伦理上的分歧可以用科学方法来解决，也许道德怀疑论者在这一点上是正确的。科学方法的不适用性会证明什么？要提出这一点，道德怀疑论者必须证明，所有充分的理由在本质上都是科学的。这是一个艰巨的任务。

当然，我在这里所说的一切都不能证明道德怀疑主义是错误的。类似于反对相对主义的论点表明，道德怀疑主义与我们使用道德语言是不一致的。这些论点很有说服力，但并不是结论性的。后面的章节将提供积极的论证来说明伦理判断如何被证明。

道德判断的可变性①

爱德华·韦斯特马克

　　……道德评价的可变性在很大程度上取决于另一种知识性的因素，即，与类似行为模式的客观性质及其后果有关的不同思想。这种思想差异可能源于不同的生活环境和外部条件，从而在结果上影响道德观念。例如，我们发现许多民族有杀害或遗弃因年老或疾病而疲惫不堪的父母的习俗。它在大量的野蛮部落中盛行，以前发生在许多亚洲和欧洲国家，包括吠陀信仰者和条顿血统的各族人；英国有一个古老的传统，那就是"神圣的摩尔"，他们认为将它挂在教堂门后，当他的父亲年老的时候，他就会拿去敲他父亲的头，因为他已经衰弱不再有用了。这一习俗在游牧狩猎部落中特别普遍，因为生活的艰辛和老年人无法跟上行进的步伐。在食物供应不足以养活所有社会成员的时候，老年人和无用的人比年轻、精力充沛的人死亡似乎也是更合理的。和已经达到某种健康和舒适程度的民族相比，杀死老人们的行为，虽然不在必要性上被认为是合理的，可能仍然在延续。部分的经过保存下来的习惯继承于艰苦年代，部分来自人们结束挥之不去的痛苦的意图。对我们大多数人而言，呈现的是一种残忍的行为，实际上可能是一种善良的行为，而且通常得到了老年人自己的认可，甚至是坚持。

　　道德判断的多样性很大程度上源于知识的不同衡量标准，奠定于对行为后果的经验，以及不同的信仰。几乎在行为的每一个方面，我们都注意到对超自然力量、存在或未来状态的信仰对人类的道德观念所产生的影响，这种影响是千差万别的。宗教或迷信一方面给谋杀和自杀蒙上了污名，另一方面又赞扬人祭和某些自愿自我毁灭的案例。它反复灌输人道和慈善，但也导致对信奉另一信条的人的残酷迫害。它强调了说真话的责任，而它本身也是虔

---

① 爱德华·韦斯特马克，《伦理相对性》，劳特利奇和凯根保罗公司，伦敦，1932年。

诚欺诈的一个原因。它促使人们养成了清洁的习惯和肮脏的习惯。它禁止劳动和禁欲，节制和酗酒，婚姻和独身，贞洁和寺庙卖淫。它引入了各种各样的新义务和德性，当离开了他本身的时候，这些新义务、德性与道德意识所认可的那些迥然不同，但无论如何，在其他方面也会被认为比其他义务或德性更重要……

至于，道德观点的差异取决于对事实的认识或无知，取决于特定的宗教信仰或迷信信仰，取决于不同程度的反思，或者，取决于不同的生活条件或其他外部环境，它们并不与暗含在道德判断客观有效性观念的普遍性相冲突。现在，我们应该检视的是，其他差异是否也同样如此，至少在表面上，这些差异不是由于纯粹的认知原因造成的。

当我们研究由野蛮民族的风俗所制定的道德规则时，我们发现它们在很大程度上类似于文明国家的规则存在于每个野蛮的社区，习俗禁止杀人，偷窃也是如此。野蛮人也把慈善视为一种责任，把慷慨称赞为一种德性，的确，它们有关互助的习俗往往比我们的习俗严格得多；他们中的许多人因为避免说谎而引人注目。但是，尽管这些道德戒律有很大的相似之处，但与此同时，在对生命、财产、真理和邻居的普遍福利的尊重方面却存在着差异，这种差异表现在野蛮的道德规则和我们自己之间的道德规则中：广义上讲，它只涉及同一社会或部落的成员。原始民族小心地区分了在他们自己社区内犯下的杀人行为和受害者是陌生人的杀人行为，前者在一般情况下是不允许的，而后者在大多数情况下是被允许的，并常常被认为值得褒扬。同样的道理也适用于偷窃、撒谎以及造成其他伤害。除了给予客人短暂的特权外，在早期社会中，陌生人是没有任何权利的。同样的情况不仅发生在野蛮人身上，也发生在具有古老文化的民族身上。

当我们从原始种族过渡到文明较先进的民族时，我们发现社会单位变得更大了，国家取代了部落，因而禁止伤害他人的圈子也相应地扩大了。但是，对同胞的伤害和对外国人的伤害之间的区别仍然存在。在早期的希腊时代，"可鄙的陌生人"没有法律权利，只有当他是公民的客人时才受到保护；甚至后来在雅典，故意杀害公民将被判处死刑并没收谋杀者的财产，而故意杀害非公民则只被判处流放……在十三世纪的法国，仍然有几个地方，一个陌生人在那里待上一年零一天，就会成为庄园主的农奴。在英国，在征服之后的两个世纪，外国商人只被认为是来到集市或市场的旅居者，他们必须雇佣他们的地主作为买卖商品的经纪人；一个陌生人经常因为欠债而被捕，或者因为另一个人的不端行为而受到惩罚。

部落人或同胞与外国人之间的古老区分在我们中间消失了，因此否认区分是徒劳的……但是法律和公众舆论在对待外国人方面确实显示出了人性的巨大进步。如果我们接受被道德主义者主张的规则，并被大部分文明人类公开接受，野蛮态度的转变是巨大的。普世之爱的教义不是基督教所特有的。中国的道德家不顾民族差异，向全人类灌输"仁"的思想。生活在孔子和孟子年代之间的墨子，甚至教导我们应该平等地爱一切人……佛教欣赏普世之爱的责任……希腊和罗马出现了反对民族狭隘和偏见的哲学家。因此，愤世嫉俗者对任何特殊国家的公民身份都不屑一顾，宣称自己是世界公民。但正是斯多葛学派的哲学首先赋予了世界公民这一概念明确的积极意义，并将其提升到历史重要性。

显然，道德规则的扩展是社会单位扩大和不同社会之间交往增加的结果，如果如我所主张的那样，道德情感的范围随着利他主义情感的范围而变化，我们有充分的理由认为，道德规则更加全面的一个直接原因是这种情感的相应扩大。在群居的动物中，它很容易感觉到是他们物种的成员，而并不是一个恐惧或愤怒的对象。在人类社会中，社会孤立与种族、语言、习惯、习俗的差异，以及敌视和猜疑使道德情感被狭隘化。但是，和平的交往带来了有利于其扩张的条件，以及在相互接触之间出于谨慎的原因而表现出了友好行为。不同民族的人觉得，尽管有各方面的差异，仍然有许多共同之处。而频繁的交流则会使这些差异变得不那么明显，或者使它们完全消失……

它也许会认为公正是一个道德判断的特征，要求道德规则普遍化，而这只能通过理性过程来完成，逐渐的扩展使他们涵盖人类的范围越来越广，最终扩展到全人类。但是，让我们记住道德判断的公正性真正意味着什么……当一个人宣称一种行为是对的还是错的，这意味着无论他或他的朋友或敌人对别人做了什么，其他情况都一样；或者是别人对他或他的朋友或敌人做了什么。无论对行为人和他所做出的行为属于相同的或不同的家庭、部族、国家和其他的社会团体，这个问题将与公正无关。如果一个人的错误被认为是欺骗属于他自己的群体，而不是错误的欺骗外人，人们不赞成的道德情感上的公正基于大家所认定为错误的观念，他仅仅会引向一个抽象的道德规则，这个规则应用于一切相同的，彼此独立的各自国家所持有的观念的案例当中。如果我坚持认为，在我们的社会当中一个外人或另外一个阶级成员对我有义务，但我对他们没有相应的责任，我的这种观念被认为是对的，仅仅因为环境差异影响道德判断。自然，人们太倾向于想象这种差异。当人们分配不同的权利给不同的个体或不同阶级的个体的时候，他们实际上经常受他们所在的社会关系立场的影响；反思的必要性决定了他们道德判断的公正性是真实的或者是想象的。的确，有些程度的推理是微小的，但总是必需的，是为了知晓报应性情感是否被公正地感受到……但在我看来，在我们的行为上保持理性要求，对一个人和另一个人之间保持无区别的不偏不倚，似乎是一种纯粹的幻想……我认为努力推进我的家庭和国家的福祉目的是推进他人的家庭和国家的福祉，我找不出他的不合理性，但我的道德情感告诉我，我必须允许任何人对他的家庭或国家表现出类似的偏爱。

我认为，道德准则应该不同的原因是它们所指的人属于不同的社会群体，除非背后有相应的广泛的利他主义情操，否则这个问题很难出现。无论反思在道德规则的扩张中发挥了什么作用——毫无疑问，审慎也与此有关——在我看来，显然，主要原因是利他主义情操的扩大。超越这种限制，我们道德意识中的义务的平等是无法实现的，无论理论家们在这个问题上怎么说；而关于其对象的这种情操的不同强度总是会阻止规则形成统一性，并且总是会使它们的均衡变得非常不完整。

利他主义的情操在范围和强度上的变化也导致了其他道德观点的差异。

即使是我们中间，当一个人的利益与他的同胞的利益发生冲突时，对于责任的要求也没有一致的意见……在有些人那里，利他主义情操比其他人更强烈，结果是，更容易影响他们对自己的良心和对他人行为的判断。虽然每个人都无疑会同意，在某些情况下一些自我牺牲是一种责任，这种程度和环境几乎无法在总体道德规则的情况下被固定。总的说来，在利益冲突的情况下，判断必须在很大程度上是一个私人意见的问题……

对于那些相信道德判断的客观有效性的伦理学作家来说，意味着在经验觉醒之后，作为一种反思或思考，道德进化是对价值的逐步发现。他们喜欢争论说，道德观念的变化与数学、物理和其他科学中的发现是一样的，这些发现的争议之激烈不亚于道德价值的差异……但是，虽然我们不能指责客观主义者：与道德观念相比夸大了我们理论知识的变化，但他们却没有看到，这些变化的原因是广泛性的和基础性的不同。由于我们的感官、知觉和智力具有普遍的一致性，通过充分的观察和反思，理论上的差异就可以消除。有人说，"充满思想的道德信念和受过良好教育的人是伦理学的数据，就恰如感官知觉是自然科学的数据一样。正如后者观点被拒绝作为幻想一样，前者观点也是如此；但后者只有在与其他更准确的感官感知发生冲突时才会被拒绝，前者只有在与其他信念发生冲突时才会被拒绝，而这些信念更经得起反思的检验。"但是，可以肯定的是，在调和相互冲突的感官知觉的可能性和调和相冲突的道德信念的可能性之间存在着巨大的差异。当人们的感觉知觉在同一物体呈现发生变化时，就像当物体在不同的客观条件下或者在观察者的眼睛是正常的或是色盲的条件下看起来不同一样，同样的物体看起来是不同的。这种变化可以通过参考外部条件或器官的结构来分析，它们绝不能影响我们对事物本来面目的认识。所以当我们通过经验知晓客体并不存在时，很容易把幻觉和知觉区分开，无论在哪，知觉都有一个存在的对象。另一方面，我们都知道，"有道德思想信念和受过良好教育的人"之间通常存在冲突，不，甚至哲学家的道德"直觉"之间也经常存在冲突，这被证明是不可调和的。如果道德观点是建立在情感基础上，这正是可以预料到的。道德情感依赖于认知，但同样的认知可能会在不同的人身上或同一个人在不同的场合，产生性质或强度不同的情感，没有任何东西能使这些情感统一。某些认知激发了恐惧，进入到几乎每一个人的内心，但世界上也有勇者和懦夫，与它们是否准确地意识到迫在眉睫的危险的准确性无关。一些遭受痛苦的案例几乎不会失败的引起最无怜悯心的同情；但是，人们感到怜悯的倾向却大不相同，这既取决于被怜悯的对象，也取决于这种情感的强度。道德情感也是如此。在很大程度上，正如我们所看到的，它们的差异取决于不同认知的存在，但通常情况下，尽管认知是相同的，情绪也会有所不同。前者的变化并不妨碍人们相信道德判断具有普遍性，但当道德情绪的变化可以追溯到不同的人在相似的情况下，考虑到利他主义情操的特殊性，而产生不同感觉的倾向时，所谓道德判断的普遍性就是一种错觉。

也许有人会说，只要对事实有足够的洞察力，只要所有人的道德意识都"充分发展"，就不会有道德观点的多样性……但是，什么是充分发展的道德意识呢？实际上，我想，这无非是同意演说者自己的道德信念。这种说法是错误的，是有欺骗性的，因为如果它有别的意思的话，它就以一种道德判断的普遍性为前提，而这种普遍性是这些道德判断所不具备的，同时它又似乎证明了它所假定的东西。我们可以说他的智慧已经发展到足以掌握某一真理，因为真理就是其中之一；但它并不能通过事实被证明是其中之一，事实是被一个"充分"发展的智慧所认可。真理的普遍性在于被所有对事实有充分认知的人作为真实判断的认可，而对充分认知的呼吁则说明正确地假定真理是普遍的。

道德判断不可能拥有真理所特有的普遍性，当我们考虑到它们的判断变化不仅在质上，而且在量上都不同时，这种普遍性都变得特别明显了。真理和谬误是没有程度的区分，但善与恶有轻重之分，德性与善行有大小之分，义务有宽严之分，如果没有对错之分，其原因在于，正确意味着有服从义务之规则。

道德评价在数量上的差异显然是由所有道德概念的情感起源造成的。

情绪的强度变化几乎是无限的，道德情绪的形式对规则而言也不例外。事实上，同样的行为模式是否会在任何两个个体之间产生正好相同程度的赞同或反对，这是相当令人怀疑的。当然，这些差异中有许多太过微小，无法在道德判断中表现出来；但是，感情的强烈程度常常是被一些特殊的词来表示，或者是用判断的语气来宣告。然而，应当注意的是，在一个道德判断中估算表示的量，与某一行为过程在某一特定场合所引起的道德情感的强度并不相同。如果一件伤害发生在我们眼前，我们会比在报纸上看到它更容易感到愤慨，但我们承认，两种情况的恶劣程度是一样的。情感道德评价的相对数量是由其对象在完全相似的情况下唤醒的情感强度所决定的。

文化相对性的伦理含义①

卡尔·威尔曼

人们常认为人类学的发现对伦理学具有革命性的意义。萨姆纳、苯尼迪克特和赫斯科维茨的读者往往会产生这样的印象：唯一的道德义务是顺应社会，一夫多妻制和一夫一妻制一样好，或者没有任何道德判断可以被理性地证明是合理的。尽管这些人类学家可能会抱怨自己被误解了，但他们不会否认自己的真正意图是挑战传统的道德观。即使是受过科学训练的人类学家，也对泛泛之论持怀疑态度，对哲学上的纠缠保持警惕，但他也倾向于相信，对文化的科学研究已经破坏了对任何形式的伦理绝对原则的信仰。

究竟是什么发现迫使我们修改我们的道德规范？科学表明，某些曾经被认为是绝对的东西实际上与文化相关。当某事物随文化而变化并由文化决定时，它就是相对于文化的。显然，没有什么东西可以既相对于文化又是绝对的，因为绝对是固定不变的，独立于人，对所有人都是一样的。

究竟哪些事物是相对的，以及处在何种程度上，是文化人类学家仍在

---

① 《哲学杂志》，第60卷，第7号，1963年3月28日，哲学杂志公司。

争论的一个问题。这个问题虽然重要，但我不打算讨论它。经验主义科学家必须告诉我们，事情随着文化的不同而不同，并且随着不同程度的变化而变化，这是在原因上被文化所决定。我没有资格质疑人类学家在这一区域的发现。相反，让我转向文化相对性含义的哲学问题。假设文化相对性是一个事实，那么伦理学会遵循什么呢？

<h2 style="text-align:center">一</h2>

长期以来，人们认为那更多的是和文化相关的。风俗习惯是由于社会压力而强制形成的。对这些行为规则的建立对个体而言是希望他们遵守规则，以及从他不赞成和受惩罚的冒险偏离中回归。很明显，道德观念因社会而异，任何特定社会的道德观念取决于其文化。这对伦理意味着什么？

最常得出的结论是，某个道德观念在一个社会是对的，在另一个社会可能是错的。例如，虽然我们中的一个人杀死自己年迈的父母是错误的，但这一行为对因纽特人来说是正确的。这是因为我们的道德观念与因纽特人社会的道德观念不同，是道德观念决定了行为的对错。

为了便于讨论，让我们承认，不同的社会确实有不同的道德观念。我们为什么要承认道德观念决定行为的对错呢？有人声称，从定义上讲，这是正确的。"对"的意思简单地说是"根据道德观念"，而"错"的意思是违背道德观念。我们的对错观念的这种分析是讨论的余地的。这似乎可以解释义务的必要性和非人格性。"应该"似乎告诉我们所做的，然而超出了任何个人的命令；也许它的约束力在于社会的需求。虽然这一解释乍一看很有吸引力，但我无法接受……这种特别的分析是令人反感的，因为它使任何习惯性的行为方式都是错误的这一说法自相矛盾。毫无疑问，社会改革家经常感到困惑，但他们并不总是前后矛盾。

如果道德规范使行为正确或错误的观点从定义上来说是不正确的，一个人应该始终遵守他所在社会的道德习惯就相当于遵守道德原则。通常支持这一原则的方法没有一种是充分的。（a）任何社会在其特殊情况下都会无意识地发展有助于生存和福祉的习俗。每个人都应该遵守道德习俗，因为这是促进社会成员过上美好生活的最佳方式。我承认，任何一个社会都有一种发展适应其特殊环境的风俗习惯的趋势，但我怀疑这不仅仅是一种趋势。大多数社会都有改革的空间，特别是当条件因为这样或那样的原因发生变化时。

（b）一个人应该遵守社会的风俗习惯，否则会摧毁社会的风俗习惯。没有道德风俗，任何社会都将陷入其成员无法忍受的无政府状态。在我看来，这一论点值得认真对待，但它并不能证明人们应该永远遵守社会习俗。它所表明的是，一个人通常应该从总体上遵守他的社会习俗，无论何时他考虑不遵守社会习俗时，他应该给出原因评价和他因不遵守社会习俗而给社会稳定带来的影响。（c）一个人应该遵守社会习俗，因为不服从往往会破坏社会习俗的存在。重要的是要保留这些习俗，不仅仅是为了避免无政府状态，而是因为正是这些习俗赋予了所有民族的生活形式和意义。我承认，个人确实倾向于认为他的生活源于他所在群体的道德习俗，任何扰乱这些道德习俗的事实都会使他的生活失去意义。但是，所有这一切再次证明，一个人应该在整体上符合他的社会习俗。尽管我们有一些义务去遵从他人的意见，但这并不是任何社会成员唯一或最重要的义务。

因此，在我看来，人们不能正确地说道德规范决定了行为的正确与否。人们无法用术语来定义这些伦理词汇的含义，一个人也不能维持道德原则，即一个人总是听命于他所在的社会的道德习俗。如果道德观念不能决定行为是对还是错，那么，不同的社会有不同的道德习俗这一事实，并不意味着同样类型的行为在一个社会是正确的，而在另一个社会是错的。

二

语言学和心理学的研究都表明，生活在不同社会中的人们以不同的方式将经验概念化。道德观念可能依赖于他们产生的文化背景并随着社会的不同而不同。古希腊人关于德性的思想与现代美国人截然不同；基督徒有关义务的观念在那些逃避了传教士影响的非洲人的头脑中可能是不存在的。我们能从道德概念与文化相关这个事实中得出什么结论呢？

显而易见的暗示是，不同文化背景的人几乎肯定会在任何道德问题上产生分歧。虽然看起来很明显，但这并不是暗示。事实上，使用不同概念的人永远不会有不同意见，因为分歧的前提是双方的想法是一致的。首先，他们在什么问题上应该有分歧？如果每个人都在使用自己的一套概念，那么每个人都会用自己的术语提出自己的问题。如果这两个人没有任何共同的伦理概念，就没有办法形成一个双方都能理解的单一问题。同样，他们各自的答案在什么意义上是不一致的？当一个美国人说波兰不民主，而一个俄罗斯人坚持说波兰是一个民主的典范时，显然他们出现了分歧。毫无疑问，他们在很多方面都有分歧，但不是体现在他们的言辞上。他们的说法很一致，因为他们在不同的意义上都使用了"民主"一词。同样，如果人们给他们的伦理词汇附着不同观念时，那么不同文化背景的人们将会出现分歧。

可以得出的正确结论是，不同文化成员的道德之间的任何比较都只能是片面的。只要每一种观点都是用自己的术语表述的，它们之间就没有可比性；只有当它们在同一套观念中陈述时，比较才成为可能。但是，如果观念不相同，一种观点翻译成另一种观念的语言或两者以中性的语言来翻译大概是最好的，甚至在那里达到充分翻译是可能的，没有根据原观念的翻译，有些意义将被丢失或将被添枝加叶。由于这个原因，任何声称不同社会中人们的道德观念相同或矛盾的说法都可能只说明了问题的一部分。至少在某种程度上，不同文化的伦理是不相称的。

三

文化相对论最常被强调的方面是与道德判断有关的。一个社会成员认为是好的东西，在另一个群体看来是坏的；在一个社会被认为是错误的行为在一个社会被认为是正确的。此外，这些对价值和义务判断的差异似乎反映了各自社会之间的文化差异。有大量证据表明，伦理判断与文化有关。

对许多人类学家和哲学家来说，一系列相反的道德判断中的某一个并不比另一个更有效，或者，肯定地说，所有的道德判断都同样有效，这是必然结果。不幸的是，有一个关键的歧义（这里）……道德判断可能具有同等效力，要么因为所有的都有效，要么因为没有一个有效：类似地，一个道德判断可能不会比另一个更有效，要么因为两者都有效，要么因为两者都缺乏有效性。由于这两种解释有很大的不同，让我们分别加以考虑。

在第一种解释中，从道德判断与文化相关这一事实中得出的结论是，每一个道德判断对其所在的社会都是有效的。这种观点不是否定道德判断的客观有效性，而是肯定它，但可以以一种有条件的形式，允许伦理信念的变化。

似乎有三种主要的方法来捍卫这一立场。（a）伦理判断具有客观有效性，因为它有可能被理性地证明。然而，这种有效性局限于一个特定的社会，因为在这种辩护中使用的前提是在那个社会中被同意的。因为没有普遍接受的前提，所以没有普遍有效性是可能的。如果以这种方式加以限制，我希望否认这种正当性是真实的。如果我们所有的推理真的建立在某些可以被别人毫无错误地拒绝的前提之下，那么我们必须放弃客观有效性的主张。当我宣称道德判断的有效性时，我想要宣称的不仅仅只是有可能用逻辑论证来支持它们；我还认为，否定这些论证的前提是不正确的。（b）任何伦理判断都是一种文化总体模式的表达。因此，对整体文化布局的一致性的判断者而言，任何单一判断都是有可能被证明的。但是，人们不能把这种文化作为一个整体来证明，因为它不是一个更具包容性的模式的一部分。因此，仅仅根据特定的文化模式，伦理判断才具有客观的有效性。我对这一观点和对前一观点持同样的反对意见。由于它允许辩护建立在任意的基础上，因此不足以支持任何具有客观有效性的重要主张。（c）任何伦理判断都具有客观有效性，因为它是道德规范的表达。道德准则的有效性基于这样一个事实：如果不遵守共同准则，社会就会崩溃，从而导致灾难性的后果。因为任何既定的道德规范都为一个且只有一个社会提供凝聚力，所以每一个道德判断都对一个单一的社会具有有效性。要捍卫客观性，至少有两个困难。当然，人们可以否认某些道德判断，而不破坏它们所反映的整个道德准则；并不是每一种判断都对社会稳定至关重要。此外，这一论点似乎基于一种伦理判断，即一个人不应该导致社会稳定的崩溃。如何证明这个判断是有效的？一个人要么诉诸其他的有效性基础，要么在一个圈子里争论。这些论证中，没有一个能证明每一种道德判断对其所处的社会都是有效的。

关于第二种解释，要从道德的事实中得出结论，道德判断与文化的关系就是道德判断没有客观的有效性。这相当于说，真与假、正确与不正确之间的区别，不适用于这种判断。这个结论显然不是简单地从人们在道德问题上有分歧这一事实得出的。我们既不因为不同的科学家提出不同的理论，也不因为某些社会成员坚持许多非科学的信念，就否认科学判断的客观有效性。

那么，为什么道德判断与文化相关的事实意味着它们没有客观的有效性呢？（a）个人做出不同的道德判断是因为他们根据不同的参考框架进行判断，并且他们不加批判地从他们的文化中采用这些参考框架。因为道德判断是文化教化的而不是推理的产物，所以他们不能要求理性的辩护。我不认为这个论点令人信服，因为它似乎混淆了一个判断的起源和它的合理性证明。判断的原因是一回事；支持或反对它的理由是另一回事。还有待证明的是，任何能引起我们做出判断的信息都与我们判断正确与否有关。用科学的方法来解决伦理问题是不可能的。因此，没有任何客观的方法来证明一种道德判断比另一种更正确，而且，在没有任何方法能建立起这种主张的客观有效性的情况下，继续提出这种主张是没有意义的。我承认，如果没有建立道德判断的理性方法，我们不妨放弃客观有效性的主张。而且，如果科学方法局限于用观察和实验的结果来检验假设所暗示的预测，那么它似乎确实不适用于伦理问题。我不会让步的是，我默认科学方法是建立真理的唯一方法。观察和实验在数学家使用的方法中并不是很重要。我甚至怀疑，如果一个人得出道德判断没有客观有效性的结论，他是否可以用科学的方法来建立这个结论。道德判断不能科学地建立起来，这一事实本身并不能自我证明它们不能通过任何推理方法来建立……

结　论

忽视文化相对性的事实或从中得出惊人的结论是一种时尚……在我看来，这些结论通常是由文化相对论的事实所引出的各种论点，要么是无效的，要么是非结论性的。另一方面，从这些事实中可以也应该得出一些重要的伦理结论。在文化相对论的真正含义中，我想包括以下结论：我们自己的制度远非不可避免。一般相似的对象或情境，在不同的社会中可能具有不同价值。一般来说，相似的行为在一个社会可能是对的或好的，在另一个社会可能是错的或坏的。不同社会成员的道德观之间的任何比较都只能产生偏见。

毫无疑问，读者希望挑战我的观点或拒绝这种或那种特殊的结论。然而，除了这些具体的伦理问题之外，还有一些在我看来是不可避免的整体逻辑结论。（1）人们能从文化相对论的事实中合理地得出什么结论，取决于人们从哪个事实出发。道德观念、社会制度、人性、行为、目标、价值经验、道德情感、道德观念、道德判断和道德推理之间的相关性值得区分；每一种都有不同的伦理学的含义。（2）文化相对性的事实本身并不意味着是伦理学的内容。任何论点，既有趣又有效，需要附加的前提。因此，只有与某些超越人类学的论断相结合，人类学的发现才对伦理学有根本的影响。（3）我们应该得出什么结论，显然取决于一个人所接受的附加前提。因此，一个人的伦理和认识论将决定他附着于文化相对性的意义。（4）在我们能够批评甚至理解那些从这种相对性的事实中得出伦理结论的论点之前，我们必须明确这些附加的前提，看看有什么可以支持或反对它们。我写这篇论文的主要目的是要在这个复杂而又至关重要的任务上开创一个起点。

相对主义[①]

约翰·霍斯珀斯

当分析相对主义时，可以分为几种不同的观点。

1. 社会学相对主义只是认为不同的人群，不同的部落，不同的文化，不同的文明，有不同的道德标准来评价行为的对错。例如，在我们的社会中，我们认为偷窃被抓总比逃脱要好；但是这个斯巴达青年允许狐狸咬他的致命器官，而不是因为偷窃被抓住……这反映了一种普遍的认知，即被抓住是坏事，而偷窃则不是。新几内亚的多布部落认为自己种蔬菜是光荣的，但偷邻居的蔬菜更光荣。与基督徒不同，古罗马人更尊重荣誉而不是怜悯。如果他们能从宽容中获得一些好处，他们就可以宽容；否则，他们对受害者几乎没有感觉，例如对战俘。勇气是珍贵的；怜悯和谦卑则不然。一些沙漠部落，如我们在前面的例子中讨论的T.E.劳伦斯，认为是一种神圣的责任，当他们的一个成员被对方部落杀死或抓获，捕捉并杀死（通过缓慢的折磨）那个部落的一员，即使他并不是同样承诺冒险[②]的那个人，完全无辜的人也会这样做。因纽特人认为当父母已经到了一定的年龄，杀死他们的父母是正确的——事实上，父母们也希望如此——而不是带着他们踏上危险的旅程……

在这个意义上，没有人会否认相对主义。如果道德哲学家说："你们社会学家和人类学家所告知的事实都是错误的。这是一派谎言！"最有资格了解都布部落人的信仰的人是那些在都市部落生活并亲眼看到的人。

即便如此，"社会学相对主义"这个词还是模棱两可的。如果这个词语仅仅意味着一个群体所持有的道德信念，而另一个群体没有这样的道德信念

[①] 约翰·霍斯珀斯，《人类行为：伦理学的问题》，哈考特·布雷斯·乔瓦诺维奇出版公司，1961年。

[②] 在战斗中只有成为士兵一员才会有被抓捕或杀死的问题，本文强调的是没有成为士兵在战斗中也会被抓捕或杀死。——译者注

是这显然是正确的——一个经验事实。但如果这个词意味着不同的群体有不同的基本道德原则，那么显然这个叙述并不是正确的，甚至可能是错误的。不同的群体可能会使用相同的基本道德原则，但在不同的情况下会以不同的方式应用它们。想象两个部落，每个部落都认为他们应该做最有利于部落中尽可能多的人生存的事情。其中一个部落在沙漠里，另一个部落住在水源充足的地方。在第一个部落中，即使浪费少量的水也被认为是严重的道德犯罪，甚至可能是死罪；在第二个部落中，根本没有关于浪费水的规定。这是社会学相对主义的第一个例子；一个认为浪费水是错误的，而另一个则不这么认为。但这并不是第二种意义上的社会学相对主义的例子，因为这两种道德规则同样说明了一个基本的道德原则，即正确的行为促进生存。在这个假设下，它们根本没有什么不同；不同的是这一原则适用于不同的情况。

2. 社会学相对主义根本不是一种伦理学说；它试图描述人们的道德信仰是什么；它并没有说明其中任何一个是否比其他的更好。然而，伦理相对主义走得更远；它具有明确的对与错的观念，因而进入了伦理学的范畴。根据伦理相对主义如果有两个部落或社会，并在其中一个相信某种行为是错误的，而在另一个部落或社会上同样类型的行为则是正确的；两个信念都是真实的。在第一个社会的这种行为是错误的，在另一个社会，他们是对的。一夫多妻制在一夫多妻制的社会中是正确的，但在一夫一妻制的社会中则不然。因此，没有对与错的整体标准——什么是对，什么是错，取决于成员所在的社会。

这里我们立刻就有了一个歧义。让我们此时假设奴隶制在一个社会中是正确的，而在另一个社会中是错误的——不仅被认为是正确的，这应当是社会学的相对主义，但是像伦理相对主义所说的那样，它确实是真实的。但持有这种信念的人根本就不必是相对主义者。他可能相信某一种正确的总体标准，例如人民所关心的最大幸福……如果是这样，既然他有一个正确的标准，他就不是相对主义者。某种实践可能有利于一个社会的幸福，而不利于另一个社会，在这种情况下，这种实践在这个社会是正确的，而在另一个社会则不然；只有道德原则的应用在不同社会之间是不相同的，并不是原则本身不同。也许大多数自称道德相对主义者的人根本不是这样，因为他们相信一种道德标准，以不同的方式应用于不同的社会，因为他们所生活的社会条件是各不相同的。因为一块石头落下，一个气球上升，所以一个人也许会谈及引力相对论，然而，这两个事件都是万有引力定律一个相同的例子。

但是，假设这个人相信没有一个总体的标准，不参考任何一个总体的道德原则的话，什么是对的，什么是错的，在不同的社会中是不同的。一个人可能会认为，对一个群体来说是对的，对另一个群体来说可能是错的，对一个人来说是对的，对另一个人来说可能是错的，尽管这并不是因为存在一个总体的道德原则，而这些原则在不同的应用场合是不同的，相对主义者很难给出任何理由，为什么他相信这是如此，但他可能没有试图给出任何理由陈述他的立场。在那种情况，他能够真正地被称为相对主义者。但现在他必须面对一些问题：

a. 如果我们问他，为什么一种实践在一个社会中是正确的做法，但在另一个社会中是错误的，他将无法表明原因。他的立场似乎没有可遵循的普遍原则。委婉地说，这种弱点会让许多人感到不满。

b. "在一个群体里是对的，在另一个群体里就是错的。"他说，但到底什么是群体呢？选择哪一组呢？每个人都是许多不同团体的成员——他的国家、他的州、他的城市、他的俱乐部、他的学校、教堂、兄弟会或体育协会。假设俱乐部里的大多数人认为某种行为是错误的，而本国的大多数人认为这种行为是正确的；那怎么办呢？

c. 群体中有多少人——无论这个群体被证明是什么样的群体——必须在真正是错误之前就认为它是错误的。通常的回答是："大多数人"，这大概意味着任何超过50%的人。如果51%的国人认为通奸是错误的，那么对这个国家的人民来说通奸就是错误的；但如果只有49%的人认为它是错误的，那么它就不是。这个结论至少可以说是奇怪的。难道大多数人不会错吗？少数人的观点有时会传播开来，后来成为多数人的观点；在那个事件中，这种行为在之前是错误的，在现在是正确的吗？"在一个猎头社会里，猎头就是正确的，如果美国的大多数人都成为了猎头，那么猎头对我们来说应当是正确的。"这句话很容易说出来。同样的行为例如：一夫多妻、焚烧女巫、不经审判定罪、食人等。有什么理由认为大多数人所相信的应当是真实的呢？

d. 如果一个社会或群体的大多数人所赞同的在那个社会中是正确的话，那怎么可能有道德改进这种事呢？如果在猎头社会中，有人认为猎头是残忍、野蛮和错误的，并将这些观点告诉他的酋长，相对主义酋长会回答："但我们部落中的大多数人认为是正确的，所以这样做是正确的。"一个社会里，大多数人在个人所得税上欺骗政府，那么，这样做就应该是对的。尽管一旦欺骗者的比例降至50%以下，这种做法就不再正确了。如果伦理相对主义是正确的，那么一个社会的道德信念显然不可能是错误的，因为大多数人确信它的信念是正确的，这将证明这些信念在当时的社会是正确的。因此，无论怎样少数人的观点是错误的。不用说，大多数声称"在道德上任何事情都是相对的"的人，以及自称为道德相对主义者的人，都没有意识到他们的理论的这些含义。

规范伦理的相对主义[①]

保罗·W.泰勒

"在一个社会是对的，在另一个社会可能是错的"这句话是解释"道德相对性"含义的一种流行方式。它通常与"伦理普世主义"，即认为"对与错不因社会不同而不同"的观点相对照。然而，这些表述是含糊不清的，重要的是我们必须关注它们的模糊性。因为它们既可以被理解为事实的主张，也可以被理解为规范性的主张，它们被理解的方式产生了诸多不同……

[①] 保罗·W.泰勒，《伦理学原理：一个导论》，由迪肯森出版有限公司版权所有，1975年，沃兹沃斯出版公司，加利福尼亚州贝尔蒙特，94002。

当有人说，在一个社会里是对的，在另一个社会里可能是错的，这可以理解为，在一个社会里被相信是对的，在另一个社会里被相信是错的。当我们说道德的对错因社会的不同而不同时，这可以理解为不同的社会采用不同的道德规范。因此，贯彻一个社会行为规范可能会违反另一个社会的行为规范。如果这是它的意思，那么我们在这里被告知的仅仅是特定标准和规则的文化差异。

但是，"在一个社会里是对的，在另一个社会里可能是错的"这句话，可以用完全不同的范式来解释。它可以被看作是一个规范性的主张，而不是一个事实性的断言。代替断言一个不足为奇的事实是相信在一个社会中是正确的东西在另一个社会中则相信是错误的，表达了一种更为激进和看似矛盾的观点，即在一个社会中实际上是正确的东西在另一个社会中可能在实际上是错误的。根据这一观点，只有在将道德规范作为其生活方式一部分的社会中，道德规范才被认为是有效的。这种规范在那个社会之外是不会被认为有效的。然后得出的结论是，用自己社会的规范来评判其他社会中的人的行为是不合法的。这种观点我们称之为"规范性伦理相对主义"。为了完全清楚它的主张，我们将考察它能够被表达的两种方式：一种是我们的注意力关注于道德判断，另一种是关注于道德规范。

关于道德判断，规范性伦理相对主义认为，两种表面上相互矛盾的表达都能是正确的。

具体如下。考虑以下两种说法：

（1）未婚女性在陌生人面前显露面部是错误的，这是错误的。

（2）……（如上），这不是错误的。

在这里，似乎在两个道德判断之间有一个明显的矛盾，因此，如果一个是真的，另一个就一定是假的。但规范性伦理相对主义者认为它们两个都是真的，因为在（1）和（2）中给出的陈述是不完整的。应当如下：

（3）身为S社会成员的未婚女性，在陌生人面前显露面部是错误的。

（4）S社会之外的未婚女性在陌生人面前显露面部并没有错。

陈述（3）和（4）并不矛盾。断言一个并不等于否认另一个。规范性伦理相对主义者简单地将"做X行为是正确的"所有这种形式的道德判断解译为"当行为人是社会S的一员时做X行为是正确的"这种形式的陈述，后一种说法可以被视为与"当行为人不是社会S的成员时，做X行为是错误的"这种说法相一致。

规范性伦理相对主义者的道德规范解释了前面的道德判断理论。我们已经看到，道德规范要么是用来判断品德好坏的标准，要么是用来判断行为是非的规则。因此，可根据一个人在某种范围内贯彻了标准来判断他是善的，也可以根据一个行为是遵守还是违反规则来判断它是对的还是错。当一个规范性伦理相对主义者说，道德规范因社会而异时，他并不仅仅是想说，不同的社会采用了不同的规范。他是超越了描述性相对主义，提出了规范性主张。他否认道德规范的普遍有效性。他的意思是，道德标准或规则只能正确地适用于特定社会的成员，这些社会成员已经将标准或规则作为其实际道德准则的一部分。因此，他认为，用这种标准或规则来判断社会之外的人的性格或行为是不合法的。因此，任何将一个社会的规范作为根据，判断另一个社会中的人的性格或行为，结果都会是错的。

规范性伦理相对主义者并不一定相信对他人规范的容忍。他的立场也不意味着他赋予他人按照自己的规范生活的权利，因为他甚至对宽容本身也持相对主义观点。一个社会的行为准则中包含了宽容的准则，那么它就应该正确地宽容他人；并且一个社会否认宽容是正确的话（相对于它自己的宽容准则而言），那么它就应该禁止他人按照不同的准则生活。规范性伦理相对主义者会简单地说，我们不应该判断宽容的社会比不宽容的社会更好，因为这将是将我们自己的宽容准则应用于其他社会。宽容，就像其他准则一样，是受文化限制的。任何人声称，每一个社会都有权利通过自己的标准生活，在其他社会中提供方方面面类似的权利，这就是伦理普遍主义者。因为他对所有类型的社会而言至少有一个有效性规范，即有权利实现一种生活方式而不受到他人的干扰。他认为这个普遍的规范是有效的，无论每种社会都会在事实上承认它。

如果规范性伦理相对主义者被挑战去证明他的立场，他可能会做两件事中的一件。一方面，他可能会争辩说，他的立场来自或基于描述性相对主义者引用的事实作为他立场的证据。或者，从另一方面来说他可能会转而寻求元伦理思考的支持。先把第二个观点放在一边，让我们更仔细地看看第一个观点。

为规范性伦理相对主义辩护的最常见的论点是，如果描述性相对主义所指出的事实的确是真实的，那么我们必须承认规范性伦理相对主义作为与这些事实相一致的唯一立场。看来，如果每个人的道德判断在规范的框架内形成自己的文化和历史时代，如果这些规范因文化和时代而异，那么，任何人在其他社会和时代用自己的准则行事必然是无根据的。这样做是种族中心主义，这是……一种盲目、狭隘的教条主义。为了摆脱种族中心主义的非理性，我们需要但也要认识到，唯一合法应用于任何特定群体的规范，是那些被该群体接受的规范。由于不同的人群接受不同的规范，因此没有适用于世界上所有人的普遍规范。如果说世界上没有普遍适用的规范，那就是在遵循规范性伦理相对主义。因此，该论点的结论是，规范性伦理相对主义是遵循描述性相对主义的事实。

这是一个有效的论点吗？假设一个人接受了描述性相对主义者所指出的事实，那么他也必须接受规范性伦理相对主义吗？让我们来看看对这一论点提出的一些反对意见。首先，它声称文化多样性的事实本身并不包含规范性伦理相对主义。原因是，一个人完全可能接受这些事实，并否认规范性伦理相对主义，而不自相矛盾。在不同文化的道德信仰上和在人们接受的道德规范上，无论有多大差异，仍有可能会有人认为这些信仰是真的而其他的是假的，或者有一些规范是更正确和合理的，或者是比其他更开明的。各类型社会在有关什么是正确和错误的看法不同这一事实并不意味着某种社会可能没有比另一种社会更好的理由来坚持自己的观点。毕竟，仅仅因为两个人（或两组人）在疾病是由细菌还是恶灵引起的问题上存在分歧，并不会导致这种结论——有关疾病起因分析正确或开明的观点。因此，我们并没有从事实中得出结论：两个社会有关种族灭绝是否正确的不同看法，在道德问题上不存在正确或开明的观点。

类似的论点可以用于第二套由描述性相对主义者所断言的事实。肯定一切道德信仰都来自社会环境和否定规范性伦理相对主义，并没有陷入矛盾。一种信仰是从一个人的社会中习得的这一事实并不意味着它既非真也非假，或者如果它是真的，那么与他在社会中所习得的真实性相关联。我们所有的信仰，无论是经验的还是道德的，都是从我们的社会中学来的。我们并不是天生就对化学或物理有任何固有的信念，我们只是在学校里学习这些。然而，这并不使我们怀疑这些科学的普遍有效性。因此，我们的道德信念来自我们的社会，是在我们的家庭和学校里学习的，这一事实与它们的普遍有效性没有关系。一个人获得信仰的来源或原因不能决定信仰的内容是真还是假，甚至不能决定他是否有充分的理由接受信仰的内容是真还是假。

如果有人说，我们的道德信念是基于我们从小受文化影响而形成的态度或感觉，同样的观点仍然可以被证明。例如，假设一个人认为奴隶制是错误的，他不赞成、不喜欢，甚至憎恶奴隶制制度。他消极的态度，已经毫无疑问是受他的文化价值体系的影响，可能会与接受奴隶制环境长大的人拥有的积极立场（赞同、喜欢、赞赏）形成对比。这里有对奴隶制的积极和消极态度，每一种态度都受到特定文化环境的影响。这并不是说这两者是同等合理的，或者两者都是不合理的。对待奴隶制的某种态度是正当的还是不正当的，这个问题取决于赞成或反对采取这一态度的人是否能够给出充分的理由。这个问题需要我们运用推理能力的练习……道德信念基础上的态度都来自对社会环境的学习，这一纯粹事实留下了一个公开问题，即一个聪明的、理性的、消息灵通的人对某种特定行为或社会实践采取什么样的态度。

同样的论点也适用于描述性相对主义的第三个事实：种族中心主义。怀有种族中心信念的人认为唯一真实的道德准则是他们自己的社会。但这留下了一个问题，他们的信念是真的还是假的？来自不同文化背景的两个人，都是种族中心主义者，但有着相反的道德信仰，可能每个人都认为自己的特定道德规范对每个人都是有效的；然而这并没有关系到这两者中的任何一个是正确的。我们必须独立地探究建立一套道德规范的普遍有效性的可能性，而不管谁可能相信或不相信它们是普遍的真实。

应该注意的是，这些规范性伦理相对主义第一个论点的各种反对意见，即使是合理的，也不足以证明规范性伦理相对主义是错误的。它们只提供了拒绝一个支持该立场论点的理由。要证明这一立场是错误的，就必须给出一个合理的论证来为伦理普遍主义辩护。哲学家们建立普遍主义的这些类型的争论将在后面的章节中展开陈述。只有当其中一个或多个争论被证明是可接受的，规范性伦理相对主义才会被驳倒。

第三章　道德责任

在任何学科中，学生都喜欢用一个朗朗上口的短语准确地概括最基本的观点。哲学是一门没有很多朗朗上口的短语的学科。但它也确实是有一些的，其中最著名的一条来自伦理学，"应该暗示能够"这个短语表达的要点是，如果我说你应该做某事，那么我就假定你有能力去做这件事（也就是说，你可以自由地去做这件事）。另一种解释这种表达的方式是说人类自由是伦理实践的前提。除非人类是自由的，否则不可能有伦理的行为。逻辑顺序是这样的：要成为一个有道德的人，我必须是一个可以为自己的所有行为负责任的人，这些行为可能会受到赞扬或指责。要对那些行为负责，我必须在意识上或行动上有自由去做或不做。在这种意义上的自由缺失的情况下，让我在道德上为他们负责是很奇怪的。

选集的第一篇文章，塞缪尔·巴特勒（Samuel Butler）描述了一个世界——埃勒惠翁（Erewhon），在这个世界中，人们对生病负有道德责任。当埃勒惠翁的公民被发现生病的罪孽时，他们将被带去接受审判和惩罚。我们所认为的犯罪行为，比如偷窃，在《埃勒霍恩》的世界里被视为我们对待病人的方式。偷东西的人要接受治疗。埃勒惠翁的社会实践的确是怪诞的。奇怪的是，我们相信人们得癌症或流感不是他们的责任，而偷窃通常是他们的责任。这就是为什么我们把病人送进医院，把小偷送进监狱。我们的文化与埃勒惠翁的区别在于责任方面的事实判定。这不仅仅是因为埃勒惠翁的习俗和我们不同，也是我们和埃勒惠翁的公民对世界的本质存在分歧。

认为人类可以自由地做或不做在传统上认为他们应该承担道德责任的行

为的观点并不是普遍被认同的。一些社会科学家们否认人类在这个意义上是自由的，因此他们可以轻松地接受一半的埃勒惠翁的社会实践，认为我们可以就像埃勒惠翁的公民一样，应该诊疗罪犯而不是惩罚他们。毕竟，犯罪行为确实类似于生病。行为心理学家B.F.斯金纳（B.F.Skinner）是这一观点最清晰的倡导者之一。在本选集中，斯金纳承认"诊疗"犯罪和其他心理条件作用的使用会破坏关于人类自由和尊严的传统观点。但我们不要过分悲伤；它们的用处——至少在斯金纳看来，已经过时了。斯金纳认为，自由的传统理解的首要根据是感觉自由。但是，他坚持认为，"感觉自由"并不表明人是自由的。斯金纳提供了许多感觉自由但实际上并不自由的人的例子——快乐的努力。斯金纳认为，所有的积极强化（通过习惯性地使用奖励来影响行为）都在一定程度上否定了自由，因为它影响了行为。为大量使用奖励方法的儿童培养提供了例证。为了讨论起见，让我们同意斯金纳的观点，即心理条件作用在一定程度上否认自由。

通过关注儿童培养和训练中的积极强化，斯金纳能够阐述他的道德观点。大多数积极强化并不是错误的——即使它否认了自由，而所有的行为都会对强化技术做出反应。决定强化技术的对或错在于其使用。如果强化能让一个人快乐，更富有成效，就像典型的儿童培养方式一样，那么强化技术就是有益的。如果强化伤害了个体，即使被强化的行为是为他人的利益服务的，那么强化技术就是有害的。

在区分"好"和"坏"的强化技术的背后，斯金纳坚信行为心理学是一种科学发展的开始。自由与尊严的文字所描绘的人性观是一种迷信的观点。行为心理学所描述的人的观点是科学的观点，科学的观点增强了我们对人的理解。所有人类在接受科学观点时真正失去的是他们的虚荣心。

但我们就只能失去这些吗？如果斯金纳的观点占上风，我们的法律（和道德）制度将不得不完全重新设计。康复和治疗将会通过应实施的过程和发现的错误为代价而被强调。错误和正当程序在行为受操作性条件作用控制的环境中没有真正的作用。如果社会实践向行为模式转变发生了巨大变化，那么法律和道德实践也将发生根本性的、革命性的变化。

一些行为主义者，如斯金纳，认识到了他们观点的激进含义。法律和道德制度在一个以心理条件而不是以确立错误和意图为标准的世界中会有很大的不同，这一事实是规范的，不会被视为一种反对意见。像斯金纳这样的行为主义者会欣然承认这一点。真正的问题不在于世界是否会不同，而在于我们是否在制度的安排上被证明是合理的，而这种安排以产生错误和建立意图为代价，强调操作条件。要回答这个问题，需要解决两个截然不同的问题。首先，传统的法律和道德制度在道德上是否优于斯金纳提出的替代方案？其次，斯金纳人性"事实"的观点是否得到了足够的经验证据和严谨的概念的严格支持呢？

许多人认为，斯金纳的替代观点在这两种检验面前是失败的。至于道德测试，斯金纳无法在对与错的问题上提供客观检验的方法。我们是什么样类型的人，包括我们对伦理学问题有什么样的信念，是环境力量的结果，也包括其他人类调节者力量的结果。因此，我所持的对与错的观点取决于他人的观点——特别取决于那些条件行为的观点。但是这些调节者的道德观是什么呢？要么这些观点依赖于轮替的条件，那样我们就开始了无穷的倒退，要么这些调节者的道德观不是由条件作用建立的。选择后一种的行为主义者必须承认，并非所有的行为和信仰都是有条件的。但这与行为主义者的核心假设相矛盾。最终，根据斯金纳的分析，什么是好的呢，就是那些负责条件反射的人说什么是好的。但是我们有什么理由认为调节者是正确的呢？我想读者可以理解为什么有些人认为斯金纳的行为心理学假设在某种程度上存在道德上的危险。什么是对的，什么是错的，是由文化科学精英们决定的。对社会来说，以这种方式进行管理（有条件的）是可怕的——无论公民是否乐意接受这种条件。行为心理学家都未能通过伦理测试，因为在理论中没有伦理学存在的空间，特别是没有对代表或反对某个伦理立场的论点进行评估的空间。

有人指责斯金纳的人性观缺乏概念的严谨性，你对此有何看法？斯金纳认为正强化在一定程度上否认自由，因为它影响行为。事实是这样吗？关于这个问题的争论将我们引向了传统的自由意志问题。

在这篇导言中，我们最能完成的是将真正有争议的真问题从可以最终解决的虚假问题中区分开。大多数哲学家都同意，既不能解释也没有原因引起的行为不能从道德的角度来评价。假设一位母亲被问到，她为什么要牺牲自己的利益来送女儿上大学。她的回答是："我没有任何理由，我就是这么做的。我真的无法进一步解释。"把这个回答和这个相比较："因为我和我的女儿有着独特的关系，我对她有特殊的义务——这些义务凌驾于我的利益之上。"虽然第二种回答提供了道德上的理由，但第一种回答实际上根本不能回答这个问题。符合第一种解释的行为根本就不是道德行为；它是神秘的行为。因此，说"应该"意味着"能够"，或者说"人有道德上的责任"并不会让我们认为道德行为是没有理由的。道德行为是有原因的，是支持他人的利益的。例如，考虑以下三个支持他人利益的事件：

1. 植物逐渐向着太阳生长。
2. 一个五年级学生正确地计算出 $3 \times 3 = 9$。
3. 母亲会把收入的很大一部分存起来供女儿上大学。

在每一种情况下，事件都有一个解释。这件事为什么会发生，这个问题可以很确定地回答。然而，那些事件（如果有的话）是自愿发生的吗？那些事件（如果有的话）是由主体负责吗？

我们大多数人都会同意，植物转向太阳是有原因的，不是随意造成的。根据自然的规律和植物的成分，这种植物除了朝着太阳生长外别无他法。如果说植物有责任朝着太阳生长，那将是一种语言的误用。这个哲学问题是，是否所有的事件都可以按照我们解释植物向太阳生长的方式一样被解释。

许多哲学家对这个问题的回答是响亮的"不"。例如，亚里士多德将自由行为定义为一种自愿的选择行为。对亚里士多德来说，自愿行为是一种没有外部强制和无知的行为。使自愿行为成为选择行为的因素是理性思考，我们只能理性思考在我们能力范围内的事情。母亲为女儿的教育存钱是一种自由的行为。

本章选编的文集中有这样一种观点。萨特通过人类行为的事实，将人类行为与其他一切事件区分开来——故意。并不是所有的人类行为都可以被归类为行为。打嗝、抽搐和打喷嚏都不是行为，因为它们不是故意的行为。

萨特认可人类某种环境中存在的事实。人们生活在某种环境下，有有限的权力，有历史，并与他人互动。人类在总体情况下所能做的就是假设一些理想（目标），这些目标代表了事物的状态，而不是当前存在的状态，然后努力使他们的状态符合假设的理想。在世俗层面上，我可以假设这样一个理想："走到可乐机前，买一杯能解渴的可乐"，然后采取适当的行为。在一个更高的层面上，我可以设想"建立一个更民主、友好与和平的社会"的理想，然后采取适当的行为来实现它。这种让我们超越既定情境的理想假设是人类行动的根据，构成了萨特的自由概念。母亲的贫穷是与生俱来的。母亲可以假定教育女儿的理想，并采取适当的行为（拯救）是一种自由的行动。母亲不必以她所做的方式来回应她的处境。没有人这样做。出于这个原因，我们有正当的理由说我们要为自己的处境负责。我们要对我们在特定环境中所做的事情以及我们如何试图改变它负责。萨特所表达的是，他宣称人类"作为一种存在方式，要对世界和自己负责"。

在这些解释之后，学生可能会奇怪，这一切大惊小怪的是什么。人类的行为是可以解释的，但有些人类行为具有特殊的特征，这促使我们说，这些行为是自由的，并且人应对这些行为负责。这样的行为可以被道德评价，也可以被称赞或指责。

C.A.坎贝尔（C.A.Campbell）和其他大多数哲学家都认为，自由意志问题不可能如此迅速而简单地解决。这在很大程度上取决于"原因"这个词的意义。决定论认为，世界上所有的事情都完全是由先前的（过去的）事件造成的。在这个定义下，似乎所有的事件都必须是它们本来的样子，而不可能是别的样子。这看起来就像遵循一个数字规则，比如计算3×3=9，就像植物朝着太阳生长。母亲的储蓄行为也是如此。如果这就是所有事件都是由原因引起的意思，那么很明显，我们意图的结果完全且仅仅来自过去的原因，所有的行为都是非自愿的，因此我们不能为此承担道德责任。此外，大多数社会科学家更喜欢这种唯物主义的、机械论的因果关系观点，因为它使所有人类行为还原为支配物理和化学学科的规律。

然而，因果关系的定义为"科学"的行为研究提供了方便，这一事实所采用的并不是充分的因果关系。正确的问题是，科学观点在帮助我们判断人类行为的根据是否可靠。在我看来不是这样的。因果关系的科学定义的含义给予我们一个非常奇怪的世界。一个更广泛的因果定义，包括所有类似法律的行为可能会更好。我们可以有不同种类的原因——植物向太阳生长的物理和化学原因，数学和游戏等的规则导向原因，以及道德和谨慎行为的意识原因。这种对原因的解释原则能够让我们解释（但不是预测）所有人类行为，并且仍然允许我们承担真正的责任。在任何情况下，本书的其余部分都建立在一个假设之上，即我们确实拥有坎贝尔所说的"逆性"或创造性的自由。

埃勒惠翁[1]

塞缪尔·巴特勒

这是我收集到的。那个国家，如果一个人在七十岁以前，以任何方式使身体陷入疾病、紊乱、变坏，那么他就会在陪审团面前被测试，如果被判有罪，就会受到公众的蔑视，并依据案件的不同处以或轻或重的刑罚。疾病可以根据冒险程度的不同细分为犯罪和轻罪——一个人会因为严重的疾病而受到重罚，而在六十五岁以上失去视觉和听觉，就被视为是健康的，仅由罚款处理，不再履行付款义务或监禁。但在我们自己的国家，如果一个人伪造

---

[1] 塞缪尔·巴特勒，《埃勒惠翁》，乔纳森海角股份有限公司，伦敦。

支票，或故意烧毁自己的房屋，或通过暴力抢劫，或任何其他诸如此类的犯罪，要么公费送往医院，得到最细致的照料，要么如果他是在好的情况下，他将告知他所有的朋友，他患有严重的不道德适应症，就像我们生病时所做的一样，他们以极大的关怀来拜访他，和询问这一切是如何产生的，症状如何显现的等等这类问题，他将十分坦率地回答。因为不良的行为，虽然被认为与我们自身的疾病一样可悲，并且毫无疑问地表明了行为不端者的严重错误，但仍然被认为是先天或后天不幸的结果。

然而，这个故事的奇怪之处在于，尽管他们将道德缺陷归因于性格或环境的不幸，但他们却不听从那些在英国只能得到同情和怜悯的不幸的请求。任何不幸，甚至是借他人之手的虐待，都被认为是一种对社会的冒犯，由于它使人们听到它感到不舒服。因此，损失财产或失去重要依靠的亲人，所受到的惩罚几乎不比身体犯罪轻多少。

因此，埃勒惠翁人根本不把身体上的病痛与犯罪联系在一起，这一事实并不能阻止他们中比较自私的人对一个抢劫银行的朋友置之不理，直到他完全康复为止；但这确实不能阻止他们甚至想用轻蔑的语气对待罪犯，好像在说："如果我是你，我就会成为一个比你更好的人。"这种语气对于身体上的疾病来说是很合理的。因此，尽管他们用他们所能想出的每一种狡诈、虚伪和诡计来掩盖他们的健康状况，他们却对那些最明显的精神疾病毫不讳言，如果这些疾病真的存在的话，对人民公平的对待是不常见的。的确，这些人可以说是精神上的病夫，神经质地认为自己是邪恶的，因而使自己变得极其可笑，而他们其实一直都是很不错的人。然而，这是例外。总的来说，在保留和毫不保留的问题上，他们对道德福祉的态度和我们对健康的态度是一样的。

因此，我们之间所有普通的问候，比如，你好吗？类似的，会被认为是严重的不文明行为；即使像告诉一个男人他看起来很好这样普通的恭维话，文雅阶层也不会容忍。他们会互相问候说："我希望你今天早上一切都好。"或者"我希望你已经从我上次见到你时那种暴躁情绪中恢复过来了。"而如果经历的人一直不好，或者还是急躁，他马上就会这样说，并相应地表示慰问。矫直师已经走得更远了，从假想的语言（就像在非理性学院教的那样），到所有已知的精神疾病形式，并根据他们自己的系统进行分类，虽然我不能理解，但在实践中似乎很有效；因为他们一听到一个人的故事，就会把他的情况告诉他。比如，他们熟悉他的长名字，就能使他确信他们完全了解他的情况。

读者可以毫不费力地相信，人们常常借助已知的幻想来逃避被法律认定的疾病，这一点人人都能知道，但即使看上去知道也会被认为是严重缺乏教养的。因此，在我到诺斯尼伯夫人（Mrs.Nosnibor）家一两天后，许多来拜访我的女士中，有一位正在为她丈夫唯一一次寄卡片而找借口，理由是那天早上他在逛公共市场时偷了一双袜子。我已经被警告过，因此，我永远不会表示惊讶，所以我仅仅表达了同情，并表示，虽然在我到首都如此短的时间内，我已经有一个偷衣刷的小伎俩，虽然到目前为止我抵制诱惑，可悲的害怕是，如果我看到任何特别感兴趣的东西，既不太热衷也不太沉重，我就应该把自己放在矫直者的手中。

诺斯尼伯夫人一直在侧耳倾听我所说的一切，等那位太太走后，她表扬了我。按照埃勒惠翁的礼仪，她说的话再礼貌不过了。然后她解释说，"偷了一双袜子"，或者"有袜子"（更通俗的说法），是一种公认的说法，表示这个人有点不舒服。

尽管如此，他们对所谓的"健康"有一种强烈的享受感。他们欣赏他人的心理健康，也喜欢他人的心理健康，并尽其所能（与他们额外的职责相一致）承受一切痛苦而为他们自己治愈。他们非常不喜欢嫁给他们认为不健康的家庭。只要他们犯了什么严重的罪行，他们就会立刻把矫直者叫来——通常是即使他们认为自己即将犯这种罪行。虽然有时补救措施是极其痛苦的，涉及被关数周，和在某些情况下最残酷的身体折磨，我从未听说过一个通达的埃勒惠翁人会拒绝他的矫直者告诉他所做的一切，就像一个通达的英国人，如果他的医生告诉他有必要的话，他会拒绝接受最可怕的手术一样……

和其他国家一样，在埃勒惠翁也有一些处理特殊问题的法院。正如我上面所解释的，一般来说，不幸或多或少被认为是一种犯罪，但它是可以分类的，每一个主要案件都会指定一个法庭。我到达首都没多久就漫无目的地走进了"私人丧亲法庭"，既有兴趣又怀着痛苦地听到对一个男人的审判，他被指控刚刚失去了一个他深爱着的妻子，她给他留下了三个孩子，其中最大的只有三岁。

囚犯的律师竭力为他辩护说，囚犯从来没有真正爱过他的妻子；但这段感情彻底崩溃了，因为公诉人传召了一个又一个证人作证，证明这对夫妻曾经深爱过对方。当一些事件成为证据，让犯人想起他所遭受的无法挽回的损失时，他不断哭泣。陪审团毫不犹豫地做出判决，但建议对犯人从宽处理，理由是他最近刚为他的妻子投保了一笔可观的人寿保险，而且被认为是幸运的，因为他没有提出异议就从保险公司收到了这笔钱，尽管他只付了两个保费。

我刚才说过，陪审团判定犯人有罪。当法官宣判的时候，我对犯人的辩护律师受到指责的方式感到惊讶，因为他提到了一部作品，把犯人所遭受的这种不幸的罪行减轻至足以引起法庭愤慨的程度。

"我们会不时地看到这些粗俗的、颠覆性的书籍，"法官说，"直到人们认识到，运气是人类唯一的崇敬对象这一道德公理为止。"一个人在多大程度上有权比他的邻居更幸运，因而更受尊敬，这个问题是一个过去总是，将来也永远是只能通过市场上的讨价还价，为最终是通过蛮力来解决的问题；不过，无论如何，没有一个人能容忍不幸超过中等程度，这是合乎情理的。

然后，法官转向囚犯继续说道："你遭受了巨大的损失。大自然对这种罪行给予严厉的惩罚，人类的法律必须强调自然的法则。要不是陪审团的推荐，我就让你做六个月的苦役。不过，我可以把你的刑期减为三个月，你可以选择将保险公司赔付保险费的百分之二十五作为罚金。"

囚犯感谢了法官，并说如果他被送进监狱，就没人照顾他的孩子，他将接受法官大人仁慈地允许他的选择，并支付他指定的金额。然后他被带离被告席。

　　下一个案件是一个刚到人家庄园的年轻人，他被指控在他的未成年期间被他的监护人，也是他最近的一个亲戚，骗走了一大笔财产。他的父亲早已过世很久了，正是因为这个原因，这个罪行才在个人丧亲法庭上接受审判。这个小伙子毫无防备，他辩解说自己年轻，缺乏经验，非常敬畏他的监护人，而且没有独立的专业建议。"年轻人，"法官严厉地说，"别胡说八道了。人们没有权利年轻，没有经验，对他们的监护人充满敬畏，没有独立的专业建议。如果他们这种轻率行为触犯了朋友们的道德感，他们一定会预料到自己会遭受到相应的痛苦。"然后，他命令犯人向他的监护人道歉，并接受用九尾猫①打他十二下……

超越自由与尊严②

B.F.斯金纳

一

　　几乎所有生物都会采取行动使自己摆脱有害的接触。一种自由是通过相对简单的行为形式实现的，称为反射。一个人打喷嚏时，呼吸道中的刺激性物质就会释放出来。他会呕吐，使胃摆脱难以消化的或有毒的食物。他缩回他的手，把它从尖锐或灼热的物体上拿开。更复杂的行为形式也有类似的效果。当被束缚的时候，人们会挣扎（"愤怒"）并挣脱。当遇到危险时，它们会逃离或攻击它的源头。这种行为可能是由于其生存价值而进化的；它就像我们所说的人类基因禀赋的一部分，就像呼吸、出汗或消化食物一样。通过条件作用，类似的行为可能会在新奇的物体上获得，这些物体可能在进化中没有发挥作用。这些无疑是争取自由的小例子，但却意义重大。我们不把

---

① 九尾猫也叫九尾鞭，是惩罚犯人的一种刑具。——译者注
② B.F.斯金纳，《超越自由与尊严》，埃弗雷德·A.诺普夫公司，1971年。

它们归因于对自由的热爱；它们只是一种行为形式，已被证明有助于减少对个体的各种威胁，从而在进化过程中减少对物种的威胁。

行为以另一种方式削弱有害刺激，起着更重要的作用。它不是以条件反射的形式获得的，而是成为另一个叫作操作性条件反射的不同过程的产物。当某种行为引发某种后果时，这种后果更有可能再次发生，具有这种有影响效果的后果被称为强化。例如，食物是饥饿有机体的强化物；生物体在接受食物之后所做的任何事情，更有可能在下次饥饿的时候再做一次。有些刺激被称为负强化物，当刺激再次出现时，任何降低或终止这种刺激强度的反应都更有可能被释放出来。因此，如果一个人逃避炎热的太阳，他移动到有遮掩的地方，当太阳再次变热时，他就更有可能移动到有遮掩的地方。气温下降强化了它所"依赖"的行为——也就是它所遵循的行为。操作性条件反射也会发生在一个人单纯地避开炎热的太阳时——粗略地说，他是在逃离炎热太阳的威胁。

负强化物被称为厌恶，因为它们是生物有机体"回避"的东西。这个术语暗示着一种空间分离——移动或逃离某物——但本质上的关系是暂时的。在实验室用于研究这一过程的标准仪器中，任何的反应只会削弱或终止厌恶的刺激。大量的物理技术就是这种为自由而斗争的结果。几个世纪以来，人类以不稳定的方式构建了一个世界，在这个世界里，他们相对远离了许多威胁或有害的刺激——极端的温度、传染源、艰苦的劳动、危险，甚至那些被称为不适的轻微的令人反感的刺激。

当厌恶的环境是由他人造成时，逃避和回避在争取自由的斗争过程中扮演着更重要的角色。有些人即使没有努力也会令人反感：他们可以是粗鲁的、危险的、传染性的，或令人讨厌的，人们因此逃离他们或避开他们。他们也可能是"故意的"厌恶——也就是说，他们可能因为接下来发生的事情而厌恶他人。因此，奴隶管家在奴隶停止干活时用鞭打奴隶的方式驱使他去干活；通过恢复干活，奴隶摆脱了鞭打（顺便强化了奴隶管家使用鞭子的行为）。父母会唠叨孩子直到孩子完成一项任务，孩子摆脱了唠叨（并强化父母的行为）。勒索者威胁要曝光，除非受害者付钱；通过支付，受害者可以逃脱威胁（并加强了这种行为）。老师以体罚或不及格相威胁，直到学生集中注意力；通过注意力集中，学生可以逃避惩罚的威胁（并加强教师的威胁）。以这样或那样的形式，有意的厌恶控制是大多数社会协调的模式——在伦理、宗教、政府、经济、教育、心理治疗和家庭生活中都是如此。

一个人逃避或避免令人厌恶的对待，通过行为方式强化那些厌恶对待他的人，直到他这样做，但他可能以其他方式逃避。例如，他可能只是移动到控制范围之外。一个人可以逃离奴役，移民或从政府控制下叛逃，从军队中逃离，成为一个宗教的叛教者，逃学，离家出走，或作为流浪汉、隐士或嬉皮士从一种文化中退出。这种行为既是厌恶条件的产物，也是这些条件所唤起的行为。后者只能通过强化偶发事件或使用更强烈的厌恶刺激来保证。

另一种反常的逃跑方式是攻击那些安排了令人反感的条件并削弱或摧毁他们权力的人。我们可能会攻击那些挤在我们身边或惹恼我们的人，就像我们攻击花园里的杂草一样，但同样，争取自由的斗争主要是针对有意的控制者——那些以厌恶的态度对待他人，以诱导他们做出特定行为的人。因此，一个孩子可能反抗他的父母，一个公民可能推翻政府，一个牧师可能改革一种宗教，一个学生可能攻击老师或肆意毁坏学校，一个辍学者可能破坏一种文化……

自由文学鼓励逃离行为以及攻击所有的控制者。它的做法是，让任何控制的指令都令人反感。那些操纵人类行为的人被认为是邪恶的人，必然是一心想剥削的人。控制显然是自由的对立面，如果自由是好的，那么控制一定是坏的。任何时候不会产生厌恶后果的控制是被忽略掉的。许多对人类福祉至关重要的社会实践都涉及了一个人对另一个人的控制，没有人去压制那些关心人类成就的人。

问题是把人从控制中解放出来，而是要把人从某种控制中解放出来，只有当我们的分析考虑到所有后果时，这个问题才能得到解决。人们对控制的感觉，在自由的文学对他们的感觉起作用前后，并不能引导有用的区别。

如果不是因为"所有的控制都是错误的"这一毫无根据的概括，我们就应该像对待非社会环境那样简单地对待社会环境。虽然技术已经把人从环境的某些令人厌恶的特征中解放出来，但它并没有把人从环境中解放出来。我们接受了我们依赖周围世界的事实，我们只是简单地改变了依赖性的本质。同样地，要使社会环境尽可能地不受厌恶刺激的影响，我们不需要破坏或逃离这个环境；我们需要重新设置社会环境。

二

对人类行为进行实验分析的本质是，它应该剥离之前分配给自主的人的功能，并将它们逐一转移到控制环境中，这种分析留给自主的人能做的事情越来越少。但是人类自己呢？难道一个人就没有比一个活生生的身体更重要的东西吗？除非有一种叫作自我的东西存在，否则我们怎么能说自我认识或自我控制呢？"认识你自己"的训诫是写给谁的？

自我是一套适合于既定偶发事件的全部行为。一个人暴露出来的实质性部分的条件可能起到主导作用，在其他条件下，一个人可能会说，"我今天不是我自己"，或"我不可能做你说让我做的事，因为那不是我。"赋予自我的身份源于对行为负责的偶发事件。由不同的偶发事件产生的两个或两个以上的行为谱写出两种或以上的自我。一个人拥有一种适合他和朋友相处的行为，另一种适合于他和他家人相处的行为。如果他的朋友看到他和家人在一起的时候，或者他的家人看到他与朋友在一起的时候，可能会觉得他是一个完全不同的人。当各种情况交织在一起时，身份问题就会出现，比如当一个人发现自己同时与家人和朋友在一起时。

科学分析中得出的图像并不是一个身体里面有一个人，而是一个人的身体在意识上展示了一系列复杂的行为。当然，这种景象是陌生的。这样描绘的人是一个陌生人，从传统的观点来看，他似乎根本不是一个人。

被废除的是自主的人——内在的人，侏儒，附身的魔鬼，被自由和尊严的文学所捍卫的人。他们早就该被废除了。自主的人是一种用来解释我们无法用其他方式解释的装置。他们是由我们的无知构成的，随着我们的理解增加时，构成他们的东西也随之消失。科学并没有使人丧失人性，而是使人非人类化，如果科学要防止人类的灭绝，它就必须这样做。对于人本身，我们常说"解脱了"是件好事。只有剥夺一个人，我们才能转而找到人类行为的真正原因。只有这样，我们才能从推断转向观察，从奇迹转向自然，从不可企及转向可操作。

科学可能从未要求对一个学科的传统思维方式进行更彻底的改变，也从未出现过比这更重要的学科。一个人感知周围世界的传统图像，选择要感知的特征，区别它们，判断它们的好坏，改变它们使其变得更好（或者，如果他粗心大意，更糟），并可能为他的行为负责，其后果会得到公正的奖掖或惩罚。在科学的图景中，一个人是由生存的进化偶然性塑造的物种的一员，他所呈现出的行为过程使他处于他所生活的环境的控制之下，并在很大程度上处于他和数百万像他一样的人在文化进化过程中构建和维护的社会环境的控制之下。控制关系的方向是相反的：不是一个人对世界起作用，而是世界对他起作用。

仅仅从知识的角度来接受这种变化是困难的，我们几乎不可能接受它的影响。传统主义者的反应通常是根据感觉来描述的。其中一个原因是虚荣心受到了伤害，弗洛伊德的信徒在解释人们对精神分析的抗拒时曾求助于此。正如欧内斯特·琼斯（Ernest Jones）所说，弗洛伊德本人阐述了"人类自恋或自爱在科学面前遭受的三次沉重打击"。第一个是宇宙学的，由哥白尼提出；第二个是生物学上的，由达尔文提出；第三个是心理学上的，由弗洛伊德提出。（遭受这种信念的打击：人的内心深处有某种东西知道他内心发生的一切，一种叫作意志力的工具可以行使对人格其他部分的指挥和控制。）但是虚荣心受伤的迹象或症状是什么，我们该如何解释它们呢？对于这样一种科学的人类图景，人们所做的是说它是错误的、有损尊严的、危险的，反对它，攻击那些提出或捍卫它的人。他们这样做不是出于受伤的虚荣心，而是因为科学的公式摧毁了习惯的强化物。如果一个人所做的事不再能得到信任或受到赞赏，那么他似乎就会失去尊严或价值，而以前被信任或赞赏所加强的行为将会消失。消失通常又会导致攻击。

传统观念中的男人是讨人喜欢的，其被赋予了强化特权。因此，这很容易防御，也很难改变。其目的是建立个人作为一种对抗控制的工具，这样做很有效，但是以一种限制进步的方式。我们已经看到，自由和尊严的术语，以其对自治的人的关注，是如何使惩罚的使用变得长久，并纵容只使用软弱的非惩罚技术。而且不难证明，追求个人幸福的无限权利与未受限制的生育所带来的灾难，耗尽资源和污染环境的无节制的富裕，以及迫在眉睫的核战争之间的存在着的联系。

物理和生物技术已经缓解了瘟疫和饥荒，以及许多日常生活的痛苦、危险和精疲力竭，而行为技术也开始缓解其他种类的疾病。在分析人的行为过程中，在分析光的时候可能稍微超出牛顿的范围，因为我们正在开始进行技术上的应用。有很多美妙的可能性，而所有更美妙的原因是传统的方法已经无效了。很难想象在一个世界里生活在一起的人没有争吵，通过生产食物、住所和需要的服装，在艺术、音乐、文学和游戏中享受自己，并为他人的享受作出贡献；只消耗世界上合理的一部分资源，并尽可能少地污染世界；不要生过多的孩子，让他们体面地长大，继续探索他们周围的世界，并发现更好的处理方式，准确地认识自己，从而有效地管理自己。然而，这一切都是可能的，即使是最微小的进步迹象也应该带来一种改变，用传统的话说，这种改变可以缓和受伤的虚荣心，抵消失落感或怀旧感，纠正"我们既不能也不需要为自己做任何事情"的印象，并通过建立"自信和价值感"来促进"自由和尊严感"。换句话说，它应该充分强化那些受其文化诱导而为其生存而工作的人。

一项实验分析将行为的决定从自主的人转移到环境中——环境既对物种的进化负责，也对每个成员获得的技能负责。环保主义的早期版本是不充分的，因为他们不能解释环境是如何运作的，而且似乎有很多事情留给自主的人去做。但是，环境并发事件现在取代了曾经属于自主人的功能，从而产生了某些问题。人果真是被废弃了吗？当然不是作为一个物种或个人被废弃。废弃的是内心自主的人，这是向前迈出的一步。但是，对于发生在自己身上的事情，人类难道不只是一个受害者或被动的观察者吗？他确实被他的环境所控制，但我们必须记住，环境很大程度上是他自己创造的。一种文化的进步是一场自我控制的巨大练习。人们常说，科学的人情观会导致虚荣心受损、绝望感和怀旧情绪。但是没有一个理论能改变人的本质；人还是他原来的样子。一种新的理论可能会改变对其主题的处理方式。科学的人的观点提供了令人兴奋的可能性。我们还没有看到人能把人变成什么样。

自由：一个存在主义的解释[①]

让·保罗·萨特

一

奇怪的是，哲学家们能够无休止地争论决定论和自由意志，援引其中一个或另一个论点的例子，却从来没有首先试图阐明行动这个概念所包含的结构。事实上，行动的概念包含了许多从属的概念，我们必须把这些概念按照等级进行组织和安排：行动就是改变世界的形状；它是为了一个目的而安排的手段；它是为了产生一种有组织的工具综合体，通过一系列相关联的连接，对其中一个连接的修改会导致整个系列的修改，并最终产生预期的结果。但这对我们来说并不重要。我们首先应该注意到，行动在原则上是故意的。粗心的吸烟者由于疏忽而引起了火药库的爆炸，但他没有采取行动。另一方面，被指控引爆采石场的工人，如果他遵守了既定的命令，他就会在爆炸发生时采取行动；他知道他在做什么，或者，如果你喜欢的话，他有意地

[①] 让·保罗·萨特，《存在与虚无》，黑兹尔·E.巴恩斯译，哲学图书馆，1956年。

实现一个有意识的计划……

　　既然自由等同于我的存在，那么它就是我要试图通过意志或激情努力达到的目的的基础。因此，它不能局限于自愿行为。相反地，意志和激情一样，都是某些主观的态度，我们企图通过这些态度来达到最初自由所设定的目的。当然，通过最初的自由，我们不应该理解一种先于自愿或激情行为的自由，而是去理解一种严格的与意志或激情具有同时代的基础，它们以各自的方式表现出来……

　　如果这些目的已经确定，那么每一时刻仍然需要决定的是我将以尊重的方式引导我的行为；换句话说，就是我应当具有的态度。我应该凭意志行事还是凭激情行事？除了我，谁能决定？事实上，如果我们承认环境决定了我（例如，当我遇到一个小危险时，我可以凭意志行事，但如果危险增加，我将陷入激情），那么我们就会压制自由。如果宣称意志在它出现的时候是自主的，而外部环境严格地决定了它出现的时刻，这确实是荒谬的……

　　这并不意味着我可以自由地起身或坐下，可以自由进出，可以自由逃跑或面对危险——如果这里的自由指的是纯粹任性的、非法的、无端的和不可理解的意外情况的话。诚然，我的每一种行为，即使是最微不足道的行为，在我们刚才所定义的意义上都是完全自由的；但这并不意味着我的行为可以是任何东西，甚至不意味着它是不可预见的。然而，有人可能会反对，并问，如果我的行为既不能根据世界现状而被理解，也不能根据我过去的全部被视为不可挽回的事情而被理解，他可能是任何事情，而不是无端的。让我们仔细看看。

　　一般的观点并不认为自由仅仅意味着选择自己。一个选择，如果它是自由的，那么它就是"实其所是，而非是其所是"。我和朋友们开始徒步旅行。走了几个小时之后，我的疲劳加重了，最后变得非常疼痛。一开始我抗拒，然后我突然放弃了，我把背包扔在路边，让自己倒在它旁边。有人会因为我的行为而责备我，从而说我是自由的——也就是说，我的行为不仅不是由任何事或人决定的，而且我还可以成功地抵抗疲劳……

二

常识用来反对自由的决定性论据在于提醒我们的无能。我们根本不可能随心所欲地改变我们的处境，我们似乎也无法改变我们自己。我不能"自由"地逃避我的阶级、我的国家、我的家庭的命运，甚至不能建立我自己的权力或财富，也不能征服我那些最微不足道的欲望或习惯。我生下来就是个工人，一个法国人，一个遗传的梅毒患者，或者一个结核患者。人生的历史，不管它是什么，都是一部失败的历史。逆境的系数是这样的，要想取得最微弱的结果，需要多年的耐心。同样，"为了驾驭自然而服从自然"也是必要的；也就是说，把我的行为插入到决定论的网络中。与其说人类"创造了自己"，不如说人类"造就"了气候和地球、种族、阶级、语言、人类所处的集体历史的一部分、遗传、童年的个人环境、习得的习惯、人生的大事小情。

这一论点从来没有使拥护人类自由的人感到十分不安。决定论所提出的许多事实实际上并不值得我们加以考虑。特别是，逆境系数不能成为反对我们自由的论据，因为自由是由我们——也就是由目的的最初位置和这种逆境系数产生的地方来决定的。如果我想要移开一块特殊的岩石，它会表现出极大的阻力；相反，如果我想要爬上它，俯瞰乡村，它就会成为我宝贵的帮助。就其本身而言——如果你想象出岩石的本身会是什么样子的话——它是中性的；也就是说，它等待着被一个目的照亮，以便显示自己是不利的或有利的。同样，它只能以一种或另一种方式在一个已经建立的工具综合体中显现出来。如果没有鹤嘴锄和舵架，没有已经穿过的小道，没有攀爬的技术，那么攀爬峭壁将既不容易也不困难；这个问题不会被提出，它不应该与登山技术有任何关系。因此，尽管这些东西很残忍……如果我们的自由从一开始就能限制我们的行动自由，那么我们的自由本身就必须首先构成我们的框架、技巧和目的，而这些目的与这些限制有关。即使发现峭壁"太难攀登"，如果我们必须放弃攀登，我们注意到，峭壁之所以被揭示出来，只是因为它最初被认为"可以攀登的"；因此，我们的自由构成了它随后将遇到的限制……

我们前面所说的话的实质性后果是，被判定为自由的人，他的肩上扛起了整个世界的重担，作为一种存在方式，他对世界和自己负责。我们将"责任"一词的一般意义理解为"作为事件或物体无可争议的创造者的意识"。

他必须自豪地意识到自己是这个计划的始作俑者，因为那些可能危及我个人的最坏的不利条件或最坏的威胁只有在并通过我的计划才有意义；他们之所以出现，是基于我的预先安排。因此，抱怨是毫无意义的，因为我们的感受、我们的生活或我们是什么都不是由任何外来因素决定的。

此外，这种绝对责任不是顺从，它只是我们自由的结果的逻辑要求。发生在我身上的事情是通过我发生的，我既不能用它来影响自己，也不能反抗它，更不能屈从于它。此外，发生在我身上的一切都是我的。因此，我们必须首先明白，作为一个人发生在我身上的事情永远是平等的，因为一个人通过他人和他自己发生在他身上的事情也只能是人的。最可怕的战争，最恶劣的酷刑不会创造出事物的非人类状态；没有非人类的情况。只有通过恐惧、逃避和求助于魔法的行为，我才会对非人类的情况做出决定，但这个决定还是人类的，我将为此承担全部责任。除此之外，情势是我的，因为它是我自由选择自己的形象，它呈现给我的一切都是我的，因为它代表了我，象征着我。难道不是我自己决定了事物的逆境系数，甚至是事物的不可预测性的吗？

因此，生命中没有偶然；突然爆发并让我参与其中的交往事件并非来自外界。如果我被动员参加一场战争，这场战争就是我的战争；这是我的形象，和我的应得。我的应得首先是因为我总是可以用自杀或开小差来摆脱它；这些最终的可能性就是我们在设想一种情况的问题时必须始终存在的那些可能性。因为无法摆脱它，我选择了它。这可能是由于惰性，面对公众舆论时的怯懦，或者因为我更喜欢某些其他的价值观，而不是拒绝参战的价值观（亲戚的好感、家庭的荣誉等等）。不管你怎么看，这都是一个选择的问题。这一选择将在以后不断重复，直到战争结束。

　　除此之外，战争是属于我的，因为是通过一个孤立的事实发生在我所引起的一种形式下，我只有通过支持或反对战争才能发现战争的存在，因此，目前我已经无法将我对自己的选择和我对战争的选择区分开来。要活在战争中，就是通过战争选择我自己，和通过我自己的选择而选择战争。毫无疑问，把它看作是"四年的假期"或"缓刑""休会"，这是我在婚姻、家庭或职业生活以外的必不可少的责任。在这场我所选择的战争中，我日复一日地在选择我自己，我通过创造自己来创造"我的"。如果这将是一个空白的四年，那么我将为此承担责任。

　　然而，这种责任属于一种非常特殊的类型。有人会说："我没有要求出生。"这是一种天真的方式，更强调我们的真实性。我对一切都负有责任，事实上，除了我自己的责任，因为我不是我存在的基础。因此，每件事的发生都好像是我被驱使负的。我被遗弃在这个世界上，不是说我可能在一个充满敌意的世界里，像一块浮在水面上的木板那样，继续被遗弃，被动地生活下去，而是说我突然发现自己孤身一人，没有人帮助，投身于一个我要为之承担全部责任的世界，无论我做什么，我都无法摆脱这个责任，哪怕是一瞬间。因为我要为自己逃避责任的欲望负责。让自己在世界上处于被动，拒绝对事物和他人采取行动，仍然是选择了自己，而自杀是存在于这个世界上的一种方式……这就是为什么我不能问："我为什么出生？"或诅咒我的出生日期，或宣称我并没有要求出生，因为对我出生的各种态度——也就是说，指向这样一个事实，我意识到存在于这个世界上绝对不是别的态度，只是承担这个出生的全部责任，并使它成为我……个人在极度痛苦中意识到自己的处境并被推入一种责任，这种责任甚至延伸到他的自暴自弃，他就不再有悔恨、惋惜或借口；他不再是别的什么东西，而是完全显露自己的自由，它的存在就存在于这个显露之中。但是……大多数时候，我们逃避痛苦的方式是不诚实。

"自由意志"是伪问题吗[①]

C.A.坎贝尔

一

就道德责任不同条件的意义而言，一般的看法是很简单的。如果我们问自己，一个人是否对某一特定行为负有道德责任……有人会说，我们所考虑的是这个人是否适合成为进行道德判断的对象；他在道德上是好是坏，道德上是值得称赞还是值得指责，这并没有给我们带来什么好处：但是……就目前而言，在我看来，这似乎并没有什么严重的争议。真正有趣而又有争议的问题是关于道德责任的条件，特别是反因果的自由是否在这些条件中。

一般人对后一个问题的回答是，它肯定是在这些条件之中的。他为什么这么肯定？不是……因为一般人假设在描述性法律所做的某种意义上实施了因果法则的强制。但只是因为他没有看到一个人在他不得不做的行为方面，是如何被认为是道德上值得赞扬或应受谴责的。从道德赞扬和谴责的角度来看，他会说——尽管不一定是从其他角度来看——这是无关紧要的问题，不管是因为某种外部约束还是由于他自己的天性，一个人不得不做他所做的事情。在任何情况下，当一个人采取行动的时候，在他面前都没有真正的选择，没有公开的可能性，这就足以使道德上的赞扬和指责都是徒劳的。他不可能不这样做。普通人可能并不是无理由地继续强调这样一个事实，即我们所有人，即使都是语言哲学家，在进行道德判断的实践中，我们似乎都接受了共同的观点。他可能会坚持这一点……在进行道德谴责时，我们都"允许"一个人的遗传因素或环境的影响，我们认为这些影响使他比通常情况下更难以采取不同寻常的行为：言下之意是，如果我们假设这个人的遗传和环

① C.A.坎贝尔，《自由意志是伪问题吗》，载于《思想》，第60卷，第239号，1951年7月，吉尔伯特·赖尔编，爱丁堡，T.奈尔森和桑斯股份有限公司，帕科赛德工作室。

境不仅使他变得非常困难，而且实际上不可能做出不同寻常的行为，那么我们根本就无法恰当地对他进行道德谴责。

让我们把普遍观点中隐含的论点说得更尖锐一点。道德上的"应该"意味着"能够"。如果我们说A在道德上应该做X，这是在暗示他本可以做X，但我们只因为他没有做我们认为在道德上他应该做的事便将道德谴责推给他。因此，如果我们在道德上责备A没有做X，是我们暗示他可以做X，尽管他实际上没有做。换句话说，我们暗示A能够做但没做。这意味着我们暗示，这是一个人在道德上应受谴责的必要条件，他享有一种与不间断的因果连续性不相容的自由。

<h1 style="text-align:center">二</h1>

那么，这个简单的论证有什么错呢？这个论点看起来似乎只是在解读我们道德思维的基本类型的必要含义。人们倾向于问"如果要从道德角度思考，我们还能怎么思考？"

事实上，对于这个论点的错误之处，当代的批评家们达成了相当普遍的共识。他们的答案大致如下。毫无疑问，A的道德责任确实意味着他本可以采取其他行动。但"本可以不这样做"的表达立场急需分析。当我们分析它的时候，我们发现它并不像人们常认为的那样简单而明确，而且我们发现，至少在某些可能的意义中，它并没有暗示出性格和行为之间的因果连续性被破坏。有了这一点，我们可以进一步辨别，只有在后一种意义中，我们的道德思维才会被强迫去断言，如果A的行为在道德上是应受到谴责的，那么A"本可以不这样做"。由此可见，我们的道德思维与普遍信念相反，不需要我们假设一个矛盾的自由作为道德责任的条件……

那么在这种情况下，"A可以采取其他行动"意味着什么呢？我认为这个表达是简单的、绝对的意思，没有任何"如果"的重句符合它。或者，为了在我们面前保留一个重要的真理，即行为只有作为意志或选择的表达才具有道德意义，也许更好的表达是，A的道德责任的一个条件是他可以做出其他选择……这是一个非常真实的问题，至少对于任何一个以相当高级的反思水平来处理道德责任问题的人来说，A是否还有其他的选择。这样的人无疑会熟悉关于某些方面提出的先进的主张，即因果规律是普遍运行的；或者/和一些哲学的理论，即宇宙是始终单一的、至高无上的规律的表达；或者/和一些神学家的学说，即世界是由一个全知的、无所不能的存在、创造、维持和统治的。很容易理解的是，这样的世界观唤醒了他对自己最初的、简单的、本能的假设的有效性产生了怀疑，即一个人在做出道德选择的时刻面前确实有无限的可能性。因此，对他来说，一个人是否可以做出不同于他实际所做的选择，结果上人的道德责任是否真的可辩护，是一个真正的问题，因为他问自己，如果他的选择就像宇宙中所有其他事一样，不可能与它们的实际情况不同，那么一个人又怎么能在道德上负责呢?正是在这样的世界观背景下，反思的人们通常会遇到道德责任的问题……

不思考或者不成熟的人，大街上的"普通人"，他们不知道或不太关心科学家、神学家和哲学家对这个世界说了什么，他们很清楚地看到，只有在A可以采取其他行动的情况下，他才负有道德责任，但在他的意志的无知中，他很可能会设想，除了一些物质障碍外，没有什么能够阻止A采取其他行动……与此相一致，对于缺乏反思的人来说，"作为一种道德责任的条件，A可以不这样做"，就倾向于仅仅意味着"如果他已经选择这样做，A可以不这样做"。

这样看来，现在许多哲学家所赞成的观点，即道德责任所需要的自由仅仅是不受外部约束的自由，这种观点只有那些缺乏反思能力的外行才有同感。然而，很明显，在这类问题上，不善于反思的人的观点，与善于反思的人的观点相比，是没有什么可比性的。毫无疑问，在某些情况下，缺乏经验是一种优势。但这不是其中之一。这里所讨论的问题是关于那种可能会阻止一个人不按实际情况行事的障碍：在这个问题上，知识和反思肯定是一切值得倾听的答案的先决条件。仅仅是由于他的精神视野的局限性，不善于反思的人就把"本可以不这样做"这一表述解释为道德责任的一个条件，仅仅是根据外部约束。他（到目前为止）还没有达到从科学、宗教和哲学的世界观中考虑道德选择内涵的智力水平。如果在如此复杂的问题上，哲学家发现他的分析与未受过教育的人的言论一致，那么我认为，他有理由感到不安，而不是沾沾自喜……

三

例如，反因果自由暗含在命题——"A选择了非他所做"的"直言"解释中，这假定了人的性格和他的行为之间因果连续性的中断。现在除了支持因果律的普遍性的一般假设之外，还有一些特殊的理由来否定这里所说的中断。在社会交往中，人们普遍认为我们的熟人会表现得"按性格行事"；他们的选择将呈现出角色对特定情境的"自然"反应。这一假设似乎在广泛的行为中得到了充分的证实，因此在此基础上做出的预测获得了实际的成功。在反因果的假定中，哪里存在混沌的可变性，哪里就会在事实上发现存在大量可理解的连续性。此外，除了承认一个人的选择来自他的性格之外，还有什么选择呢？当然，所谓的"选择"根本不是那个人的选择：相对于亲密的人来说，这仅仅是一个"意外"。现在我们不能相信这一点。但如果是这样的话，它肯定无助于建立道德自由，即道德责任所要求的自由。因为，一个人显然不能在道德上对一种行为负责，且这种行为不是表现出他自己的选择，相反，只是归因于机会……

首先从两种主要反对意见中所指的比较不麻烦的那一种开始，那就是自由意志所涉及的因果连续性的中断与基于行为主体已知特性的行为的可预测性是不一致的。所有必须与反对意见相遇的是，只需要坦率地承认，这对自由意志主义者来说是完全开放的，即人类行为的广泛领域是由明确的一般原则决定的，自由意志在这些领域内是无法有效运作的。这些一般原则中最重要的是……自由意志主义者经常说得够多了。自由意志在这些实际情况下不起作用，在这种情况中，行为人的头脑中不会出现他所设想的"责任"和他所感觉到的"最强烈的愿望"之间的冲突。它没有在这里发生作用，因为恰恰没有机会让它发生作用。无论如何，行为人在这里没有任何理由实现它最强烈的愿望所描绘的过程。因此，在所有这些情况下，他自然地按照最强烈的愿望行事。但他的"最强烈的欲望"仅仅是特定的临时表达，即我们称之为"性格"的意欲的和动机的性情倾向系统的特殊表达。因此，在所有这种情况下，不论其他地方的情况如何，他的意志实际上是由他所形成的性格所决定的。现在，当我们记住，在一个人的生活中，符合这种模式的情况几乎多得无法估量，而在这种情况下，一个行为人意识到最强烈的欲望和责任之间存在冲突的情况，显然，自由至上主义者接受对自由意志的限定，在"可预见性"问题上，不会公开地遭到普遍反对。因为在人类行为的广大领域中，根据已知特征进行成功预测的可能：我认为，这一领域将毫无困难地适应所有这些关于成功预测的经验事实，批评家们倾向于认为这是自由意志的灾难。

就我所见，这种有效自由意志领域的界定，绝对否定了自由意志主义者。我们选择的领域是非常精确的那一小部分，我们的限定原则仍然为自由意志留下了余地——在这一小部分中，最强烈的愿望与责任相冲突，这对道德责任来说是关键的。我相信，正是尊重这种环境，并且最大限度地求助于这种环境，对主体自身认识道德上赞扬和道德谴责是恰当的。它们是与根据他在面对相反的愿望时所引起的做和不做的责任相适应，也就是说在这个过程中，他可以自由选择真正开放的可能性。如果在这里真正的自由被承认，而且每一件事都被承认，那么自由意志主义者就会在自由的安全可靠性上有真正的兴趣。

但是，最致命的问题是，即使在这里，真正的自由能够被承认吗？特别是，能否可以满足我们所描述的客观标准，即如果一个人在任何情况下随着他的性格选择什么也不做，那么这根本就不是这个人的选择。

这也许是在所有反对反因果的自由中，这是普遍的最具决定性的一个。

因为它所根据的假设，即没有可理解意义的假设——没有根据一种行为表达他自身性格的主张，而且也永远不是自我行为的主张，亦即倾向于被认为是自明的行为。因此，自由意志主义者被指控为实际上的非决定论者，他的"自由意志"只要不是来自主体的性格，而仅仅只是一个随机的问题。自由意志主义者——他总是不可避免地拒绝这种指控，并声称自己是一个自我决定论者——是否有任何方法表明与他的批评者的假设相反，我们能够有意义地谈论着自我行为，甚至在重要的意义上，这难道不是自我特征的表达吗？

我想说的是，阻止评论家用这种谈话方法来寻找意义是因为他们寻找的方法是错误的；或者说得好听些，也许是寻找方向的错误。他们是从外部观察者的角度来寻找的；他们持有的观点是正确的，这也是唯一可能的对物理世界的理解。现在从外部的角度来看，我们可以观察变化的过程。但有一件事，大家都同意，是不能从外部观察到的，那就是创造性的活动。然而，在这里，整个问题的关键是，这是一种精确的创造行为，当我们试图理解在传统上被自由意志所设计时，我们就在试图理解自由意志。因为，如果有一种行为是真正的自我行为，但绝不是它性格的表达，那么在这样一种行为中，自我"超越"已经形成的性格特征，就是本质上所讲的创造行为的特征。因而，从外在角度去寻找"自由意志"的意义是荒谬的。而应以一种确保不会被发现的方式去寻找它。假定任何一种创造性活动都至少是可能的（我知道没有现在否定的根据），但有一种方法，而且仅仅只有一种方法，我们有希望理解它，那就是从直接参与的内在角度出发的。

因此，在我看来，如果自由意志主义者宣称要在真正的自我意志中找到"自由"意志的意义，虽然不是一种自我特征的表达，那么就要经受任何相应实践的考验，这种考验必须从内在的角度进行。我们应当想象地站在主张自由意志的典型道德情境中的行为人的立场上，问我们自己，从这个立场出发，这个主张在做和不做的问题上对我们来说是否有意义。这种必须反思的主张无疑是不幸的。但他会是一个非常教条的反思批评家，他拒绝反思，因为在这种自然的情况下，没有其他的可理解的手段可用。每个人都必须为自己做这个反思的实验，但我也许敢于这样公开：尽管在这个极其简短的最后阶段，当自己做这个实验时，我至少发现了什么。

接下来，在道德冲突的情况下，我（作为主体）在我的脑海里有一个行为过程X，我认为这是我的责任；以及与X不相容的行为过程Y，我觉得这是我最强烈的渴望。正如人们有时表达的那样，对我来说，Y是"阻力最小的路线"——我意识到，如果我让我纯粹的欲望本性不受阻碍地运转，这就是我意识到我性格的过程——我的自然地倾向。现在，当我实际参与到这种情况时，我发现我不由自主地相信我可以涌起责任，并且选择X行为过程；"涌起责任"通常被称为"意志的努力"所产生的。我进一步发现，如果我问自己，当我相信我"能"担起责任时，我所相信的是什么，我就会不由自主地相信，此时此地，绝对地相信，我要采取两种真正开放的可能性中的哪一种；那就是我做出意志努力选择了X行为过程，或者另一方面，让我的愿望顺从我的性格，"走自己的路"，选择了Y行为过程，选择了"阻力最小的路线"的Y。当然，这些信念可能是虚幻的，但目前还不是这样。对于目前所有问题的争论而言，事实上是可发现的道德主体在道德诱惑的情况下是否被相信的这种情况。就我个人而言，我不能怀疑他们的反思证据。

这是致命的一点。在这种情况下，无论我选择X还是Y，我都不能怀疑，因为实际参与其中，我的选择不仅仅是我已形成的性格的表达，而是我自己的选择。假设我努力选择了X（我的"责任"），既然我做出"努力"的目的是使我能够反对现有的欲望系统（我性格的表达），我不可能把行为本身看作是性格的表现。另一方面，反思同样清楚地表明，我确信是自己的选择；这个行为不是一个"意外"，而是"真正的"我的行为。或者假设我选择了Y（"最强烈的欲望"目标）。我在这里选择的过程确实符合我的"性格"。但是，既然我发现自己无法怀疑我本可以付出努力去选择X，我就不可能认为选择Y只是我性格的表现。然而在这里我再一次发现，我根本无法怀疑这个选择就是"我的"选择，我应该为这个选择担负起责任。

与此相应，作为道德主体，去做一个不是自我性格但恰恰是真正自我行为的行为，我能够并且确实赋予了意义。没有充分的理由去假设其他人有一个根本不同的意识构造，在我看来，任何进行类似实验的人都可能被迫提交一份类似的报告。因此，我的结论是，以"自由意志毫无意义"为理由反对"自由意志"的论点必须被认为是失败的。"自由意志"确实有意义；虽然，因为它是创造性活动的本质，它的意义只能在实际参与主体的实践意识的直觉中才能被发现。对于在义务与欲望冲突的情况下做出伦理选择的主体来说，他的"自我"被他认为是一个创造性的积极的自我，一个拒绝与他的"性格"相一致的自我。当然，这并不是自我的性格——为了消除误解起见——要么是事实，要么是主体的想象——并不会影响他的选择，即使在自由意志发挥作用的"领域"也是如此。相反，这样一种态度在经验可证实的事实中是明显的，我们发现（如前所说），要产生责任做出意志努力的困难程度同"责任"的过程与我们性格所形成的倾向的过程相冲突的困难程度成比例[①]。仅仅在批评者的辩论术中，"自由"的意志才被认为是与在选择中"行为性格"的认知不相容……

---

① 这句话的意思是：冲突的程度越高，要求意志努力越强。——译者注

第二部分

道德的范围

第四章　法律、宗教和伦理

假设你要对街上的人做一个调查。要问的问题是："你怎么知道什么是对的，什么是错的？"当然，会有广泛的、不同的答案。然而，很多人会这样回答："我的宗教信仰"；"我的精神成长"；"圣经"。很多其他人回答诸如："法律"；"如果是非法的，那就是不道德的；如果不是非法的，那就必然OK了。"

这些回答反映了伦理与法律和宗教之间紧密联系的观点。没有人会否认这三者之间有相当多的重叠。很多在道德上禁止的事情在法律上也是禁止的。很多道德原则深深地嵌入宗教传统中。然而，大多数哲学家都会坚持伦理的自主性和权威性。首先这意味着，道德原则既不等同于，也不能简化为任何宗教或法律规则；第二，伦理选择的最终理由既不能在宗教中也不能在法律中找到。大多数哲学家会认为，道德原则的最终理由是基于人类的理性或人类理解力或人的经验。因而，他们坚持认为，虽然宗教、法律和伦理有许多共同之处，但它们的基础存在着区别。这一章的任务是弄清楚法律、宗教和伦理是如何在基础性上存在不同，同时又有相当多的内容是共通的。

前两篇文章选自柏拉图和克尔凯郭尔提出终极权威的问题。许多神学家希望为终极权威是上帝（终极上诉法庭）这种观点辩护。但假设我们问，"某件事是错的，是因为上帝禁止他错了，还是因为它错了而被上帝禁止？"如果你说上帝禁止它，因为它是错误的，那么它似乎有一些除上帝之外证明对和错的终极标准。另一方面，如果事情错了是因为上帝禁止它，那么道德就依赖于上帝。从一个重要的意义上说，上帝是超越道德的或在道德之上。克尔凯郭尔采取了上帝高于或超越道德的这一选项。说某件事的对与错，是因为上帝的命令或禁止。但是，想象上帝命令了人的道德禁令的一些事情——例如，牺牲你唯一的儿子。这个最精准的例子正是上帝要求亚伯拉罕的。克尔凯郭尔没有回避这样的结论：如果上帝命令我们这样做，我们的责任就是遵从上帝的命令。但是，我们如何区分上帝真正的命令和一个病态心灵的提示呢？只要是上帝的命令，那就毫无困难地得到道德的赞许；上帝不会命令与道德反思相反的事情。但如果上帝的命令使某件事成为正确的，这种诉求就是封闭的。①我们没有办法把上帝的命令和一个病态心灵的提示区分开来。

尽管《克尔凯郭尔选集》以一种相当生动的方式提出了终极权威的问题，将道德问题的终极权威安放给上帝，但它也提出了其他问题。关于上帝有许多不同的概念（许多不同的宗教），同样也有许多不同的关于上帝命令的概念。如果你不是任何宗教的成员，你怎么能决定你应该做什么？或者假设一个国家有来自许多不同宗教的公民。如果宗教是终极的权威，关于道德的争论怎么可能理性地解决？事实上，这些问题往往是通过暴力"解决"的。

虽然从技术上讲，柏拉图的《游叙弗伦篇》有不确定的结局，但相当清晰的是，柏拉图拒绝了这样一种观念，即某物是虔诚的是因为神的喜爱。相反，排除神学的词汇，虔诚必须援引道德词汇来解释——公正。此外，我们不能理解虔诚的行为是根据提供给上帝的服务以满足他们的需求。让讨论会进一步扭曲的是，神依赖人来满足自己的需求，这不是很奇怪吗？的确，事实上虔诚的部分动机难道不是认识到上帝没有需要吗？上帝是彻底的或者完整的，对于彻底的和完整的而言，其部分的就是善良或公正。正是上帝的仁慈与人类的缺乏仁慈相比，才激发了人们的虔诚。解释虔诚的根据是善良。这些考虑，以及在解决冲突和区分上帝的命令和一个病态心理的提示方面的困难，导致许多哲学家拒绝选择某些事情是对的或错的，因为上帝的命令或

---

① 上帝认为在道德上是正确的，那它一定是终极的，因此不存在上诉诉求的问题。如果上帝认为在道德上是错误的，那就是禁止性的命令，不存在终极性的问题。——译者注

禁止。这样的哲学家倾向于欣然接受这样一种选项——上帝的命令或禁止是因为它的正确或错误。然而，即使我们接受伦理原则的正当性独立于任何宗教教义的观点，宗教和伦理之间仍有相当多的重叠。宗教提供了一种人类的解释，激发和丰富了伦理理论。大多数宗教坚持认为他们的教义是道德的象征。

正如伦理学可以区别于宗教并独立于宗教一样，因此大多数哲学家也同意伦理学可以区别于法律并独立于法律。既然有那么多不道德的行为也是违法的，既然遵守法律是一种道德义务，那么确定两者之间的区别并非易事。

一些哲学家试图列举一些道德具有但法律不具有的特征。例如，H.L.A.哈特认为，诸如重要的性格特征、免于殚精竭虑的改变、道德冲突的自愿特征以及道德压力的形式等，以充分地将道德与法律分开。其他思想家则关注法律和道德应该解决的问题。这些思想家认为，有很多类型的不自愿的行为是法律无法处理的。例如，克里斯托弗·斯通指出，法律是被动的；通常情况下，法律应对邪恶。道德的特点在于在行为尚未形成之前就禁止其行为。道德提供了一种批评的方式，从而在法律尚未出台之前对不良行为进行制裁。当一个实体政治没有共识，因而没有法律时，道德可以帮助个人。我们的社会允许小牛在被屠杀之前被残忍对待。没有法律反对这一点，但我们可以根据道德而拒绝购买小牛肉，并试图说服其他人加入我们。

还有一些哲学家对道德责任和道德观念进行了区分。"不说谎""不偷窃""不杀人"等道德义务是社会存在的必要条件。受这种道德义务的约束是社会发展的必要条件。因此，道德义务是绝对的要求，每个人的行为都要符合所期望的道德义务。另一方面，道德观念是目标。我们努力实现道德观念，但在某种程度上的下滑是可以预期的。因为道德责任适用于每个人，而遵守道德责任对于社会的生存是必要的，不遵守是非法的。违反道德责任通常会陷入违法条款中的某一类。违背道德观念应当不会作为违法来对待。道德义务和道德观念之间的区别是如此重要，以至于第五章完全致力于讨论这个问题。

讨论的第一个方面对本章讨论的问题来说是重要的。当代社会最大的争论之一是什么行为应该被定为非法。有人主张，道德义务与道德观念的区分同公共道德与私人道德的区分是不谋而合的。侵害他人的行为属于公共道德的范畴。行为本质上是一种生活方式的选择，属于私人道德的范畴。法律可以规范公共道德问题，但不能规范私人道德问题——至少支持这种区分的人是这样认为的。在他们看来，法律反对强奸是适当的，但是法律反对成年人之间的自愿性行为的形式（例如反对同性恋）是不适当的。

本章的最后两个选篇在公共道德与私人道德之间的区别上呈现了竞争的立场。罗德·德夫林认为，背离个人道德就像背离公共道德一样，会威胁到社会的存在。原则上，没有不能成为法律问题的道德问题。决定一个行为是否应该被定为非法的，是这种行为对社会结构的影响。如果行为危及社会结构，就应该被禁止，不管它是否符合传统上所说的"私人道德"。这种主张强制执行私人道德的论点，往往以社会上占主导地位的宗教认为有罪的东西为支撑力量。通常巨大的压力在于，通过法律反对有罪行为，而不考虑这种有罪行为的发生是否是私人的。

H.L.A.哈特承认德夫林的观点，即接受某些道德原则对于社会的维护是必要的，但他坚持认为这些原则支配着公共道德而不是私人道德。如果说德夫林关注的是道德的维护，那么哈特关心的则是教条主义和道德留滞的危险。他还关注道德强制使用的负面影响，而不是用讨论、建议和规劝来捍卫道德的地位。

从这个讨论中可以得出什么结论？首先，道德、宗教和法律在重叠的事实中做出了好的解释。所有三者作为客体规定人的行为和善的观念是相一致的。伦理、宗教，甚至法律都能激励我们产生更高尚的思想和行为。然而，法律、宗教和伦理也是独立的和相互区别的。其中之一不能还原为另一个。大多数哲学家认为伦理学是一门独立自主的学科。本章为这一论点提供了一些论据，以后的章节也将以此来讨论伦理学。尽管如此，以后的章节还将援引宗教和法律，因为它们可以丰富我们对伦理的讨论，就像它们丰富了伦理本身一样。

游叙弗伦篇①

柏拉图

苏格拉底： 那么，告诉我，什么是虔诚，什么是不虔诚？

游叙弗伦： 好吧，那么，我说，虔诚意味着起诉那些犯有谋杀或亵渎神灵罪的不正义的个人，或任何其他类似的犯罪，就像我现在所做的，无论他是你的爸爸或妈妈，或任何其他人；我说不敬就意味着起诉他。苏格拉底，我将给你一个明确的证据，我已经给别人证明过了，事实就是这样，做正确的事意味着不能让一个亵渎神明的人逍遥法外，无论他是谁。人们认为宙斯是众神中最优秀、最正义的神；他们承认宙斯捆绑了他的父亲克洛诺斯，因为他错误地吞食了他的孩子；而克洛诺斯也因为类似的原因阉割了他的父亲。然而正是这些人却对我发怒，因为我控告我父亲做了错事。所以，你看，人们对神说的是一回事，而对我说的则完全是另一回事……

苏格拉底： 很有可能，但很多其他的行为都是虔诚的，不是吗，游叙弗伦？

游叙弗伦： 当然可以。

苏格拉底： 那么，请记住，我并没有要求你告诉我许多虔诚行为中的一两个案例；我想知道虔诚的特点是什么，它使所有虔诚的行为都虔诚。我认为，你说有一个特征使所有虔诚的行为都虔诚，还有一个特征使所有不虔诚的行为都不虔诚。你不记得了吗？

游叙弗伦： 我记得。

苏格拉底： 那么给我解释一下这一特征是什么，以便我加以利用，并以此作为判断你和别人的行为标准，从而能够说，任何类似于它的行为都是虔

---

① 柏拉图，《游叙弗伦篇》，《申辩篇》，《克里托篇》，F.J.丘奇译，波布斯·美林公司，印第安纳波利斯，1948年，1956年。

诚的，任何不像它的行为都不是虔诚的。

游叙弗伦：是的，如果你愿意，我会告诉你的，苏格拉底。

苏格拉底：我当然愿意。

游叙弗伦：那么让众神高兴的就是虔诚的，让众神不高兴的就是不虔诚的。

苏格拉底：很好，游叙弗伦，现在你给了我想要的答案，你说的是不是真的，我还不知道，但是，当然，你会继续证明这是真的。

游叙弗伦：当然可以。

苏格拉底：那么，让我们检视一下我们的陈述。让神喜悦的人和事都是虔诚的，让神不悦的人和事都是不虔诚的。但是虔诚和不虔诚是不一样的；它们是尽可能相反的——这不是我们说过的吗？

游叙弗伦：当然了。

苏格拉底：这样的陈述恰当吗？

游叙弗伦：是的，当然恰当，苏格拉底。

苏格拉底：游叙弗伦，我们岂不是说，众神之间有争吵，纷争，还有憎恨吗？

游叙弗伦：我们有……

苏格拉底：那么，我善良的游叙弗伦，你说有些神认为一件事是正义的，而其他的神认为另外一件事是正义的；有些神所认为的荣耀的或善良的，而另一些神则认为是羞耻的或邪恶的。因为如果他们在这些问题上没有分歧，他们之间就不会有争吵了，不是吗？

游叙弗伦：你是对的。

苏格拉底：每一个神都爱他认为荣耀、善良、正义的东西；相反的恰恰是他们所讨厌的，不是吗？

游叙弗伦：当然是。

苏格拉底：但是你说同样的行为，有些神认为是正义的，有些神认为是不正义的；然后他们就争论起来，由此在他们中间产生争吵和争斗，难道不是吗？

游叙弗伦：是的。

苏格拉底：那么同样的事情被神所恨，又被神所爱；同样的事情被神所厌恶，又被神所喜悦。

游叙弗伦：显然是这样的。

苏格拉底：那么，根据你的说法，同样的事情就会变得既虔诚又不虔诚。

游叙弗伦：似乎……

苏格拉底：那么，我的好朋友，你还没有回答我的问题。我并没有要求你告诉我什么行为是既虔诚的又不虔诚的；但似乎任何让神高兴的事情，对他们来说也是不高兴的。因此，游叙弗伦，如果你现在所做的惩罚你父亲的行为是宙斯所乐见的，却让克洛诺斯和乌拉诺斯憎恨你；让赫菲斯托斯所接受，却让赫拉憎恨你，我也不会感到惊讶；如果其他的神对此有异议，这会让一些神喜悦，而让另一些神厌恶。

游叙弗伦：但是在这一点上，苏格拉底，我认为诸神之间并没有不同的意见；他们都认为，如果一个人不正义地杀死另一个人，他必须受到惩罚……

苏格拉底：假设游叙弗伦尽可能清楚地向我证明所有的神都认为这样的死亡是不正义的，他如何带领我更接近于理解什么是虔诚和什么是不虔诚？这种特殊的行为，也许会让神不悦，但我们刚才已经看到虔诚和不虔诚不能这样定义；因为我们知道，诸神所不喜悦的，诸神也必喜悦。所以，在这一点上，我就不追究了，游叙弗伦；如果你愿意，众神会一致认为你父亲的行为是错误的，并且憎恨他。但是，我们是否应该修正我们的定义，说凡是众神所憎恨的一切都是不虔诚的，凡是众神所喜爱的一切都是虔诚的；而不管他们中有些神喜欢什么，和憎恨什么，要么都喜欢，要么都不喜欢？你希望我们用这种方式来定义虔诚和不虔诚吗？

游叙弗伦：为什么不呢，苏格拉底？

苏格拉底：我没有理由不这么做，游叙弗伦。你应该考虑一下这个定义是否能帮助你教会我承诺过的东西。

游叙弗伦：好吧，我应该说虔诚是所有神所喜爱的，而不虔诚是所有神所憎恨的。

苏格拉底：我们是否要检视一下这个定义，游叙弗伦，看看它是不是一个好的定义？还是我们要满足于接受他人的简单陈述而我们自己不问任何问题吗？或者我们必须检视这些陈述吗？

游叙弗伦：我们必须检视它们。但就我个人而言，我认为这次的定义是正确的。

苏格拉底：我们很快就会知道的，我的好朋友。现在考虑这个问题。神热爱虔诚是因为虔诚本身，还是因为他们热爱虔诚？

游叙弗伦：我不明白你，苏格拉底。

苏格拉底：我努力解释一下我自己所说的问题：我们说的一件事在被搬运和在搬运，在被带领和在带领，在被看和在看的情况下；你理解所有这些表述意味着不同的含义，还有他们的差别是什么吗？

游叙弗伦：是的，我想我明白。

苏格拉底：我们谈论一件东西被爱和爱，这两者是不同的吗？

游叙弗伦：当然。

苏格拉底：现在告诉我，一个被搬运的东西处于被搬运的状态是因为它是被搬运或者其他原因？

游叙弗伦：不，因为它被搬运。

苏格拉底：那么，一件事情之所以处于被引导的状态因为它是被引导的，一件事情处于被看见的状态因为它是被看见的？

游叙弗伦：当然。

苏格拉底：那么，一件事物不被看见，是因为它处于被看见的状态：它处于被看见的状态，是因为它被看见了；一件事情不被引导，是因为它处于被引导的状态，他处于被引导的状态，是因为它被引导；一件东西不被携带因为它处于被携带的状态，他处于被携带的状态，是因为他被携带。游叙弗伦，我的意思现在清楚了吗？我的意思是：如果任何事情变成或被影响，它不是因为处于变成的状态而变成，而是因为它变成了才处于变成的状态；它不受影响是因为它处于被影响的状态，它处于被影响的状态是因为它被影响了。你不同意吗？

游叙弗伦：我同意。

苏格拉底：被爱要么是处在变化的状态或者在某种方式上处在被影响的状态，难道不是吗？

游叙弗伦：当然。

苏格拉底：那么这里和前面的情况是一样的。一件事物没有被爱它的人所爱，因为它处于被爱的状态，它处于被爱的状态，是因为他们爱它。

游叙弗伦：必需的。

苏格拉底：那么，游叙弗伦，我们该怎么说虔诚呢？根据你的定义，不是所有的神都喜爱它吗？

游叙弗伦：是的。

苏格拉底：因为虔诚，还是其他原因？

游叙弗伦：不，因为它是虔诚的。

苏格拉底：然后，它因为虔诚而受到众神喜爱；它会因为被众神所爱而不虔诚吗？

游叙弗伦：似乎如此。

苏格拉底：但是，取悦于诸神的是神所喜悦的，而且是被诸神所爱的状态，因为他们爱它？

游叙弗伦：当然。

苏格拉底：游叙弗伦，就像你所说的，那么虔诚不是神所喜悦的，神所喜悦的也不是虔诚的，他们是不同的东西。

游叙弗伦：苏格拉底，为什么？

苏格拉底：因为我们一致认为，神爱虔诚是因为虔诚，而不虔诚是因为神爱它，难道不是这样吗？

游叙弗伦：是的。

苏格拉底：喜悦于神的是因为神爱它，也是因为同样爱的原因而使神喜悦的，诸神并不爱它，因为它使诸神喜悦。

游叙弗伦：真的。

苏格拉底：那么，我亲爱的游叙弗伦，虔诚和取悦于神的是不同的事情。如果神爱虔诚是因为虔诚，神也爱让他所喜悦的，因为让他们喜悦的让他们喜悦；但如果让他们喜悦的事情之所以让他们喜悦是因为他们爱它，那么虔诚也会因为他们爱它而成为虔诚。但现在你知道它们是相反的东西，彼此完全不同。一个人所属的类被爱，是因为他被爱，另一个人被爱，是因为他所属的类被爱。游叙弗伦，我的问题是，什么是虔诚？但事实证明，你并没有向我解释虔诚的本质特征；你已经心满意足地提到了属于它的一种效果，那就是所有的神都爱它。你还没有告诉我虔诚的本质特征是什么。如果你愿意，不要向我隐瞒什么是虔诚的；再说一遍，告诉我。别在意诸神是否爱它，也别在意它是否有其他效果，在这一点上我们应该不会有不同意见。你要尽力让我弄明白什么是虔诚，什么是不虔诚。

游叙弗伦：但是，苏格拉底，我真的不知道如何向你解释我心里的想法。无论我们提出什么主张，总是在某种程度上兜圈子，并没有驻足于我们所提出的问题。

苏格拉底：我会尽我所能帮你向我解释什么是虔诚，因为我认为你是懒惰的。先别屈服。告诉我，你不认为所有的虔诚都是正义的吗？

游叙弗伦：是的。

苏格拉底：那么好，所有正义也是虔诚的吗？或者，虽然所有的虔诚都是正义的，但只有一部分正义是虔诚的，或者剩下的是其他的？

游叙弗伦：我不明白你的意思，苏格拉底。

苏格拉底：……我认为哪里有敬畏，哪里就有恐惧。有些人感到敬畏和对一些事情有羞耻心，而不同时担心和害怕邪恶的名声吗？

游叙弗伦：不，当然不是。

苏格拉底：那么，尽管哪里有敬畏，哪里有恐惧，但是说哪里有恐惧，哪里也就有敬畏，这是不正确的。敬畏并不总是伴随着恐惧；因为我认为恐惧比敬畏更为广泛。它是恐惧的一部分，就像奇数是数字的一部分，所以有奇数的地方一定也有数字，尽管有数字的地方不一定有奇数。现在我想你明白我的意思了吗？

游叙弗伦：明白了。

苏格拉底：好吧，这就是我问你的问题的意思。有正义的地方就一直存在虔诚吗？或者，尽管在存在虔诚的地方总会有正义，但有正义的地方并不总是存在虔诚，因为虔诚只是正义的一部分？我们该这么说，还是你不同意？

游叙弗伦：不，我同意。我认为你是对的。

苏格拉底：现在关注下一个论点。如果虔诚是正义的一部分，我想我们必须弄清楚，它是正义的哪一部分？现在，如果你刚才问我，例如，数字的哪一部分是奇数，哪一个数是奇数，我应该说，无论哪个数不是偶数，它就是奇数。不是吗？

游叙弗伦：是的。

苏格拉底：然后看看你是否能向我解释正义的那一部分是虔诚的，这样我就可以告诉梅利多（Meletus）①，既然我已经从你那里得到了充分的指导，知道什么行为是正当和虔诚的，什么不是，他就必须放弃不正义的指控我不虔诚。

游叙弗伦：那么，苏格拉底，我应该说正当和虔诚是正义的一部分，正义与我们为神所付出的全神贯注有关；正义的剩余部分，就与我们应当为人所付出的全神贯注有关。

苏格拉底：我认为你的回答很好，游叙弗伦。但有关的一小点我还想更

---

① 梅利多是控告苏格拉底的三位雅典公民之一。——译者注

仔细听一听。我还不明白你所指的全神贯注是什么意思。我想你的意思并不是说我们为神所付出的关注就像我们对其他事物所付出的关注一样。例如，我们说，不是每个人都知道如何养马？只有驯马师才知道。

游叙弗伦：当然可以。

苏格拉底：因为我认为，与马有关的技能就是照料马的艺术。

游叙弗伦：是的。

苏格拉底：并不是每个人都懂得如何照料狗，只有猎人懂得。

游叙弗伦：真的。

苏格拉底：我想，猎人的技能就是照料狗的艺术。

游叙弗伦：是的。

苏格拉底：而牧民的技能就是照料牛的艺术。

游叙弗伦：当然。

苏格拉底：那么，游叙弗伦，你说虔诚和正当是照看诸神吗？

游叙弗伦：是的。

苏格拉底：那么，不是所有人都关心同一个对象，对吗？关心不都是为了被赐予的人的好处吗？例如，你可以看到，当马匹受到与它们有关的照料时，它们就会受益并得到改善。难道不是这样吗？

游叙弗伦：是，我想是的。

苏格拉底：猎狗因猎人的技艺而受益并得到改善，而牧人的技艺使牛受益和改善，不是吗？这永远是正确的。或者你认为关心曾经意味着伤害曾被关心吗？

游叙弗伦：不，事实上当然不是。

苏格拉底：但要从中受益吗？

游叙弗伦：当然。

苏格拉底：那么，我们关心诸神，关注于诸神受益或改进诸神，就是虔诚吗？当你虔诚地行为时，你会认为你使任何神变得更好吗？

游叙弗伦：确实没有，当然不是。

苏格拉底：不，我敢肯定那不是你的意思，游叙弗伦。正因为如此，我问你的意思是，通过应当赋予诸神全神贯注的关心意味着什么。我想你不是那个意思。

游叙弗伦：你是对的，苏格拉底。我不是那个意思。

苏格拉底：好，那么对神的虔诚会是怎样的一种关注呢？

游叙弗伦：苏格拉底，这种关心类型就像奴隶对主人的关心。

苏格拉底：我理解；那么这是一种对神的服务吗？

游叙弗伦：当然。

苏格拉底：你能告诉我为医生服务的艺术产生了什么结果吗？难道不是健康吗？

游叙弗伦：是的。

苏格拉底：而服务于造船工人的艺术又会产生什么结果呢？

游叙弗伦：当然是一艘船，苏格拉底。

苏格拉底：为建造者服务的艺术的结果就是房子，不是吗？

游叙弗伦：是的。

苏格拉底：那么告诉我，我的好朋友：为神服务的艺术将会产生什么结果呢？你一定知道，因为你说你比任何人都了解神圣的事物。

游叙弗伦：有很多值得注意的结果，苏格拉底。

苏格拉底：同样的，我的朋友，一般人的产品也是如此。然而，我们很容易明白，在战争中所有的结果就是胜利，难道不是吗？

游叙弗伦：当然。

苏格拉底：而且，我认为，农民产生了许多显著的结果；然而，这一切的主要结果是他使土地生产食物。

游叙弗伦：当然。

苏格拉底：那么，诸神所产生的许多显著结果的主要是什么呢？

游叙弗伦：我刚才告诉过你，苏格拉底，对所有这些事情的精确认识是不容易获得的。然而，我大致地说：如果有人知道他在祈祷和牺牲中的言语和行为是为诸神所接受的，那就是虔诚的；它保护了国家，就像保护了私人家庭一样。但与诸神所接受的相反的是一种亵渎，正是这种亵渎破坏和毁灭了一切。

苏格拉底：当然，游叙弗伦，如果你愿意的话，你可以用更少的词来回答我的主要问题。但你显然不急于教我。刚才当你正要告诉我我想知道的这一点上，却突然停住了。如果你那时走了，我现在就会清楚地从你那里明白什么是虔诚了。但现在我要问你一些问题，并且无论你指引我到哪里，我必须跟随你，所以告诉我通过虔诚和不虔诚你指的到底是什么？难道不是指祈祷和献祭的技巧吗？

游叙弗伦：是的。

苏格拉底：献祭是献给神，祈祷是请求神，不是吗？

游叙弗伦：是的，苏格拉底。

苏格拉底：那么你所说的虔诚是请求诸神并献给诸神的技巧？

游叙弗伦：你恰好明白我的意思，苏格拉底。

苏格拉底：是的，因为我渴望分享你的智慧，游叙弗伦，所以我全神贯注地听着。你说的话不会落空。但告诉我，什么是为神服务？你说那是祈求诸神，并献给诸神？

游叙弗伦：是的。

苏格拉底：那么，正确的祈求是从诸神那里祈求我们之所需，不是吗？

游叙弗伦：自然是这样。

苏格拉底：正确的献给，就是回报诸神从我们那里得到他们之所需吗？用一个人不需要的东西当作礼物送给他这并不是一个高明的技巧。

游叙弗伦：真的，苏格拉底。

苏格拉底：那么游叙弗伦，虔诚将是神与人之间执行交易的艺术吗？

游叙弗伦：是的，如果你愿意这么说的话。

苏格拉底：但我只喜欢真实的东西，但请告诉我，诸神从我们这里收到礼物如何得到好处？诸神所给予的是完全足够的。我们拥有的每一样好东西都是他们的礼物。但我们献给他们的东西又如何使他们受益呢？在某种程度上，我们拥有的一切美好的东西，都来自诸神的赐予，并且我们对诸神无以报偿。那么在商业贸易中，我们比诸神更有优势吗？

游叙弗伦：但是，苏格拉底，你认为诸神从我们那得到的礼物对他们有益吗？

苏格拉底：但游叙弗伦，我们献给诸神的礼物是什么？

游叙弗伦：你想啊，除了荣誉和赞美，就像我所说的，那就是对诸神而言，所能接受的一切。

苏格拉底：那么游叙弗伦，虔诚是被诸神所接受的，但既对他们无益，也不为他们所喜爱，对吗？

游叙弗伦：我想没有什么比这更受诸神所爱了。

苏格拉底：那么，我明白了虔诚意味着被诸神所爱。

游叙弗伦：太对了。

苏格拉底：在那之后，难道你不会惊讶地发现你的陈述游走于任何替代你的观点所驻足的地方吗？难道你没有看到我们的陈述又回到了原点吗？你肯定记得，我们已经看到虔诚和神的喜悦是完全不同的两件事。你不记得了吗？

游叙弗伦：是的。

苏格拉底：现在你还不明白你说的神所爱的是虔诚的吗？但是，难道不是诸神所喜爱的变成了诸神所喜悦的是一样的事情吗？

游叙弗伦：是的。

苏格拉底：那么，要么我们以前的结论是错的，要么，如果它是对的，我们现在就是错的。

游叙弗伦：好像是这样。

是否存在伦理的目的论悬置[①]

索伦·克尔凯郭尔

伦理本身是普遍的，作为普遍的，它适用于每个人，这可以从另一个观点来表示，可以说它适用于每一个瞬间……具体的个体被立即设想为肉体的和精神的，他是一个以宇宙为终极目的的个体，他的伦理任务就是在宇宙中不断地表达自己，扬弃他的特殊性而成为宇宙。一旦个体在他的特殊性中断言他自己反对普遍性，他就犯了罪，只有认识到这一点，他才能使他自己与普遍性再次和解。无论何时，当个体进入到普遍性之后，他就感到一种冲动，想要表明他自己的特殊性，他就处于诱惑之中，而他要想摆脱这种诱惑，就必须忏悔地放弃他自己在普遍性中作为特殊性的存在。如果这是对人及其存在所能说的最高的东西，那么伦理与人的永恒祝福具有相同的特征。

信仰恰恰是这样一种悖论：作为特殊性的个体高于普遍性，与普遍性相对立是被证明的，它不是从属的，而是优先的——然而，用这样一种方法，正是这个特殊性的个体，在它作为特殊性服从于普遍性之后，现在又通过普遍性而成为特殊性优先于普遍性的个体，因为这样一个事实：作为特殊立场的个体与绝对的关系是绝对的。这种立场不是中介性的，因为一切中介性的产生恰好是借助普遍的性质。它是，而且永远是一个悖论，不可捉摸……

对于特定的个人来说，这种悖论很容易被误认为是一种诱惑，这的确是真的，但一个人不应该因为这个原因而隐瞒。由许多人组成的整体结构可能是这样的，悖论驱使他们的确是真实的。但是，人们为了能够拥有信仰而不应该因为这个原因把信仰变成不同的东西，而应该宁可承认自己不拥有它，而那些拥有信仰的人则应该谨慎地建立某种标准，以便将悖论从诱惑中区分

[①] 索伦·克尔凯郭尔，《恐惧与颤抖》，沃尔特·劳里译，1941年，节选自第64–71页，1969年由普林斯顿大学出版社授权改编，由普林斯顿大学出版社授权转载。

开来……

亚伯拉罕的故事包含了这样一种道德的目的论的伦理悬置……他基于荒诞的德性而行动，正是因为这种荒诞，作为特殊性的他高于普遍性。这种悖论无法调节；因为一旦他开始这样做，他就不得不承认他处于诱惑之中，如果是这样的话，他就永远不会达到牺牲以撒的地步，或者，如果他已经牺牲了以撒，他必须忏悔地回到普遍性。通过荒诞的德性他又得到了以撒。因此，亚伯拉罕绝不是一个悲剧英雄，但事情远非如此——不是一个杀人犯，就是一个信徒。亚伯拉罕没有拯救悲剧英雄的中项。[①]因此，我能理解悲剧英雄，但不能理解亚伯拉罕，尽管在某种疯狂意义上，我比任何人都更崇拜他。

从伦理上讲，亚伯拉罕和以撒的关系，很简单地说，父亲爱儿子胜过爱自己。然而，在其自身的范围内，伦理有不同的层级。让我们看看，在这个故事中，是否能找到比伦理的更高层级的道德表达，比如能在伦理上解释他的行为，在伦理上证明他终止对他儿子的伦理义务，而不需要超越伦理目的论的搜寻……

当儿子遗忘了责任，当国家把正义之剑交给父亲时，当法律要求父亲施以惩罚时，然后父亲将会英雄般地忘记那个有罪的人是他的儿子，他将高尚地掩饰自己的痛苦，但不会在人群中孤影形单，即使没有不佩服爸爸的儿子。无论何时解译罗马法，我们都会记得，有许多人对它的解释比布鲁图[②]（Brutus）更有学问，但没有一个会像布鲁图那样荣耀……

悲剧英雄和亚伯拉罕的区别是显而易见的。悲剧英雄仍然存在于伦理之中。他让一种伦理表达在更高层级中找到了终极目标；他将父子之间与父女之间的伦理关系归结为一种情感，这种情感与道德理念的关系是辩证的。在这里，不存在伦理本身目的论悬置的问题。

---

①　如果亚伯拉罕不杀以撒，就是对上帝不忠；如果他杀了以撒，就违背了下文所提到的父亲对儿子的伦理义务。这个悖论在逻辑上是无法调和的。——译者注

②　布鲁图是古罗马的政治家，以他为首的谋反者刺杀了恺撒。——译者注

　　亚伯拉罕的情况就不同了。通过他的行为，他完全超越了道德，并且在道德之外拥有更高的终极目的，与此相关，他悬置了前者。因为我非常想知道，一个人如何将亚伯拉罕的行为带入普遍性的关系当中，是否有可能发现亚伯拉罕所做的与普遍性之间的任何联系……但事实是他违反了。亚伯拉罕这样做不是为了拯救一个民族，不是为了维护国家的理念，也不是为了安抚神灵的愤怒。如果存在着让神灵愤怒的问题的话，他只对亚伯拉罕生气，而亚伯拉罕的整个行为与普遍性毫无关系，纯粹是个人行为。因而无论如何，悲剧英雄之所以伟大是由于他的道德德性，而亚伯拉罕之所以伟大是由于他纯粹的个人德性。在亚伯拉罕的生命中没有比这更能表达道德的就是父亲爱儿子。在这种情况下，在道德意义上，伦理是不可质疑的。就普遍性的存在而言，它确实在以撒身上神秘地存在着，就像藏在以撒的腰间一样，因此必须用以撒的嘴喊出："不要这样做！你把一切都化为乌有了。"

　　那么，亚伯拉罕为什么这样做呢？看在上帝的份上，也看在他自己的份上。（亚伯拉罕完全同意并确证这一点。）看在上帝的份上，他这样做是因为神需要证明他的信念；看在自己的份上，他这样做是为了充分证明。这两种观点的统一被一个词完美地表达出来，这个词一直被用来描述这种情况：这是一种考验，一种诱惑。这是一种诱惑——但这意味着什么呢？通常诱惑是阻止他履行他的职责，但在这种情况下，诱惑本身就是道德的……这将阻止他遵行上帝的意志。那么，什么是责任呢？责任正是上帝意志的表达。

　　因此，虽然亚伯拉罕使我心生敬佩，他同时也使我惊骇。如果一个人为了责任而否定自己，牺牲自己，放弃有限，追求无限，那么他就足够安全了。悲剧英雄为了更确定的事情而放弃了确定的事情，旁观者的目光基于悲剧英雄而信心满满。但是，如果一个人放弃了普遍性的东西，而去追求更高层次的东西，而这个东西并不是普遍性的东西，那他是在做什么呢？除了诱惑，这可能是别的什么吗？如果可能的话……但是这个人错了——什么能救他呢？他遭受了悲剧英雄的所有痛苦，他把他在世上的欢乐化为乌有，他放弃了一切……也许就在这时，他自己失去了那种崇高的快乐，这种快乐对他来说如此珍贵，他不惜任何代价也要得到它。旁观者既不能理解他，也不能让他自信地注视它。也许信徒的提议是不可能实现的，因为它确实是不可想象的。如果这是可以做到的，但个人误解了神——有什么能拯救他呢？

道德强制[①]

帕特里克·德夫林

……在法理学方面，我已经说过，一切可以放置在公开的讨论当中，我相信这些问题都涵盖了全部领域，所以我专门提出了三个问题来问自己：

1. 社会有权利对道德问题做出判断吗？换句话说，这应该是一种公共道德，还是道德总是一个私人判断的问题？

2. 如果社会有权利做出判断，那么它是否也有权利使用法律武器来强制呢？

3. 如果是这样，它应该在所有情况下或仅在某些情况下使用该武器吗？如果只是在某些情况下，它应该根据什么原则加以区分？

我将从第一个问题开始，并考虑社会通过道德判断的权利是什么意思，即判断什么是善，什么是恶……构成任何类型的社会的是理念共同体，不仅是政治理念，还有关于其成员应该有何种行为和管理自己生活的方法的理念；后一种观念就是它的道德。每个社会都有一个道德结构和一个政治结构：因为这可能意味着存在两个独立的系统，或者更确切地说，每个社会的结构都是由政治和道德两部分组成的。以婚姻制度为例。一个男人是否应该被允许娶一个以上的妻子，这是每个社会都必须做出决定的事情。在英国，我们信奉基督教的婚姻观念，因此采用一夫一妻制作为道德原则。结果，基

---

① 伯特里克·德夫林，《道德的强制》，牛津大学出版社，1965年。

督教的婚姻制度已成为家庭生活的基础，因此也成为我们社会结构的一部分。它的存在并不是因为基督徒。它所理解到的是因为基督徒，但它仍然存在，是因为它已经被建成了房屋，我们在那里生活着，除非把它拆掉，否则不能挪走。绝大多数生活在这个国家的人接受它，因为这是基督教的婚姻观念，对他们来说是唯一真实的。但非基督徒却受到它的约束，并不是因为它是基督教的一部分，而是因为，无论对错，它已被他所生活的社会所采纳。对他来说，举办一场旨在证明一夫多妻制在神学上更正确、在社会上更有倾向的辩论是没有用的；如果他想住在房子里，他就必须接受它的建造方式。

如果我们考虑纯粹的政治理念或制度，我们会更清楚地看到这一点。社会不能容忍反叛；它不允许原因的正当性。一个世纪后的历史学家可能会说，反抗是对的，政府是错的，而当时目光敏锐和有良知的国家栋梁可能也会这样认为。但这不是一个可以留给个人判断的问题。

婚姻制度对我的论证目标来说就是一个很好的例子，因为如果在政治和道德之间有差异的话，那么婚姻制度就架起了他们之间分野的桥梁。婚姻是我们社会结构的一部分，也是谴责乱伦和通奸的道德准则的基础。如果允许对通奸行为的道德基础进行个人评判，那么婚姻制度将受到严重威胁；在这些问题上，必须有一种公共道德。但是，公共道德不被那些道德原则所限制，这些道德原则支持社会结构，例如婚姻制度。人们并不认为一夫一妻制是我们赞成的事情，因为我们的社会制度是以一夫一妻制为基础来选择组织的；他们认为它本身是好的，提供了一种良好的生活方式，因为这个原因，我们的社会才采纳了它。我回到我已经说过的那句话，社会意味着一个理想的共同体；没有共同的政治、道德和伦理观念，社会就不可能存在。我们每个人都知道什么是善，什么是恶；在我们所生活的社会中，观念不能保持私人化。如果男人和女人试图创造一个对善恶方面没有基本共识的社会，他们将会失败；如果，以普遍共识为基础，共识消失，社会就会瓦解。因为社会不是被物理上的东西所束缚；它是由共同理想的无形纽带所维系。如果纽带过于宽松，成员就会萍飘电游。共同的道德是束缚的一部分。束缚是社会代价的一部分；而需要社会的人类也必须为此付出代价。

　　你可能会认为我花了太长时间来集中精力地争辩有公共道德这样一种东西，这是一个大多数人都欣然接受的命题，而我可能没有多少时间来讨论下一个对许多人来说可能造成更大困难的问题：社会应该在多大程度上利用法律来强制其道德判断？但我相信，第一个问题的答案决定了第二个问题应该采用的方式，实际上几乎决定了第二个问题的答案。如果社会无权在道德上做出判断，法律必须找到一些特殊的理由进入道德领域：如果同性恋和卖淫本身没有错，那么立法者的责任就很明显了，他们想要制定一项法律来反对它们的某些方面，以证明这种例外的待遇是合理的。但是，如果社会有权做出判断，并且判断的基础是公认的道德对社会来说就像公认的政府一样必要，那么社会就可以使用法律来保全道德，就像它使用法律来保护任何对社会存在至关重要的东西一样。因此，如果第一个命题的所有内容都牢固地建立起来，那么社会就有一项首要的初始权利来立法去反对不道德行为……

　　我认为……不可能对国家有立法反对不道德的权力设定理论上的限制。预先确定一般规则的例外情况是不可能的，也不可能硬性界定法律在任何情况下都不允许涉足的道德领域。社会有权以法律为手段去保护自己免受来自内部或外部的危险。在这里，我认为政治上的类比是合法的。判定叛国罪的法律会直接反对协助国王的敌人和煽动内部叛乱的行为。这样做的理由是，建立政府对社会的存在是必要的，因此社会的安全是必须确保反对暴力。但是，已经确立的道德就像好的政府对于社会福祉一样必要。来自内部的社会瓦解比来自外部的社会分裂更为频繁。当没有观察到共同的道德时，就会出现解体，历史表明，道德束缚的松动往往是解体的第一阶段，因此，社会有理由采取与保护政府和实质性制度相同的步骤，进而保护其道德准则。法律镇压罪行像镇压破坏性活动一样多；给私人道德领域下定义，比给私人破坏性活动下定义不存在更多的可能。谈论私人道德，或不关心不道德的法律，或试图对法律在制止邪恶方面所起的作用设定严格的界限，都是错误的。立法反对叛国罪和煽动叛乱的国家权力没有理论上的限制，同样，我认为立反对不道德也没有理论上的限制。你可能会争辩说，如果一个人的罪行只影响他自己，那就不可能引起社会的关注。如果他每天晚上都选择在自己的家中喝得酩酊大醉，除了他自己，还有谁会因此而变得更糟糕呢？但假设每天晚上有四分之一或一半的人喝醉了那会是什么样的社会呢？在社会有权立法反对醉酒之前，你不能在理论上限制可以醉酒的人数。赌博也是如此……

国家应在何种情况下行使其权力，这是我所框定的第三种质问方式。但在我开始之前，我必须提出一个问题，这个观点可能会在这三个观点中的任何一个中提出。如何确定社会的道德判断？通过把问题留到现在，我就可以用更有限的形式来问这个问题，这样就能够充分达到我的目的了。立法者如何确定社会的道德判断？仅凭大多数人的意见来达成这些目标肯定是不够的；要求每一个公民的个人同意是过分的。英国法律已经发展并规律性地使用一种标准，这个标准并不依靠数人头。规则就是理性人的智慧，不要把他和理性的人混为一谈。他不指望对任何事情都是理性的，他的判断很大程度上可能取决于感觉。这是大街上的人的观点，或者用一个律师们都熟悉的古语来说，就是"克拉彭公交车上的人"[①]的观点。他也可以被称为有正义头脑的人。为了达到我的目的，我愿称他为陪审员席上的那个人，因为社会的道德判断必须是任何十二个随机抽取的男人或女人在经过讨论后都能一致同意的东西。在议会还没有像现在这样活跃的时候，在他们制定公共政策规则的时候，这就是法官们所采用的标准。他们不认为自己是在制定法律，而只是在陈述每一个有正义头脑的人都会接受的有效的原则。这就是波洛克所说的"实践道德"，它不是基于神学或哲学基础，而是"在大量连续的经验中，半意识或无意识地积累和镶嵌于共同意识的道德中"。他还称其为"对道德问题的一种确定的思考方式。我们期望在一个理智的文明人或一个理智的英国人身上找到这种思考方式，即随机选取方式"。[②]

因此，不道德是因为法律的目的，那就是每一个有正义心的人所假定

---

① "克拉彭公交车上的人"指受过教育但非专业的普通人。——译者注

② 《法理学与伦理学论集》，1882年，麦克米伦，第278和353页。

的是被认为不道德的。任何不道德行为都有可能对社会造成伤害，实际上程度或高或低地影响社会，通常如此；这就是法律所给予的发言权。它不能被排除在外。但是——这就引出了第三个问题——个体也有自己的发言权；不能指望他在整个生活行为上屈服于社会判断。如何在社会权利和利益与个人权利和利益之间取得平衡，这是一个古老而被人熟知的问题。这是法律在大大小小的事情上经常做的事情。举一个非常实际的例子，让我来考虑一个人的房子紧挨着高速公路，他有权上高速公路；如果有大量的装卸货物，有时可以停很长一段时间，意味着这段时间车辆可以停止在高速公路上。在许多情况下，法院不得不在私人通行权和反对公共权利使用无障碍高速公路之间达成平衡。这不能通过将高速公路划分成公共区域和私人区域来实现。它是通过承认每个人对整体都有权利而实现的；如果每个人都充分行使他们的权利，他们就会发生冲突；因而，必须削减每一种权利，以便尽可能确保每一种实质的需要是安全的。

我认为人们再也不能在理性上谈论公共道德和私人道德，就像不能在理性上谈论公共高速或私人高速一样。道德是一个公共利益和私人利益经常发生冲突的领域，而问题是如何调和这两者。这并不意味着我们不可能就在社会中如何实现平衡这一问题，提出任何一般性的表述。这种表述在性质上不能是严格的或精确的；它们的目的不是涉及限制立法权的运作，而是指导那些应用立法权的人。虽然法院在平衡公众与私人利益时所做的每一项决定都是特别决定，当它达到这种特别决定时，法院应当关注包含有原则陈述的案件。同样地，我们也可以对原则做一般性的陈述，我们认为立法机关在制定法律强制道德时，应该把这些原则牢记于心。

我相信大多数人会同意这些有灵活性的原则。必须容忍最大限度的个人自由，这与社会的完整性是一致的……这个向我展现的原则对一切道德问题都特别适用。任何不超出容忍限度的事情都不应受到法律的惩罚。仅仅说大多数人不喜欢一种做法是远远不够的；必须有一种真正的被责备的感觉……我们首先应该问问自己，当我们冷静地、不带感情地看待它时，我们是否认为它是一种恶习，它的出现本身就是一种冒犯。如果这就是我们所生活的社会的真实感受，但我看不出社会是如何否认并根除它的。我们的感觉可能没有那么强烈。我们可能会觉得，如果限制它，它是可以忍受的，但如果传播开来，它可能会造成严重的伤害；大多数社会就是这样看待私通的，把它看作一种自然的弱点，必须加以控制在一定的范围内，但不能根除。这就变成了一个平衡的问题，在一个尺度上对社会的危险和在另一个范围内限制的程度……

容忍的限度发生了变化。这是对我刚才所说内容的补充，但它本身足够重要，值得作为一个单独的原则陈述，立法者必须牢记……可能是整体的容忍度一直在增加。人类心灵的压力，总是寻求更大的思想自由，是向外对抗社会的束缚，迫使它们逐渐放松。历史可能是一个收缩和扩张的故事，所有发达社会都在走向解体的过程中。我不能说我不知道的事；无论如何，作为一个实际的问题，没有一个社会愿意为自己的凋零做出准备。因而，我回到一个简单而可观察的事实；在道德问题上，宽容的限度发生了变化。法律，特别是那些建立在道德基础上的法律，是不容易被改变的。在任何新的道德问题上，法律应该缓慢地采取行动，这是遵循另一个良好的工作原理。到了下一代，高涨的愤怒可能会减弱，法律将失去它所需要的强大后盾。但是，在不给人一种道德判断正在被削弱的印象的情况下，改变法律是困难的。

第三个灵活的原则必须更试探性地提出。那就是最大限度地尊重隐私。这并不是一种理想，在刑法中从未被坦率地提出。无论是公开场合还是在私下里所做的行为或所说的话，在原理上都不加区分地纳入其范围。但与此同时，部分法官和立法者对在侦查犯罪过程中许可侵犯隐私的行为极不情愿。警察没有比普通公民更大的非法侵入的权利；没有一般的搜查权；在这种程度上，英国人的家仍然是他的城堡。政府甚至在行使那些它声称是无可争议的权力时也极为谨慎。电话窃听和干扰邮件提供了很好的示例……

这表明了一种普遍的道德情感，即隐私权要置于反对法律强制的平衡之中。那么，具有同样类型的考虑，应该在法律的形成中扮演什么角色呢？

显然，只在数量非常有限的案例中出现。当一个受伤的公民援引法律的帮助时，隐私必须是不相关的；个人不能要求他的隐私权应当与反对他人做出犯罪性的伤害进行衡量。但是，当行为的当事人都是自愿的，并且对道德造成伤害时，道德秩序中的公共利益可以与反对隐私权的要求相平衡……

道德的维护①

H.L.A.哈特

……按照普遍标准，某些行为是不道德的，这一事实是否足以证明该行为应受法律惩罚？这样的强制道德在道德上许可吗？这样的不道德应当因此成为一种犯罪吗？

我将主要考虑这一争议与性道德主题相关的特殊话题，有一种行为，按照公认的标准是不道德的，但却对他人无害，这似乎初看起来是有理的……

罗德·德夫林对这个问题的肯定回答建立在一个相当普遍的原则之上，即允许任何社会都可以采取必要的步骤来保持其作为一个有组织的社会的存在，他认为那是不道德的——甚至是私人的性的不道德——可能像叛国一样，会危及一个社会的存在。当然，我们中的许多人可能会怀疑这个普遍原则，而不仅仅用叛国来类比。我们希望提出这样的论点：无论一个社会是否合理地采取步骤保护自己，必须既依靠它是什么样的社会，又需要依靠他所采取的步骤。如果一个社会专注于对种族或少数宗教群体的残酷迫害，或者采取的措施包括可怕的酷刑，那么，罗德·德夫林所称为的这样一种社会的"解体"，在道德上比它的继续存在要更好，因此不应该采取措施来维护这个社会的存在，这是有争议的。尽管如此，罗德·德夫林的原则——一个社会可以采取必要的步骤来维持其有组织的存在，这一原则本身并没有被视为

---

① H.L.A哈特，《法律、自由与道德》，斯坦福大学出版社，由利兰·斯坦福初级大学董事会于1963年刊发。

英国大众道德的一项内容，其说服力源自它作为我们制度的一部分的地位。他把它作为一种原则提出来，在理性上可以接受，一般用于评价或批评社会制度。很明显，任何质疑一个社会是否有"权利"强制道德的人，或者在道德上是否允许任何社会通过法律强制其道德的人，都必须准备好部署一些批判道德的一般原则……

在提出这个问题时，我们假定这样一种立场是合法的，它允许根据一般原则和事实的知识掌握来批评任何社会的制度。最后的考虑将我们带到了真正的中心问题……让我们假设，与许多证据相反……在性问题上确实有一种道德准则得到了压倒性的多数人的支持，当它被侵犯时，他们会深感不安，即使是成年人在私下犯罪；对冒犯者的惩罚确实保持着行为不道德的意识，如果没有他们的惩罚，流行的道德就会向一种许可的方向转变。核心问题是：阻止这种变化并且维持一个社会道德地位，在价值上足以充分补偿因为法律强制承担的人类苦难的代价，要不要通过陈述某一事情来支持这种主张呢？它是一个简单空白的主张，还是基于任何关键的原则——这种原则与这里所说的价值和与其他事情的价值能联系起来吗？

在这里某种鉴别是需要的。关于维护社会公德的价值问题，有三种主张始终处于混乱的危险之中。第一种主张是这样的真理：既然所有的社会道德，无论它们可以包含什么，都在某种程度上规定了诸如个人自由、生命安全和保护不受故意伤害等普遍价值，那么社会道德中总有许多是值得维护的东西，即使以法律强制所涉及的相同价值为代价也会如此。如果跟罗德·德夫林说，社会道德就保障这些东西而言是有价值的，因为它们是维护社会所必须的，这也许会引起误解；相反，任何特定社会的维护都是有价值的，在其他事情当中，它为人类确定了这些普遍价值的某种尺度。一个在道德上根本不承认这些价值的人类社会，既不是经验上的，也不是逻辑上的可能，这确实是有争议的，而且即使是经验上的，这样的社会对人类也不可能有实际价值。然而，在承认这一点的同时，我们必须当心跟随罗德·德夫林把社会道德作为一张天衣无缝的网来思考，并且思考所有道德社会的规定是作为社会存在的需要，而社会的道德就是如此。我们应该……要注意到这样一个事实：尽管必须确保这些实质的普遍价值，但社会不仅能够在其他领域与流行道德的个别分歧中生存下来，而且还能从中获益。

第二，还有一个不太为人所熟悉，也不太容易用精确的术语来表述的事实，那就是，作为社会道德实践特征的精神或思想态度是非常重要的价值，而且对人们来说，在社会中培养和保持这种精神或思想态度确实是非常重要的。因为在任何一种社会道德的实践中，都必须涉及与特定规则或内容的物质价值相区分的规范价值。在与他人的道德关系中，个人从客观的角度看待行为问题，并不偏不倚地将一般规则应用于自己和他人；他知道并考虑他人的需求、期望和反应；他在意自律和控制，使自己的行为适应于一种互惠要求的制度。这些都是普遍的德性，构成了对行为的特殊道德态度。诚然，这些德性是在符合某些特定社会道德的情况下习得的，但它们的价值并不是来自于它们在那里被认为是德性这一事实。我们仅仅需要引导出霍布斯式的想象实验，这些德性完全缺席，就可以看到它们对于任何合作形式的人类生活以及任何成功的个人生活的行为而言都是至关重要的。对于引导人性和条件的人类生活最基本事实漠不关心的，毫无批判的道德原则，可以提议废除它们。因此，如果对道德的保留意味着对行为的道德态度及其规范价值的保留，那么它确实是一种价值。但是，虽然这是真的，但这与我们面前的问题无关；因为从这个意义上讲，道德的保留与一个社会存在的任何一个特定时刻的道德准则的改变是无关的，也不需要保留；更重要的是，它不需要法律强制执行其规则。对行为的道德态度往往经受住了具体道德制度的批评、侵犯和最终的宽限。在一个社会存在的某一特定时期，使用法律惩罚、冻结、固定道德主导地位可能会成功，但即使这样做了，它对社会道德的活跃精神和规范价值的生存没有任何贡献，反而可能对它们造成很大的伤害。

因此，从道德保留的意识出发，我们必须清晰认识道德价值，区分纯粹的道德保守主义。后一种主张是，无论社会道德的任何现存规则的内容是什么，保持它不受改变就是一种价值，并证明它的法律强制是正当的。如果我们能把神学体系或"自然法则"的教义赋予某些基本原则给予的所有社会道德，那么这个命题至少是可以理解的。这样，至少可以举出一些一般原则来支持这样的主张，即维护任何社会道德规则都是一种价值，可以证明其法律强制是正当的，有人会说一些东西来表明这个断言的价值的来源。将这些一般原则应用到手头的案件中就会成为需要讨论和辩论的问题，道德保守主义就会成为批判道德的一种形式，被用于对社会制度的批评。这样，它就不会成为一种野蛮的教条——当它脱离了所有这些普遍的原则时，它就会成为一种武断的教条，断言任何社会道德的维护必然会超过其在人类苦难和剥夺自由方面所付出的代价。在这种教条的形式中，它实际上从任何道德批评的范围中撤回了积极的道德……

在一个社会历史的任何时刻，使用强制手段来维持道德地位，将是人为地阻止赋予社会结构价值的过程。

第五章　道德责任和道德观念

假设一个学生喜欢熬夜，喜欢聚会而不喜欢学习，那个学生是不道德的吗？当回答这个问题的时候，学生的教育是由学生的父母资助的，还是由学生自己的资源资助的，还是由纳税人资助的，这有什么区别吗？当数百人万人在挨饿的时候，美国公民却在购买录像机、化妆品、快餐和家用电脑，这难道是不道德的吗？一个学生没有举报另一个学生违反了荣誉准则，这是错的吗？如果揭发雇主生产危险产品可能会使你失去工作，那么不去"吹哨"是否有错？船长有义务随船一起沉下去吗？对这些例子的思考产生了一个普遍的问题：我们的伦理义务的性质和范围是什么？

让我们从一个接近哲学共识的东西开始。几乎所有的哲学家——以及就此而言的非哲学家——都同意，对他人造成可避免的伤害是错误的。这一观点最近的一个例子是查尔斯·弗里德的专著《对与错》。弗里德认为，在我们的西方传统中，不造成可避免的伤害是一种既定的责任。责任是承担的，而不是论证的。弗里德认为，伦理学的任务是阐明基本道德义务所遵循的义务（绝对规范），并表明这些责任所谓的例外如何不减损其绝对约束力，而不是为不造成可避免的伤害的责任进行辩护。

对于弗里德和其他人来说，形成不会对他人造成可避免伤害的责任是伦理学责任的实质，最困难的任务之一可能是界定将什么视为伤害。困难的出现是因为"伤害"在普通语言中被不严格地用来指任何一种受伤。当人们的财产被盗或人身受到攻击时，他们显然受到了伤害。但另外，如果有人诽谤或诋毁他们，他们可以起诉损害他们的声誉。当人们被某些东西冒犯时，他们也可能声称自己受到了伤害——例如，限制级电影院的存在。当你计算不作为所造成的伤害时，另一个出乎意料的问题出现了——你受到伤害时因为我没有帮助你；或者采取间接减少伤害你的机会——我买了世界大赛的最后一张门票，这样你就没有机会买到了。

呼吁不要造成可避免的伤害的哲学家不能像在日常语言中那样使用伤害。（在普通语言中，几乎一切直接或间接由另一个人或事件造成的负面影响都被视为伤害。）如果你采用了如此广泛的伤害，几乎你采取的每一个行动都会对某人造成可避免的伤害。因此，几乎你采取的每一个行动都具有伦理意义。伦理的范围必须扩大到我们所做的几乎每一个决定。

为了解决这个问题已经采取了许多策略。有时，伦理理论家会简单地规定伤害的有限使用。例如，"社会损伤（伤害）的定义特别包括违反或妨碍强制执行旨在保护个人的国内规定或国际法律的行为和反对剥夺健康、安全或基本自由的行为。"[①]弗里德规定"伤害"是限定于身体伤害。为了从由于不作为或机会减少而导致的间接伤害中区分出直接伤害，弗里德呼吁在伤害和利益之间进行更多的理论考虑。直接伤害的重要意义在于行为人选择了受伤害者。不帮助别人对他们没有好处。弗里德认为，在这些情况下，"如果一个陌生人对我说，'你本可以让我受益'，我总会回答，'不会比数不清的其他人更多'"。在伤害中，这个问题不存在。最后一张世界大赛门票也是如此。购买最后一张票的人并没有选择具体的受害者，而是简单地购买了最后一张票，许多人感到很失望。

弗里德还利用了故意造成的伤害和不可预见、不可预料的副作用行为之间的区别。由不可预见和不可预料的副作用所造成的损害不属于不造成可避免损害的责任范围。因此，对弗里德而言，道德上禁止造成可避免的身体伤害，只要我们理解我们并没有谈论故意的伤害。此外，责任是指直接造成的

[①] 约翰·G.西蒙、查尔斯·W.鲍尔斯和乔恩·P.冈内曼，《公司及其所有者的责任》；汤姆·I.比彻姆和诺曼·E.鲍伊编，《伦理理论与商业》，第2版，新泽西，恩格尔伍德·克利夫斯，普林提斯·霍尔出版社，1983年，第89页。

损害；该责任不包括损害，这相当于不使某人受益。

弗里德是试图限制我们道德义务范围的哲学家的一个很好的例子。对于弗里德来说，我们的决定只有有限的一部分能够真正地提高道德义务。我们做的很多决定都是道德中立的。但是，如果试图将道德的范围限制在一种基本的道德责任上，可能会走向极端——即使这种基本的道德责任涵盖了我们实际做出的许多决定。另一种试图限制我们道德义务范围的理论基于这样一个问题：如果一个社会真的存在，那么什么样的道德义务必须为社会成员所接受？禁止杀戮、人身攻击和偷窃的道德规范的例子。如果这些道德禁令不存在，也不被普遍尊重，霍布斯的"所有人对所有人的战争"肯定会存在。这些禁令是绝对的道德义务，因为它们是社会功能发生作用所必需的。不造成可避免的身体伤害就是这种绝对责任的一个很好的例子。这些绝对的义务和禁令的集合可以被称为"道德的极小值"。要成为一个有道德的人，至少要尊重这些义务和禁令。

但许多哲学家认为，道德不仅仅是最低限度的道德。人类有卓越的理想——一个人应该有什么样的标准，而实现这一卓越理想的责任或义务是一个人对自己的责任。道德理想的概念是由R.M.黑尔在这本选集中提出的。想想那些花大量时间看肥皂剧或玩电子游戏的人。想必这些人并没有违反任何绝对的义务或禁忌，但他们过着不道德的生活，不是吗？人类卓越理想的概念也被普通语言所捕捉。有时我们说某人生活得像猪一样。其兄弟会被称为"动物之家"。使用非人类的术语来描述人类的行为是对这种行为表达道德谴责的一种方式，即使这种行为没有造成真正的伤害。

道德理想与道德最低限度的关系是什么？构成道德最低限度的义务是绝对的。大多数哲学家都会同意，与构成道德最低限度的义务相比，对自己贯彻人类优秀理想的义务并没有那么严格。有些人会说，对自己的责任根本不是真正的义务。如果人们不像猪一样行为就好了，但只要他们不伤害别人，他们可以像猪一样行为，如果他们想的话。这些哲学家会说，像猪一样的行为在道德上是允许的，即使像猪一样的行为可以被正确地描述为坏。从这个观点来看，一些坏的决定在道德上是允许的。如丹尼尔·卡拉汉等其他哲学家，对这一观点持强烈的例外意见。他们相信，实现人类理想的自我责任是真正的道德义务。

但有些人决定追求人类的理想，即使追求这些理想会对他人造成一些伤害。反对各种形式的赌博的人将会禁止彩票和教堂宾果，尽管这些形式的赌博收益会被用来帮助穷人。在造成伤害的同时促进道德理想的决定是否合乎道德？斯特劳森利用社会道德和个人理想之间的区别来考虑这个问题。第四章提出了是否所有不道德的东西都应该是非法的问题。社会道德和个人理想之间的区别为否定地回答这个问题提供了一种的理论途径。社会公德应依法强制。道德是维系社会的黏合剂。另一方面，道德理想不应该被法律强制执行：社会可以容忍各种各样的个人生活方式，而这些生活方式实际上也应该被容忍。斯特劳森和许多哲学家一样，认为一个容忍个人理想多样性的社会是一个在道德上更好的社会。

然而，即使像斯特劳森这样的哲学家在他们的评估中基本上是正确的，在一个社会中个人理想的多样性是好的，容忍也是有限度的。有些人采纳了带有种族主义、性别歧视或精英主义的理念，但却伤害了他人。违背道德底线的理想必须被限制到不伤害人的程度。种族主义者可能传播他们的教义，但不应该允许在实践中执行。个人理想必须与社会的道德最低限度相一致，这是一种道德原则。

在这一点上，我们对道德的概念包括一个道德的最低限度，它确立了非常严格的责任和义务，如果我们要有一个社会，这些责任和义务在根本上是必须的，而且必须普遍遵守。其他任何道德义务必须和道德最低限度的要求相一致，其他一些义务包括努力实现人类优秀理想的义务。我们应该采用促进人性向着最好一面发展的生活方式。然而，关于道德底线的分歧和不一致是不稳定和危险的，而关于人类优秀的分歧和不一致就没有那么不稳定和危险了。事实上，许多伦理理论家认为生活方式的分歧是一件积极的好事。

这是否意味着伦理的范围可以被道德最低限度的严格义务和达到道德理

想的不那么严格的义务所捕获？不，它不是。我们可以从彼得·辛格的一个例子开始。[①]假设在去演讲的路上，我看到一个婴儿即将溺死在一个浅池塘里。只要把裤子底弄湿，再迟到几分钟，我就能挽救孩子的生命。我不是有责任救这个孩子吗？在这种情况下，我的责任不是绝对的吗，即使我没有造成婴儿的困境？我们大多数人会说，我们确实有一个非常严格的责任来拯救婴儿的生命。事实上，"你有道德上的义务去造福他人，给自己带来很小的不方便"这一原则似乎正是和"你有道德上的义务去避免造成可避免的身体伤害"这一原则一样严格。

但是，一旦你允许一种有利于他人的义务成为一种严格的道德义务，与构成道德最低限度的义务的分量相等，你就需要一些基础来划定界限。否则，道德将变得非常苛刻。假设所有有利于他人的义务和构成道德最低限度的义务一样严格。对于我们所做的任何决定，我们都必须考虑是否有另一种决定能使我们更好地造福他人。但是，像决定什么时候刷牙、什么时候和朋友吃午饭、什么时候去看电影这样的事这难道不是把伦理学扯远了吗？

大多数哲学家都同意，在大多数情况下，做出伦理选择不应该特别麻烦。通常，做正确的事情不要求很多工作。一般来说，我们应该有追求自身利益的自由，而对采取何种行动的考虑不会引起任何特别的道德考虑。这是极简主义伦理的优势。保持社会存在所必需的义务或者保持避免造成伤害的义务，就像弗里德所定义的伤害，通常不需要我们做任何事情。它只是要求我们避免做某些事情，例如杀人、撒谎和偷窃。

另一方面，溺水婴儿的例子表明，我们不能将伦理的范围局限于道德最低限度所构成的义务。此外，还有其他反对极简主义伦理的意见。包含在本章一个尖锐的批评中。丹尼尔·卡拉汉敦促我们拓宽视野。卡拉汉对极简主义伦理最主要的反对意见是，其他重要的伦理问题要么被扭曲，要么被忽视。在卡拉汉的指控中，有这样一个事实：将伦理学的范围限制在极简主义

---

① 彼得·辛格，《富人与穷人》，比彻姆与鲍伊，第622页。

的伦理上（1）试图发现人类客观理想的颠覆性，（2）将道德批评限制在涉及直接公共伤害的问题上，（3）在我们的公共生活和私人生活之间制造了错误的二分法。

另一种引起卡拉汉关注的方式是拿一些关于个人理想的范例来展示关于这个理想的选择如何直接影响到世界是否会变得更美好。在极简主义伦理上，大多数这类问题都相对不重要。卡拉汉这样的人会劝说，这种观点是严重错误的。诺曼·凯尔（Norman Care）将职业选择呈现为一种范畴。[①]大多数学生认为职业选择要么是一个简单的收入最大化的问题，要么是一个更复杂的增加个人生活的深度和意义的问题。很少有学生去问选择这样或那样的职业是否会对一个更美好的世界做出贡献。但像卡拉汉这样的哲学家会争辩说，这样的决定基本上是合乎道德的，因为我们个人理想的选择会对他人产生好与坏的影响。

还有另一种引起卡拉汉担忧的方式是，考虑那些以自身巨大代价为他人谋取利益的人。为了挽救战友的生命而扑向手榴弹的士兵和为了保护公众而被解雇的举报人都是极好的例子。我们把这样的人称为圣人或英雄。[②]即使没有人有成为英雄或圣人的严格责任，伦理理论也必须有一个足够广泛的概念框架，以提供什么算作是道德英雄行为的分析。将伦理的范围限制在道德的最低限度内并不能提供这样的框架。

我们可以得出结论，当遵守道德义务是大多数人都能达到的范围内，人们可以为他们支持或反对道德的决定承担责任。遵守使社会成为可能的绝对义务和禁忌提供了一个道德底线，而且是大多数个人都能做到的。但是，道德最低限度的概念过于严格，无法涵盖道德生活范围的全部维度。在某些情况下，我们有帮助别人的绝对责任。我们也要做出关于个人理想的决定，而这些决定必须要认识到，我们对个人理想的选择会或好或坏地影响他人。

---

① 诺曼·卡尔，《职业选择》，载于《伦理学》，芝加哥，芝加哥大学出版社，1983年。

② 这一术语因J.O.厄姆森的文章《圣人与英雄》而流行起来，A.I.梅尔顿编，《道德哲学论文集》，华盛顿大学出版社，西雅图，1958年。

最后，一个选择——以超乎平常的代价帮助他人的决定——将我们推向了道德英雄的范围。在道德最低标准上增加这些维度，将道德置于我们生活的中心，但这些增加的维度并不意味着我们所有的行为都具有重大的道德意义。无论我是在壳牌还是埃克森购买汽油，在道德上都是中立的。无论我成为一名医生还是一名金融家，都具有道德意义。我是否能避免伤害他人在道德上是至关重要的。

对与错[①]

查尔斯·弗里德

作为绝对的对与错

……普通的道德理解，以及许多主要的传统西方道德理论都认可，有一些事情是一个有道德的人无论如何不会做的。伤害无辜者、说谎、奴役和堕落——这些都是正派人所回避的事情，尽管在特定的情况下诉诸这些事情似乎会带来巨大的好处……

谎言或谋杀不仅是坏事，而且是错误的，无论如何都不能做这些事，这是一方面。谎言和谋杀不仅仅是负面的，在你可能做好事或你可能避免更大伤害的演算中，它们更为重要。因此，表达义务论判断的规范——例如，不杀人——可以说是绝对的。它们不会说："在其他条件相同的情况下，避免撒谎"，而是说："不要撒谎，就是这样。"它的绝对性是一种义务规范和判断如何从效果论区分开来的一种表达。但是，绝对性仅仅只是一种建议性的、初步近似性的复杂得多的特性。只有在详细考虑了一些这样的规范并与它们的效果论相比较时，这一特性才能被充分地理解。在任何情况下，规范

[①] 查尔斯·弗里德，《对与错》，剑桥，马萨诸塞州，哈佛大学出版社，1978年，版权归校长和哈佛学院研究员所有。

都是有界限的，而那些界限之外的东西根本就不被禁止。因此，撒谎是错误的，而隐瞒另一个人需要的真相可能是完全允许的——但那是隐瞒真相不是撒谎。谋杀是错误的，但出于自卫而杀人则不然。在这些情况下，规范的绝对性被保留下来，这是由定义其边界的确切过程决定的。这个过程不同于结果主义中衡量好坏的过程，因此正确和错误判断的特殊性得以保留。

即使在这样的范围内，我们也可以想象杀害一个无辜者可以拯救整个国家的一些极端的案例。在这种案例中，人们似乎狂热地维护判断的绝对性，即使天塌下来了，也要做正确的事。因此，大规模突变的灾难可能会导致对与错的绝对性让步，但即便如此，也无法证明（正如结果主义者喜欢做的那样），对与错的判断总是一个程度问题，取决于利益获得和伤害避免的关系。我认为，相反，灾难性的概念是一个独特的概念，只是因为它确定了一些极端情况，在这些情况下，通常的判断类别（包括对与错的类别）不再适用……

当我们说一个人不应该严重伤害一个无辜的人，一个人不应该说谎，这些都是绝对的禁令，在某种意义上（在一定范围内）再多的好处也不能证明它们是正确的，但它们并不是绝对的，我们可能永远不会为自己的行为辩护，这些行为的结果是无辜的人的死亡，错误信念的传播。它们是绝对的，因为它们指出了某些我们不能做的行为。在结果主义看来，它们不是绝对的；他们没有说世界的某种状态是如此重要，以至于其他一切事物的价值都必须以其产生那种状态的倾向来判断……我们确实必须要重视在世界上创造好的东西，但不能违反绝对的是非准则。

这本书的一个关键论点是，有绝对规范，即对与错的判断采用绝对规范的形式。鉴于这个概念的中心地位，我提供了具体说明。第一，规范是一种基于主体的判断，是直接选择。因此，一种规范与一般价值判断的不同之处在于，价值判断不需要直接选择，尽管选择可以参考价值判断，如果我说八月的月亮是特别美丽的，或哈德良是一位聪明的皇帝，一致性要求我在没有任何因素阻挡的情况下，抓住机会去凝视八月的月亮，或者在我发现自己处于哈德良的处境时，效仿他，但显然这种行为不是判断描述观点的依据。然而，说撒谎是错误的，只是为了直指所有潜在的听者避免撒谎。第二，当规范的应用并不依赖于主体采取其他独立的目的时，规范就是绝对的，而这个目的是规范引导主体达到的；它不像一般人所说的"如果你想活到90岁，就不要吸烟"的这种规范……但是第三，我的概念中包含了一个更深层次的成分，这个成分被"绝对性"这个词抓住了（尽管比我最终想要的更为严格）。绝对规范的确比选择过程中的特殊价值赋予权重更直接。它不像指令说在一个人做出选择时动物的痛苦被纳入考虑中，如果代价不是太大就把它们的痛苦降到最低。相反，一种绝对规范取代了其领域内的其他判断，因此，其他价值和目的可能不会被敦促作为违反规范的理由。这是优先的。范畴规范的后一种特征是最独特的，也是最麻烦的。事实上，我已经指出，在某种意义上，它是一个更为复杂观点的一种近似值。绝对规范可能被极端的情况推翻。因此，绝对规范也可能因为应用实例的琐碎性而令人乏味。但只要结果的范围广，不管结果是什么，绝对规范就成立。提出一种明确的规范，即认为一项行动是错误的，就会导致对打算涵盖的行动种类的调查，而不是对屈从成本的调查……

在本节中，我研究了一个至关重要的绝对规范：对无辜的人造成身体伤害是错误的。现在，身体伤害并不是唯一的，也不一定是最严重的伤害。对一个人来说，表达自己想法或旅行的自由可能比免受某种伤害（比如他的财产或名誉）的安全更重要。对这些其他利益的某些侵犯也可能是错误的，就像导致身体伤害的错误一样。我不会提供所有这些错误的账目。我认为类似于我所给出的关于伤害和说谎的论点在其他案件中也适用。我只是说禁止身体伤害的规范具有优先权，至少在一种对与错理论的阐述中是如此。

所谓身体上的伤害，我指的是身体上的侵犯，它要么导致疼痛，要么损害功能。因此，一个尖锐、沉痛的打击，尽管既不是刀割也不是擦伤，但会构成伤害。皮肤撕裂也会如此，因为皮肤的任何损伤都会损害组织的功能。另一方面，剪头发、剪指甲或在皮肤上涂无毒物质可能会构成对尊严的冒犯，但不会构成身体上的伤害。这一定义涵盖广泛，它涵盖了一切从杀戮到拧掐的伤害，因此产生了一个重要的理论问题。难道拧掐与杀戮具有同样的道德品质吗？关于拧掐的道德，我将提供很少的启发方法，尽管如果一个人有越来越严重的趋势实施更重的身体伤害，例如，致残、致盲，甚至暂时施加严重的痛苦——我不难得出结论，在所有的这些情况下，道德判断的形式和性质与绝对禁止是一样的。这些都是我们不应该造成的伤害，对后果的考虑不能超过这个判断。正如我们将看到的那样，杀人是有借口和理由的，因此，也必然有致残和施加痛苦的理由……

考虑以下两种案例：

1. 把匕首插进某人的心脏。

2. 重新评估你的货币，可预见的结果是，你们国家的小麦作物将更加昂贵，更不容易用于饥荒救济，进一步可预见的结果是，一些在遥远地方因饥饿而衰弱的人将死亡。

我们的直觉反应是，如果没有一些非常特殊和狭隘的理由，案例1的行为是错误的，而案例2中行为的道德质量取决于广泛多样的考虑：重估的目的、其他国家相似的反应、运动背后的历史、国际间实践的背景如此等等。简而言之，将第一个案例置于绝对规范，即"不造成伤害"的范围内似乎是很自然的。然而，第二种案例的行为必然要受制于某种形式的效果主义分析……如果我们不能区分案例1和案例2，如果我们不能说直接伤害在某种特殊意义上是错误的，如果我们不得不权衡所有后果来判断刺死一个无辜的人是否是错误的，那么我们作为自由道德主体的地位，作为人的身份，就会严重受损……

……个体的人是价值终极的整体，甚至个人的幸福仅仅只是因为是他的幸福而重要。幸福不是一种等待附在特定的人身上的无差别的抽象血浆，而是个人选择的目标和结果，是通过选择的作用实现自身价值的自我成功。相应地，作为评价和选择的核心，维持个人的正直比抽象的幸福、快乐或卓越更重要。毕竟，后者是个体价值评估的对象。如果要保持个人的首要地位，如果它是个性，是人格，是伦理判断的出发点，那么，"不相干的"特殊性就必须被允许具有意义。

人的正直作为道德选择和判断的中心，要求我们在人格中为不可避免的独特性找到空间……"不伤害"的绝对规范表达了人在目的关系两端的中心地位：它特别突出了对于肉体的人作为关系的客体（受害者）而存在，他使人作为主体对他直接或故意做的事要承担更多的责任，而对仅仅作为他目的的某一侧面效果承担较少的责任……

直接伤害

这是一个自然的起点，强调个人责任，特别指我们通过触摸能完成的事情，通过我们的身体能完成的事情。我们的伦理结构附加了一个特别重要的东西，即直接和立刻执行的行为，正是通过这些行为，我们才首次了解到了自己的能力和效用。当我们通过触摸作用在世界上产生结果时，我们就知道我们能够产生结果，且我们作为个体与我们产生的结果是不同的。正是通过触摸，我们形成了行动和效用的概念并在我们中间得到发展。正是通过触摸，我们才知道自己与世界的不同，才认识到自己的身份，才认识到自己因果效力的能用……

直接造成的人身伤害，对个人而言……为绝对禁止的主体间的关系提供了一种范式。尽管到目前为止，这个讨论明确地只涉及了"不伤害"准则所包含关系的一方，即行为主体的一方，但这个论证是对称的。同样的因素，确定了特定的具体的人的重要性，目的是锚定责任的因果链能在立刻和直接产生的效果之中，也可以将受害者与其肉体上所受的痛苦联系在一起。

利益类比

……益处和害处的区别以这种方式出现：如果在拥挤的街道上，每一个从我们身边经过的人都有权要求我们给予他们特殊而积极的关注，都有权要求我们给予他们特殊的利益，那么，对于那些毋庸置疑的、强有力的情况——爱慕之情、亲属关系——几乎就没有剩下什么了。在这种情况下，特殊的利益要求似乎是合理的。如果我们将陌生人的要求限定在那些向我们求助的陌生人身上，问题也不会明显减轻。对限制和控制那些有特权请求帮助的人的数量和身份的能力的侵犯，在后一种情况下可能和前一种情况一样糟糕……就危险而言，这些问题与我们无关。不是受害者选择了主体，而是主体选择了受害者。主体保留了他所关心的圈子的控制权；但它无法将它消灭。在直接伤害中，主体关注受害者，知道他的行为将直接影响到他。是主体使被害人成为一个问题，因此他必须考虑被害人的特殊性。

因此，某些选择，在某些特殊情况下，必须在人群中挑选出一个与他有特殊联系的人——因为如果他所遇到的每一个人都特别地束缚着他，到最后，他们与任何人都不会产生特殊的联系。在利益的情况下，必须有某种东西触及有关系的受益人，而不是只有一般的事实——适用范围太广——利益的敏感性的范围。如果一个陌生人对我说："你本可以使我受益。"我总是回答："不会比无数的其他人受益更多。"在存在伤害中，这个问题并不存在。我本人直接对受害人施加的有意识的、意志性的伤害，在事实中充分将受害人具体化了。我不能总是说："如果我没有伤害你，我就会伤害别人。"因为在通常情况下，我是不会伤害任何人的。

现在，我坚持认为直接撞击是有意识的，是一种主观意志动作。如果我直接但无意地伤害了你——由于粗心大意甚至违背我的意愿——这可不可能造成一种关系，使我受到责备，必须道歉或试图弥补，但是我没有有意识地决定由我个人对您造成伤害。这一决定是"不伤害"绝对规范的主体……

从直接到意图

……直接伤害处理的案件范围既太容易又太有限。在更遥远的伤害中遇到的复杂性，很少出现在直接伤害中。我们直接产生的影响，总的说来是从自身流露出来的计划好的因果关系链的第一步。关于不想要的反响的问题，即"单纯的"副作用的问题，在因果序列远离直接的人的范围之后，就开始进一步延伸了。我现在转向那些更经典又麻烦的案例。

当然，更遥远的案例是关键的。从长矛到无线电驱动的火星着陆器的技术进步，是人类试图将自己的效能扩展到超越自身身体范围的精确目标项目的历史缩影。因此，就像直接的概念从它与个人效能的原始事实的联系中获得了它的道德力量一样，意图的概念对应的是同样的人类的有计划和人为的远距离效能现象。直接效能可能是效能的第一次经验，但由于智能本质上是人类的，因此对日益复杂的因果过程的掌握体现智能能力的本质。这个人可能首先投资于直接的效能，但是他的智力投资于他的远程项目，他的人投资于他的智力。因此，计划结果是直接结果的自然延伸和直接意图。

如果你想理解有目的性的智能行动的基本原理，请考虑两种状态之间的差异，这两种状态都从靠近人的身体和时间上移除，而且都对他的最终目标和处境同样有益。一个人在没有任何干预的情况下出现，尽管他很清楚这个过程导致的结果，另一种是他带来的：他考虑他想要什么，他评估他所掌握的资源和事情发展的规律，他规划好进程，然后采取行动，使整个事情运转起来。在这两种情况下，都有结果，也有愿望，但第二种是有目的、有计划和有打算的行为。这两种情况基本上是不同的事件进程。第一种是亲密的，个人的事实，即时的行动，直接的效果。但这还不是全部。智慧、远见是我们在想象中挖掘事件的通道，将最初的亲密关系向前推进，并预支相同的个人附属物作为最终结果呈现在开端上。

这不是一个论点，这是一幅图画，一幅关于人在世界事件中是什么样的图画。根据这幅图，我们能够理解为什么手段区分于伴随物。因为手段是我们计划的一部分，因此以一种与伴随物并不存在的方式预支我们个人。我们选择的手段是沿着我们预先规划好的道路步骤。伴随而来；它们属于自然发生过程的范畴，在那里，如果我们选择，我们可以介入其中。当然，我们有时要为刚刚发生的事情负责，但我们并不需要对伴随我们计划而发生的事情负责，就像我们需要对刚刚发生的事情负责一样，因为我们选择不采取任何行动或去关注其他事情。直接是我们从那里预支开始的核心。从那里，（我们）得出事情的两种发展过程：（1）我们通过计划和目的被同样地投入其中，就像我们在事件开始时一样；（2）事件的结果是从仅由因果关系的无限同心圆的起点散射开来。如果我们在最充分的衡量中对第二项有责任的话，那么普遍性的解体将发生在我们身上。如果我们不对第一项负责，那么我们所能达到关键程度的力量将被削弱。我们对计划承担的特殊责任是对我们在这些计划中的特殊参与的恰当认同。

因此，在直接伤害的情况下，解释"不伤害"规范的绝对性质的考虑，必须推广到故意伤害的情况。直接伤害描述的是两个特定的人之间的错误关系，只是因为它如此密切地涉及他们的特殊性。出于类似的原因，故意伤害是错误的。当然，关系中受害者一方的伤害是一样的，但我对意图重要性的解释表明了为什么主体对同伴伤害的个人预知和他直接造成的伤害一样大。正是主体的计划带来了这种伤害，他在脑海中形成了一个计划，并将受害者的伤害纳入了这个计划。因此，故意伤害是个人行为的结果，而在副作用或事故的情况下，伤害是自然因果关系的产物（即使一些人类行为出现在因果链中）。另一个人，毕竟也有同样的思考能力和同样的反思来保持他的完整性，他的个人就像我一样，选择我的身体，我的个人，作为他自己达到某种目的的手段。

所有这些都不应被理解为是道德冷酷的罪恶开脱，也不能是对我们计划所产生的副作用的漠视，以及我们本可以通过某种积极正面效应来避免的伤害。我同意，我们提高了产生（或避免）远距离伤害的能力，延展了我们对所有这些结果承担的道德责任的范围。我们关心的是遥远地方的饥饿的人群。我在这里所说的一切都不能否认这一点。我主张一种情结的，而不是一种短见的责任感。绝对规范禁止直接或故意伤害，但它不能原谅所有其他伤害。然而，规范并没有绝对禁止这些伤害。（正如我所论证的，它无法连贯地这样做。）对所有人都有关心和仁慈的义务，但它们不是绝对的。它们不可避免地允许进行权衡和计算，作为绝对标准是不允许的。这些通常是对抽象的人的非个人的责任，因此可以通过政府、机构等抽象的方式来贯彻。正如我们接下来看到的，几乎没有什么能凌驾于"不伤害"这一绝对准则之上，但关怀抽象人性的责任可能在许多方面被克服。最后，毫无疑问，我关于一种绝对直接禁止或故意伤害的论点，一定会在某种程度上损害所有那些不在这一特别严格的关注范围内的其他人的利益。因为在某些情况下，只有通过故意伤害，我才能避免其他更多人的更大伤害。但我仍然不做想做伤害的事情。

完成结构：防御

对于"不伤害"是绝对准则的建议，有一个明显的反对意见：绝对判断不能在我们的直接容忍面前被合理地断言，故意伤害是强加在运动、医疗、惩罚和战斗中的。当我们挤过人群去做一些紧急的事情时，伤害是直接造成的，尽管不是作为一种手段或目的。它是用来保护财产和规避危险的。总是谴责这种行动的理论，显然是极端和不能接受的。

同意、授权、对合法利益的捍卫无论如何要纳入我们的道德考量之中。现在我们可以给消极的术语赋予一些权重，这里是身体上的伤害，并且认识作为积极术语的合理性去评价和抵消这种消极术语。但这正是我说过的但绝不能做的。如果同意和自我辩护只是作为平衡物进入论证，那么他们将进入这样的论证——就像好的目的进入论证时，伤害是无意产生的，或者伤害只是我们无法避免的事。那就会摧毁当作绝对规范的命题的特殊性。因此，同意、胁迫、自我辩护不仅构成了借口和证明正确的理由（这是关于它们的传统和熟悉的观点）。但是，它们必须与它们所限定的错误存在一种特别密切的理论关系。无论能提供什么理论解释来给予规范分类地位，它本身必须为该规范的特定条件提供根据。这些理论是通过作为证明故意伤害合理性辩护的例证来进行很好的描述。我们将会看到，辩护体系不仅使其更加合理，而且填补了作为禁止关系规范的损害的实体性概念。

人的辩护

如果作为一种对抗一定比例的身体伤害的防御手段，那么身体伤害是允许的。因此，绝对规范甚至超出了对故意或直接伤害的限制。因为这里有一个允许故意伤害的案例。

防卫者确实意图杀戮，侵略者的死亡是防御的手段，即使（就像故意伤害的情况一样）防卫者可能更喜欢使用一些不那么激烈的手段……故意伤害的错误之处在于它所认定的行为人与受害者之间的关系。行为人将受害者作为达到目的的手段，这就构成了对尊重的冒犯，对受害者的冒犯。行为人的行为原则虽然不需要否定总体上的人际关系，但却将受害者排除在外。这里是特殊的冒犯。但在自我防护的情况下，防卫者并不认为他的道德优先于他的攻击者，因为防卫者的意图被他人（防卫者）评价为充分合理的，因为他（防卫者）虽然在道德上并不比攻击者更重要，但其后果也不低于攻击者。行为人——捍卫者，受害者——入侵者之间的利益互惠和相似性是至关重要的。自我防护描述了一种关系形式，我们可以肯定它的结构。

所有这些都是直接而熟悉的。对自我防护的调查主要是为了说明一种方法，并为一些非常一般的观点提供内容。现在让我们进一步讨论采取自我防护的观点，考虑到故意伤害是为了保护身体完整性以外的价值观，或者是为了保护一个采取行动的侵略者，他错误地或疯狂地相信他的行为是正当的，或者实际上是一个根本不是故意行动的侵略者。

捍卫其他价值

我有一些贵重的东西，别人想从我这里拿走，我可以做什么来保护我的利益？美国法律一般规定，我可以使用除致命武器外的任何合理必要的武力来保护我的财产免受直接损失。或者我走在人行道上，一个恶霸坚持让我走到街上侮辱我。如果我知道这可能会引发致命的攻击，然后我是否可以使用致命的武力来自我防护？我能坚持我的权利吗？这些问题的答案在很大程度上取决于一般的社会背景。在某些时候和地方，甚至授权使用致命武力来保护财产，这并不奇怪。另一方面，如果一个人在家中以外的任何地方受到致命武力威胁，通常要求他在使用致命武力前安全撤退，但是普通法的司法权并没有剥夺一个人自我防护的权利——如果需要使用致命武力的话——基本根据是他本来可以通过接受威胁或放弃某些权利来避免攻击。现在，我主要关注的不是法律而是道德，法律很重要，因为它阐明了这些道德问题……

想象一下这段遭遇的示意图：防卫者警告说，如果为了保护自己的财产，他将造成身体伤害而只有在这个警告被无视后，防守方才会造成伤害。我进一步认为，侵略是针对一个实质性的价值，侵略是错误的，而且众所周知是错误的。防卫者的行为不同于不正当的伤害，不是因为有一个实质性的价值（财产）平衡他所造成的伤害，因为这一事实通常存在，我认为它是不充分的，而是因为"攻击者—受害者"本人有意侵犯行为人的权利。至关重要的是对防卫者权利的威胁侵犯。因为到目前为止，我还没有有关任何权利的观念……现在我们可以这么说，我们假设侵犯行为人的财产利益对他来说是一种错误，就像之前的故意身体伤害案例一样（虽然程度不一定相同）。因此，一个行为人对抢劫犯造成伤害时，并不肯定一个对抢劫犯具有道德优越感的原则，就像他在为自己辩护时，并不肯定一个对抢劫犯具有道德优越感的原则一样。他也没有断言，他可以利用抢劫犯的目的——仅仅是他（防卫者）的权利不能为抢劫犯的目的服务。

虽然这似乎是显而易见的，但我们该如何回答怀疑者，他坚持认为，在这种情况下，一个人也会故意利用伤害另一个人来进一步（保护）自己的目的？抢劫犯会通过侵犯行为人的权利来利用行为人，会使受害者遭受这种不公正的利用。防卫者，通过抵抗，意图造成伤害是肯定的，但所有这一切也可以正确地定性为他打算保护自己的权利。因此，行为人远远不能断言对抢劫犯有道德优越感，也远远不能不能暗示与他有失人格的关系，而是打算阻止这种有失人格的关系的发生。防卫者阻止错误发生的意图可能并不能起到全部作用，但至少情况是相反的。行为人的意图能够陈述一种似乎与用来解释"不造成伤害"规范的论点相一致的观点……

但我们有时会觉得阻止某人为了一些微不足道的目的而选择遭受死亡或致残是合理的——即使这一目的的实现不会伤害任何人。我们是否应该毫不犹豫地允许"同意"观点的延伸，来为受害者，一项微不足道的侵犯造成的伤害辩护？我们从一开始就认为，无论造成何种伤害，都是为了捍卫岌岌可危的价值。但是，如果社会通过警察和法院能够保证受威胁的财产最终会得到恢复，那么诉诸武力就不再必要了。当然，一个社会愿意并能够给予这种保证的程度将会是不同的。

观念①

R.M.黑尔

考虑一下最近在无限电台上讨论的一个问题，一个漂亮的女孩为了取悦中年商人而在"脱衣舞俱乐部"里脱光衣服来赚大钱是否有错。如果这不是一个公认意义上的道德问题，那就很难说什么才是道德问题。开放的人可能不认为这是一个重要的问题；但毫无疑问，许多人认为它非常重要。然而，

---

① R.M.黑尔，《自由与理性》，牛津大学出版社，1963年，关于黑尔教授在这个问题上的最新观点请参阅他的《道德思考》，牛津大学，1981年，第170-182页。

那些称此类展览不道德的人并不是因为它们对其他人的利益产生了影响；因为，既然每个人都能得到了他或她想要的，没有人的利益受到损害。他们更可能使用诸如"有失人格"这样的词。这给了我们一个关于我们正在处理的道德问题的线索。这不是利益的问题，而是观念的问题。这种行为违背了许多人对实现人类卓越的理想；这就是他们谴责它的原因。即使用"利益"的术语来谴责他们，这也只是因为，像柏拉图一样，他们认为把一个人变成更坏的人，就会给他带来最大的伤害。但是，这种柏拉图式的说法不应掩盖两种不同的根据——赞扬或谴责之间的差异。其中一种与他人的利益有关，另一种与人类卓越的理想有关。用术语将"道德问题"一词规定限制在有关我们的行为对他人利益的影响的问题上是错误的，也是这样的限制会通过阻止道德哲学谈论任何理想而截断道德哲学。

不难找到其他的例子。假设某人正试图决定他的职业是股票经纪人还是军官。也许他认为，总的来说，他的选择不会对其他人的利益产生可预见的影响。如果他成为一名股票经纪人，他将为一些人赚钱，间接地剥夺其他人同样数量的钱，并促进活跃的股票和股票市场的存在，据说，这是服务于社会的工商业福利。如果他成为一名士兵，他会杀死很多人，保护很多人，如果他的政府的政策是明智的，也许还会为国际关系的稳定做出一点小小的贡献。在这两种情况下，当事人或国人都能直接获益，而其他人的直接和间接受益和损失只要有可能预测的话，则大致平衡了。但当他试图决定选择哪种生活方式时，这些多少不可估量的因素可能并不是对他最重要的。更让他感动的可能是这样一种想法（也许是一种不公正的想法）：股票经纪是一种久坐而暗淡的职业，而军旅生活是一种积极的职业，需要勇气和自我牺牲。如果他基于这些理由选择从军，我们是否可以说他是受到了道德考量的影响？

这个……可能只是一个术语问题。但是，如果我们说这些理由不是道德的，我们就会找不到一个词来描述那种引导他选择这一职业的理想。这可能会让我们认为，在这个应用中……，我们确实需要"道德"这个词，一旦我们摆脱了术语上的问题，事实就开始变得清晰起来；一个人至少可以根据两种理由说，最好的做法应该是这样或那样的；其中一个与利益有关，另一个与理想有关。这些根据必须彼此分开，即使后来发现它们在某种程度上是有联系的；但是，"道德的"这个词，在我们的日常用语中，可以用来同样地形容这两种人。

为了避免混淆，让我们称其中一种立场为"功利主义"，另一种立场为"理想主义"。功利主义者可能会争辩说，这两者之间存在一种逻辑上的（而不仅仅是历史上的）联系，因为道德理想总是被框定，而且必须被框定，鼓励质量提升有益于人们的利益或社会整体的利益的进步。但这种说法太笼统了。就像在克鲁夫特，被称为寻回犬的狗会因为与警犬表现无关的品质而获得奖励一样，许多人对人类卓越的理想，其功利基础已不复存在。无论如何，在现代社会，所谓的"身体的"勇气的道德品质总体上有利于人类福祉的说法是荒诞的；然而，我们都很欣赏这种品质，并鼓励年轻人培养这种品质。这可能只是因为，在某个时期，无论如何，大多数男性公民应该具有这种德性，这对于维护社会是至关重要的；如果在目前的军事科学中，不再是这种情况，那么，我们也许会放弃这种理想，或者不那么重视这种理想。但这与目前的论点无关。事实上，我们的理想有一种强烈的倾向，即按照过去几代人社会的功利需求来加以构建；但无论如何，理想在逻辑上是独立于需求的，并且可以在它们消失后继续存在。我们不能犯类似人类学家会犯的错误，比如，他说印度教徒一天洗五次澡纯粹是为了卫生的原因；他们把洗澡当作一种宗教义务，尽管这种习俗最初可能出于对卫生的模糊观念，但它仍然经得起证明，因为它传播的疾病比预防的疾病更多。

道德理想在某些方面与美学理想非常相似；它们在逻辑上更像它们，而不是那些我所说的功利主义道德判断的基础。再来看看另一个在道德理想之间进行选择的例子，在这个例子中，金科玉律的论点是不合适的：喜马拉雅探险队的领导人可以选择自己带领探险队对珠峰进行最后的冲击，也可以选择留在最后的营地，给其他队员机会。很明显，不同的理想会发生冲突；然而，人们很容易认为，与各方利益有关的任何争论都无法解决这个问题，因为各方利益可能是非常精确平衡的。由此产生的问题很可能不是与党派的利益有关，而是与一个人应该有什么样的理想有关。成为这样的人更好吗？面对巨大的障碍和危险，最终到达世界上第N座最高峰；还是那种利用自己的权威地位给朋友机会，而不是自己争取机会的人？这些问题很像美学问题。这就是好像一个人把自己的生活和性格看作一件艺术品，并问它应该如何最好地完成。

人们可能会问，如果黄金法则的论点在这里不合适，是否还有其他论点可以对这些问题产生影响。这可能取决于我们准备把什么当作论点；然而，这不仅仅是一个术语问题。在这种情况下，当然会有令人信服的论点，如果当事人已经接受了人类某些卓越的理想；然后可以举出事实来证明这样和那样的行为路线是否会符合理想……也有一些争论试图表明两种道德观点的不一致性，一个人声称自己持有这两种观点。这种论点可以利用可普遍化的要求；如果我们发现一个人对自己所做的判断与他对处于类似处境下的其他人所做的判断大不相同，我们可以从逻辑上迫使他要么放弃一套判断，要么放弃另一套判断，要么在这两种情况之间显示出差异。此外，我们可以试图展示不一致，不是两组道德判断之间的不一致，而是在道德判断和他同意的其他规定之间的不一致。例如，如果由于接受了某些特定的规定（他欲望的表达），他习惯性地以一种与他所宣称的理想相冲突的方式行事，到了某个时候，他对理想的拥护就完全失去了力量。

然而，这是不可能的，道德哲学家也不应该试图找到一种论证的方法，来果断地解决所有情况下不同理想的维护者之间的争论。例如，假设一个人有禁欲主义者的理想，另一个人有享乐主义者的理想。他们之间的道德争论是否有可能迫使其中一方采纳另一方的观点——假设双方都不会因为追求自己的理想而以这样或那样的方式影响其他各方的利益？如果道德哲学家认为，他不能提供解决这些问题的逻辑，他就辜负了他的公众，那么他最好问问几乎所有的公众，他是否希望这些问题能够得到解决……

那么，我们关于理想的讨论的结论似乎是这样的。在不涉及利益的情况下，理想之间的冲突不太容易受到争论的影响；另一方面，利益之间的冲突，如果不涉及理想，就可以通过道德术语的逻辑所产生的论证形式来承认和解。最大的问题仍然是，当利益与理想发生冲突时会发生什么……

社会道德与个人观念[①]

P.F.斯特劳森

　　人们为自己描绘理想的生活形式。这样的图画种类是各种各样的，可能是截然相反的；在不同的时期，同一个人可能会被不同的、强烈冲突的画面所吸引。有时他似乎觉得，他甚至应该这样生活，即使一个人以某某方式应该这样生活；另一方面，唯一真正令人满意的生命形式是完全不同的，与第一种生命形式是不相容的。这样一来，他的世界观可能会发生根本的变化，不仅在他生命的不同时期，而且在每一天，甚至从一个小时到另一个小时。它是许多变量的函数：年龄、经历、当前的环境、阅读能力、身体状态……就是它们中的这些。至于生活方式，它们在不同的时间呈现出各自独特的令人满意的一面，它们的多样性和对立性是毫无疑问的。自我牺牲的献身于职责或为他人服务的信念；个人荣耀和宽厚的信念；禁欲、精修、退隐的信念；战斗、独占和权力的信念；培养出"一种精致奢华感"的信念；单纯的团结、合作、努力的信念；社会存在的精致的复杂信念；与自然物经常维护和更新关系的信念——这些信念中的任何一种，以及许多其他信念，都可能构成个人理想的核心和实质。有些时候，这种画面可以自身仅仅呈现为感染与吸引；在另一些情况下，它可能会以一种更强烈的方式展现自己，或许它是人类对我们所在处境的唯一理智或非光彩反应的一种形象。"生命的高贵在于这样做"，或者，有时，"生命的理智在于这样做"，这可能是这些形

[①]　斯特劳森，《社会道德与个人理想》，载于《哲学》，第36卷，第1期，第136号，1961年，经剑桥大学出版社。

象呈现的手法……

我认为，毫无疑问，我所讲的内容属于伦理范畴。我一直在谈论评估，比如可以支配选择和决定，这对男性来说是最重要的。然而，它是否属于道德范畴，则值得怀疑。也许道德领域也在其中。或者它们之间没有这样简单的包容关系。这个问题我待会儿再谈。我想首先就伦理的这一领域谈一谈，它也可以被描述为一个存在着彼此不相容的真理的领域。也就是说，存在着许多深刻的一般性陈述，它们能够捕捉伦理想象，就像我刚才提到的那些理想形象所捕捉到的那样。它们通常采取关于人和世界的一般性描述的形式。他们可以被纳入一个形而上学的系统，或戏剧化地表现在一个宗教或历史的神话中。我不会举例子，但我会提到名字。读到帕斯卡、福楼拜、尼采、歌德、莎士比亚、托尔斯泰的作品，就不能不了解这些深刻的真理。如果你头脑冷静，善于分析，当然可以嘲笑深奥真理的整个概念；因为在我们大多数人的心中，伦理的想象一次又一次地屈服于这些关于人的形象，而我们恰恰希望把这些人描绘成真理，因为"他们把我们俘虏了"。但这些真理彼此之间的关系，就像我已经讲过的那些理想形象一样。因为一种图像反射另一种图像，又被另一种图像反射。它们以同样的方式激发我们的想象力。因此，如果我们认为我们可以在不破坏他们品格的情况下，将这些真理系统化，形成一个连贯的真理结构是完全徒劳的，就像认为我们可以在不破坏他们品格的情况下，从这些形象中形成一个连贯的合成的形象一样……

那么伦理领域和道德领域之间的关系是什么呢？对后者的一种广泛接受的根据是，在一个社区或阶级中普遍适用的管理人类行为的规则或原则的想法。这个阶级可以被认为是一个有变化思想的明确的社会群体，或者作为一个整体的人类的物种，甚至是理性存在的整个阶级。理想多样性和统治共同体这两种对立概念之间的关系并不明显；事实上，我认为这种关系是复杂的。一种协调这些观点的方法如下。这种方法是极其粗略和不充分的，但它可以作为一个起点。很明显，很多人，如果不是全部的话，所有我所说的理想形象的实现，都要求实现某种社会组织形式的存在。这种需求的逻辑或经验有不同层级。有些观念只有在复杂的社会环境背景下，甚至在特定的复杂的社会背景下才有意义。对另一些人来说，社会组织的某些复杂性似乎是观念以一切非常充分或令人满意的方式实现的必要条件。任何形式的社会组织、任何形式的人类交往存在的条件是部分成员对行为的某些期望应该完美地有规律地得到满足：有人可能会说，有些责任应该履行，有些义务应该承认，有些规则应该遵守。那我们从这里开始讨论道德领域的安置问题。这是遵守规则的领域，因此，某些这样的规则的存在是一个社会存在的条件。这是对道德的最低限度的解释。它代表了一种可以被字面上称为公共便利的东西，首先是作为一切重要事物的首要条件，但只是作为一切重要事物的条件，而不是事物本身。我倾向于在这个最低限度的道德观念中看到相当重要的优点。

我这样说并不是说它真的是一个或近似是一个适当的概念，只是说它是一个有用的分析思想……

让我们从优点开始。首先，我们必须更清楚地了解这种最低限度的解释是什么。其基本观点是，个人提出的社会认可的要求，仅仅是由于他是所讨论的社会成员的个人，或者是由于他在社会中所处的特殊地位，或者是由于他与社会其他成员之间的特殊关系。我在这方面谈到了规则；我指的规则就是这种类型需求的一般化陈述。我采用的基本思想使用的公式故意灵活，社会和社会认可的概念故意模糊。这种灵活性对于公正地处理社会组织和社会关系的复杂性是必要的。例如，我们可以把自己看作许多不同社会群体或不同社区成员，其中一些属于另一些；或再次，当我谈到社会对某一要求的认可时，这一要求是基于某个人在群体中的地位而提出的，我们可以认为这种社会认可有时只发生在所讨论的有限群体内，有时也发生在包括该有限群体在内的更广泛的群体内。可以是，也可以不是社会上的地位。因此，家庭中的某个职位通常会对该职位的持有者提出某些要求，这些要求在家庭内部和家庭所属的一些更广泛的群体中都得到了承认。同样的道理也适用于一个专业的会员资格，甚至是一个专业协会的会员资格。另一方面，某些阶级或种姓的道德要求很少或根本没有从这个有限阶级的成员所属的更广泛的社会群体中得到额外的强化。或者说，亲密个人关系的内在道德可能和这段关系本身一样私密。我认为这种研究道德的方法有一个优点，就是它很容易为许多我们习惯使用但在道德哲学中往往被忽视的概念留出空间。我们就这样谈医学伦理学，谈武士阶层的荣誉准则，谈资产阶级的道德，谈工人阶层的道德。如果把道德从本质上，或至少从根本上看成是社会群体的一种功能，那么这种观点就更容易适应这种解释，而不太适合目前普遍流行的、比较明显的个人主义的观点。

我认为目前方法的另一个优点是，它使人们相对容易以具体和现实的方式理解责任心、责任和义务等概念。这些概念在近代的道德哲学中几乎被完全抽象地对待，其结果是，在我们的一些同时代人看来，[1]似乎是被丢弃的关于宇宙的想法的毫无意义的幸存者。但是，就我们大多数人所从事的工作而言，我认为它们根本不是那样的。职责和义务伴随着办公室、职位和与他人的关系而来，这一事实没有丝毫神秘或玄学可言。由于某人处在某一职位，对他提出的要求可能确实会而且经常会非常明确地列出相当详细的内容。当我们称某人尽责或说他有强烈的义务或责任意识时，如果有超自然的戒律，我们通常并不认为他是被鬼魂缠住的；我们的意思是这样的，他可以依靠持续的努力去做在特定能力下需要他做的事情，去满足他作为学生、老师、父母、士兵或其他任何他可能的需求。一位教授曾经说过："对我来说，道德就是像教授一样行事。"

但是现在是时候回到社会道德和我在开始时谈到的生活形式的理想图景之间关系的问题了……碰撞、吸收和相互作用的可能性有很多。我刚才所表述的方式，也许最明显地说明了碰撞的可能性；这种可能性值得强调。值得强调的是，一个人承认或不完全认识到的义务，不仅可能与利益（粗略地）冲突，与倾向（轻微地）冲突，还可能与理想抱负和抓住道德想象力的愿景

---

① 　对比G.E.M.安斯科姆《现代道德哲学》，载于《哲学》，1958年1月。

发生冲突。另一方面，可能理想生活的图景恰恰是道德利益占主导地位，被赋予了一种理想的、压倒一切的价值图景。对于一个暂时或永久被这样一幅图景支配的人来说，"忠实履行职责的意识"将会是一种极其令人满意的状态，道德不仅是重要的事情，而且是极为重要的事情。再次，理想的图景可能不是道德利益占主导地位，而是主导观点强有力而紧迫地运行，以强化道德需求体系的某些部分，而不是其他部分。因此，这种理想的图景也是如此，在这幅理想的图景中，服从命令、彼此相爱似乎是最高的价值。

这仍然是太简单的描画。让我们记住，我们可以说属于各种社会的多样性，以及属于这些社会的各种道德需求制度的多样性。在某种程度上，尽管我们不能夸大其词，但我们所进入的道德关系体系是一个选择的问题——或者至少是一个有替代可能性的问题；不同的道德需求体系对不同的理想生活图景的好和坏的程度也不尽相同。此外，理想的图景可能不仅要求成为某些利益由道德体系维护的社会的成员，而且要求成为一个社区或一种关系体系的成员，在这种体系中，要求体系以积极的方式反映理想的性质。举一个简单的例子，我们可以再想想武士阶层的道德与个人荣誉的理想的联系。总的来说，在一个像我们这样复杂的社会中，很明显存在着不同的道德环境，不同的社区内的不同子社区，不同的道德关系系统，彼此相互联系和重叠，但这里提供了一些选择的可能性，一些调整道德需求和个人愿望的可能性。但在这里，至少在我们所处的时代和地点，最终必须强调的是直接相关的限制：每一项与另一项的限制。在一个单一的人类政治社会中，人们可能确实会发现不同，甚至是截然不同的道德环境和社会群体，在这些社会群体中，不同的道德需求体系得到承认。但是，如果一个群体要成为更广泛社会的一部分，它的成员也必须服从于一个更广泛的相互需求体系，一个更广泛的共同道德体系；而更广泛的共同道德的相对重要性将随着社会各子群体紧密相连的程度而增长，随着每个人都是众多子群体中的一员而增长。而且社会并不随之有着严格的社会分层，允许相当自由地进入和退出这种子群体，在这样一个将各种各样的社会群体与它们之间复杂的环环相扣、自由流动结合在一起的政治社会中，特殊理想与共同道德需求的分离无疑将趋向于以最大化的方式呈现。另一方面，理想的人类形象可能倾向于在事实上或在幻想中，要求一种全面的共同道德的地位。因此，柯勒律治或托尔斯泰式的梦想家可能会巧用这样一种思想，即自我封闭的理想共同体，在这个共同体中，道德需求的体系应与所有成员共同拥有的理想生活图景完全相符，或尽可能地完全相符。这样的幻想注定会给许多人以软弱和徒劳的打击；因为保护这种纯粹社区是以和外部世界隔绝为代价的。更严重的是，可能会有一些企图使现存的民族国家的整个道德风尚反映出某种人类团结、宗教奉献或军事荣誉的理想形象。鉴于人类理想的自然多样性——仅提这一点——这样一个国家（或其成员）显然至少会遭受来自社会解放的一些压力，而一个自由社会正是从这些压力中获得解放的。

总之，我曾经说过，一个人可能会同情许多人，并希望看到许多人在某种程度上实现我们自己的生活理想。我也谈到了那些体系——尽管这个词太过强烈了——作为人类社区的成员或者人际关系方面的成员，我们对彼此所拥有的公认的互惠要求，如果没有这种互惠要求体系的存在，其中许多体系几乎不可能存在或具有他们所拥有的特性。关于这两种事物之间可能存在的复杂而多样的关系，就是我们对生命目的（使社会生活成为可能）的道德需求体系相互冲突的看法，我已经说了一些，尽管说得太少。最后，我对两者与我们必然生活在其中的政治社会的关系进行了简要介绍。我所深入研究的现象领域，我认为，比我所能提出的要复杂得多，而且涉及许多方面；但我一直想提出它的一些复杂性。为了纠正某些典型的夸大其词，我曾顺便提过对道德哲学的暗示。但我认为，道德和政治哲学主要的实际含义是应该把更多的注意力集中在社会结构和社会关系的类型上，以及那些我提到过的和其他没有提到的复杂的相互关系上。例如，我们很难不相信，考虑到宗教在道德方面所扮演的历史角色，我们对世俗道德的理解将会得到加强。或者，我再次怀疑，如果不考虑道德与法律的关系，是否能够正确地理解道德的本质。这不仅是因为道德和法律的领域在很大程度上是重叠的，或者它们的要求经常是一致的。即道德需求系统的作用是使所有社会群体具有凝聚力。同样，在我们对现有法律态度的复杂性中，我们可以找到我们对道德需求系统态度复杂性的一个模型，这些道德需求系统在我们的社会关系中对我们产生冲击，或者在他们的社会关系中对其他人产生冲击。

最后，我认为在我所说的隐含着任何非常明确的道德或政治承诺。但或许可以提出一个问题，并在一定程度上得到了解答。如果一个人对各种相互冲突的生活理想感到同情，他会是什么态度呢？似乎在一个自由的社会中他将最愿意待在家里，在这个社会里，有不同的道德环境，但没有一种理想的努力去占据和决定共同道德的特性。他不会支持这样一个社会，因为它给了关于生活的真理获胜的最好机会，因为他不会始终相信关于生活的真理这样一种东西。他也不会支持它，认为它最有可能产生一个有目的的和谐王国，因为他不会认为目的有必要被协调。他只会欢迎社会使之成为可能的伦理多样性，当他重视这种多样性时，他会注意到，对于那些仅因生命目的的强烈憧憬而试图使理想的要求与共同的社会道德的要求共同广泛的人来说，他是天然的敌人，尽管可能是负有同情心的敌人。

极简主义伦理学[①]

丹尼尔·卡拉汉

在富裕时代，道德的吸引力在于它似乎并不需要太多。有了更多的选择，就会少了一些艰难困境的产生。如果它们产生了，金钱可以用来购买或逃避选择的后果。罪恶的代价被廉价的治疗、毒品、酒精饮料、经济舱机票和职业转变所抵消。如果所有这些都失败了，公开忏悔可以制作成一部迷你剧，并有利可图。恶有恶报，因为万物皆有报应，连德性也不例外。

[①] 丹尼尔·卡拉汉，《极简主义伦理》，载于《艰难时期的伦理》，阿瑟·卡普兰和丹尼尔·卡拉汉编，普雷连出版社，纽约，1981年。

在艰难困境的时代。选择越来越少，选择越来越糟糕。在宽恕和治疗标签曾经可以负担得起的地方，责备和谴责就变得更加合意。如果生活很糟糕，显然肯定有人有错，如果不是政府，那就是我的邻居、妻子或孩子。温暖、宽容、纵容他人缺点的自我让位于苛刻、好胜的自我；国内外的敌人比比皆是。与其说"最不富裕"人不再被算计在内（尽管他们确实如此），不如说所有人都想象他们属于这一类。肮脏成为文明的标准，暴露成为新闻行业的目标，一场法律裁决成为朋友、家人和同事和解分歧的方式。

那么，需要诊断的问题是什么？这是我想要问并试图解决的问题：当我们进入一个极有可能长期困难的经济时期，我们的社会如何聚集必要的道德资源，以作为一个可行的人类文化持续下去？这个问题有三个假设。第一，经济实力和军事实力与一种文化的内在人性和道德生命力没有必要的伦理联系；它们只能帮助确保其存在。第二，经济持续增长的时代已经结束，随之而来的是对富足的长期乐观心理。最乐观的前景是一个国家稳定的经济，在这样的经济中，下一代只能希望它能像上一代一样好。只是这点，不太可能多，可能更少。

我的第三个假设是，在富裕时期能够蓬勃发展的道德，如果在困难时期保持不变，就会导致道德混乱，甚至更糟。这种道德是什么？它强调个人对社会的超越，需要容忍所有的道德观点，自我的自治是人类最高的善，自愿的、知情的同意契约作为人际关系的典范。

所有这些自主权无疑是好的、崇高的、可爱的。但要过上那种生活，你需要手头有钱，身体健康，还有随时准备好的心理咨询师诊所。对于生活在世界上最强大、最富裕的国家的舒适的人们来说，这是一种享受时光的哲学。它在困难时期能奏效吗？有些疑问是合理的。

艰难时期需要自我牺牲和利他主义，但没有任何道德自律的伦理来维持或滋养这些价值观。艰难时期需要一种集体意识和共同利益——但人们公认的自治德性主要是为了培养独立的自我。艰难时期要求在指责他人不幸时保持克制——但作为理想的道德自主的一个结果是使更多的人因他们所谓的伤害他人而受到指责。艰难时期需要对他人有广泛的责任感，尤其是对那些看不到的人，但自主的伦理只强调对自己自由选择的、成年人同意的关系负责⋯⋯

我想给我们最近几十年的富裕生活中出现的一套道德价值观下个定义，并试图展示它们在未来的艰难时期是多么不适合，甚至是多么危险。由于缺乏更优雅的术语，我将把这些价值观称为"极简主义伦理"。我已经暗示了这种伦理的一些特征，但现在我试图说得更具体些。这一伦理可以用一个简单的命题来表述：只要不伤害他人，一个人可以按照自己的道德选择以任何方式行事。

我称之为"极简主义伦理"，因为，简单地说，它似乎在说，一种行为或整个生活方式的唯一道德检验标准是它是否能避免伤害他人。如果这个最低标准可以满足，那么就没有进一步的根据来判断个人或集体的道德利益和目标，赞扬或责备他人，或教育他人对自己或集体负有更高的道德义务。用我们今天的语言来说：对于别人如何利用他们的道德自主权，我们唯一被允许的判断是评估他们是否在伤害别人。如果我们看不出这种伤害，那么我们就必须悬置任何进一步的判断。如果我们不能悬置这一判断，那么我们就犯有主动侵犯他们的隐私权和自决权的罪行。

这种伦理的普遍存在产生了一系列后果：

1. 极简主义伦理倾向于将政府监督和公民自由的有用原则与个人和公共道德生活得更广泛的要求相混淆。

2. 它误导了我们社会中的许多人，使他们认为可以在公共领域和私人领域之间划出强烈区分的界限，并认为每一领域都适用于不同的道德标准。

3. 它让我们对个人道德和公共道德有了一种稀薄而式微的认识。在极简主义伦理最慷慨的解读下，我们只有义务履行我们自愿承担的家庭义务，遵守我们的承诺，尊重与其他自愿同意的成年人自由签订的合同。除了这些最低限度的标准，我们可以自由地做我们喜欢做的事，除了我们个人的善与恶指导之外，概无他从。超越这个小圈子的利他主义、慈善和自我牺牲根本不是道德义务，而且在任何情况下都不可能被普遍要求。我的邻居可以并且将永远是一个道德上的陌生人，除非作为我行使自主权的一种方式，我选择与他签订一份合同；我对他所受的约束不过是那份合同的文字而已。虽然我应该公平地对待我的邻居，这是因为我可能伤害他，或亏欠他，作为一种偿还以前不公正的债务方式，或因为与他人发展一种社会契约，作为一种增强我自己获得更大自由和获得一些基本的善的可能性的方式，这似乎是一个合理的想法。

4. 极简主义伦理剥夺了我们在契约关系之外谈论我们共同生活的富有意义的语言：唯一似乎共同的语言是"公共利益"，这个概念在大多数情况下可以转译为个人欲望和需求的总和。"权利"一词已经很常见了（尽管不包括公认的古老的"自然"或"上帝赋予"的权利）。但要理解的是，消极权利和积极权利的政治和道德目的都是为了保护和促进个人自主权。它不再是那种可以轻松地用来谈论公共生活、分享价值观和共同利益的那一类语言。

5. 极简主义伦理使得试图确定人类固有或内在的善的古老事业成为一个可疑的、可能是颠覆性的活动。它假设没有人能回答这些崇高而模糊的问题，所以尝试可能对自由构成威胁，而且，在任何情况下，任何所谓的答案都应坚决保密。

6. 除非我能以明确的方式表明其他人的行为对公众造成了直接的伤害，否则我不被允许对这种行为提出质疑，更不用说对其做出公开的负面评价了。极简主义伦理文化是一种细致和严格的宽容。"我是谁""凭借什么判断什么对他人有利？"一个人也许有权对他人自我认知的行为表达个人的道德意见。但是，公开表达这些意见将导致公民秩序中道德压抑的氛围，以及私人心理秩序中形成一种反自治的道德压抑。一个问题被认为是对那些如此不文明的人的明确回应，他们竟然如此简单地谈论伦理："但是，是谁的伦理呢？"

在某些领域，极简主义伦理已经更进一步将许多行为选择完全排除在道德问题之外。因此，堕胎成为一个"宗教"问题，而不是一个道德问题，众所周知，所有的宗教问题都是私人的、非理性的和怪诞的；性问题，以及最近的同性恋问题，变成了"另类生活方式"或"性偏好"的问题；而使用增强快感的药物成了两种价值观（因此是主观的）规范之间的有趣选择，"精神享乐主义"或"药理学加尔文主义"。

7. 按照"极简主义伦理"的说法，只有少数道德问题是值得不厌其烦地去解决的。"自由对正义"的问题是其中之一，"自治对宗法"的问题是另一个。前者是重要的，因为分配正义是最终确立由完全自主的个体组成的共同体所必需的。后者是关键的，因为人们很清楚地认识到，宗法主义，即使是动机善良的宗法主义，也会对个人自由构成最直接的威胁。缺少知晓的同意，由专家所决定，以及不遵守正当程序，这是极简主义伦理可知的最大弊端。任何不完全的平等主义——由同样自主的道德主体做出平等的决定——被视为末世论的失败。①

我在这里画了一幅夸张的极简主义伦理图。它并不完全精确地符合任何一个人的观点，当然，它也不能被认为代表任何单一的、连贯的、发展良好的伦理理论。并非所有赞成完美平等主义的人都会同样赞成（或完全赞成）从道德上把性和毒品的问题剔除。在支持公民自由主义的政治伦理与认同紧密的社会关系的价值、追求超越性的价值以及认同超越自我实现的责任之间，并不存在必然的相容性。这幅画像的排列和例外就很容易找到了。尽管如此，我相信，作为美国文化中一套主流价值观的综合写照，它足够准确，值得认真对待，也值得拒绝。一个由渴望或无意中接受极简主义伦理的人所组成的社会不可能是一个有效的人类社会。在压力大的时候，它可能会变成一个非常恶劣的社会。

我建议……极简主义伦理听起来很像约翰·斯图尔特·密尔在《论自由》（1859）中的立场，但它也代表了这种立场的压力，超出了他想要的限制……回想一下密尔在《论自由》中的著名原则和出发点：

---

① 杰拉尔德·克勒曼，《精神享乐主义对药理学加尔文主义》，载于《黑斯廷斯中心报告》，1972年9月，第1-3页。

人类干涉他人行动自由的唯一目的，无论是个人还是集体，就是为了自我保护。在一个文明社会中，权利可以违背任何成员的意愿，合法地对其行使权力的唯一目的是防止对他人受到伤害。①

密尔接着以各种方式重申并美化了这一原则，他不仅强调社会应该只关注"与他人有关"的个人行为，而且还强调"个人应该超越他自己，超越他自己的身体和心灵，是至高无上的"②。

仅仅保护个人免受"地方法官的暴政"也是不够的，也需要保护。

反对专横的意见和感觉：反对社会倾向于通过民事处罚以外的手段，将自己的思想、做法或行为规则强加于持不同意见的人……③

带着更现代的气息，密尔写道：

这一原则要求尝试和追求自由；为自己的性格制定适合自己的生活计划；我们可以随心所欲，不受以下后果的影响：只要我们所做的不伤害我们的同伴，即使我们认为我们的行为是愚蠢的、反常的或错误的，我们也不会受到他们的阻碍……④

密尔绝不是没有意识到，他所追求的那种自由可能会导致一些不愿意出现的结果：

---

① 约翰·斯图尔特·密尔，《论自由》，载于《约翰·斯图尔特·密尔选集》，玛丽·沃诺科主编，纽约：麦瑞迪安布克斯出版社，1962年，第135页。
② 同上。
③ 同上，第130页。
④ 同上，第138页。

我完全承认，一个人对自己做的坏事可能会通过他们的同情和利益严重影响那些与他有密切关系的人，并在较小的程度上影响整个社会……①

在另一本书中，他写道："比起强迫每个人都过其他人认为美好的生活，人类通过折磨彼此来受益，才是更大的受益者。"②

这是一个过于自信的功利主义结论……无论密尔的其他缺点是什么，他所生活的时代和文化可以把许多（如果不是大多数的话）西方道德价值观视为理所当然。他不必具体说明或为他的同胞评判他人自私行为的标准，或向儿童灌输的道德原则，或他所支持的道德规劝所基于的规范辩护。

越来越多的人认为，这种默认的、对国家来说几乎是多余的背景是不存在的。正是因为如此，因为极简主义伦理是密尔推动的一系列思想的结果之一，我们现在要被迫重新审视公共道德和私人道德之间的关系。首先，它们能否像密尔所认为的那样被精确地区分出来？

极简主义伦理的出现所提供的证据很难令人鼓舞。它不仅会让我们着迷地做出这样的区分；它还会让我们更进一步避免对他人私生活进行道德判断。对此，我想论证三点。第一，私人和公众之间的区别只是一种文化产物，随着时间和地点的变化而变化。第二，只有完全迟钝的（或自私自利的）想象力，才会假装认为，可以存在不产生公共后果的私人行为。第三，区分这两个区域的努力可能会对我们的一般道德生活造成伤害……

我们最近的历史经验表明，公众和私人之间的区别至少是一种文化产物，而且很可能是最纯粹的意识形态问题。我之前提到了我们社会中的一种"摘牌"现象，即试图将整个行为领域从道德审查和判断中剔除。需要补充的一点是，一些曾经被认为只有在其道德意义上才是私人的活动，现在被判

---

① 约翰·斯图尔特·密尔，《论自由》，载于《约翰·斯图尔特·密尔选集》，玛丽·沃诺科主编，纽约：麦瑞迪安布克斯出版社，1962年，第212页。
② 同上，第138页。

定为具有公共重要性。这种共同的道德智慧现在告诉我们，例如，无论如何它没有告诉密尔那一代人——我们身处其他事情当中：没有权利污染水和空气；故意生育有缺陷的孩子，甚至生太多健康的孩子；对女性、民族或种族群体进行私下的侮辱，或忽视公职人员的私人家庭生活。在玛格丽特·桑格的时代，家庭计划是完全公开并且宣布禁止的事情。然后，随着家庭计划运动的胜利，它成为一个完全私人的道德问题。再然后，随着世界人口爆炸的认知，它再次成为一个公共问题。在许多地方，频繁召妓曾经一度是合法的，而且被认为只是私人道德问题。没有多少女权主义者意识到成为卖淫的一部分的女性的堕落，不再被成人一致同意的私人道德所吸引。出于同样的原因，他们也很难热衷于色情作品。

如果最终很难区分私人和公共的目的，为什么这种想法还会继续存在？其中一个原因是，有时，它可以用来支持我们的个人偏好或意识形态。我知道，面对所有这些令人痛苦的健康证据，我无法对自己提出一个良好的道德理由来解释为什么我继续吸烟。然而，当我能说服自己这是我和我自己之间的问题，与任何人无关时，我就不必那么努力了。（其他人通常认为有必要将对他人的潜在伤害作为他们反对我的道德观点的本质，这只会证实极简主义伦理的力量。）再想想，为"堕胎合法化"辩护的群体在堕胎争论中不得不承认堕胎选择在他们的直接含义中是完全公开的，然后被迫为堕胎的公共利益辩护，这在道德上将是多么艰难。这是一个论点，也许在某些情况下是可以的，但是把整个问题放到私人领域要容易得多，因为那里的道德标准更严格。

这种区别之所以持续存在，还有其他不利己的原因。我们需要一些语言和概念：来发现限制政府的权力，或大众干预我们生活的权利。这是密尔关心的问题，在他的时代，这也是合法的。在摸索解决方案的过程中，我们的法律体系无意中发现了"隐私权"。这一概念代表了对《宪法》的现代解读，并抵制了为其赋予明确含义的努力。即便如此，它也有其启发式的用途，并且没有更好的表述来解决某些以及被提出来的公民的自由问题。然而，说它有用并不意味着我们需要把私人生活和公共生活之间的明显区别具体化，就好像它代表着现实一样。一个松散的、变化的、随意的区分，带着一种美好的怀疑态度，可能同样有用。

我们现在面临的问题是双重的。我们这些想要保护公民自由的人，是否有勇气同时承认并公开承认这样一种可能性，即我们的社会正在为将"私人"领域从道德判断中隔离开来而付出越来越高的道德代价？

如果这样做了，我们将不得不努力解决为这些自由设定某种限制的需要，在平衡的情况下，产生一种无法容忍的道德虚无主义和相对主义，作为一种文化结果。它不是，也不应仅仅是担心电视上的暴力和比你在性上更宽容的"道德多数派"；或者父母在追求更大的心理满足感时而忽视了孩子；或者是偶尔的偷窃、欺骗、撒谎，以及成人的不忠；也不关心不断上升的攻击和谋杀犯罪率。无论暗中支持这些发展的私人标准和性情对自由有何好处，它们都指向一个无法容忍的社会的出现，它对私人和公共生活的破坏程度一样大。对公民自由的合法尊重并不要求放弃判断个人行为的标准，正如对言论自由的尊重并不要求搁置对言论自由内容的评判一样。

密尔的问题是为"集体意见对个人独立的合法干涉"找到一个"限度"。[①]尽管我们的任务可能并非完全相反，但调查的重心现在可能不得不转移。自由的界限应该是什么？我们如何确定"集体意见"的观点应该在哪些点上对私人道德自治的主张起支配作用？甚至提出这个问题就意味着，我们必须再次准备好去评判他人的私生活，他们使用自由的方式，以及评判的标准应该比最低限度伦理所要求的标准更加苛刻……

---

① 约翰·斯图尔特·密尔，《论自由》，载于《约翰·斯图尔特·密尔选集》，玛丽·沃诺科主编，纽约：麦瑞迪安布克斯出版社，1962年，第130页。

第六章　道德规则

　　大多数人们是通过道德规则认识伦理的。家长们发现，制定规则是一种非常有效的方法，可以让孩子们在父母没有亲临现场的时候做父母想让孩子做的事情。（人们希望在父母希望孩子做什么与道德要求之间存在某种大致的关联。）父母对规则的强调是通过宗教而加强的。年轻的基督徒和犹太人的首要任务之一就是学习"十诫"。此外，道德准则并不是在孩子长大成人后就被抛弃的东西。道德准则在成年人的伦理选择中同样重要，也注意对职业行为准则的强调。最近，商业道德规范被广泛采用。私人俱乐部和旅馆都有详细的行为规则——其中许多可以被定性为是道德规范。当然，孩提时代学到的许多道德准则，如"不要撒谎""不要偷窃""不要欺骗"仍然支配着成人的行为。当被问及为什么做或不做某事时，成年人和孩子一样会诉诸道德准则。

　　在这个问题上，哲学家们并没有与一般大众步调不一致。几乎所有的伦理学家要么发展出一套规则方面的伦理理论，要么花费大量的时间和空间来说明如何将传统上对道德规则的关注纳入他们的体系。

　　然而，无论是普通大众还是所有严肃的伦理学思想家，对道德规则的赞美都不是一致的。最基本的指控是，过分强调规则会使道德变得愚蠢和僵化。伦理选择是以一种官僚的方式完成的；因此，个人情况的独特性就丧失了。强调规则往往会使伦理选择者对人的需求不那么敏感。此外，规则变得刻骨铭心，即使产生规则的环境发生了根本的变化，人们仍然会盲目地遵循规则。规则也往往倾向于自我确证，因此，规则的目的被遗忘了。想想管理大学生的规则。制定这些规则是为了解决特定的问题或者是为了对核心价值观产生回应。禁止有奖学金的学生拥有汽车的规定是基于这样一种信念：汽车是一种奢侈品，会妨碍学习。只要这些信念被广泛地接受，当得奖学金的学生问道："你们为什么有一条规定禁止得奖学金的学生拥有汽车？学院院长就很容易为这条规定辩护。"随着时间的推移以及信仰和价值观的变化，这种理由要么被遗忘，要么变得模糊。在很多情况下，车是必需品而不是奢侈品，因此，不是显摆有汽车，而是没有汽车，将会影响学习。如果今天有一条禁止有奖学金的学生拥有汽车的规定，那么"我们如何证明这条规定是合理的？"这个问题很可能会得到这样的回答："因为这就是规定。"这种回答不行。

有时，整个伦理规则与变化的环境完全脱离，从而发生了对规则全方位的反叛。这样的反叛在20世纪60年代确实发生过。今天的学生——他们处于一个更为传统的时期——不知道今天大学生的生活与1962年有多大的不同。在20世纪50年代和60年代初，严格的课程要求、课堂出勤率政策，甚至必修的教堂礼拜都是司空见惯的事情。宿舍是男女分开的；通常饮食设施也是如此。你的房间里没有异性。禁止饮酒和吸烟的规定是存在的——尽管当时并没有得到严格的强制。色情作品绝对是违禁的，电影和戏剧不容纳裸体。

百老汇戏剧《头发》、避孕药、伯克利的言论自由运动、民权斗争和反越战的抗争都促成了一场道德革命的发生。旧的规则在几年内就瓦解了——这表明它们已经过时了。知识分子的思想影响了流行文化，并受流行文化的影响。一种伦理理论出现了，它声称规则不再需要，在伦理选择中遵守规则肯定是有害的。这个理论主要由基督教伦理学家提出，后来被称为"情境伦理学"。《新约》的爱是一种伦理学，它冲破了《旧约》伦理规则的束缚。

那些将规则置于伦理选择中心的人与那些希望弱化规则的人之间的辩论并不新鲜。柏拉图和亚里士多德也有过高度一致的辩论。在道德问题上，柏拉图相信哲学家国王的终极权威，而不是规则（法律）。只有哲人国王才有做出伦理选择所必需的智慧和经验。与哲学家国王类似的是所罗门王。另一方面，亚里士多德相信法律的终极权威。法律比人的性格更稳定，无论是就个人的生存而言，还是就较少受临时性个人特质的影响而言。当然，柏拉图主义者可以正确地指出，法律必须被解译和应用，因此，人的人格是非常必要的。

本章考虑道德规则在伦理选择中所起的作用。大多数的选篇将争论规则的必要性，但斯蒂芬·图尔明的文章提醒伦理选择强调规则。

在开篇部分，R.M.黑尔主张规则的必要性。他的论点非常巧妙，但也很容易理解。任何教学都需要规则。黑尔以学开车为例论证他的观点。教某人开车的道理同样也适用于教某人做伦理选择。道德规则是伦理学的核心，因为这是唯一可以教授伦理学的方法。

在弱化规则强调的方面，斯蒂芬·图尔明援引了他作为国家生物医学和行为研究人类主体保护委员会成员的经历。令图尔明感到震惊的是，只要委员会成员在个案基础上工作，他们就可以就详细的建议达成一致，但他们对基本原则的充分性争论不休。这种反思提示了图尔明：法律在伦理中扮演的历史角色，以及规范陌生人之间关系的伦理。即使在陌生人中间，法律的考量有时也会被公平的考量所抵消。图尔明认为，当今伦理的主要任务应该是寻找"复兴友好社会"的方法。规则的伦理性不适合这项任务。

然而，本章的目的并不限于那些强调规则和弱化规则的人之间的辩论。最著名的道德哲学家可能是伊曼努尔·康德（1724—1804）。康德的选择提供了一个哲学家将他的整个伦理理论建立在规则基础上的经典例子。

他接受了那个时代的大众道德，并想把它建立在一个稳固安全的基础上。康德不是相对主义者，他想要对所有人都认为有效的行为的测试来决定这种行为是否道德。但什么能够提供这种测试的根据呢？不可能是人类的愿望、欲望和爱好。众所周知，它们是属于个人的；任何一致性都是不可能达成的。唯一的另一个候选者就是人类的理性。人类的理性不像人类的欲望是普遍的。所有的人都遵循同样的规则来解决数学或发射火箭问题。伦理学必须建立在类似的基础上，因此，它必须建立在理性的基础上。理性的主要法则是不矛盾原则。当你断言并且否认同样的判断时，就会产生矛盾。如果在一种情况下，你说2+2=4，而在另一种类似的情况下，你说2+2≠4，你就自相矛盾了。康德认为他可以将他的终极道德建立在这个不矛盾原则上。假设你在考虑道德上是否允许说谎；那么你必须同意说，其他人在类似情况下撒谎是允许的。那么你必须同意说，在类似情况下，所有其他人都可以撒谎。但是，如果每个人都可以撒谎，会发生什么呢？语言的交流功能就会逐渐削弱。我们永远不知道人们说的是真的还是假的，因此，语言的交流功能就会崩溃。因此，不可能讨论允许说谎，因为你的首要目的是说谎，那么把说谎普遍化就会削弱语言。因此，说谎在道德上是错误的。

这个例子为康德的基本道德原则提供了基础，他称之为"定言命令"（categorical imperative）："只按照那个你可以同时希望它成为普遍法则的准则行事。""说谎是允许的"这一格言，由于所示的原因，不能成为普遍法则。因此，你不应该撒谎。在本章的选篇中还提供了定言命令的其他三个应用。定言命令的另一个重要表述，"人是目的，永远不能仅仅是工具"将在第七章进行讨论。

尽管大多数哲学家都赞同康德在道德哲学中有非常重要的论述，但他在伦理学方面的工作存在两个明显的问题：首先，他使用了一种技术术语，使他的观点难以理解。其次，他对道德的描述当然是不完整的。定言命令可能为确定一项行为是否道德提供了必要的检验，但它的意义远不止于此。此外，也有人反对定言命令本身。

大多数技术术语已从本章所收录的选段中删除。然而，关于定言命令这个术语，我们必须说明些问题。命令是理性的要求。康德谈到了假言命令和定言命令。假言命令是尊重目标的理性要求。因此，如果你想在这门课上得A，你必须学习。既然理性认识到你必须学习才能得到A，那么学习的要求就是一个假言命令。它是假言的，因为只有当你想要得到A的时候才成立。定言命令是一种理性的要求，不管你的目标或目的是什么。它没有"如果""并且"或"但是"，它适用于所有人。如果命令作为伦理的基础，它必须是定言的。

至于定言命令的困难，其中一个更令人烦恼的是如何处理"例外"。撒谎是错误的，其中一个原因可能是，如果撒谎被普遍化，撒谎就会弄巧成拙。但有些谎言并没有错。为了挽救生命而说谎并没有错，如果这一规定被纳入了格言，它将通过定言命令的检验。在告诉我们如何狭义或广义地分析支配行为的准则方面，康德几乎没有提供什么帮助。如果它们被解释得太广泛，那么定言命令似乎太灵活了。有些谎言并不是不道德的，即使撒谎的做法不能普遍化。另一方面，如果你通过建立数百个例外来缩小格言的范围，那么你就会允许如此多的谎言，从而削弱定言命令。

康德还期望一条基本的道德规则发挥广泛的作用。现在考虑任何涉及权衡的道德讨论：我有义务忠于我的雇主，也有义务忠于我的孩子。通常情况下，两者对我的要求都比我能给予的要多。我该如何做决定？定言命令在这种情况下没有什么可说的。毕竟，任何一种权衡都可以通过定言命令的检验。

另一个需要讨论的问题是我们许多人在生活中都会面临的困境。我们将处于这样一种境地：我们有责任根据规则做出决定，但我们怀疑这些规则对这种情况或这种特殊情况是否足够。我们应该打消我们的顾虑，按照我们的立场或角色的要求做出决定，还是应该违背我们的责任？约翰·罗尔斯在为实践辩护和为属于实践的特定行为辩护之间的区分在这里是有一些帮助的。至于为一种辩护而言，例如我们的刑法制度，辩护是建立在后果的基础上的。这种特殊的做法会带来公共利益吗？当然可以肯定的是，在特殊的时间里，这个问题不需要在将来得到肯定的回答。实践被修改甚至被替换，是因为它们不再带来好的结果。

然而，如果一个人在某一行业中担任负责任的职位，例如法官，那么他就应该遵守该行业的规则。法官应该使用现行的法律规则来决定量刑。一位法官如果发现现行的规则不充分，当然应该对其提出质疑。然而，法官在量刑这一刻不应对规则提出质疑。学术期刊或年度会议是提出这些问题的地方。

一个机构或惯例的规则不同于大多数实际规则，包括许多道德规则。

我们遵循的许多规则就是罗尔斯所说的"抽象规则"。也许更恰当的说法是"拇指规则"。一般说来，司机应该靠右行驶。在西南地区，当晴雨表下降，云层变低时，有一个很好的规则可以遵循："带把伞去上班。"当人们谈到老板时，要遵守一条规则是，"你必须对老板忠诚"。这些规则都是很好的经验法则；它们在大多数情况下都有效。然而，当有充分的理由认为遵循规则将导致不良后果时，就不应该再考虑违反规则了。拇指法则就是那种很容易被推翻的法则。

但并不是所有的规则都是拇指法则。实践和人类制度都是人们按照规则创建出来的。这些规则决定了实践的本质；这些规则构成了惯例（例如，订立合同或结婚的规则）。如果你不经意地篡改了这些规则，你就改变了实践。当然，惯例的规则是可以改变的，但是这样做是有正式程序的。当这样做会产生更好的结果时，你不能放弃构成实践的规则。构成实践的规则不像拇指法则。因为这些规则有其特殊的地位，所以罗尔斯的结论是有理论基础的，即在某一实践中，参与者应该遵循该实践的规则，即使遵循这种情况下的规则会导致不好的后果。如果所讨论的规则仅仅是抽象规则，就应该毫不犹豫地放弃它们。然而，构成一种实践的规则所面临的风险要大得多。

在某种程度上，对罗尔斯的讨论把我们带进了一个完整的循环。道德准则在道德生活中是绝对基本的。它们是伦理学教学的必要条件；有些规则实际上构成了我们交往的实践，因此，获得了一个特殊的地位。也许道德本身是由一个或一套规则构成的。然而，道德规则也有其危险性和局限性。

教育道德规则的必要性[①]

R.M.黑尔

……如果没有规则，大多数教学都是不可能的，因为在大多数情况下所

[①] R.M.黑尔，《道德的语言》，1952年，第60-65、74-78页，牛津大学出版社。

教的都是规则。特别是当我们学习做某事的时候，我们所学的总是某规则。即使是学习或被教授的一个事实（比如旁遮普是五条河的意思），也是学习如何回答问题；当被问到"旁遮普的五条河流叫什么名字？"时，回答"耶赫勒姆河、基里亚布河等"……学会做任何事，绝不是要学会做一件单独的事；总是要学会在特定的情况下做出特定的行为；这是学习的原则。因此，在学习驾驶时，我学会的不是现在换挡，而是当我的引擎发出某种噪音时换挡。如果不是这样，指令将毫无用处；因为如果一个教练所能做的只是告诉我们现在换挡，在我们的余生中，他必须坐在我们身边，以便告诉我们，在每一个时机，什么时候应该换挡。

所以没有规则，我们就不能从长辈那里学到任何东西。这意味着每一代人都必须从零开始并且自学。但是，即使每一代人都能够自学，也不能没有规则地自学；对于自学来说，就像所有其他的教学一样，有教学的规则……让我们假设一个千里眼根据某种规则做出了所有的选择，但他一做出选择，就忘记了规则是什么。因此，他每次做出选择时，相应地要把各种不同的行动后果仔细复习一遍。这将是非常耗时的，他将没有闲暇地在他的一生中做出许多选择。他会把所有时间都花在决定用左脚还是右脚的问题上，而永远不会做出我们应该称之为更重要的决定。但是，如果他能记住他所依据的原则，他的处境就会好得多；他可以学习如何在特定的情况下行事；也可以学会快速地找出特定情况的相关方面，包括采取各种可能的行动，因此快速地做出选择，而且在许多情况下是习惯性的。因此，他深思熟虑的决断力将在更重大的决定中被释放出来。当橱柜制造商学会如何不假思索地制作燕尾时，他就会有时间考虑成品的比例和美观等问题。我们在道德领域的行为也是如此；当履行较小的职责成为一种习惯时，我们就有时间去考虑较大的职责。

能够被其他人所教授的人，在实际上被教会内容的总量是有限的。除此之外，自学是必要的。这种限度是由所教内容要满足的各种条件所决定的，这种差异在某些情况下，比在其他情况下更大。比如，中士可以教会新兵几乎所有关于在阅兵时安装刺刀的知识，因为安装刺刀或阅兵的场合与另一个很相似；但是驾驶教练不能教授比学生能掌握的驾驶技术更多的东西，因为驾驶需要满足的条件是如此之多。在大多数情况下，教学不能仅仅是让学习者完美地完成固定的训练。除了最基本的教学之外，任何教学都必须包括一件事，那就是让学习者有机会自己做决定，并在这样做的过程中检验，甚至修改所教授的原则以适应特定的情况。最初教给我们的原则都是暂时的……在最初的阶段之后，我们的训练就包括接受这些原则，并使它们不那么临时；我们通过在自己的决策中不断使用它们来做到这一点，有时也会例外；有些例外是因为我们的教练指出某些情况是原则例外的实例；还有一些例外是由我们自己决定的。这并不比我们的千里眼在两种效果间做出选择更困难。如果我们从经验中了解到，遵循某种原则会产生某种效果，而以某种方式修改它会产生某种其他效果，那么，我们就会采用导致我们选择追求效果原则的任何形式。

我们可以用已经使用过的学习驾驶的例子来说明这个修改原则的过程。例如，有人告诉我，停车时要把车停到路边；但后来我被告知，这并不适用所有情况，当我在有车转向边道且越位时停车，我必须在停在靠近马路中间的地方，直到情况允许我转弯的时候我才可以开走。后来我才知道，在这种情况下，如果这是一个不受控制的路口，我完全没有必要停下来，而且我看到没有车辆需要我通过转弯来阻碍。当我掌握了所有这些规则的修订，以及对所有其他规则的相似修订，并按照修订后的习惯进行实践时，我就被说成是一个好司机，因为我的车总是在路上正确的地方，以正确的速度行使，如此等等。一个好司机，除了其他事情外，他的行为完全受原则的支配，这些原则已经成为他的好习惯，他通常不需要思考该做什么。但是道路条件千差万别，因此让一个人的驾驶成为一种习惯是不明智的。一个人永远无法确定自己的驾驶原则是完美的——事实上，他可以很确定自己的原则并不完美；因此，一个好司机不仅源于他好的驾驶习惯，而且要经常注意他的驾驶习惯能否会得到改善；他不会停止学习……

司机通常知道在特定的情况下该做什么，但却不能用语言清楚地说出他们行动的原则。这是一种非常普遍的情况，各种各样的原则都是如此。捕兽者知道在哪里设陷阱，但往往无法解释为什么要在某个特定的地方设陷阱。我们都知道如何用语言来传递我们的意思；但是，如果一个逻辑学家强迫我们给一个我们用过的词下确切的定义，或者指出确切的使用规则，我们往往会不知所措。因此，这并不意味着设置陷阱、使用言语或驾驶汽车没有按规则执行。一个人可能知道怎么做，而不能解释怎么做——尽管教学是一门技能，说出如何做将会变得更容易。

我们不应该认为，如果我们可以不经过进一步的思考就在这两者之间做出选择（对我们来说，应该做什么似乎是不言自明的），这就必然意味着我们有某种神秘的直觉能力来告诉我们该做什么。驾驶员凭直觉知道不该何时换挡；他知道这一点，因为他吸取了教训，没有忘记；他所知道的是一种原则，虽然他无法用语言来表达原则。伦理选择也被称为"直觉选择"。我们有道德"直觉"，因为我们已经学会了如何行为，并且根据我们如何学会的行为方式有不同的直觉。

如果有人说，一个人要成为一个好司机，只需要告诉他或以其他方式向他反复灌输许多普遍原则，那就大错特错了。这就排除了选择的因素。在他开始学习后不久，他就会面临到目前为止教会他的临时原则需要修改处理的情况；然后他就得决定该怎么做。他很快就会发现哪些决定是对的，哪些是错的，部分原因是他的教练告诉他的，另一方面原因是他已经看到他未来的决定不会带来这样的后果。我们决不能犯这样的错误，即认为决定和原则是两个不同的领域，在任何一点上都不会相汇。除了那些完全武断的决定以外，所有的决定在某种程度上都是原则性的决定。我们总是在为我们自己开创先例。它不是一个原则的例子，把所有的事情都定在一个特定的点上，然后决定处理低于这个点的所有事情。相反，决策和原则在整个领域相互作用。假设我们有一个原则，在特定的情况下以特定的方式行事。那么，假设我们发现自己处于这一原则的情况下，但这些情况又具有某些以前没有遇到过的特殊特征，这就使我们不禁要问："这一原则真的要涵盖这样的情况吗？还是说它没有被完全具体化？——这里是否存在一个属于特殊类别的情况？"我们对这个问题的回答将是一个决定，但是一个原则性的决定，正如使用价值词汇"应该"所显示的那样。如果我们决定这应该是一个例外，我们因此修改原则，设定一个例外。

例如，假设在学习驾驶时，我一直被教导在减速或停车前要打信号灯，但还没有被教导在紧急情况下停车时要做什么；如果有小孩跳到我的车前，我不会打信号灯，而是双手握住方向盘；此后，我接受前一个原则，但有一个例外，即在紧急情况下，掌舵比发信号要好。我甚至一时冲动，做出了原则性的决定。要理解这种情况下会发生什么，就需要理解很多关于价值判断的内容。

"我该如何抚养我的孩子？"……自古以来，很少有哲学家对逻辑给予过多的关注。孩子的道德养成在很大程度上不会受到以后发生的任何事情的影响。如果他有一个稳定的成长环境，无论是在好的或坏的原则上，要他在以后的生活中放弃这些原则是极其困难的——但并非不可能。对他们来说，他们将具有一种客观的道德原则的力量；如果不把他的行为与那些同样坚定地坚持截然不同的原则的人的行为相比较的话，他的行为似乎可以为支持直觉主义的伦理理论提供大量证据。无论如何，除非我们的教育能够如此彻底地把我们变成不动脑筋的自动装置，否则我们可能会怀疑甚至拒绝这些原则；这就是为什么道德体系会变化的人类，不同于道德体系不会变化的蚂蚁的原因。因此，即使对我来说，"在这样或那样的情况下我该做什么？"的问题，几乎总是毫无变化地得到在我成长过程中所赋予的道德直觉的回答。如果我问自己'我该如何抚养我的孩子们'，在回答之前稍做停顿。最基本的伦理选择就是在这里产生的；在这里，如果有道德哲学家注意到它们，道德词汇的最典型的用法就会被发现。我是否应该像我被抚养长大的那样抚养我的孩子，让他们拥有和我一样的道德直觉？还是环境发生了变化，父亲的品质无法为孩子提供合适的条件？也许我会像他们的父亲那样把它们抚养成人，但会失败；也许他们的新环境对我来说太强大了，他们会否定我的原则。或者，我可能对这个陌生的新世界感到困惑，尽管我仍然按照我所学到的习惯性的原则行事，但我根本不知道应该把什么原则传授给我的孩子，确实，在我的处境下，能够传授一些既定的规则。对于所有这些问题，我必须下定决心。只有最保守的父亲才会不假思索地试图用他自己被教育的方法来教他的孩子，即使他通常也会惨败。

当我们考虑到父母容易陷入的两难境地时，道德的许多阴暗面就变得更加清晰了。我们已经注意到，虽然原则最终取决于原则的决定，但这样的决定是无法教会的，只有原则是可以教的。正是由于父母无力为儿子做出儿子在未来职业生涯中将做出的许多原则决定，才赋予了道德语言特有的形象。家长所拥有的唯一工具是道德教育——通过实例和训诫来传授原则，并辅以惩罚和其他更先进的心理学方法。他会使用这些手段吗？使用到什么程度？某些世代的父母对这个问题毫不怀疑。他们已经充分利用了这些优势；结果是，他们的孩子变成了良好的直觉主义者，能够抓住铁轨，但不善于转弯。有时父母——又或是谁又能责怪他们呢？由于缺乏自信，他们对自己的想法没有足够的把握，无法准备好传授给孩子一种稳定的生活方式。这一代的孩子长大后很可能成为机会主义者，他们很有能力做出个人决定，但没有固定的原则体系，而这些原则体系是任何一代人都可以留给继任者的最无价的遗产。因为虽然原则最终是建立在原则的决定之上的，但建筑是许多代人的工作，而必须从头开始的人是值得同情的；除非他是个天才，否则他不大可能比一般的孩子得出许多重要的结论，在没有任何指导的情况下，比如在荒岛上，甚至是在实验室里被释放出来，就有可能取得重大的科学发现。

教育中这两种极端课程之间的困境显然是错误的。如果我们回忆一下前面所说的关于选择和原则之间的动态关系，就会明白为什么它是错误的。这很像学开车。教一个人开车，如果试图向他灌输这样固定而全面的原则，使他永远不必做出独立的决定，那将是愚蠢的。如果走到另一个极端，让他自己去摸索驾驶的方法，同样是愚蠢的。如果我们是明智的，我们所做的就是给他一个坚实的原则基础，通过这些决定，这些原则将被修改、改进、适应变化的环境，甚至在它们完全不适应新环境时放弃它们。只教授原理，而不给学习者自己决定原则原理的机会，就像从教科书中教学而不进实验室一样。另一方面，抛弃自己的孩子或驾驭者去追求自己的自我表达，就像把一个男孩放到实验室里，对他说："继续吧。"这个男孩可能会自得其乐，也可能会自杀，但他可能学不到多少科学知识。

我们可以以"应该"为例的道德词汇，在它们的逻辑行为中反映出道德教育的双重性质——它们也可以这样做，因为它们在道德教育中的使用最典型。它们出现的句子通常是原则性决定的表达——在我们讨论这个主题时，很容易让这些决定从原则中分离出来。这就是"客观主义者"（直觉主义者有时这样称呼自己）和"主观主义者"（他们经常称自己的对手）之间争论的根源。前者强调由父亲传承下来的固定原则，后者强调必须由儿子做出的新决定。客观主义者说，你当然知道你应该做什么；看看你的良心告诉你做什么，如果有疑问，就按照大多数人的良心去做。他之所以能这样说，是因为我们的良心是我们早期所受的训练在我们心中根深蒂固的原则的产物，而在一个社会中，这些原则在人与人之间并没有区别。另一方面，主观主义者则说："但是，肯定的是，当我认真听取了别人的意见，并对自己的直觉和成长经历给予了应有的重视时，我最终会自己决定我应该做什么。"否认这一点就是一个保守主义者；因为共同的道德观念和我自己的直觉都是传统的遗产，且不说世界上有那么多不同的传统，如果没有人来做我现在决定应该做的事情，传统是无法开始的。如果我拒绝自己做决定，我只是在复制我的父辈，表明自己不如他们；因为无论如何，他们一定是肇始者，我就只是接受而已。主观主义者的这种辩解是很有道理的。这是想长大成人的青少年的恳求。要在道德上成熟，就要学会做原则性的选择，从而调和这两种明显冲突的立场；要学会使用"应该"的句子，要认识到它们只能通过参考一个标准来验证，或者是一套我们自己决定接受并制定的原则。这正是我们这一代人如此痛苦而试图去做的事情。

规则的暴政①

斯蒂芬·图尔明

　　……如今，关于伦理问题的公开辩论在两种人之间摇摆，一种是狭隘的教条主义，它把自己局限于不符合条件的、披着"原则问题"外衣的一般性论断；另一种是肤浅的相对主义，它回避所有坚定的立场，建议我们像选择衣服一样自由地选择我们的"价值体系"。这两种方法都有同样的过度概括的问题。20世纪初，人类学和其他人文科学的兴起鼓励了人们对社会健康的意识和文化差异的认知；但这意味着在实践伦理学中蕴含着对客观性终结的不加批判的认知。随后对伦理客观性的重新评价，反过来又导致了对道德原则绝对性的坚持，而这与当这些原则应用于特定的现实生活时所产生的复杂的偏见问题的感觉不相平衡。因此，相对主义者倾向于过度解释伦理偏见的需要，作为在公共行政的自由裁量权和衡平法上，都是以普遍的个人主体而存在。专制主义者的回应是，否认个人在伦理方面有任何真正的判断空间，反而坚持在法律上的严格建构，公共行政上去感觉的一致性，以及——最重要的——道德原则的"无误"。

　　我建议把我的注意力集中在最后一个现象上——在最近关于社会和个人道德的讨论中，专制主义的重演。我发现，它反映在人们对政治、公共事务和司法行政的态度上，也反映在人们对更狭义的和更多的个人意识上的"伦理"问题的态度上。我的主要目的是想问：我们目前的状况是什么促使我们朝那个方向发展？作为回答，我认为，在所有大型工业化社会和文化中，无论他们的经济状况和政治制度如何，伦理、法律和公共管理最近经历了相似的历史变革，因此，这三个领域都面临着相同的压力，面临着共同的困难，

---

① 经黑斯廷斯中心和斯蒂芬·图尔明许可转载，《伦理和生命科学》，百老汇大街360号，黑斯廷斯纽约哈德逊，10706。

173

并导致了同样的公众不信任的结果。我将试图通过研究我们基本的伦理、法律和政治观念的共同起源，来展示我们能从这些共同的问题中了解到什么，以及它们所要求的回应。我所有的中心例子都将涉及同一个一般性主题：伦理和法律中的"规则"和"原则"的性质、范围和力量。三个个人经历帮助我把这些问题聚焦起来。

三个人的经历

人的主题研究

20世纪70年代中期的几年里，我在美国国会成立的国家生物医学和行为研究人体受试者保护委员会（National Commission For the Protection of Human Subjects of Biomedical and Behavioral Research）担任工作人员，负责报告和提出"在医学和心理研究中使用人体受试者的伦理问题"的建议。11名专员——其中5名科学家，其余6名律师，神学家和其他非科学家——被要求就公共资助的人体实验提出建议：特别是确定在何种条件下属于某些弱势群体（如儿童和囚犯）的受试者可以在没有道德异议的情况下参与此类研究。

在欧盟委员会开始工作之前，许多旁观者认为，委员会的讨论将沦为相互对立意见的大杂烩。一位世界闻名的评论家在《新英格兰医学杂志》上评论说："现在（我想）我们将看到永恒原则的问题将以6：5的投票结果决定。"[①]但事情并非如此。实际上，委员们从来没有按照科学家和非科学家的界限划分。在几乎每一种情况下，他们甚至在相当详细的建议上都接近达成一致——至少在他们按照分类学的方式进行讨论的过程中是这样的，每次选取一类困难的案例，并将其与其他更清晰、更简单的案例进行详细比较。

即使委员会的建议不一致，讨论也绝不像巴别塔：委员们从不怀疑他

---

① 因此，无论如何，目前的传说是这样报道的。另一方面，我翻看了《华尔街日报》1974—1975年的档案，没有找到任何关于这个主题的文章或社论，我倾向于怀疑这可能是该杂志的杰出编辑弗兰茨·英格尔芬格博士的一句不经意的话。

们没有完全一致通过的是什么。巴别塔是后来才出现的。当11位委员扪心自问，是什么"原则"支撑了他们坚持共识的基础，并据以证明他们坚持共识的正当性时，他们每个人都以自己的方式回答：天主教徒诉诸天主教原则，人文主义者诉诸人文主义原则，等等。他们可以同意；他们可以就他们的共识达成一致；但是，很显然，他们不能就为什么会达成一致意见达成一致。

这段经历促使我好奇这最后的"原则诉求"到底实现了什么。当然，它并没有给委员们的具体伦理建议增加任何分量或确定性，例如，关于使用5岁儿童进行生物医学研究所需的同意程序。显然，他们对这些共同的、特定的判断要比他们对理论上不一致的一般原则更有把握；他们的实际判断是有根据的。如果有什么区别的话，那就是对原则的呼吁破坏了这些建议，因为它向旁观者表明，委员们的实际讨论中出现了前所未有的不和谐。因此，在我任期结束时，我已经开始怀疑，"吸引人原则"的观点完全是另外一个样子：不是给特定的道德判断一个更坚实的基础，而是使委员会的集体道德结论作为一个整体与每个委员的其他非道德承诺联系起来。所以（在我看来）天主教伦理的原则告诉我们更多的是关于天主教而不是伦理，犹太教或人文主义伦理的原则更多是关于犹太教或人文主义而不是伦理。这些原则不能作为基础，为特定的道德观点增添智慧的力量或特殊道德意见的力量，而不是像走廊或幕墙一样，将所有反思的人类的道德知觉与其他更普遍的立场联系起来，如神学的，哲学的、意识形态的或世界观的。

堕　胎

在全国委员会开展工作的那些年里，堕胎的道德问题也成为公众争论的问题。事实上，美国国会是在最高法院对堕胎合法性的裁决的反作用下成立这个委员会的，此前，公众对人类胚胎的研究存在争议。不久之后，关于堕胎的公开辩论也出现了一些与委员会本身的程序相同的令人困惑的特点。一方面，有人可以温和地、带着偏见地讨论堕胎的道德问题，他们承认，就像在其他令人痛苦的人类状况中一样，这里涉及到了相互矛盾的考虑，必须在不同的权利和要求、利益和责任之间取得公正，虽然有时是痛苦的平衡。在1825年左右第一个法律限制颁布之前，这种温和的做法奠定了所有关于堕胎的传统普通法的信条。这也被美国最高法院在经典的罗伊诉韦德案中采用；最重要的是，这是托马斯·阿奎那明确阐明的方法，他的立场接近普通法和终审法院。（他承认道德考量在必要的主题上的平衡：在女性怀孕的不同阶段必然会向不同的方向倾斜，在"加速"前后开始出现关键的变化。）[①]另一方面，很多公众言论越来越多地转向"原则问题"。其结果是，关于堕胎的争辩变得不那么温和，不那么有偏见，最重要的是，更不容易解决。在随后的几年里，这个问题已经从热到沸腾降为纯粹的"撞头"：胚胎不合格的"生命权"与女性同样不合格的"选择权"之间的较量。因此，那些坚持在高级理论层面处理这一问题的人保证，唯一可能的实际结果是僵局。

社会福利

我对"规则"和"原则"的力量和价值的困惑进一步加深了，因为电视新闻杂志节目上关于一个残疾的年轻妇女在地方社会安全办公室遇到困难的结果进一步尖锐。她的社会保障金不足以支付房租和食物，所以她开始提供电话应答服务，通过床边的电话进行操作。这项服务的收入——虽然本身还不足以维持生活——对她来说却完全不同。然而，当地的社会安全办公室听说了这个额外的收入后，他们相应地减少了她的福利；此外，他们还命令她偿还部分已收到的钱。（显然，他们把她作为了一个"福利欺诈"的案例。）电视记者补充了两份最后声明。他告诉我们，由于这份报道被拍摄了下来，那名年轻女子在绝望中结束了自己的生命。他补充他的个人评论道，"应该有一个规则来防止这种事情的发生。"

---

① 托马斯·阿奎那，《高等教育学报》，D.3，Q.5，A.2。

值得注意的是，这名记者并没有说，"当地办公室应该被赋予放弃现有规则的自由裁量权，或至少在棘手的情况下改变现有规则。"他说的是，"应该有补充规则，以防止在未来出现这种不平等。"他显然认为，只有建立一个适当的规则体系才能确保公正，只有增加更多的规则才能防止不公正。

因此，从这些经验中产生的问题是：无论在法律中，还是在伦理中，规则或原则真正具有什么样的力量和功能？在什么样的社会的和历史的环境中，用"规则"和"原则"的语言来讨论法律和伦理问题是最自然和恰当的？为什么我们当代的法律和伦理讨论如此专注于规则和原则？在什么程度上，我们可以更好地在其他方面寻求正义和道德？

罗马法中的规则

"规则"远不是法律或道德中不可或缺的一部分，它的作用是有限的，有条件的。当前规则和原则的流行是最近社会历史中某些强大因素的结果；但这些因素总是通过平衡物而保持平衡的。正义总是需要法律和平等，而道德总是需要公正和辨别。当这种基本的二元性被忽视时，对不可挑战的原则的依赖就会产生或成为一种微妙的暴政统治的工具。

我的阅读很快将我带回到彼得·斯坦的《法律规则》，它追溯了罗马法中"规则"概念从起源到现代的发展。[①]对我来说，他对罗马法最早阶段的叙述是最引人注意的部分。在罗马历史的前三百年里，法律制度没有明确使用规则的概念。主教学院俨然以城市法官自居，每位主教对提交给他们的案件做出自己的裁决。但他们没有被要求引用任何一般规则作为其决定的理由。事实上，根本不需要给出理由。他们的任务不是争论，而是执行主教的职务。

这怎么可能呢？任何法律体系在没有规则、理由和所有相关的约束力

---

① 彼得·斯坦.法律规则［M］.爱丁堡：爱丁堡大学出版社，1966年，第4-10页。

和先例的合作机构的情况下如何运作？的确，在这种情况下，我们能说存在一个真正的法律体系吗？这些问题要求我们考虑早期罗马的历史和人类学环境。最初，罗马是相当单一的小社区，其成员分享了相应的关于正义和公平，财产和道德的单一的思想传统……在任何这样的团体中，裁决的职能往往更具有仲裁性质，而不是管理性质。就像今天的劳工仲裁人一样，法官不会像当代高等法院的法官那样受到先例的严格约束。因此，主教裁决的争端通常是典型的模糊的传统共识；双方当事人之间的权利和义务的平衡需要一个受信任和中立的仲裁员的裁决。在这些边缘情况下仲裁员可能会说，"在考虑了所有的情况后，我发现在这个特定的情况下，总而言之，将天平向A倾斜比向B倾斜更合理。"这种规则将不取决于一般法律规则的适用，而取决于在评估特殊平衡方面是否实行司法歧视。最初，"执行主教的职务"并不意味着以一种教条的方式制定法律。相反，它意味着通过公平的仲裁解决边缘纠纷，主教们这样做得到了公民的信任。

这种情况没有持续多久。早在第一次帝国法典编纂之前，罗马法就开始发展出我们自己所熟悉的一整套"规则"。斯坦认为有五组因素促成了这种对规律的新依赖。[①]第一，随着城市的发展，案件数量的增加超出了主教能够处理的能力。初级法官不像主教那样拥有同样固有的信任，他们被请来解决纠纷；因此，他们裁定的一致性必须"正规化"。第二，随着律师作为一种职业的兴起，建立了法律学校，并制定了旨在教授法律的规则。早先，自由裁量权建立在教皇自身的个人品质之上，并不是那么容易教的，但现在，它开始被正式的规则和更容易教的辩论技巧所取代。第三，罗马需要一个帝国，外国人进入到城市权威[②]的管辖之下。他们的习惯法体系必须与罗马体系协调一致，而这只能通过在不同体系的"规则"之间建立一种一致性来实现。第四，帝国本身发展了一种官僚体制，这种体制除了在规则的基础上，否则是无法运行的。最后，知识分子对法律的讨论是追寻古希腊哲学的背

① 斯坦，26ff，第80-82页，第124-127页。
② "城市权威"为公民自治城市的权威。——译者注

景。例如，西塞罗虽然是一名执业律师，但他也是一名哲学学者，对逻各斯的斯多葛主义教条（Stoic doctrine of the lagos）或"普遍理性"（universal reason）有着专业的兴趣。

随之而来的规则和法律的普及是众所周知的。首先，两类问题之间出现了功能分化。一方面，有些问题可以通过"同类案件应得到同等对待"的原则，通过适用一般规则或法律来决定。另一方面，有些问题需要自由裁量权，要注意到每一案件的特殊特征，并遵循应区别对待重大不同案件的原则。这种功能上的区分成为我们区分法律和公平管辖权的开创者。其次，康斯坦丁皇帝决定将公平的管辖权置于他个人的控制之下，将公平的职能保留给他自己的宫廷和大臣。在公共场合，法官们被赋予了一项卑微的任务：应用一般规则，但只有最低限度的自由裁量权。一旦法律程序用尽，受委屈的公民可以向皇帝申诉，作为父母的父权（"祖国之父"），宽厚地行使仁慈或公正。在政治上，这种分工对皇帝当然没有坏处；但它也播下了公众怀疑的种子：法律是一回事，正义是另一回事。

在现代英语世界，法院和衡平法院之间的划分对查尔斯·狄更斯的读者来说并不陌生。尽管在20世纪，大多数英美司法管辖区在同一法院中合并了法律和公平的职能，但仍然普遍认为公平只有在法律补救措施无效或无法补救的情况下，才可以寻求补救措施——因此，在这方面，康斯坦丁的死手仍然从坟墓中统治着我们。

陌生人的伦理

显然，20世纪晚期工业社会的生活与罗马帝国的生活有更多的相似之处，而不是赫拉斯笔下的"桥上的罗马"或盖斯凯尔夫人笔下的克兰福德。我们的城市幅员辽阔，我们的人口混杂而分散，我们的公共行政是官僚主义的，我们的司法管辖区（包括国内和国外）众多而多样。因此，早期罗马教皇的普遍尊重和效力所依赖的道德共识和公民信任，往往看起来只不过是一场骗人的梦。在我们现在的生活方式中，人们已经开始将价值的一致性看得高于响应性，以牺牲公平为代价关注法律，并混淆了"法律的规则"与"规则的法律"。然而，法律和公平之间的平衡仍然需要实现，即使需要找到新的方法来满足我们的新需求。从这一点起，我将探讨这样一个问题：在我们的实际情况下，怎样才能最好地纠正这种平衡？

如今，在法律上，在伦理上，在公共管理区域上，都有类似的对一般原则的关注和对个人自由裁量权的不信任。在社会服务的管理中，平等待遇的要求使我们不愿意允许管理人员"对剪了毛的羔羊吹风"——这在我们看来是不公平的，因此是不公正的。（因此，正义与公平的平衡是一把双刃剑。）在专业领域，人们普遍担心专业人士正在不公平地利用自己的信托地位，这是最近一波医疗事故诉讼的原因之一。在法庭上，法官行使自由裁量权的空间越来越小，许多律师认为陪审团并不比法官更值得信任；他们越遵守明确的规则（至少看起来是这样）就越好。至于公众对伦理的讨论，对真正的道德复杂性、冲突和悲剧的认识，只能在个案的基础上处理，是完全不时兴的。相反，在公开辩论中获胜的是那些拥有更强原则的人。最重要的是，许多参与当前辩论的人似乎已经忘记了"公平"一词的实际含义。他们认为这只是"平等"的同义词。因此，对公共政策统一应用的需求导致自由裁量权被严格地、公平地、平等地淹没。面对司法不公，我们的反应就像电视记者一样，宣称"应该有法律来反对这种行为"。即使更合适的说法是，应该说"在这种特殊情况下，法律在自取其辱"。这同样适用于我们官僚机构的运作，以及对道德判断原则的强调。

在所有这三个领域，我们需要提醒，公平不是要求对所有相关案件实行统一或平等，而是要求在将一般规则适用于个别案件时具有一致性或响应性。公平意味着在我们的法律、规则、原则和其他一般准则之间的间隙和冲突区域，用自由裁量权来伸张正义。这意味着要对所有这些公式的限制做出反应，对人们可以适当地做出例外的特殊情况做出反应。就像在早期的罗马一样，这种边缘判断的正规化或常态化的程度在今天仍然有限。面对平衡不同党派权益的任务，今天的法官很可能会以以前的先例为指导；但这些先例只是阐明了宽泛的准则，并没有援引正式的规则。否则，只是在医疗事故诉讼的人为背景下，专业实践才可能被描述为老生常谈的词语作为"日常和可接受"的程序。举例来说，在外科医生的实际工作中，有时可能不得不使用他或她自己的最佳判断来决定如何认真地进行手术。最后，在伦理学中，行使道德智慧的不是那些无论发生什么情况，都绝对地、毫无例外地坚持单一原则的人，而是那些懂得从长远来看，任何原则——无论多么绝对——都无法避免与另一个同样绝对的原则发生冲突的人；还有那些拥有经验和偏见的人，他们需要以最人道的方式平衡相互冲突的考量。

通过观察不断变化的社会条件和生活方式对我们道德观念的影响，我相信我们可以找到最好的线索，让我们解开这一团乱麻的问题。一个世纪前，列夫·托尔斯泰在《安娜·卡列尼娜》中表达了一种观点，尽管在我看来有些夸张，但仍然具有启发性。在托尔斯泰的一生中，他见证了农奴制的废除、铁路的引入、人口从农村向城市的流动，以及随之而来的现代城市生活的出现；他仍然对在现代城市中过真正道德生活的可能性持深深的保留态度。在他看来，真正的"道德"关系只能存在于共同生活、工作和交往的人之间：在家庭内部，在密友和伙伴之间，在邻里之间。在托尔斯泰看来，任何一个人的道德世界的自然极限，就是他或她所能走的距离，最多也就是骑行的距离。通过乘坐火车，道德主体将真正的道德行为领域留给了一个陌生人的世界，他或她对陌生人没有什么真正的义务，与他们的交往只能是随意的或商业的。每当道德压力和要求变得难以承受时，托尔斯泰就让安娜去火车站坐火车去某个地方，任何地方。托尔斯泰痛苦人生的最后一个讽刺是，他终于离开了自己的家和家人，却死在了当地站长的办公室里。在托尔斯泰看来，国家政策之类的事情完全超出了伦理的边界。通过康斯坦丁·列文这个人物，他清楚地表达了他的怀疑主义——对所有试图将伦理学变成理论问题或使政治改革成为德性工具的企图。

托尔斯泰正确地强调了我们与家人、密友、近邻或伙伴的道德关系与陌生人的道德关系之间的巨大差异。在与我们的孩子、朋友和亲近的同事打交道时，我们都希望——也被期望——考虑到他们的个性和品位，我们尽最大努力根据我们对他们当前情绪和计划的感知来安排我们行动的时间。在处理与公共汽车司机、商店店员、旅馆理发师以及其他类似偶然的关系时，可能没有考虑这些因素的基础，因此也就没有机会这样做。在这些短暂的遭遇中，我们的道德义务是有限的，主要是消极的——例如，避免采取攻击性或暴力的行为。所以，在陌生人的伦理中，尊重规则是一切，自由裁量的机会很少。在亲密关系的伦理中，谨慎是一切，严格规则的相关性最小。当然，对于托尔斯泰来说，只有亲密关系的伦理才是真正的"伦理"，这就是我把他的观点描述为夸张的原因。但在这方面，约翰·罗尔斯的伦理学同样被夸大了，尽管是在相反的方向。在我们与普通熟人和身份不明的公民的关系中，绝对公正可能是首要的道德要求；但是在亲密的人中间，某种谨慎的偏袒当然只是公平的，而且肯定不是不道德的。因此，将其原则建立在"无知之幕"之上的伦理体系很可能是"公平的"，但从本质上讲，它也是一种陌生人之间关系的伦理。[1]

诉讼的压力

看看托尔斯泰对自己那个时代的感受，他会如何看待我们今天的生活？铁路的作用是模糊了当下社区的道德世界和外部中立世界之间的边界，而私人汽车的影响则成倍增加，它几乎完全打破了这一边界。住在高层公寓里，开车从地下车库到超市再回来，现代城市居民有时可能会想，自己是否有邻居。对我们许多人来说，亲密关系的范围已经缩小到核心家庭，这给家庭关系带来了巨大的压力。生活在一个相对陌生的世界里，我们发现自己缺乏公民信任，离我们的专业顾问越来越疏远。我们不太倾向于给法官和官僚使用

---

[1]　约翰·罗尔斯，《正义论》，马萨诸塞州剑桥，哈佛大学出版社，1971年。

自由裁量权的空间，而是更坚决地要求获得平等（如果不总是公平）待遇。事实上，在一个完全陌生的世界里，平等将是唯一剩下的德性。

不要误解我的立场。我不是在进行一次怀旧之旅，回到过去的美好时光。邻里之间的友好关系和被迫的亲密关系，无论是地理上还是社会上的固定，都有其优点和缺点。简·奥斯汀在《傲慢与偏见》中对凯瑟琳·德·伯格夫人的漫画提醒我们，以傲慢的态度来购买股权可能会使其价格过高。

愿上帝保佑乡绅和他的亲戚们，让我们保持应有的地位。

托尔斯泰的所有传记都提醒我们，他的世界也有黑暗的一面。那些被他对新解放农民道德智慧的赞赏所吸引的人，将会在弗雷德里克·道格拉斯关于马里兰海岸奴隶生活的回忆录中找到解药。我也不反对公寓楼和私家车。人们这样生活就有理由这样做，而以早期道德的名义攻击现代生活是一种绝望的行为，就像修建柏林墙一样。不，我的问题只是：如果我们接受现代世界的现状——公寓楼、私家车等等——我们怎样才能在亲密者的伦理与陌生人的伦理之间，在一视同仁的待遇与行政自由裁量权之间，在公平与法律之间，以符合我们当代需要的方式取得中心平衡呢？

首先从法律开始：当前公众的刻板印象集中在对抗程序的缺陷上，但首先需要解释的是，对抗制度究竟在哪些领域走错了路，我们应该对哪些法律领域最为关注并取代它。这应该不难做到。考虑到我们处理与亲密者和伙伴的道德关系不同于处理与陌生人的道德关系，在我们与陌生人的法律关系，以及与亲密者、伙伴和亲密家庭成员的法律关系之间进行类似的区分，难道不是适当的吗？

即使在对抗制度的发源地美国，至少有两种类型的纠纷——劳资冲突和商业合同的重新谈判——是通过仲裁或调解来解决的，而不是对抗。这并非偶然。在一起由车祸引发的刑事诉讼或普通民事损害赔偿诉讼中，当事人在诉讼前通常是完全陌生的，彼此的未来也没有任何利害关系，因此，如果他们走出法庭时发誓永远不再见到对方，也不会造成伤害。相比之下，劳动申诉的当事人通常希望在裁决后继续合作，而在商业仲裁中，争议方很可能保持或恢复与对方的业务往来，尽管目前存在分歧。在这种情况下，对抗制度的心理压力可能具有相当大的破坏性：当一个热情的诉讼律师完成了他的任务时，进一步的劳资关系或商业交易可能在心理上是不可能的。所以在评估不同的法庭程序时，我们需要考虑特定类型的司法事件是如何与当事人的更多的生活经历相适应的，以及诉讼的形式会对这些生活经历产生什么影响。

将国家的全部权力用于刑事被告诉讼是一回事：在这种情况下，梦露·弗里德曼（Monroe Freedman）强调对手模式的优点和积极辩护的积极义务可能是正确的。[①]同事、邻居或家庭成员之间的民事诉讼则是另一回事：在这种情况下，诉诸对抗式诉讼只会使情况变得更糟。因此，对对抗制度不满的主要根源是人类生活不生中心理后果最具破坏性的领域：例如家庭法。当卷入监护权纠纷的父亲、母亲和孩子们都在法庭上得到剧烈的呈现时，这起诉讼最初产生的不良情绪很可能已经变得无法补救。就像在家庭法等领域，其他国家（如西德）选择仲裁而非诉讼，选在内庭而非公开法庭处理，因此便提供了更多的自由裁量权。

那么，我想说的是，一个完全由规则构成的法律体系将以适合于陌生人的方式对待所有出现在它面前的各方。相比之下，在希望继续作为亲密或熟悉的伙伴关系的当事方之间产生的法律问题中，平等和规则一致的要求失去了它们的中心地位。最重要的是，欲望、个性、希望、能力，最需要考虑的是各方的野心；而且，只有拥有权威的裁决者，才能根据这些差异来解释现有的规则、先例和准则，并对此做出回应，这样才能尊重所有相关各方的权益。

---

① 梦露·弗里德曼，《对抗制度下的律师道德》，印第安纳波利斯，鲍勃梅里尔出版社，1975年。

复兴友好的社会

在公共行政方面，特别是在社会服务领域，关键的历史变化是最近发生的，但显然很难逆转。两个世纪前，我们现在所称的社会服务——当时统称为"慈善"，大部分仍通过教堂分发。人们普遍相信地方宗教牧师会公正、认真地履行这一职责，在决定给予（比方说）史密斯夫人比琼斯夫人更多的时候，他们不需要严格地向任何主管负责，更不受书本规则的约束……即使在一百年前，许多这样的慈善活动仍由私人组织进行，比如英国的那些被称为令人着迷的"友好社会"。但在这个时候，情况开始发生变化。友好的牧师是一回事，但一个友好的社会更多的是一种反常的现象：在适当的时候，这些政府组织中的违规行为——就像今天一些工会养老基金的违规行为一样——会引起政府的监督，并任命了一个友好的协会登记员来监督他们。

从那时起，社会服务的提供变得更加程序化、集中化，并受制于官僚程序。来让我们重新思考通过官僚机构来提供人类服务的整个项目：人们只需要读一下马克斯·韦伯就可以了。官僚行政的命令要求有明确的程序和充分的责任；而援助之手，无论其名称是"慈善"还是"社会服务"，只有根据对需求的实质性和知情判断，而不是根据权利的规则谨慎地行使才能真正公平。

那么，我们可以做些什么来对抗这个领域的官僚主义的严格性呢？或者，20世纪晚期的社会应该寻找其他方式向那些需要帮助的人伸出集体援助之手吗？布鲁金斯学会（Brookings Institution）的赫伯特·考夫曼（Herbert Kaufman）为官僚主义做出了堪称典范的辩解，指出了许多关键问题。[1]如果我们认为今天的公共管理复杂、反应迟钝、受程序约束，他认为这几乎完全是我们自己的错。这些缺陷是我们自己在日益以多样性、民主和不信任为特征的情况下对公务员提出要求的直接后果。由于我们不愿赋予公务员自由裁

---

[1] 赫伯特·考夫曼，《官僚作风的起源、使用和滥用》，华盛顿特区，布鲁金斯学会，1977年。

量权，担心它会被滥用，所以除了平等，我们没有其他衡量行政人员表现的标准。正如考夫曼所言，"如果一个地区的人们发现在同一个项目下，他们受到的待遇与其他地区的人不同，他们就容易感到不满和不愿合作。"[①]

因此出现了一种"对政策统一应用的普遍关注"，这只能通过使规则手册更加灵活来保证。但我们要不惜任何代价购买它吗？如果我们确信，我们自己对绝对公平的坚持使社会服务变得非个性化和非人道，我们是否可以考虑选择其他更公平的程序，即使它们的结果可能不那么平等？

或者，也许我们应该重新考虑始于20世纪早期的慈善事业的大规模国有化。许多廉洁的私人养老基金仍然与政府的退休和养老计划一起运作，一些以社区为基础的福利和慈善体系仍然受到信任，因为它们的责任在于特定的社区。例如，在以阿迦汗为首的伊斯兰世界分支伊斯美利派（Ismailis）中，什一税仍然是规则，没有一个前途光明的高中毕业生仅仅因为来自贫困家庭而错过上大学的机会。尽管有政府项目，但在美国已经不再是这样了。因此，也许我们让自己过早地对"友好社会"的友好性过于怀疑，而且我们应该更认真地考虑恢复具有地方根源的社会工具的可能性，这些工具不需要坚持严格的规则管理程序。这当然是一个很大的"可能性"。致使慈善国有化的社会变化是强大而持久的，迄今为止，它们没有显示出减弱的迹象。如果有选择的余地，人们可能更愿意继续忍受他们可以不受惩罚和抱怨的官僚形式和程序，如果这样，他们就可以避免把自己置于繁重的社会或公共关系的摆布中。

渺茫的希望和薄弱的基础

在伦理学领域，所有这些困难都被放大了。在这一点上，我有一个坚定的理性信念，而在社会层面上，我有一个脆弱的希望。

---

① 赫伯特·考夫曼，《官僚作风的起源、使用和滥用》，华盛顿特区，布鲁金斯学会，1977年，第77页。

罗伯特·弗罗斯特在1932年的一首诗中写道：

不要加入太多帮派。如果有的话，尽量少加入。加入美国，加入我们的大家庭。但介于两者之间的不多，除非上大学。[①]

弗罗斯特以一种阴沉的方式捕捉到了人们对公共关系和限制的敌意。自托尔斯泰时代以来，这种敌意一直在破坏我们的"中间制度"或"调节结构"。对于核心家庭和国家，人们确实仍然感到某种天然的忠诚；"但介于两者之间的不多，除非上大学"。在过去的30年里，即使是民族国家也失去了它的神秘感，使家庭暴露在它难以承受的压力之下。这是我们渺茫的社会希望，我们可能找到一些新的方法来建造其他中介机构以便我们可以开发更充分的忠诚和承诺：协会大于核心家庭，但又不会大到让它们事先推翻我们最初的假设，即我们的其他成员是值得信任的。因为我怀疑，只有在这种背景下，谨慎和亲密的伦理关系才能重新夺回它在规则和陌生人伦理面前失去的领地。

我们在哪里可以找到这种联系的起源呢？传统上，他们的位置是由宗教和种族关系决定的，而这些直到现在，人们有时还会建设性地把道德同情的范围扩大到直系家庭以外。但我们几乎不需要把目光延伸到阿尔斯特或黎巴嫩，就能看到这枚特殊硬币的另一面。正如弗罗斯特不情愿承认的那样，学校和大学的成员也有一些同样的权力，尽管这种权力往往是排他性的，而不是慷慨的。马克思主义者在伦理上的最大希望是，"工人阶级的团结"实际上将创造一个庞大而有凝聚力的大家庭，在这个大家庭里，被剥夺了财产的人将从心理、政治和经济上的压迫中得到解脱。但时至今日，唉，历史的证据似乎表明了这种意识，共同的伤害会让不同的群体相互对立，就像它会让他们团结在一起一样频繁。对我们中的一些人来说，职业协会的纽带是一

[①]　罗伯特·弗罗斯特，《筑土——政治田园》，载于《罗伯特·弗罗斯特全集》，纽约，霍尔特，莱因哈特和温斯顿出版社，1949年，第421-432页。

样强大的。塔利敦的医生或海德公园的律师也许彼此之间有密切的了解、感觉，甚至信任；尽管我对这两位学者还有其他的学术保留意见，但我还是对他们的专业责任感和诚信抱有一定的信任。因此，每年，我都不带任何严重的焦虑，投票给我从未见过的同事，让他们进入管理我养老基金的董事会。如果事实证明，那些当选代表一直在榨取保费，并将其存入一家瑞士银行，那么，与国家层面的公众人物的任何不诚实行为相比，这一披露将更彻底地撼动我的道德世界观。

诚然，这些都是渺茫的希望，只能建构薄弱的基础。然而，在伦理领域，我们应该学会接受渺茫的希望和薄弱的基础，这比什么都没有要好得多。这一点把我带到了我更有信心的智力层面。如果对绝对原则的崇拜在今天还如此有吸引力，那就是一个迹象，表明我们发现仍然不可能打破约翰·杜威极力怀疑的"对确定性的追求"。[①]我们并不需要杜威指出专制主义的缺点。亚里士多德本人坚持认为，在伦理学领域中没有"本质"，因此没有任何严格的伦理学"理论"的基础。伦理学中的实践推理和其他领域一样，是一个判断的问题，是对彼此相反的观点进行权衡的问题，永远不是从严格的或不证自明的公理中进行正式的理论推导的问题。这不是聪明的辩论者的任务，而是"心胸宽广的人类"的任务。

因此，国家人体实验对象保护委员会的成员能够就伦理的问题达成一致，这并非没有原因，只要他们从分类学的角度讨论这些问题。在此过程中，它们恢复了古老的亚里士多德的程序，即诡辩家和拉比学者的程序。他们一直都明白，伦理和法律是我们能做到最好的实践中的成就，是让善良的、头脑清醒的人在道德生活和问题的复杂领域中找到自己的道路。因此，从我们所了解的典型案例开始——在最简单的情况下，伤害、公平、残忍和慷慨是什么——我们必须一步一步朝着更复杂、更困难的案例前进，在这些情况下可能需要达到极其微妙的平衡。例如，我们必须决定，如果有条件的

---

① 约翰·杜威，《追求确定性》，纽约，普特南，1929年。

话，给一组5岁的抽样儿童注射一种实验性的疫苗，使无数其他儿童受益，即使风险落在少数几个人的身上。伦理论证因此能取得最有效的进展，如果我们用思考大众道德的方式来思考"普通法律"，例如，通过同样的渐进式三角测量来发展我们对道德问题的感知，这种渐进式三角测量会将普通法的侵权理论扩展到严格责任和过失责任等领域。

同时，我们必须对道德狂热者保持警惕。当他们决心把自己的原则钉在桅杆上时，他们只是成功地对现实情况和问题中蕴含的公平视而不见。他们对道德立法的意志威胁着在陌生人之间从最痛苦、最亲密的道德困境到敌对对抗的转换。举个例子，通过重新引入不妥协的法律限制，禁止一切堕胎程序，他们是在让一个女人与新植入的受精卵进行某种可怕的模仿——模仿一场房东和房客之间的纠纷。这种严厉的刻板态度，使当今的道德狂热者与亚里士多德的"人类自大论"形成了鲜明的对比，并使人想起托尔斯泰对阿列克谢·卡列宁的助手伊万诺夫娜伯爵夫人的描绘，她在理论上是所有时髦的公益事业的支持者，但实际上却准备采取严厉和无情的行动。

当帕斯卡攻击耶稣会的诡辩家们太容易偏袒富有或出身高贵的忏悔者时，他无疑是有道理的。但是，当他把这一点作为伦理学中完全拒绝案例方法的理由时，他树立了一个今天经常被效仿的坏榜样：假设我们必须在自由裁量权被滥用时完全撤销它，并以严格的规则代替它，而不是询问我们如何能够调整问题，以便继续以公平和无偏见的方式行使必要的自由裁量权。我将毫不犹豫地投票反对帕斯卡，支持耶稣会成员和犹太法典学者。我们不需要走到托尔斯泰（Tolstoy）的地步，声称以法律而不是以公平为范本的伦理根本就不是伦理。但我们确实需要认识到，完全基于一般规则和原则的道德是专横和不相称的，只有那些公平地容忍细微个体差异的人，才会对道德的更深层次的要求有适当的感觉。在实践中，诡辩家们可能偶尔会松懈；但他们抓住了亚里士多德关于应用伦理学的基本观点的实质：仅靠一般原则不是长久之计。它需要对特定的、详细类型的案例和情况进行细致分类。因此，即使在实践中，诡辩家的错误（尽管他们是这样的）也是正确一方的错误。

伦理学的基本原则^①

伊曼努尔·康德

　　自然界的一切都有规律可循。只有理性的存在才有能力根据法律的概念即原则行事。这个能力将是……客观原则的概念，就其约束意志而言，是一种（理性的）命令，这个命令的公式称为命令式。

　　所有的命令都是由"应该"来表达的，从而表明了客观理性法则与意志的关系，并不是在主观结构中必然地由这个法则决定的。这个关系就是约束关系。命令说做某事是好的或限制做某事，对意志而言并不总是简单地做某件事，因为它做事应当被视为好事。实际的善是通过理性的概念来决定意志，因此不是通过主观的原因，而是通过客观的原因，也就是说，这些原因对于每一个理性存在本身都是有效的……

　　所有的命令要么是假言的，要么是定言的。前者提出一种可能行动的实际必要性，作为一种手段，以达到人们所希望（或可能希望）的其他东西。定言命令是一种行为，作为其本身客观上是必要的，而不考虑任何其他目的。

　　因为每一个实际的法则都提出了一种可能的行为，对于一个实际上被理性所决定的主体来说，它是好的，因此也是必要的，所有的命令都是决定行为的公式，这些行为是根据一个无论如何都是善良意志的原则所必需的。如果行为只是作为达到其他目的的手段，那么命令就是假言的；但如果命令性在其自身被认为是善的，且这种意志本身又符合理性，作为这种意志的原则，命令就是定言的……它所关注的不是行为的材料及其主观的结果，而是从行为的结果当中所看到的形式和原则。本质上善的都包含在意图中，结果可能是这样。这种命令可以被称为道德命令……例如，当它说，"你不应做出虚假的承诺"，我们假设，这种回避的必要性不仅仅是为了逃避其他的邪

---

① 伊曼努尔·康德，《道德形而上学的基础》和《什么是启蒙》，1959年，巴博斯默利尔公司，
　　人文艺术出版社分公司。

恶，这样它就会变成"你不应做出虚假的承诺，如果它被曝光，你就会毁了你的信誉"；相反，我们认为这种行为本身必须被认为是坏的，禁止的必要性是绝对的。

有且只有一个定言命令。那就是：只按照你能同时使它成为普遍法则的那个准则行事。

现在，如果所有责任的命令都可以以这一命令为原则衍生出来，作为一个原则，我们至少可以通过责任的概念来展示我们所理解的以及它的含义，即使它仍然没有决定，那被称为责任的概念是否是一个空洞的概念。

产生效果的规律的普遍性构成了最一般意义上的自然（就形式而言），即事物的存在，只要它是由普遍的规律所决定的。（通过类推）责任的普遍要求可以表达如下：就好像你的行为准则是通过你的意志力成为普遍的自然法则一样。

现在，我们将列举一些责任，按照采用通常的方法，分为对自己的责任和对他人的责任，以及完全的和不完全的责任。

1. 一个人被一系列的不幸弄到绝望的地步，他对生活感到厌倦，但仍然有足够的理由去问，结束自己的生命是否会违背他对自己的职责。现在他问他的行为准则是否能成为普遍的自然法则。然而，他的格言是：为了爱自己，当生命持续得越久所带来的坏处大于满足时，我就可以以缩短寿命为原则。但这种自爱的原则是否能成为普遍的自然法则还有待商榷。人们立刻就会看到自然系统的矛盾，它的法则是用情感来破坏生活，而情感的特殊作用是推动生命的改善。在这种情况下，它将不作为自然而存在；因此，这个原则不能作为自然法则而获得，它在一切责任的最高原则上是完全矛盾的。

2. 另一个人发现自己被迫需要借钱。他明明知道自己不能偿还，如果他不坚定地承诺在一定时间偿还，那他也知道什么也借不了。他渴望做出这样的承诺，但他有足够的良心问自己，以这种方式减轻他的痛苦是否不合适，是否违背了责任。现在，假设他决定这样做，他的行为准则将如下：当我相信自己需要钱时，我会借钱并承诺偿还，尽管我知道我永远不会这样做。这种自爱或利己的原则很可能与他未来的整个福祉相一致，但问题是它是否正确。他把自爱的自负变成了普遍法则，然后提出了一个问题：如果我的格言变成了一个普遍法则会怎样？他立刻意识到，它永远不可能作为普遍的自然法则而与其自身相一致；相反，它必然会自相矛盾。因为法律的普遍性，即任何相信自己处于困境的人都可以对他所喜欢的事情做出承诺，如果不履行承诺，就会使承诺本身和它所要达到的目的不可能实现；谁也不会相信他答应的东西，而只会把这种说法当作虚妄的借口来嘲笑。

3. 三分之一的人发现自己有一种才能，通过某种培养，这种才能可以使他在许多方面成为有用的人。但他发现自己生活在舒适的环境中，宁愿纵情享乐，也不愿为拓宽和提高自己幸运的天赋而烦恼。然而，让他问一下自己，他那个忽视了天赋的座右铭，除了符合他懒散的倾向之外，是否也符合所谓的责任。他明白自然系统确实可以按照这样的规律存在，即使人类（就像南海群岛的居民）应该让他的才能生锈，并下定决心把他的一生仅仅用于懒惰、放纵和虚夸——一句话，用于娱乐。但他不可能希望这成为普遍的自然法则，也不可能希望这是一种自然本能移植到我们身上的。因为，作为一个理性存在，他必然意愿他所有的能力都得到发展，因为这些能力是为了各种可能的目的而给予他的。

4. 第四个人，他的生活很顺利，看到别人（他可以帮助的人）在艰难中挣扎，他就问：“这与我有什么关系？让每个人都像上天所希望的那样快乐，或者像他自己所能做到的那样快乐；我不拿他什么，也不嫉妒他；可是我不想为他的幸福或在他需要的时候给予他帮助。”如果这样的思维方式是一个普遍的自然法则，那么人类可能存在，甚至毫无疑问，这比大家都在谈论同情和善意要好得多，甚至每个人都在努力实践它们，而另一方面，他却在力所能及的情况下欺骗、背叛或以其他方式侵犯人权。现在，虽然有可能存在一种符合这一格言的普遍的自然法则，但却不可能希望这种法则能作为自然法则在任何地方都适用。因为解决这一问题的意志会与它本身发生冲突，因为经常会出现这样的情况：他需要别人的爱和同情，而根据这种源自他自己意志的自然法则，会剥夺自己所希望得到一切帮助的可能。

上述是许多实际责任中的一小部分，或者至少是我们认为的实际责任中的一部分，这些责任从一个明确的原则衍生而来。我们必须希望我们的行为准则成为普遍规律，这是对我们一般行为的道德评价的标准。有些行为具有这样一种性质，以至于它们的格言甚至不能被认为是不矛盾的普遍自然法则，人们也不可能愿意这样做。但在另一些人身上却没有发现这种内在的不可能，尽管人们仍然不可能把他们的准则提高到一种自然法则的普遍性，因为这样一种意志会自相矛盾……

当我们观察自己是否违反了一项义务时，我们会发现我们实际上并不希望我们的格言成为普遍法则。这对我们来说是不可能的；相反，与这句格言相反的东西应该作为一般的法则，我们只能冒昧地为自己破例，或者为了我们的意愿，为了这一次机会。结果是，如果我们从一个相同的立场，即理性来衡量一切，我们就会在我们自己的意志中遇到一个矛盾，即某一原则作为普遍规律在客观上是必要的，但在主观上却不是普遍的，而是允许例外的。

规则的两种观念[①]

约翰·罗尔斯

在这篇文章中，我想说明证明一项实践和证明一项属于该实践的特定行为之间的区别的重要性，我想解释这种区别的逻辑基础，以及为什么可能忽略它的意义。

为了解释如何忽略区别的重要性，我将讨论关于规则的两种观念。这些观念中的一个隐藏了区分的重要性——在规则或实践的正当性与特殊实践陷入其中的正当性之间的重要性。另一个观念阐明了为什么必须做出这种区分以及这种区分的逻辑根据是什么。

---

① 约翰·罗尔斯，《规则的两个概念》，载于《哲学评论》，第64卷，第1号，1955年1月，第3-32页。

一

惩罚主体，即对违反法律规定的行为附加法律惩罚的意义，一直是一个令人困扰的道德问题。问题并不在于人们对惩罚的正当性是否存在分歧。大多数人认为，由于不存在某些弊端，它是一个可以接受的制度。只有少数人完全拒绝惩罚，这些反对惩罚的言论，是相当令人惊讶的。难点在于惩罚的正当性：道德哲学家们已经给出了各种各样的论证，但迄今为止，没有一种结论得到了普遍接受；没有任何惩罚的理由是不存在厌恶它的人的……

就我们的目的而言，我们可以说惩罚有两种理由。报应观认为惩罚是正当的，因为不法行为应该受到惩罚。一个做错事的人应该受到与其做错事相应的惩罚，这在道德上是恰当的。一个罪犯应该受到惩罚，这与他的罪行有关，而适当惩罚的严厉程度取决于他的行为的堕落程度。做坏事的人受到惩罚的情况在道德上比不受惩罚的情况要好；而且最好不要考虑惩罚他的后果。

我们所称的功利主义观点认为，过去的事情已经过去了，并且仅仅因为现在做出决定的材料根据是为了体现将来的实施效果，惩罚的正当性仅仅是体现了可能产生的后果，即维持社会秩序的一种手段。因此，过去所犯的错误并不是决定该做什么样的相关考虑。如果能证明惩罚能有效地促进社会利益，那么惩罚就是正当的，否则就不是。

我非常粗略地阐述了这两种对立的观点，以便让人感受到它们之间的冲突：人们感受到了两种观点争论的力量，并想知道如何才能调和它们。从我的介绍性强调中可以明显看出，我将要提出的决议是，在这种情况下，人们必须区分作为一种系统的规则在应用和强制中的实践和属于这些规则下的特定行动实践的正当性；对于实践的问题，功利主义的论证是恰当的，而报应主义的论证则是将特定的规则应用于特定的情况。

我们可以通过想象一个父亲如何回答儿子的问题来弄清楚这种区别。假设儿子问，"为什么J昨天被关进监狱了？"父亲回答："因为他抢了B银行。这就是他昨天被关进监狱的原因。"但假设儿子问了一个不同的问题，即，"为什么人们要把别人关进监狱？"然后父亲可能会回答："保护好人不受坏人伤害"或"阻止人们做让我们所有人都感到不安的事情；否则我们晚上就不能安然入睡了。"这里有两个非常不同的问题。其中一个问题强调了正确的名称：它问的是为什么J而不是其他人被惩罚，或者它问的是他为什么被惩罚。另一个问题是，为什么我们会有惩罚制度：为什么人们会惩罚对方，而不是总是原谅对方？

因此父亲说，实际上是一个特定的人受到惩罚，而不是另一个人，因为他有罪，而他有罪是因为他违反了法律（过去时）。在他的案例中，法律回头看，法官回头看，陪审团回头看，因为他过去的所作所为，处罚就会落到他的头上。一个人受到惩罚，受到什么样的惩罚取决于他所违反的法律，并且法律规定了他因违法所受到的惩罚。

另一方面，我们有惩罚制度本身，并推荐和接受各种变化，因为被认为（理想）的立法者和法律适用于他们的人认为，作为一种法律体系中公正地从一个案件适用到另一个案件的法律体系的一部分，从长远来看，它将产生促进社会利益的结果。

因此，我们可以说，法官和立法者站在了不同的位置，朝不同的方向看：一个看过去，另一个看未来。法官为自己所做的辩护，听起来像报应论；（理想的）立法者行为的正当性，听起来像是功利主义的观点。因此，两种观点都有一个观点（这是应该的，因为聪明人和敏感的人一直处于争论的双方）；一旦你看到这些观点适用于担任不同职务、承担不同职责的人，并且与构成刑法的规则体系的地位不同，人们最初的困惑就会消失……

因此，对于两种刑罚观引起的混乱，答案相当简单：一种是区分法官和立法者两种职务，另一种是区分他们在构成法律规则体系方面的不同地位；然后有人注意到，不同类型的考虑通常被用来解释在这些办公室的掩护下做这些事情的理由可以与相互竞争的惩罚理由相匹配。人们是通过使两种观点适用于不同的情况这一由来已久的方法来调和这两种观点的……

二

我现在要考虑承诺的问题。对功利主义的反对与承诺的联系似乎是这样的：根据功利主义的观点，人们相信当一个人做出承诺时，他应遵守承诺是唯一基础，如果他遵守承诺，就是实现总体上的善。所以如果有人问"我为什么要遵守承诺"，功利主义的回答被理解为在这种情况下这样做会有最好的结果。这个问题的答案与履行承诺义务的方式相冲突，这是很确定的。

当然，功利主义的批评者并不是没有意识到，有时被认为是功利主义者的一种辩护与遵守诺言的实际考虑相联系。[①]在这方面，他们应该这样争论：必须承认，我们对遵守诺言的态度是严格的，比我们的观点所能考虑得更为严格。但是，当我们仔细考虑这个问题时，总是有必要考虑到我们的行动将对承诺的实践产生的影响。允诺者不仅要权衡违背诺言对特定情况的影响，还要权衡违背诺言对实践本身的影响。因为这种行为具有很大的功利价值，而且不遵守诺言往往会严重损害它，所以不遵守诺言很少是合理的。如果我们从广泛的实践中审视我们的个人承诺，我们就可以解释遵守承诺义务的严格性。总有一个很强的功利考量支持着遵守承诺，这将确保当出现是否遵守承诺的问题时，通常会证明一个人应该遵守承诺，即使在特定情况下的事实本身似乎可以证明他违反承诺是正当的。这样，我们对履行承诺义务的严格态度就得到了说明。

罗斯对这种辩护进行了如下批判[②]：无论承诺的实践价值有多大，在功利主义的基础上一定会有更大的价值，人们可以想象，可以通过打破承诺而

---

① 罗斯，《权利与善》，第37—39页；《伦理学基础》，牛津，1939年，第92—94页。据我所知，除了W.A.皮卡德剑桥在《关于责任的两个问题》（《思想》，n.s.，第41章，1932年4月，第153—157页）中使用过这个论点的功利主义者之外，没有任何功利主义者。尽管这个论点在G.E.摩尔的《伦理学原理》（剑桥，1903年）出现过。据我所知，古典功利主义中没有出现；如果能正确地解释他们的观点，这并非偶然。

② 罗斯，《右派与善》，第38—39页。

得到它。因此，可能会有这样一种情况，承诺者可以争辩说，打破他的承诺是正当的，因为总体上达到了更好的状态。承诺者可以这样争论，无论违背承诺所获得的好处有多微不足道，如果有人要挑战承诺者，在所有功利主义的考虑下，他的辩护将是他做的最好的事情，罗斯认为这样的辩护是不可接受的。我认为他是对的，因为他反对对一般结果的诉求，而没有进一步的解释，然而衡量罗斯的论点的力量是极其困难的。这种想象中的案例似乎是不现实的，人们觉得它需要这样被描述。有人倾向于认为这样一种情况，要么是惯例本身规定的例外情况，在这种情况下，一般来说就不能要求结果了，要么情况就是如此特殊，以至于这种实践所预设的条件不能再得到满足了。但肯定的是罗斯在思想上是正确的，他提醒了我们，一个人用普遍要求的后果来为自己打破承诺辩护是错误的。因为一般的功利主义的辩护是不向承诺者开放的：它不是承诺实践所允许的辩护理由之一。

　　罗斯给出了两个进一步的反驳理由。[1]首先，他认为，它高估了不遵守承诺对承诺本身造成的损害。失信当然会损害自己的名誉，但大家不清楚的是，失信对行为本身的损害是否足以说明义务的严密性。其次，我认为更重要的是，他提出了一个问题，人该如何评价除了对承诺人和被承诺人之外的不为人知的承诺，就像一个儿子对他垂死的父亲所作的关于遗产处理的承诺一样。在这种情况下，与实践相关的考虑根本不能对承诺者施加压力，但是人们感受这种承诺和其他承诺一样具有约束力。破除它对实践影响的问题似乎无关紧要。唯一的结果似乎是，一个人可以违背承诺而不用冒任何被指责的风险；但这项义务本身似乎丝毫没有减弱。因此，对实践的影响是否能在具体情况中起作用是值得怀疑的；当然，它不能解释义务的严格性，在那里，他没有体现的义务的严格性。由此看来，对于履行承诺的义务的功利主

---

① 同上，罗斯，第39页。《伦理学基础》在第95—96页和第104—105页再次讨论了非公共承诺的案例。它也出现在J.D.马伯特的《惩罚》，载于《思想》，n.s.，第48卷，1939年4月，第155—157页，和A.I.梅尔登，《功利主义的两个评论》，载于《哲学评论》，第60卷，1951年10月，第519—523页。

义解释无法成功地实现。

从我所说的与惩罚有关的内容中，人们可以预见我将对这些论点和反驳观点说些什么。他们无法区分实践的正当性和陷入其中的特殊行为的正当性，因此他们想当然地认为陷入错误的承诺者……有权不受限制地在决定是否遵守承诺时考虑功利因素。但如果一个人问承诺的实践是什么，我认为，它是这样的，不允许这种普遍的自由裁量权给予承诺者。事实上，实践的重点是放弃一个人的头衔，根据功利主义者和谨慎的考虑来行动，以便寄希望于未来，并与事行相协调。对于承诺者来说，在一种否认承诺者的实践中有明显的功利主义优势，作为一种辩护，它否认任何对功利主义原则的普遍诉求，根据这一原则，实践本身可能被证明是正当的。这一点并不矛盾，也不令人惊讶：功利主义（或美学）的理由可以恰当地解释国际象棋或棒球游戏的现状是令人满意的，或争辩它应该在各个方面进行改变，但游戏中的玩家不能恰当地寻求这样的考虑作为他采取某一步而不是另一步的理由。如果认为实践在功利主义的基础上是正当的，那么承诺者必须有完全的自由，使用功利主义的论点来决定是否遵守他的承诺，这是错误的：实践禁止这种一般的辩护；这是实践的目的之一。因此，上述论点的前提假设是，如果功利主义观点被接受，那么承诺者受约束的条件是，当且仅当功利主义原则在他自己的案例中的应用表明，在整体上保持它是最好的是错误的。承诺者是受约束的，因为他承诺了：权衡案例的优点不对他开放。

三

到目前为止，我已经试图展示一个实践的正当性和一个属于它的特定行为的正当性之间区别的重要性，通过说明这一区别如何可能被用来捍卫功利主义，反对两种长期存在的反对意见。在这一点上，一个人试图这样结束讨论：功利主义的考虑首先应该被理解为应用于实践，而不是属于它们的特定行为，除非实践承认它。有人可能会说，在这种经过修改的形式中，它是对我们深思熟虑的道德观点的更好解释，那就如此吧。但是，如果就此打住，就会忽略一个有趣的问题，即人们如何无法理解这一明显区别的重要性，并想当然地认为功利主义的结果在特定情况下总是可以根据一般的功利主义基础来决定的。我想说的是，这个错误可能与对实践规则的逻辑地位的误解有关；为了说明这一点，我将考察规则的两种概念，以及将它们置于功利主义理论中的两种方式。

这种对我们隐藏区别意义的概念，我将其称之为概括的观点。它是这样看待规则的：假设每个人都通过应用功利主义原则来决定他在特定情况下应该做什么；人们进一步假设，不同的人将以同样的方式对同一特定案件做出判决，"类似于先前判决的案件将会再次出现"。并因此，在某些情况下，同样的决定会由同一个人在不同时间或由不同的人在同一时间做出。如果一种情况发生得足够频繁，人们就会假定一种规则来涵盖这种情况。我把这一概念称为概括的观点，因为规则被描绘为功利主义原则直接应用于特定案例而得出的过去决定的总结。规则被当作报告，表明某一类案例被在其他根据中以某种方法做出适当的决定所发现（当然，它们没有这样说）。

这种将规则置于功利主义理论中的方式有几点值得注意。

1. 制定规则来自这样一个事实：类似的情况往往会再次发生，而且人们可以做出决定，把过去的决定以规则的形式记录下来，就可以更快地做出决定。如果类似的情况没有再次发生，人们将需要直接应用功利主义原则，逐个案例报告过去的决定的规则将是没有用的。

2. 针对特定案例做出的决定在逻辑上优先于规则。由于规则的观点来自将功利主义原则应用于许多类似情况的需要，因此，一个特定的情况（或几个类似的情况）可能存在，无论是否有一个规则涵盖那个情况。我们被描绘为在有一个规则来涵盖特定情况之前就能识别他们，因为只有当我们遇到一些特定类型的情况时，我们才能形成一个规则。因此，我们能够将一个特殊情况描述为一种必要类型的特殊情况，无论是否有关于这种情况的规则……

为了说明这一点，我们来考虑一条规则或格言，它可能以这种方式产生：假设一个人试图决定是否告诉一个病入膏肓的人他的病是什么，而他被要求这样做。假设这个人思考后基于功利主义的理由决定他不应该如实回答；假设在这个和其他类似的情况下，他制定了一条规则，大意是当一个病入膏肓的人问他的病是什么时，他不应该告诉他。需要注意的是，有人病得很重，问他的病是什么，有人告诉他，不管有没有这个规则，这些事情都可以被描述成这样。规则所涉及的行为的执行并不需要设置规则所涉及的实践的舞台。这就是所意味的，根据概括的观点的特殊情况在逻辑上优先于规则。

3. 原则上，每个人都有权重新考虑某一规则的正确性，并质疑在某一特定情况下遵守该规则是否适当。由于规则是指导和帮助，人们可能会问，在过去的决定中，是否有可能没有错误地应用功利主义原则来得到规则的问题，并想知道它是否在这种情况下是最好的。规则的原因是人们不能毫不费力地、完美地应用功利主义原则；有必要节省时间和张贴海报。根据这种观点，一个理性功利主义者的社会将是一个没有规则的社会，在这个社会中，每个人都直接而顺利地、没有错误地、逐个案例地应用功利主义原则。另一方面，在我们的社会中，制定规则是为了帮助就特定情况做出这些理想的理性决定，这些指导是经过几代人的经验建立和检验的。如果一个人把这种观点应用于规则，他就是把它们解释为格言，解释为"拇指规则"，总结概念所适用的任何东西都能被称为规则而学习，这是值得怀疑的，讨论似乎一个人以这种方式看待规则是在研究哲学时所犯的错误。

4. 一般规则的概念采取以下形式。一个被描绘为估计可能出现的情况的百分比，一个给定的规则可能被用来表达正确的决定，也就是说，如果一个人要正确地逐案应用功利原则，就会得到这种决定。如果一个人估计这个原则总的来说会给出正确的决定，或者如果一个人估计直接应用功利主义原则犯错误的可能性大于遵循规则犯错误的可能性，并且如果这些考虑人们总体上会持有这种观点，那么，我们将敦促将其作为一般规则予以采用，这是正当的。通过这种方式，可以在概括的观点中解释一般规则。然而，他意识到提出逐个案例应用功利主义原则仍然是有意义的，因为正是通过尝试预见这样做的结果，人们才能得到接受规则所依赖的初步预计。一个人是按照概括的观念来接受规则的，这就体现在他把规则说成是一个指南，一个准则，一个经验的概括，或者在作为在特殊情况下可以搁置的案例的自然性上不能保证是成立的，因为在这种特殊情况下，必须根据它的优点来处理这个案例。因此，和这个概念相并行的就有一个特殊例外的观念，它使某一规则在特定的特殊情况下显得可疑。

规则的另一个概念是我称之为实践的概念。在这个观念中，规则被描述为定义一种实践。实践的建立出于各种原因，但其中之一是，在许多行为领域中，每个人以功利主义为根据，逐案决定做什么会导致混乱，试图通过预见他人将如何行动来协调行为的尝试注定会失败。作为另一种选择，人们意识到需要的是建立一种实践，一种具体的新的活动形式的规范；从这一点可以看出，一种实践必然涉及放弃完全自由，以功利和谨慎为基础行事。这是一种实践的标志，被教导如何参与其中，包括在被指导与定义它的规则中，并且呼吁这些规则来纠正参与其中的人的行为。那些从事实践的人懂得作为定义它的规则。这些规则不能简单地描述那些参与实践的人实际上是如何行为的：这不是简单地说，他们的行为就好像他们遵守了规则。因此，对于实践的概念来说，规则是公开的，并被理解为限定性的；同样重要的是，实践的规则可以被传授，也可以被执行，从而产生连贯的实践。因此，在这个概念上，规则并不是个人直接独立地将功利主义原则应用于反复出现的特定情况的个人决定的概括。相反，规则定义了一种实践，并且规则本身就是功利主义原则的主体。

为了说明这种将规则融入功利主义理论的方式与前一种方式之间的重要区别，我将分析这两个概念在前面讨论要点上的区别。

1. 与概括性的观点相反，实践的规则在逻辑上优先于特定的情况。之所以如此，是因为不可能有一个特定的行为案例，这个行为属于一个实践的规则，除非这就是实践。这一点可以更清楚地说明如下：在实践中，有设官职的规则，规定适用于各种官职的某些行动形式，规定对违反规则的处罚，等等。我们可以把实践的规则看作是定义官职升迁和冒险。现在，说实践在逻辑上先于特定情况的意思是：给定任何规则规定了一种行为形式（一个行为），一个特定的行为，如果它被认为是属于这条规则的，那么它就不会被描述成那种行为，除非有这种实践。就实践所规定的具体行为而言，在逻辑上是不可能在实践所规定的步骤之外进行这些行为的，因为除非存在实践，除非必要的适当性得到贯彻，否则无论做什么，做什么动作，都不能算作实践所规定的一种行为形式。一个人所做的事情将以另一种方式来描述。

我们可以从棒球比赛中说明这一点。一个人在棒球比赛中所做的许多动作都可以是自己或与他人一起完成，无论是否有比赛。例如，一个人可以扔球、跑步，或摆动一块形状奇特的木头。但是一个人不能偷垒，不能三振出局，不能上垒，不能出错，不能畏缩不前；尽管我们可以做一些类似于这些的事情，如击球进袋，打不出滚地球，等等。三振出局、抢垒、回避等都是只能在比赛中出现的动作。无论一个人做了什么，他所做的都不会被描述为偷垒、三振出局或上垒，除非他也可以被描述为打棒球，而对他来说，这样做的前提是构成这项运动的规则式的练习。实践在逻辑上优先于特定的情况：除非有实践，否则它所指的行为将缺乏意义。

2. 实践的观点导致了对权威的一种完全不同的概念，每个人都必须决定在特定情况下遵守规则的适当性。参与实践，执行实践所指定的操作，意味着遵循适当的规则。如果一个人想要做某一实践规定的行为，那么除了遵循定义它的规则之外，没有其他方法。因此，对于一个人来说，提出一个实践的规则是否正确适用于他的情况是没有意义的，因为他所考虑的行为是由实践定义的一种行为形式。如果有人提出这样的问题，他只会简单地表明他不理解他的行为所处的情境。如果一个人想要执行一项实践所规定的行为，唯一合法的问题是实践本身的性质（"我如何确立我的愿望？"）。

这一点可以从玩家在比赛中的预期行为中得到说明。如果一个人想参加一场比赛，他不会把比赛规则视为特定情况下的最佳指南。在棒球比赛中，如果一个击球手问"我能够四次击球吗？"我们会认为他问的是规则是什么；如果有人告诉他规则是什么，他说他的意思是，在这种情况下，他在整场比赛中是有四次击球，而不是三次击球，那他最大可能会把这当作一个笑话。有人可能会说，如果允许四次击球而不是三次击球，棒球将会是一项更好的运动；但是，人们不能把这些规则描绘成指导在特定情况下什么是整体上最好的，并质疑它们对特殊情况下的特定的适应性。

从我们所述的分析可以清楚地看出，实践规则并不是帮助一个人通过某种更高的伦理原则来正确判断特定案例的指南。无论是一般的统计概念，还是特殊例外的概念，都不能适用于实践的规则。某种实践的或多或少的一般实践规则，必须是根据该实践的结构适用于该实践所引起的或多或少的案例种类；或者它一定是一个或多或少是理解实践的基本规则。并且，一个特定的案例不可能是实践规则的例外。例外是对规则的一种限定或进一步的说明。

根据我们对实践概念的理解，如果一个人从事一种实践，如果问他为什么做他所做的事情，或者如果他被要求为他所做的事情辩护，那么它的解释或辩护就基于提问者参考这种实践。他不能表述他的行为，如果它是一个实践指定的行为，他做这种行为而不是其他的行为，因为他认为他总体上是最好的。当一个人在实践中被问及他的行为时，他必须假设提问者要么不知道他从事于这项实践（"你为什么急着付钱给他？""我答应今天付钱给他。"），或者不知道该怎么做。与其说一个人为自己的行为辩护，不如说他解释或表明自己的行为是符合实践的。原因是，它只是反对实践的步骤设置，一个人的特定行为才被描述为它的现状。只有通过所指的实践，人们才能说自己在做什么。为了解释或为自己的行为辩护，作为一种特殊的行为，一个人适于他所定义的实践中。如果这一点不被接受，就意味着一个不同的问题正在被提出，即人们接受或容忍这种实践是否正当的。当挑战在于实践时，引用规则（说明实践是什么）自然是徒劳的。但是，当挑战是由实践定义的特定行为时，人们只能参考规则。对于特定的行为，只有那些不清楚实践是什么的人，或者不知道它正在进行的人才会有问题。这与一个格言的情况形成对比，这个格言可以被认为是指向根据其他理由做出的对该案件的正确决定，因此，通过质疑这些其他理由是否真的支持对该案例的决定，从而对该案例提出挑战。

如果比较我所讨论的两种规则概念，就会发现概括的观点忽略了为实践辩护和为属于它的行为辩护之间区别的重要性。根据这种概括的观点，规则被认为是一个向导，其目的是表明理想的理性决定是以特定的案例为根据——恰如其分地应用功利主义原则。在原则上，一个人有充分的选择，可以根据情况的需要使用指南或抛弃它们，而不会以任何方式改变自己的道德职责：无论一个人是否放弃规则，他始终担任着一个理性的人的职责，逐案寻求实现整体上的最佳。但是在实践的概念上，如果一个人拥有一个由实践定义的职责，那么关于他在这个职责上的行为的问题就可以通过参考定义实践的规则来解决。如果有人试图质疑这些规则，那么他的职责就会发生根本的变化：然后他就会接受一个有权改变和批评规则的人的职位，或者一个改革者的职位，等等。概括性的观念废除了职责的区别以及适用于每种职责的各种辩论形式。根据这个概念，只有一个职责就等于根本没有职责。因此，它掩盖了这样一个事实：对于由实践定义的行为和职责，功利主义原则必须适用于实践，因此，对于那些在这样定义的职责中行事的人来说，一般的功利主义论点是站不住脚的。①

我所说的有些条件是必要的。首先，我可能谈到了规则的总结和实践概念，似乎它们中仅仅只有一种规则是真实的，如果任何规则都是真实的，那么条件必然适用于所有规则。当然，我不是这个意思。（正是功利主义的批

① 这些话如何适用于只有父与子知道的应许呢？乍一看，儿子当然担任了承诺人的角色，因此，他不被允许，在一般功利主义基础上，权衡特定的情况。假设他希望自己在一个有权批评和改变这种做法的人的办公室里，而不考虑他是否有权从先前担任的职位跳槽到另一个职位的问题。然后，他就会发现在这种案例的实践中，不允许使用一般的功利主义辩护。因为这样做会使人们不可能要求和给予一种承诺，而这种承诺往往是人们希望能够要求和给予的。因此，他不会想要改变实践，作为一个允诺者，他没有选择，只能遵守他的承诺。

评者犯了这个错误，因为他们反对功利主义的论点是以实践规则的概括性概念为前提的。）有些规则适合一种概念，有些规则适合另一种，所以就有了实践的规则（严格意义上的规则）、格言和"拇指规则"。

其次，在对规则进行分类时，还可以进行进一步的区分，如果考虑其他问题，就应该进行区分。我所做的区分是那些与我所讨论的、相当特殊的问题最相关的区分，而不是打算详尽无遗的。

最后，将有许多边界案例。关于这一点，即使不是不可能，也很难决定哪一种规则的观念是适用的。人们期望有任何概念的边界案例，特别想要与诸如实践、制度、比赛、规则等这样的概念联系在一起……我所做的是为了强调和突出这两种观念，在本文的目的是有限的。

第三部分

基本伦理原则和观念

第七章　尊重人

　　我们所有人都至少偶尔说过或听到别人说过，"不要把我当作门垫"或"我不仅仅是一个性对象，我是一个人"或"我是一个重要的人"。我们经常批评官僚，因为他们不把我们当作个体来对待。在这些流行的表达背后是一个基本的道德原则——尊重人的原则。此外，这一原则在伦理学的理论讨论中与在大众讨论中一样重要。本章分析了尊重人的基本伦理原则。虽然对尊重人的原则的呼吁通常会得到一致的回应，但它确实需要一些辩护。毕竟，关于"我们为什么如此重要呢？"这种对我们特殊本性的诉求不正是斯金纳等伦理怀疑主义者和行为主义者所拒绝的诉求吗？一位早期的思想家指出，人类把神画得像人类，如果动物会画画，他们也会把他们的神画得像动物。当代科幻作家围绕以下情节创作了许多有趣的情节：人类统治世界，并把所有其他生物视为实现自己目标的手段。这种行为是合法的，根据是人类是优越的。然后，来自另一个太阳系的外星人来到地球。他们显然比我们优越，现在形势逆转了。代替烹饪的是人类被烹饪，外星人为他们对待我们的方式辩护，就像我们为自己对待动物辩护一样。当然，这些科幻作家的观点是有道理的。认识到我们是特别的，如果我们是的话，就应该带着些许谦卑。我们必须认识到，宇宙中可能有其他形式的生命比我们优越。然而，科幻小说作家并没有削弱我们优于其他动物的观点；他们削弱的是使用这种优势作为我们对待其他动物的根据。

　　我们需要的是一些代表"尊重人"这一基本原则的论证。该原则的正当性可分为两部分。一方面，需要一种论证来表明该原则应该包括人类，但不应该包括指代任何其他生物。另一方面，需要论证来表明该原则不应基于武断的理由排除任何人，例如，它不能用于将蓝眼睛的人排除为非人。

让我们考虑一下只包括人类的论点。最成熟的论点之一是亚里士多德的。亚里士多德是伟大的分类者。亚历山大大帝是亚里士多德的学生，他送给亚里士多德的东西相当于一个巨大的车库出售的东西——从不同物种的动物到不同的宪典。车库甩卖应该如何组织？从相似的事物开始不是很合理吗？但几乎任何两个物体都有一些共同的特征，也有一些区别于其他的特征。如何进行选择呢？亚里士多德寻找独有的特征——这些人有什么是其他人没有的？人类有理性的能力，这是它们与其他所有事物的区别。亚里士多德认为，由于人类具有与其他生物相同的能力，以及这种额外的理性能力，人类是优越的。这种信念通常作为一个未经分析的假设而操作，但它是一个深深植根于我们的语言和实践中的假设。如前所述，最常用的贬损方式之一就是指责某人只不过是动物。"他就是个大男子主义的猪！"

在本选集中，伊曼努尔·康德的著作提供了另一种关于这两个问题的解释。第六章讨论了康德对定言命令的初步构想。康德提出了另一种形式的定言命令，作为陈述对人的尊重原则的一种表述方式。康德的表述是"人是目的，永远不能仅仅是工具"，以捍卫自己的原则，康德描绘了条件价值和无条件值之间的区别，然后提出了一个问题，"任何事物是如何被赋予价值的？"毕加索或大峡谷的画作是如何获得其价值的？这绘画、大峡谷和其他一切事物之所以有价值，是因为人类赋予它们价值。所有这些事情是有条件的价值。所有有价值的东西是带着对我们的尊重而有价值的。康德认为，既然我们人类是理性和自主的，那么人类就具有无条件的价值。我们的价值不依赖于任何其他人。

但是什么赋予了人类这个特殊的地位呢？为什么人类是唯一具有无条件价值的对象呢？难道这只是基于人类拥有更多权利的自然偶然性吗？这不是康德的观点。相反，康德更倾向于理性。作为理性生物，我们有能力赋予其他生物价值，而人类有无条件的价值。事实上，康德认为人类是一种理想的理性共同体（目标领域），其成员同时是臣民和统治者。他们是统治者，因为他们制定了适用于所有人的规则，他们是臣民，因为他们应该遵守自己和他人制定的规则。然而，由于在理想的理性共同体中，所有的规则制定都是理性的，规则是普遍的，因此，我们能够怀着尊重规则而既是臣民，也是统治者。将康德的基本原理与数学中的基本原理进行类比。同样的基本道德规则适用于所有理性道德的存在，就像数学原理适用于所有数学家一样。这种以理性为基础制定普遍道德规则的能力，赋予了人类尊严。人类是特殊的，因为他们有能力成为道德主体。

正是这种对人类理性的分析，使我们能够展示康德关于"人是目的，永远不能仅仅是工具"的尊重人的原则，如何避免任意地将任何人排除在人的领域之外。使用道德理性的能力，就像使用数学理性的能力一样，不依赖于任何与人类相关的其他特征——身高、体重、种族或性别。没有次级组织的人可以被排除在外，因为所有类型的人都有共同的道德思想能力。

当然，康德需要一个关于潜在能力和为婴儿和脑损伤者腾出空间的减弱能力的理论。此外，康德忽视了今天被归类为社会精神病患者的人。根据他的定义，他们不是人，因为他们没有能力使自己服从道德规则，他们没有是非感。即使在这一点上，康德也可能不是完全错误的；这样的生物在某种程度上被视为已经大大削弱意义的人类——如果他们真的被视为人类的话。一个儿子谋杀了自己的母亲，把她肢解，然后把她扔进垃圾桶，却毫无愧疚和羞耻之心，这在很多人眼里不是人。道德敏感性和理性能力被认为是人类的本质特征，并不是任何性别、种族或阶层的独有财产。这就是康德的观点。

在艾伦·多纳根最近出版的一本书中，他提供了对康德规则的另一种辩护。他的策略是审视西方传统，包括犹太教和基督教神学的所有组成部分，以寻找一个共同的基本原则。他认为，这种共同的基本原则可以在康德的一个变体中找到，即"不尊重每一个人，无论是自己还是他人，都是不可能的，因为他们是理性的生物"。多纳根认为这种变体与《圣经》的命令（"爱邻如爱己"）很多是共同的。共同的传统构成了原则的基础。多纳根并没有为共同原则提供额外的辩护，而是对如何从共同原则中派生出具体职责进行了详细的分析。例如，多纳根推导出了诸如"不杀人""不自杀""不做任何有损健康的事"和"采取一些能发展你能力的连贯的生活计划"这样熟悉的道德义务。

然而，捍卫康德原则的论点的另一个变体是基于人的道德发展理论。如果一个人想要完全作为一个人来发展——也就是说，从依赖他人走向自主、理性的成年——那么一个人就不可能是奴性的。奴性就是依附，自尊是避免奴性态度的必要条件。这一基本论点被小托马斯·E.希尔（Thomas E.Hill）接受，并在《选集》中得到发展。他指出，奴性有两种类型，在这两种情况下，纠正奴性都需要一种自尊。希尔接着说明了为什么奴性的态度不仅是一种缺陷，而且是一种特别的道德缺陷。换句话说，奴性的态度可以以道德为根据加以批判。

假设希尔的论证非常准确。可悲的事实是在全世界各地的少数族群和大多数妇女要么一直处于奴性状态，要么是默许这种状态。而结束这种奴性，是一种道德命令。但是，不道德或不公正的情况不可能在一夜之间得到纠正。在一开始保持公正，几乎总是比在不公正发生后纠正要容易。美国为纠正多年来对黑人的不公正待遇所做的努力就是一个明显的例子，但许多受害者已经死亡，仍无法得到补偿。在经济停滞的情况下，必须从多数人手中拿走一些东西（例如，通过增加税收或实际就业机会获得的现金），然后分给黑人。通常，受到惩罚的大多数成员仅仅是歧视的轻微的和间接的受益者，但他们付出了高昂的代价。怨恨是不可避免的结果。"白人抵制"是一个经常被讨论的现象。美国关于纠正种族歧视的努力的情况可以作为一个范式来回答这样一个一般性问题：考虑到纠正的困难，不公正政策的受害者要等多久，这种形式才能得到纠正？弗吉尼亚·赫尔德试图根据与受害者自尊相一致的进度来回答这个问题。

如果要确定一个原则，作为非效果主义伦理学的基石，那就是伊曼努尔·康德（Immanuel Kant）的"人是目的，永远不能仅仅是工具"原则或其他版本的"尊重人"原则。事实上，对人的尊重原则是如此根深蒂固，以至于效果主义者都认为有必要去论证效果主义伦理理论可以容纳它。（关于非效果主义和效果主义的区别，请参阅本书导言。）此外，可以为这一原则整理出强有力的论据代表着规则。由于它在我们的道德意识中根深蒂固，被有力的论证所捍卫，并直接或间接地为所有道德理论所接受，尊重人原则成为最终和基本道德原则的候选者。这意味着，只要它被正确地理解，康德尊重人的原则及其变体背后的基本思想在道德上是合理的。任何强有力的道德理论都必须赋予该原则，或其某些可接受的版本以重要的作用。没有强有力的道德理论能够包含与它本质上不一致的原则、规则或概念。许多（但不是全部）哲学家相信，尊重人这个原则，相对主义是错误的，我们有伦理的绝对性。

人是目的[①]

伊曼努尔·康德

……现在，我说，人，一般来说，每一个理性存在都是作为自己的目的而存在的，而不仅仅是作为一种被这个或那个意志任意使用的手段。在他的一切行动中，无论这些行动是针对他自己还是针对其他有理性的存在者，他都必须始终同时被视为一个目的。一切爱好的对象都只有一个有条件的价值，因为如果建立在它们之上的爱好和需要不存在，它们的对象就没有价值。然而，作为需要资源的爱好本身是如此缺乏绝对的价值，以至于每一个理性存在的普遍愿望必须从这些爱好中完全解放出来。因此，我们的行动所获得的任何东西的价值，在任何时候都是有条件的。不依赖于我们意志而依赖于自然的存在，如果它们不是理性的存在，它们就只有成为手段的相对价

---

① 伊曼努尔·康德，《道德形而上学的基础》，刘易斯·怀特·贝克译，人文艺术图书馆，1959年。

值，因此被称为"物"；另一方面，理性存在被称为"人"，因为他们的本性表明他们本身就是目的，也就是说，不能仅仅作为手段而使用的东西。因此，这样的存在是一个受尊重的对象，到目前为止，限制了所有的"任意的"选择。这些存在不仅是主观的目的，它们的存在作为我们行为的结果对我们有价值，而且是客观的目的，也就是说，存在本身就是一个目的。这样的目的是任何其他目的都无法替代的，这些存在应该只能作为达到这个目的的手段。因为，没有它们，就不可能找到任何绝对价值，如果所有价值都是有条件的，因此是偶然的，那么就不可能在任何地方找到理性的最高实践原则。

因此，如果要为人类意志确立一种最高的实践原则和人类意志的定言命令，那么它必须是一种客观的意志原则，它来自对每个人来说必然是目的的概念，因为它本身是一个目的。因此，这一客观原则可以作为一种普遍的实践规律。这一原则的根据是：理性的天性是自身作为目的而存在的。人必然是以这种方式思考自己的存在的；迄今为止，这是人类行为的主观原则。另外，每一个其他的理性的存在，也都是以同样的理性根据来考虑自己的存在的，这种理性根据也同样适用于自己。因此，它同时也是一种客观的原则，作为最高的实践根据，一切意志的规律都必须从这一原则中推导出来。因此，实践命令如下：行动起来，善待人类，无论是对你自己还是对他人，永远都是作为一种目的，而不是仅仅作为一种手段。现在让我们看看这是否能够实现。

回到我们前面的例子：

第一，根据对自己必要责任的概念，考虑自杀的人会问自己，他的行为是否能与以人的尊严为目的的思想本身相一致。如果他为了逃避繁重的环境而毁灭了自己，他只是把个人仅仅作为一种维持一个可容忍条件的手段，直到生命的终结。然而，人不是一件东西，因此也就不只是一种可以用来作为手段的东西；他的一切行动都必须始终被视为他自身的目的。因此，我不能亲自处置一个人，残害、腐化或杀死他。（更准确地界定这一基本原则，以避免一切误解，例如，为了保全自己而截肢，或为了保全生命而冒生命危险，这是属于伦理学的范畴；因此，我必须在这里省略它们。）

第二，就对他人的必要或义务而言，意图欺骗他人的人立即意识到，他只是想利用他人作为一种手段，而后者没有同时将目的包含在自己的内心。因为我想利用他来达到我自己的目的，通过这样的承诺，他不可能同意我反对他的行为方式，也不可能把这种行为的目的限制在他自己身上。如果我们援引攻击他人自由和财产的例子，这种与他人原则的冲突就更加明显了。那么很明显，侵犯人的权利的人只是想把别人当作一种手段，而没有考虑到，作为理性的存在，这些人必须始终同时被视为目的，也就是说，只有作为必须能够把同一行动的目的包含在自身内的存在。

第三，关于对自己的偶然（有功德的）责任，行为本身作为目的，不与我们的人性发生冲突是不能够的；它还必须与之协调。就我们个人而言，人类有能力追求更大的完美，这属于自然的终结。忽视这些也许与将人类本身作为目的的保护是一致的，但与促进这一目的却不是一致的。

第四，关于对他人功德的责任，每个人的自然目的都是自己的幸福。如果没有人为他人的幸福作出贡献，只要他不故意减损人性，那么人性可能确实存在；但是，如果每个人都不尽力推动他人的目标，这种以人性为目的的和谐本身只是消极的，而不是积极的。因为任何一个人的目的，他自身就是目的，如果要使目的的概念本身对我产生充分的影响，那么他的目的也必须尽可能地也是我的目的。

人性和每一种理性生物（作为目的的原则）本身是每个人行动自由的最高限制条件。它不是从经验中借来的，首先因为它的普遍性，因为它一般地应用于一切理性的存在，从而经验不足以决定他们的任何事情；第二，因为在经验中，人类并没有被（主观地）认为是人的目的，也就是说，人类并没有被认为是我们自己真正达到目的的对象。反之，它被认为是客观的目的，构成一切主观目的的最高限度，无论主观目的是什么。因此，这个原则必须产生于纯粹的理性。客观地说，一切实际立法的根据（根据第一原则）在于其规则和普遍性的形式，这使它能够成为一种法律（最大的可能性是一种自然法）；主观上，它在于结果。但根据第二原则，一切目的的主体是每一个将自身作为目的的理性存在者。由此便有了意志的第三个实践原则，即作为意志的最高条件与普遍的实践理性和谐一致，即作为制定普遍法则的每一个理性存在者的意志的观念。

根据这一原则，凡是与意志的普遍规定不一致的准则都会被拒绝。因此，意志不仅要受制于法律，而且要服从于这样一种方式，即它必须被视为是自我立法的，也只有因为这个原因，作为存在者臣服于法律（它可以将自己视为法律的制定者）。

如果我们现在回顾一下以前人们为发现道德原则所作的一切尝试，就不会奇怪这些尝试都以失败而告终。人被认为是由于他的义务而受法律的约束，但没有被认为他只受他自己的，但却是普遍的法律的约束，他只被约束按照他自己的意志行动，而他自己的意志是自然设计出来的，并给予意志以普遍法律。因为，如果一个人认为他只服从于一种法律（无论它是什么），这必然意味着某种利益作为一种刺激或强迫来服从，因为法律不是从他的意志中产生的。相反，他的意志受到其他事物的约束，并按照某种法律以某种方式行动。然而，由于这个绝对必要的结果，为责任寻找最高根据的所有努力都不可避免地丧失了，人们永远无法完成责任，而只能达到出于某种利益而采取行动的必要性。这可能是他自己的利益，也可能是别人的利益，但无论在哪种情况下，命令都必须是有条件的，根本不能作为一种道德命令。这个原则，我将称之为意志的自律，与所有其他原则形成对照，我相应地将其归为他律。

每一个理性存在的概念都必须认为自己通过其意志的所有准则来制定普遍的法则，因此它可以从这一立场来判断自己和自己的行为，这导致了一个非常负有成果的概念，即一个目的领域的概念。

通过"领域"，我理解了不同理性存在者在共同规律下的系统结合。因为法律是根据它们的普遍有效性来决定目的的，如果我们从理性存在者的个人差异中抽象化处理，进而从理性存在者的所有内容中去抽象化，我们就可以认为所有目的的整体是有系统联系的，所有理性存在者的整体既是自身的目的，也是每个人都可能为自己设定的特定目的。这是一个目的领域，在上述原则的基础上是可能实现的。因为所有的理性存在者都遵循这样的法则：每个人都应该把自己和其他所有人不仅仅当作手段，而且在任何情况下都应该把自己当作目的。因此，理性存在者通过共同的客观法律而产生了系统的结合。这是一个可以被称为目的的领域（当然只是一个理想的领域），因为这些法则所考虑的只是这些存在之间作为目的和手段的相互关系。

一个理性的存在者作为一个成员，属于目的领域，他在目的领域中规定了普遍的法则，同时他自己也服从这些法则。当他在立法时，不受他人意志的支配时，他就作为主权者属于它。理性存在者必须始终把自己看作是通过意志自由可能实现的目的领域中的立法者，无论他是作为成员还是作为主权者属于这个领域。他不能仅仅通过他的意志准则来维持后者的地位，但只有当他是一个完全独立的存在，没有需要，并且有足够的力量来满足他的意志。

因此，道德包含在每一个立法行动的关系中，只有通过立法，单独的目的领域才是可能的。然而，这种立法必须在每一个理性的存在中找到。它必须能够从他的意志中产生，他的意志的原则是不根据任何与他作为普遍法则不一致的准则采取行动。因此，只有这样，意志通过它的准则，才能同时把它自己视为普遍法律规定的东西。如果这些原则在本质上并不必然地符合这个理性存在的客观原则，作为普遍的法律规定，那么按照这个原则行事的必要性就叫作实践约束，即义务。责任不属于目的领域的主权者，而属于每个成员，并且在同一程度上属于每个成员。

按照这一原则行动的实际必要性，即责任，根本不是奠基于感情、冲动和爱好之上的；它仅奠基于理性存在者之间的关系，在这种关系中，理性存在者的意志必须始终被看作是立法的，否则它就不能被认为是目的本身。因此，理性把意志的每一个原则都作为普遍法则联系每一个其他的意志，也联系到每一个针对自己的行动；它这样做不是为了任何其他实际的动机或未来的利益缘故，而是出于一个理性存在者的尊严的想法，这个理性存在者除了他自己所提供的法律之外，不遵守任何法律。

在目的领域里，每件事都有价值或尊严。任何有价格的东西都可以被其他等价的东西所取代；另一方面，任何高于价格的东西，因此不承认有同等价值的东西，都是有尊严的。

凡是与人类一般的爱好和需要有关的东西都有一个市场价格。那些在无须预设任何需要的情况下，符合某种品位的东西，也就是说，符合我们在纯粹无目的地发挥我们能力时的愉悦，是有情感价值的。但是，这种构成是在单独某物能够自身成为目的的条件下，并不仅仅具有相对价值，即价格，而是具有内在价值，即尊严。

道德是唯一的条件，在这种条件下，理性的存在本身可以成为目的，因为只有通过道德，才有可能成为目的领域的立法成员。因此，只有道德和人性，在其能够道德的范围内，才有尊严。工作中的技能和勤奋有市场价值；机智、生动的想象力和幽默都是要付出情感代价的；但是，对承诺的忠诚和对原则（不是出于本能）的仁慈，具有内在价值……

那么，是什么使道德上的良好倾向或德性可以做出如此崇高的要求呢？它无非是使理性存在者参与制定普遍规律。因此，他适合成为一个可能的目的领域中的一员，这个领域是他自己的本性已经注定他要达到的。因为，作为他自身的目的，他注定要在目的领域中立法，不受一切自然法则的约束，只服从他自己所赋予的那些属性。因此，他的格言可以属于一个他同时也受其约束的普遍立法。一件事物如果不是由法律决定，那它就没有价值。因此，决定一切价值的立法必须具有尊严，即无条件和无可比拟的价值。对于一个理性的人必须对它拥有的尊重，只有"尊重"这个词才是合适的表达。因此，自主性是人性和每一种理性本性尊严的基础……

根据刚才所说的，我们可以很容易地解释为什么会这样，尽管在我们认为服从法律的义务概念中，然而我们却把某种崇高和尊严赋予了履行一切义务的人。因为，虽然就他作为立法者服从道德法则而言，他并不是自身崇高的，但就他是立法者参照法律而仅仅臣服于理性而言，他就是崇高的。我们也表明上述如何不恐惧又不倾向于法律是一种激励，这种激励能够给我们一种行为的道德价值；只有尊重它才能做到这一点。我们自己的意志，就其行动而言，只有在由其格言所赋予的普遍立法的条件下行动，这种理想的、对我们来说可能实现的意志，才是适当的尊重对象，人类的尊严仅仅包含在它给予普遍立法的能力之中，虽然条件是他本身，也同样受制于立法。

尊重人①

艾伦·多纳根

　　犹太和基督教的思想家都一直认为，众多的具体的道德戒律都是从一些实质性的一般原则中衍生出来的……做好事和追求善、避免作恶的原则，并不是主要的道德。它规定了基本条件，在运动中的动或静如果被认为是一种行为的话，必须满足这个基本条件。因为没有任何身体的运动可以被理解为一种行为，除非它被表现为寻求或尝试某种善，或回避某种恶。即使是与实际理性相反的行为也需要它"至少有一个遥远的根据"。错误的行为，就其本身而言，都是为了追求某种对行为主体来说似乎是好的东西。然而，任何思考清楚的人都必须认识到，对于人类的繁荣——对于作为理性存在者的完整的人类生活来说，有一些善是基本的：它们包括生活本身、可交流的知识和友谊。就人类而言，无论是自己还是他人，追求善而回避恶的原则首先禁止任何直接反对这些基本善的行为；其次，它要求每一个人在合理的范围内，通过直接（通过对自身有利的行为，如获取知识）和间接（通过生产人类繁荣的手段，如种植粮食）来促进人类的普遍的善。但是，按照这些命令和禁令采取行动和避免行动的倾向，就是爱你自己并且包括他人。因此，自

---

① 艾伦·多纳根，《道德理论》，芝加哥大学出版社，芝加哥，1977年。

然法则的主要和共同原则也可以表述为：行为应尽可能促进人类的基本的善，无论是在你自己身上还是在别人身上，并且在任何情况下都不得违反。这就是康德所认为的尊重，也是对某些基本善的尊重。如果这样解释的话，它显然是直接遵循实践理性的第一原则……

我们的任务是探讨被普通人类理性理解为可知的基本和共同原则的意义……因此，在接下来的事情中，我采用了传统道德的基本原则，这部分的基本原则是独立于任何神学预设的，它已经在《圣经》诫命中得到了表达，"你要像爱自己一样爱邻居"，理解一个人的邻居就是遵循人类，而爱是一件事，不是感觉，而是一种人类可以选择的行为方式。康德在他的公式中正确地表达了这条戒律的哲学意义：一个人的行为永远将人作为目的，而永远不能仅仅作为工具。

对待人，理性本身，作为他自身的本质，与尊重人作为理性的生物是一样的，所以康德的基本原则公式可以以一种更类似于最初的《圣经》戒律的形式重新表述：作为一个理性的生物，你的行为总是要让你尊重每一个人，你自己或其他人。而且，由于根据上一节所分析的概念允许阐述所要发展的系统的基本原则是方便的，因此今后将引用这一原则的标准形式是：作为理性的生物，不尊重每一个人，无论是自己还是他人，都是不允许的。

任何道德体系，如果其唯一的第一原则是上一节所确定的原则，其结构在逻辑上一定是非常简单的。

它不可能是一个公理系统；因为在公理系统中，一系列定理是严格地从一小组未经证明的命题（即"公理"）中推导而来的，这些公理是通过一些基本的项来表述的。除了作为缩写引入的额外术语（因此可以省略）之外，定理和证明都不包含公理中没有提到的任何术语。原始的术语在最后仍然没有解释，就像它们在开始时一样。这样的系统会在假设它们的公理对所有满足它们原始条件的事物都真实的前提下，探索接下来会发生什么。

基本原理的结构本身很简单。它只包含一个道德思想所特有的概念，即（道德）容许性。它的意思是，任何不尊重作为理性生物的人的行为，都不能被归入允许的概念。它包含的第二个概念，即（不）尊重作为理性生物的某些人，并不是道德思维所特有的。它在人类学和心理学中描述人类行为，当然也在日常描述话语中占有一席之地。

从解决严重道德问题所必需的第一原则中派生出来的那些戒律，事实上都是关于把人作为理性生物来尊重的概念，并且事实上没有一条是允许性概念。

一种间接建立具体前提的策略，将在随后的许多案例中采用，应当事先加以描述。通常，直接分析并不是建立具体前提的最有效的方法；问题在于，虽然很明显，某些行为在大多数情况下属于某种概念（例如，杀人在大多数情况下是没有尊重他们作为理性的存在），在某些情况下，他们不尊重，或被认为不尊重（例如，出于自卫而杀人不是不尊重被杀的人）。道德家如何确定这类行为的基本原则要求是什么？

一种自然的方法是，首先表明随意进行这种行为是不允许的，然后继续确定在哪些情况下允许这样做。相应地，关于杀人的问题，应当建立：

（K1）仅仅随意杀害另一个人，并不是尊重每一个人（特别是被杀害的那个人）作为理性的生物。

任何犹太或基督教的道德家都不会否认这一点。现在我们试图找出在任何情况下杀害另一个人是合法的。例如，有人可能会说：

（K2）杀死一个攻击你的人，你有理由判断他很可能杀死或严重伤害你，只有杀死他才能阻止他的攻击，这并不是对另一个人作为一个理性生物的尊重，即使是对被杀死的人。

在有可能确保已找到这类案件的完整清单的情况下，可以推断出：

（K3）杀死另一个人，除非在（K2）的具体环境中，或者在从搜索中得到的其他主张指定的情况下，只是随意杀死他。

从（K1）和（K3）可以得出，除非在特定情况下，杀人是不允许的。

这个结论正如一个恰当的定义所显示的，相当于禁止谋杀。

这一策略的主要缺点是，它几乎很难消除对调查完整性的所有怀疑。我们怎样才能确信毫无疑问没有重大案件被忽视呢？诺齐克甚至指出，许多人已经不再赞同"任何或很多无例外的道德原则"，尽管他们曾经这样做过——我认为他指的是，在其他人中，许多人已经否定了他们成长过程中所遵循的传统道德，他们这么做是因为"越来越复杂的情况"迫使他们进入了一个似乎永无止境的修正过程。[1]他冒险地提出，这样的历史在律师中很常见，他们根据经验知道，预先设计出足以应付"所有实际发生的离奇、意外、神秘和复杂的案件"的规则是多么困难。[2]

这就把一个道德家的任务与一个立法起草人员的任务相比较，从而把困难放错了位置，因为两者的相似之处……是轻微的。立法起草人的任务很少是根据一项基本法律原则制定具体的规定：几乎总是设计一套条例来推动公共政策的复杂和政治上确定的目标。因此，他们试图解决这样的问题，比如，如何制定立法使富人无法逃避所得税，市政当局可以继续通过低利率出售债券筹集资金，考虑到已经建立的方法，免除这些利息的所得税，使富人可以逃避所得税，道德家和法官没有这类的任务。他们的工作不是想出各种方法来推进实现各种目的，其中许多目的很难调和，而且所有这些目的都容易改变；他们只需找出合理的道德和法律原则真正需要的东西，不管结果可能会多么令人不安。

对任何传统的道德家来说，产生的困难主要是由它们的第一原则或原则所建立的既定方法导出的戒律之间的矛盾，以及这些第一原则对属于这些戒律直觉的明显的应用之间的矛盾。把上面所举的例子颠倒一下：在希伯来——基督教的传统中，有一种既定的教义，即允许出于自卫而杀死另一个人；但对一些人来说，比如贵格会教徒，杀害另一个人似乎与尊重他的人格显然是不相容的。从历史的角度来看，此类问题的出现，与其说是源于"离

---

① 罗伯特·诺齐克，《无政府、乌托邦和国家》，1968年，第5页。

② 同上，第5页。

奇、意外、神秘和复杂的案件"，不如说是源于对如今已成为悠久传统的案例的深刻反思。这就是为什么诺齐克似乎在一种行为中夸大和错置了调查所有可能的情况的难度，这种行为是许可的，除非仅仅根据意志行事。不寻常和意想不到的情况不太可能产生多大影响。怀疑的主要来源是怀疑忽略了一个已知案件的某些特征的重要性。

虽然要推导出的第一阶戒律可以以多种方式分类，但出于某些原因，我将它们按其所涉及的内容分为三组：（1）每个人对自己的责任；（2）每个人对他人的责任；（3）参与人组成的机构所产生的责任。第3组是进一步细分的，根据产生它们的机构：（a）属于各种纯粹自愿的契约，或（b）以某种方式由个人所属的公民或非公民社会以某种方式强加于个人。最后一组属于，由于拥有财产和由于家庭或文明社会的成员身份而产生的戒律。

每个人对自己的责任

每个人都对自己负有责任，这一基本原则立即体现出来；因为，如果不尊重个人作为理性生物的人是不允许的，那么不尊重自己也是不允许的。正如我们将看到的，人类彼此之间的关系比他们自己之间的关系更加复杂。但是他们可能会伤害自己；他们可以照顾自己，培养自己不同的能力。他们对自己的责任是根据这些权力进行分类的。

一个人能对自己造成的最严重的身体伤害就是杀死他自己，也就是自杀。然而，人们确实有自杀的理由。在普通道德中，一个重要的问题是这样做是否被允许。斯多葛学派对圣贤的看法是，难道任何人都可以随心所欲地放弃生命，这样说是站不住脚的。似乎很明显的是，如果一个人尊重自己是一个理性的生物，他就不能把自己的生命当作可以随意夺走的东西而轻薄生命。在这里，犹太人和基督徒对斯多葛派立场的否定显然是正确的。那么，承认任何一个人随意结束自己的生命都是不允许的，有必要询问在任何情况下是否允许这样做……

大多数犹太人在讨论这个问题时都承认，当一个人无力抵抗任何一种外部力量时，（1）迫使一个人在否定其基本的实践忠诚（特别是宗教信仰）和遭受死亡或难以忍受的酷刑之间做出选择时，自杀是可以被允许的。[①] 或（2）可信的威胁迫使一个人过一种不适合理性生物的生活，例如被迫卖淫或任何其他形式的非人道奴役的生活。[②] 似乎没有理由得出这样的结论：在任何一种情况下，作为理性生物，自杀失去了自尊。

相反，不自杀不是英雄就是懦夫。自杀也被认为是允许的，当它是：（1）确保他人的生命或基本福祉，或（2）为了逃避自然的非人性状态。

在三种情况下，自杀似乎是必要的，以确保他人的生命可能被提及。（1）以令人难忘的禁欲主义为代表的例子，一艘超载的船，如果不抛弃其中的一些货物，就会沉没，但船上的全部货物是无辜的人。[③] 如果没有人能获救，除非有人落水，如果落水就等于自杀，那么在这种情况下自杀肯定不会违反人类应有的尊重。（2）一种疾病使一个人对他人构成危险，无论是通过传染还是使他变得疯狂暴力。康德描述了后一种情况。

一个被疯狗咬了的人已经有了恐水症，他在留下的一封信中解释说，因为据他所知，这种疾病是无法治愈的，所以他自杀了，以免在他已经感到发疯的时候也伤害别人。[④]

尽管康德大概对下述论断持怀疑态度：恐水者只有通过自杀才能使他人免受伤害，但在没有其他方法的情况下，情况似乎完全有可能发生；其他人显然会发生与传染病相联系的情况。（3）自杀解脱了他人无法履行和生存

---

① 马加比家族2，14：41-42，关于禁止服从的戒律，见迈蒙尼德斯，密西尼·托拉，I，1，5，2（雅姆孙，第40a页）和I，1，5，7（雅姆孙，第40b页）。

② 巴比伦塔木德书，基提姆，第57b页。

③ 西塞罗，《德·弗里斯》，第3卷，第23页。

④ 康德，《道德形而上学》，第2部分，74（第423-424页）。

的责任。在斯科特的南极探险中，奥茨船长为了不耽误同伴们挣扎着返回仓库的时间而自杀，这被理所当然地认为是一种仁慈和勇敢的行为。

此外，自杀被简单地解释为使他人免遭过重的负担。例如，照顾一个因患病或受伤而不能正常生活的亲属，使他正常生活，可能需要承担这一责任的人作出巨大牺牲。假设患者知道，虽然这些牺牲是多余的，但有人要么会让他们高兴，要么会在家庭压力下让他们愤恨。在任何一种情况下，将他的自杀描述为缺乏人性的尊重都是值得怀疑的。

康德的恐水症例子顺便说明了自杀被允许的最后一个依据：也就是说，从一种不仅难以忍受，而且彻底丧失人性的生活中获得解脱。想象恐水症是不可治愈的，其不可避免的过程是一种极端的折磨，最终导致疯狂和死亡：对自己作为理性的尊重会迫使一个人屈服于它，而不是通过自杀来逃避吗？或者假设一个人被困在一辆燃烧的汽车里，没有逃出的希望：对自己理性的尊重是否要求他让自己被烧死，而不是自杀？[1]在我看来，自杀在这两种情况下都是完全合法的。问题在于，在逆境中对人的生活感到绝望和由于疾病或伤害而感到绝望之间划清界限；真正人类生活的可能性将在生物死亡之前停止。当这条线被越过时，自杀被允许的理由就很充分了。

既然人是理性的生物，而人又是理性的动物，那么尊重作为理性生物的人就意味着尊重他身体的完整和健康。因此，根据第一条原则，任何人随意自残或随意做任何有损健康的事情都是不允许的。是否有人曾为某事自残，这是值得怀疑的；但康德一想到人们要出售牙齿就感到痛苦，他似乎相信，有些人为了"过上更舒适的生活"而把自己阉割。[2]撇开这种情况不谈，基于那些向任何人提供诱惑以使其接受残害的人犯了严重的错误，大多数人愿意屈服于接受残害的唯一条件与根据允许残害的条件是一致的。这是根据第一条原则这样做的。例如，为了整个身体的健康，允许截肢等外科手术。而且，尽管有康德的观点，但人们普遍合理地认为，为了挽救一个人的能力或

---

① 1973年夏天，我在圣母大学的一次演讲中听到R.M.黑尔讨论了这类案例。
② 康德，《道德形而上学》，第2部分，73（第423页）

另一个人的生命，将眼睛或肾脏等身体器官用于移植是合法的。然而，这绝不能以给予者的能力或他的生命为代价。一个人不能为了拯救另一个人而使自己失明。

就损害健康而言，普通道德的要求远没有当代文化中那些受人尊敬的那一部分严格。就道德而言，人类生活的条件是可以接受的：风险是正常生活的一部分，即使是纯粹为了享受和娱乐而冒的风险。正如犹太教和基督教的历史所显示的那样，对使用毒品和麻醉剂的恐惧是狂热教派的特征，而不是正统教派的特征。它不受普通道德的启发。正如犹太教和基督教对烟草的容忍所显示的那样，吸毒历来被认为是不适合人类的。由于一种药物所能带来的缓解和享受弥补了它可能产生的任何不良影响，那么它是被允许使用的。但这违背了禁止使用药物损害健康，以使自己不能从事日常生活的规定。而且，也许更重要的是，允许药物的使用成为生活的主要目的，这违背了基本原则本身。如果一个人把任何一种由毒品引起的享受置于充分利用他作为理性生物的能力之前，是一个明显的案例，说明他未能尊重他自己的存在。人们反对的不是享乐本身，而是它所赋予的过高的价值……

除了禁止任何人杀死或伤害自己（除非在某些特定情况下）的戒律之外，普通的道德要求每个人都采取某种一致性的生活计划，根据这个计划，通过道德上允许的行动，他的智力和体力可以得到发展。不采取这样的计划是不允许的，因为他认为自己是一个理性的生物，能够发展这样的能力。

我将采用帕顿的术语作为康德的对等物，我把这个戒律称为"文化的原则"。[①]显然，这涉及某些禁令，例如，任何人不允许忽视自己的健康或教育。但在需要做的事情上，它提供了很大的选择范围。在某种程度上，大多数人能够掌握许多不同的知识和技能分支中的任何一个分支，但不能一起掌握其中的多个分支。只要一个人不忽视心理和生理发展的基础，没有这些基础，他就无法进行任何连贯的自我修养计划，他就可以决定从各种不同的可

---

① 帕顿，《绝对命令》，哈钦森出版公司，1958，第155、173页。

能性中公开选择哪一种：无论是做一个农民，或者一个军人，还是一个哲学家。考虑到他有能力成为三者中的任何一个，并且有机会，普通道德将选择权留给他。假如他选择当一名军人，他就没有违反文化的原则，因为他没有发挥他作为哲学家的能力，如果他选择哲学作为职业，他本可以发挥自己作为哲学家的能力。

如前所述，文化的原则就是要求人不可以忽视自己的健康。这个次要的戒律必须根据原则本身来解释，原则要求人按照某种生活的连贯计划来生活。大多数的生活计划在不同的关节点上都需要承担风险，或者花费身体上和精神上的资源。一个人不能为了追求他的职业而冒着生命危险，也不能因为努力工作和他的责任不可分割的焦虑而损害他的健康，这并不违反文化的原则。

对他人的非制度责任

首先要考虑的一组对他人的非制度责任是与暴力和强迫有关的。因为一般来说，尊重人类这种理性的生物，需要把每一个正当的成年人视为对自己事物的行为负责，除非有一个特殊而充分的理由，而用武力干涉其他人的生活行为，就不是把他当作理性的生物来尊重。因此可以规定的原则是：任何人随意对他人使用武力都是不允许的。

然而，并不是所有的人都是正常的，也不是所有的人都是成年人。精神病人不能完全照顾自己，必须有人照顾；而且，如果这对他们的幸福是必要的，他们可能会被限制去做一些他们按照自己的方式不会去做的事情。一个人的精神错乱会在多大程度上给予负责照顾他的人强制的权利，这是一个困难的问题，我不打算深究。然而，一般原则是明确的：因为一个疯子是一个理性的生物，其理性受到了损害，他有权得到一个正常的理性生物的尊重，除非在他的理性受到损害的程度上，有必要防止他伤害自己或他人，并使他体验可能对他有利的治疗，但这种治疗既不残忍也不冒险。

儿童也是理性的生物，他们的理性还在发展过程中。虽然必须承认，正常儿童照顾自己的能力在不断增长，但当他们仍然是孩子时，他们并不完全有能力这样做；而且，在某种程度上，他们的负责人可能会强制阻止他们伤害自己或他人，并可能迫使他们接受被视为对他们有利的教育，这种思想是合理的。

在希伯来—基督教体系中，一个特定的人作为个人的生命何时开始的问题是非常重要的。人对他人的责任是作为人的责任，也就是作为某种理性生物对他人的责任。尊重理性生物这一基本道德责任可能采取的形式会随着该生物实际拥有理性的程度而变化，成熟的这种生物通常会拥有理性；但这样的变化并不能取消这种责任。在比较简单的年代，从一出生就开始在事实上充分考虑对他人的责任。然而，随着医学知识的增长，随着技术的发展，胎儿可以受益也可以受伤，因为理论问题不能根据实际的不重要而被搁置。

人的生命何时开始是一个生物学问题，因为人是理性的生物；生物学简单而明确地回答了这个问题：人类的生命从受孕开始，也就是新生命接收到基因密码的时候。尽管受精卵即使在显微镜下不像人，尽管成年人不能像对待其他成年人，甚至是孩子那样对待受精卵，但受精卵作为理性生物的地位丝毫不受影响。试图否认人类的受精卵，宣称人类从出生或生存能力（即从子宫中挤出来的未出生的孩子可以存活）就开始了，这是科学上的蒙昧主义。一个8个月大的早产儿在生理上要比一个$8\frac{3}{4}$个月大的未出生的婴儿成熟；生存能力没有生物学意义。胎儿能否存活取决于医疗技术的水平。可以合理地预测，在一个世纪左右的时间里，受精卵将是可存活的。

由此可见，任何人不得随意对他人使用武力的原则同样适用于成人和儿童、出生的和未出生的……

从普遍禁止使用武力的规定中，可以很容易地得出三条禁令：任何人不得随意杀害他人；任何人不得随意伤害他人的身体；不允许任何人奴役他人……

虽然没有任何情况，奴隶制被希伯来—基督教的第一原则所允许，但在某些情况下，对他人使用武力是被允许的，尽管对人的尊重是理性的，禁止对他人随意使用武力，但暴力——使用身体力量以造成人身伤害和财产损失——在人类中是普遍存在的。然而，每个人因此享有的对暴力的豁免权显然是有条件的；也许它最明显的条件是，一个人不能通过求助来达到自己暴力或威胁的目的。如果任何人为了达到自己的目的而诉诸暴力或以暴力相威胁，他将中止其享有豁免权的条件，并可能被强行拒绝。由于侵犯了他人的豁免权，他丧失了自己的豁免权。总的说来：保护理性生物不受他人暴力也许是必需的，在某种程度上，一些人对另一些人使用暴力是允许的。

在这个问题上，普通道德不满足于一个宽容的戒律。但要理解其强制性戒律的性质，有必要首先考虑其衍生出来的一般规定，我将其称之为"仁慈的原则"。如果一个人尊重他人，认为他们是理性的生物，他不仅不会伤害他们，而且一定会对他们所追求的幸福的实现而感到满足，并会在他谨慎的情况下尽可能地促进他们的努力。简而言之，他会遵循这样的一般原则：不通过自身允许的行为来促进他人的福祉是不允许的，只要这样做不会带来相应的不便。

促进他人福祉的责任来自他们作为理性生物的性格，而不是来自他们的相互隔绝。然而，人类的福祉是人类繁荣的问题：即发展和实现人类潜能的问题。在一个合理公正的社会中，身体健康的成年人通常能够而且确实能够独立或在家庭中养活自己。因此，别人的幸福只有在他们尽自己的一份力的情况下他们的幸福才能成功地得到提升：如果一个人不去培养和运用他所拥有的能力，他的幸福就很难得到改善。

促进他人福祉最显著地包含在：（1）帮助抚养和教育那些还不是成年人的人，特别是孤儿；（2）对因丧偶、负伤、患病、逃难等责任必须在他人帮助下才能履行的；（3）因病、事故、伤害失去劳动能力的，恢复独立状态的；（4）照顾残疾人、聋人、盲人、慢性病患者和老年痴呆患者。但它也包括一些不太引人注目的活动，例如防止可能伤害他人或妨碍他们的许可计划，以及避免采取可预见会引起他人反应而使他人受到伤害的行动……

契　约

　　产生道德义务的最基本制度是契约制度。当双方当事人（其中每一方都必须是理性的人或理性的有组织的群体）进入到以下关系时，契约关系就存在：一方当事人，即立约人，向另一方声明他将做某件事，希望他的声明被理解为约束他做那件事，前提是被声明的一方应按预期理解它并接受它；另一方，即受约人，理解立约人的陈述，正如它的意图被理解，并表明他接受立约人的言论，并约束他去做他答应去做的事情。这些条件意味着一种制度的存在，因为它们暗示了立约人陈述他将做某件事的声明作为一种契约的创建纽带而被双方接受。从字面上看，所说的是关于未来的一种陈述，这种陈述可能是对的，也可能是错的。契约包含在这样的事实里，双方都接受了这种陈述，它不是作为对未来的陈述，而是赋予陈述者的语言，明白他的陈述，并证明是真实的。

　　立约人所应许的事可以是有条件的，也可以是无条件的；条件可以是表达出来的，也可以是不表达出来的。显然，如果受约人误解了立约人的意图，契约存在的正常条件就不被充分履行。而对于认定为法律上可强制的契约，不同的法律体系采用了不同的惯例。除了法律契约之外，立约人在道德上有义务一定要履行他认为受约人理解他所立约的一切。他不能合理地少做；因为他应该纠正他所意识到的任何误解。甚至连他的受约人也不能公正地宣称，他有意约束自己做更多的事情。

　　有人可能会反对说，这种对契约制度的描述同样地会将一种错误的信念归于立约人和受约人；也就是说，仅仅通过说出某些话，一个人就可以直接建立一种道德纽带。道德纽带不能直接创造出来，因为当它们存在时，它们是通过道德主体的处境和他的理性本性而存在的。没有人会仅仅因为他决定或宣称他是……就必须在道德上做任何事情，契约制度没有任何内在的道德可言。立约人做错事是可能的，这一事实就说明了这一点。如果认为一个犯罪团伙的成员承诺要去杀人就会将自己置于犯罪的道德义务之下，甚至给自己一个杀人的合理理由，这是荒谬的。然而，犯罪团伙的成员可能会高度重视契约制度：一个人作为团队成员的声誉可能取决于他对其他人信守诺言；对他来说，违背诺言不仅会被认为是可耻的，而且会被认为是对受约人的严重不满。

那么，道德问题是这样的，契约存在非道德结构，假设契约可以签订，并且已经签订，但不存在任何道德力量，那么立约人和受约人之间的制度纽带是否构成道德纽带呢？

回答这个问题答案的主要前提是，尽管契约可能会被订立，而保存契约是错误的，但契约制度本身在道德上是合法的。考虑到制度是合法的，那么违背自由做出的承诺，去做道德上允许的事情就会是错误的，其原因与为什么撒谎是错误的原因相关。

然而，一个人承诺要做某件事，绝不能与他表示要做这件事的意见相混淆。这是一项事业，不是预言。这样的事业，就像预言一样，可能是谎言：就像预言一样，如果它们错误地代表了创造者的思想，那么它们就是谎言。一个虚假的承诺错误地代表了它的制造者的意图，正如一个虚假的预言错误地代表了它的制造者的意见一样：虚假的承诺和虚假的意见表达的原因是完全相同的。因此，违背诺言必须与说谎区分开来。即使在他的权力范围内去贯彻诺言，也立约人只有在未能贯彻诺言的情况下才会违背诺言，但说谎的承诺不需要被打破；因为正如说谎的人所盼望的那样，环境无法证明，他可能会改变主意兑现他的承诺。

然而，违背诺言就像撒谎。承诺的制度使一个道德主体能够让自己对未来的失败负责，去做在他能力范围内应该做的事情。因此，它将人的意志行为的范围从过去和现在延伸到未来，从而延伸到他的意志行为的范围，一个人可以向别人做出保证，这也扩大了他的欺骗能力。因为他若不遵守他的应许，就要在他所选择的事上欺哄那应许的人，虽然他应许他人的时候，并没有欺哄的意思。但对一个没有丧失任何权利的受约人的欺骗，显然没有把他人作为一个理性的恶人来尊重。因此，任何人违背自己的自由去做在本质上和道德上允许的事情都是不被允许的……

奴性和自尊[①]

小托马斯·E.希尔

这篇论文背后有几个动机。首先，奴性和傲慢一样是一种恶习，我好奇地想知道，这种日益增长的普遍的感觉是否有法律的根源。汤姆叔叔和顺从的家庭主妇似乎在道德上有什么缺陷；然而，另一方面，如果他们牺牲的只是他们自己的利益，我们似乎没有权利抱怨。其次，我对现在不流行的观点有相同感受，即每个人对自己和对他人都有责任。认为一个人真的可以侵犯自己的权利或亏欠自己一份感情，这似乎是荒谬的，但我怀疑，传统的自我义务捍卫者有不同的想法。如果对自己有责任，自然会期望避免奴性的责任会在其中占有突出的位置。再次，我对弄清楚康德的困惑很感兴趣——评论尊重人和尊重道德规则。一般看来，这些评论似乎过于道德；但是，从另一个角度来看，它们提出了一种与奴性态度不相容的自尊的论点……

一

下面例子可以初步说明我所说的奴性是什么意思。首先，让我们来看看一个恭顺的黑人，我称他为汤姆叔叔。他总是为白人让路；当资历较浅的白人接替他的工作时，他不会抱怨；他感激地接受他的全白人政府和雇主分配给他的任何福利，他也不会去抗议福利的不足。他对白人表现出尊重，对黑人则表现出轻蔑：面对白人，他鞠躬行礼，称呼"先生"和"女士"；他把最难听的话留给后者。再想象一下，他不是在玩游戏。他不是精明谨慎的

---

① 《一元论者》，第57卷，第1号，拉萨尔，伊利诺伊州，61301。

计算器，他知道如何充分利用坏运气做最好的事情，并在背后嘲笑他的主人。他毫无疑问地接受了这样一个观点：作为一个黑人，他得到的权利比白人少。他可能认为黑人智力低下，社会效用较低，但这不是关键。他所表现出的态度是，他所珍视的、渴望的、能够要求的东西比白人所珍视的、渴望的、能够要求的要不重要得多。他远不是绘本中无忧无虑、快乐的仆人，但他也不觉得自己有权利期待更好的事情。

奴性的另一种模式是由一个我称之为"自贬者"的人来说明的。像汤姆叔叔一样，他勉强提出要求。别人占他的便宜时，他一句话也不说。当被问及他的喜好或意见时，他往往会退缩，好像他所说的不会有什么不同。然而，他的问题不是种族自卑感，而是对自己作为个人的不足和失败的深刻认识。这些缺陷不是凭空想象出来的，事实上，按照他自己和别人的标准，他做得很差。但是，许多与我处于相同处境的人不同的是，他表现得就好像他的失败应该受到毫不相关的虐待，甚至是陌生人的虐待。他的羞耻感和自卑感使他满足于成为别人的工具。他觉得没有什么是欠他的，直到他赚了，而且他赚得很少。他并不是在简单地玩受虐狂的游戏，通过贬低自己来赢得同情。相反，他以令人痛苦的准确性评估自己的个人优点。

另一个完全不同的例子是恭顺的妻子。这是一个全心全意为丈夫服务的女人。她买他喜欢的衣服，邀请他想要招待的客人，在他心情不好时与他同房。为了让他有一份更有吸引力的工作，她愿意搬到一个新的城市，相比之下，她认为自己的友情和地理偏好无关紧要。她爱她的丈夫，但她的行为不仅仅是爱的表达。她是幸福的，但她并不把自己作为获得幸福的附属品，她不会简单地在某些领域顺从她的丈夫，以换取他在其他领域的顺从。相反，她往往没有形成自己的兴趣、价值观和理想；而且，当她这样做的时候，她认为它们不如她丈夫的事那么重要。她欣然回应妇女解放运动的呼吁，即她同意女性如果在精神和身体上不优越于男性的话，也是平等的。她只是认为女人的恰当角色是为家庭服务，事实上，她的大部分幸福来自她相信自己很好地履行了这个角色。她说，没有人践踏她的权利，因为她很高兴，也很自豪，能像她那样侍奉她的丈夫。

每一个例子都反映了一种我称之为奴性的态度。这暴露了他们缺乏某种自尊。更具体地说，我对这种态度的理解将在以后变得更加清晰。然而，重要的是，从一开始就不要把上面概述的案例与其他表面上相似的案例混淆。具体而言，我所概述的案例并非简单地指某人拒绝行使自己的权利，并以轻蔑的态度谈论自己或将自己献身于他人。例如，黑人并不一定是奴性的，他不要求公平的工资，因为，考虑到这样的要求会导致他被解雇，为了他的孩子着想，他也许会忍一忍。一个自我批评的人并不一定是通过在公众面前哀叹自己错误而具有奴性的人，因为他的行为可能只是满足自己内心需求的一种复杂方式，十分独立的意志接受来自他人的辱骂。当一个女人为了使她的丈夫幸福和成功而工作时，她不必是奴性的；因为她可能出于爱或出于分享他成功回报的渴望而自由明智地选择这样做。如果这种努力不要求她屈服于羞辱或虐待，她的选择就不会使她显得奴性。当然，反对这些情况下的态度是有理由的；但缺点不是我想要考虑的那种奴性。还应该指出的是，我的奴性并不仅仅是服从上级的知识或判断。在事实问题上听从专家的判断不是奴性；听从他的每一个愿望和心血来潮才是奴性。同样，相信一个人的才能和成就相对较低，本身并不会使一个人卑贱。承认真理并不是坏事，事实上，一个人可能比别人成就更少，能力更弱。奴性不是简单地持有某种经验主义信仰，而是对自己在道德交往中的应有地位持有某种态度。

二

那么，为什么奴性是一种道德缺陷呢？这个回答的第一部分必须是试图把奴性令人讨厌的特征分离出来，稍后我们可以问为什么这些特性是令人反感的。作为朝着这个方向迈出的一步，让我们再次检查以上范例。我认为，每种情况下的道德缺陷都未能理解和承认自己的道德权利。毋庸置疑，我认为每个人都有道德权利。其中一些权利可能是基本人权；也就是说，一个人只有作为人才有资格享有这些权利。其他权利将是派生的，并取决于他的特殊承诺、机构关系等。大多数权利是表面上的权利，有些可能是绝对的。也许大多数可以在适当的条件下放弃，或许不能。许多权利可以被剥夺，但有些人可能无法做到。严格地说，奴性的人并没有侵犯自己的权利。至少在我们的范例中，他没有完全承认他自己的道德地位，因为他不能完全理解他的权利是什么，这些权利如何可以被放弃，以及什么时候可以被放弃。

例如，汤姆叔叔的缺点是，他表现出一种否认与白人道德平等的态度。他没能有效地认识或理解他和其他白人一样有权获得体面的工资和分享政治权利，他的感激之情不合时宜。他理应接受属于他的利益，就像接受礼物一样。自贬者在更为复杂的方式上是奴性的。他表现得好像他已经丧失了许多重要的权利，实际上他并没有。他不理解，或不能完全意识到，某些公平和体面的待遇一定要靠努力争取。他很清楚地看到自己的优点，但他没有看到他对别人的期望不仅仅是他的优点和作用。恭顺的妻子说她理解她对丈夫的权利，但她不理解的是，她同意为他服务只是在某些条件下对她权利的放弃。如果她的同意是被迫的，比如说，如果是社会培养对她自身才能和其他选择的无知导致了她的同意，那么她的同意就没有什么价值了。如果社会培养忽视了她自身才能，其他选择又导致了她的同意，那么她的同意不应被视为完全合法地放弃她在婚姻中享有平等考虑的权利。更重要的是，如果她错误地认为自己有道德义务这样做，那么她同意不断地听从丈夫的意见就不是合法地放弃自己权利。（回忆"一个女人的适当角色是服务于她的家庭"）如果她认为她有责任顺从她的丈夫，那么，无论她说什么，她都不能完全理解她有权利不顺从丈夫。当她说她自愿放弃这种权利时，她是混乱的。她的混乱很像一个人被一个无道德的律师说服，这个人在法律上有权利拒绝陪审团审判，但他告诉法官，他知道他有权利接受陪审团的审判，但选择自由地放弃。他并不真正理解拥有和自由放弃权利是什么，如果他认为行使权利是一种冒犯。

如果奴性是由于道德上的无知或困惑而产生的，那就不需要责怪人了。

甚至自我责备也可能是不合适的；因为一个人在无知的时候，他不会对自己的奴性感到内疚，后来他可能会得出结论，他的无知是不可避免的。然而，在某些情况下，一个人可能有理由相信他本应知道得更多。例如，如果"恭顺之妻"对自己权利的困惑是由于对自己的基本道德原则的主观抗拒，那么之后她可能会找到一些自我责备的理由。无论是否应该受到谴责，奴性在道德上仍然是令人反感的，至少在这样的意义上，它应该被劝阻，滋养它的社会条件应该被改革，诸如此类。并非一个人的所有道德上不可取的特征都是他应该负责的，但这并不意味着他们仅仅从审美或审慎的角度来看缺陷。

在我们的范例案例中，我曾提出，奴性是一种对他人的恭敬态度，这是由于对自己的道德权利的无知或误解造成的。有人可能会认为，一个充分合适的补救办法是道德启蒙。然而，假设这些有奴性的人知道了他们的权利，但并没有从根本上改变他们的行为，他们不是还在以一种令人反感的方式处在奴性状态吗？人们甚至可能会认为，现在责备更合适，因为他们知道自己在做什么。

不幸的是，这个问题并不像看上去那么简单。这在很大程度上取决于他们会容忍什么以及为什么容忍。让我们先看一下一个人仅仅拒绝为他的权利而斗争，选择不行使某些权利，或者自由地放弃他可能坚持的许多权利。我们的问题涉及以前有奴性的人，即使在他完全知道自己的权利之后，他仍然表现出同样的顺从。例如，想象一下，即使在启蒙之后，我们的汤姆叔叔仍然坚持他的旧的行为模式，给出所有典型的迹象，相信对他的不公正待遇并不是真的错误。再假设，刚刚受到启发的恭顺妻子继续顺从她的丈夫，拒绝引入新思想来扰乱旧的生活方式。她表现得好像接受了他只是在履行职责的想法，尽管实际上她不再相信这一点。让我们进一步假设，汤姆叔叔和恭顺的妻子不仅在时间和财产上慷慨大方，他们也毫无异议地接受，甚至似乎是赞同侮辱和有辱人格的待遇。也就是说，他们不只是简单地同意放弃相互承认的权利，还显然赞同容忍侵犯他们的权利。他们假装允许微妙的侮辱，他们真的相信没有许可能够产生合法化。这些人如果有道德知识，仍然具有奴性吗？

我认为，答案应该取决于他们为什么要扮演恭顺的角色。如果动机是道德上值得称赞的，或者是为了避免对自己造成可怕后果的愿望，又或者甚至是为了让压迫者在后来倒台的野心，那么我不会认为角色扮演者是奴性的。以汤姆叔叔为例，如果他为了不让三K党杀害他的孩子，为了自己的性命，甚至为了在他计划革命时争取时间而卑躬屈膝，在我看来，他就不是奴性的。同样地，如果恭顺的妻子容忍一个虐待她的丈夫，因为他病得很重，进一步的压力会杀死他，或是因为抗议会剥夺她唯一的生存手段，或者因为她正在收集残暴的故事以反对她的婚姻，那么她就不是奴性的。如果在这些情况下也认为其存在过错，那么称其为奴性似乎不太合适。然而，如果一个人只是因为懒惰、胆怯或想要获得一些小的好处而继续扮演恭顺的角色，那么情况就大不相同了。人们不禁会说，他是为了蝇头小利而否认自己的道德地位，或者仅仅因为公开肯定自己的道德地位需要一些努力和勇气，那么他对自己作为一个人的道德地位就显得不太关心了。一个黑人扮演汤姆叔叔仅仅是为了比其他黑人获得优势，当然这是在伤害他们；但他也表现出对自己作平等权利的道德漠视。同样，一个女人如果因为习惯了或者因为太胆小而不敢冒险改变而继续扮演顺从的角色，那么她就太轻易地放弃了自己的权利。一个自贬者如果明知自己的权利受到侵犯却欣然接受，那么他可能是在纵容自己特殊的惩罚需求，以否认更有价值的东西为代价。在这些情况下，我认为，我们有一种奴性，与对自己权利的无知或困惑无关。患这种疾病的人可能有责任，也可能没有责任，这取决于许多因素；而奴性和非奴性角色扮演之间的界限往往很难划清。然而，就目的而言，这一令人反感的特征也许足够明显了：这是一种在没有任何有力理由的情况下公开和系统地否认自己的道德地位的意愿。

那么，我的建议是，至少有两种奴性：一种是由于对自己权利的误解，另一种是由于对权利的重视程度相对较低。在某种情况下，温文尔雅表明缺乏某种自尊。缺乏的不是对个人优点的尊重，而是对个人权利的尊重。奴性的人表现出这种不尊重，不是直接通过违背自己的权利，而是间接地通过表现得好像自己的权利不存在或微不足道一样。傲慢的人忽视别人的权利，从而妄自尊大，因而获得比自己应有的地位更高的地位；奴性的人否认自己的权利，因而处于比他应有的地位更低的地位。无论是出于对道德权利的无知，还是仅仅缺乏对道德权利的关注，这两种情况下的态度都可能与对道德的适当尊重不相容。就傲慢而言，这是显而易见的；但要在奴性的情况下看到这一点，还需要一些进一步的争论。

三

正如我所描述的，奴性的人有一个令人讨厌的特点，他倾向于否认自己的道德权利，要么是因为他误解了这些权利，要么是因为他不关心这些权利。问题仍然是：为什么有人会认为这是一种道德缺陷呢？毕竟，他所否认的权利是他自己的。他可能是不幸的、愚蠢的，甚至是令人讨厌的；但为什么道德会缺失呢？我脑海里的这个论点是由康德尊重人的论点所涌现的，他认为，对人的尊重，严格地说就是对道德法则的尊重。如果把这看作是对各种尊重的要求，这似乎是非常难以置信的。如果这意味着我们有尊重人的道德品质，要求他们有道德行为能力，或获得道德法则"创作者"的地位，那么这似乎是过分的唯道德主义。我的策略是把这句话解释为：至少有一种对人的尊重是对道德法则赋予的权利的尊重。如果一个人尊重道德法则，那么他就必须尊重自己的道德权利，这就相当于拥有一种与奴性不相容的自尊。

康德论证的前提虽然公认是模糊的，但可以概括如下：

第一，让我们像康德那样假设，所有人都有平等的基本人权。具体权利因条件的不同而不同，但必须从人人平等的观点来论证。不是所有的权利都需要争取，有些权利不能被剥夺。许多权利可以被放弃，但只有在知识和自由允许的特定条件下。这些情况是复杂和难以表述的；但它们包括这样一个条件，即只有在个人同意是自主给予的情况下，其他人才可以免除义务，而由于低估一个人的道德地位而产生的同意不是自主给予的。权利可以是知识的对象，但也可以是无知、误解、欺骗的对象。

第二，假设我对奴性的描述是正确的，或者，如果愿意的话，我们可以把它作为一个定义。简言之，奴性的人是倾向于否认或否定自己道德权利的人，因为他不理解这些权利，也不关心这些权利赋予他的地位。

第三，我们需要一个关于道德责任形成的正式前提，即每个人都应该尽可能地尊重道德法则。用不那么像康德的语言来说，关键是每个人都应该尽其所能地接近一个完全采用道德观点的人的理想。粗略地说，这不仅意味着每个人应该做道德上要求做的事，避免做道德上错误的事，而且每个人都应该把道德的所有规定视为有价值的——值得保存、珍视和遵守。可以说，一个人在符合道德文字要求的同时，也必须吸收道德精神。仅仅做到诸如信守诺言、勿伤他人等，是不够的；一个人还应该对道德的原则、理想和目标同样采取尊重的态度。对权利和义务体系的尊重态度不仅包括遵守其明确的行为规则；它还包括尊重制度，不嘲笑它，不愿放弃自己在其中的地位。这里康德的基本思想是，道德作为一个平等的基本权利和义务的体系，是值得尊重的，因此一个完全有道德的人会在言行上尊重它。在康德看来，在我们力所能及的范围内，使一个完全有道德的人明白会做什么是我们的责任。

当然，这里的假设很有说服力，我不试图证明它们。我怀疑，它们被广泛接受，但很少被表达出来。无论如何，我现在的目的不是评价它们，而是看看它们如何构成反对奴性的论据。基于我们的前提，反对奴性的人是他不满足尊重道德的基本要求。完全尊重一种道德权利制度的人，将倾向于了解自己在其中的适当位置，会自豪地肯定它，而不会轻易容忍对它的滥用。这正是奴性的人所缺乏的一种性情。如果他不了解这个体系，他就无法充分尊重它。这种缺乏尊重可能不是他自己的错，但这仍然是他与道德理想之间的一种差距。另一方面，如果奴性的人故意通过假装赞成对其道德权利的侵犯来否认他的道德权利，那么，除非有特殊的解释，他会表现出对道德条款是否被尊重和公开承认的漠不关心。在康德的前提下，这种可以避免的冷漠表现，是与尊重道德的义务相违背的。在第二种情况下的不尊重在某种程度上像一个宗教信徒对他的宗教表现出的不尊重。如果不信教的人嘲笑他暗自持有的信仰时，他为了避免尴尬，亲切地笑一笑，他就会对他的宗教表示赞许。在任何情况下，奴性的人，就其本身而言，并没有通过侵犯他人权利，以明显的方式表达对道德权利制度的不尊重。他的不尊重更微妙地表现在他在别人面前的行为，好像他不知道或不关心他在那个制度下的平等地位。

这里的中心思想可以用一个类比来说明。想象一个俱乐部，比如说，一个古老的德国决斗兄弟会。根据俱乐部的规则，每个成员都有一定的权利和责任。这些对每个成员都是一样的，不管他在俱乐部之外拥有什么头衔。例如，每个人都有在会议上被倾听的权利，也都有不被其他人叫停的权利。有些权利是不能被剥夺的：例如，每个人都可以投票，无论他是否缴纳了会费，是否满足了其他规则。有些权利是不能放弃的：例如，当被敌对兄弟会的几个成员攻击时，有被保护的权利。成员之间通过尊重规则赋予每个成员的地位来相互尊重。现在，一个新成员总是小心翼翼地允许其他成员在会议上发言，但当他们喊他闭嘴时，他什么也没做。他只是耸耸肩，好像在说："我有什么好抱怨的？"当他没有站起来为其他成员辩护时，他会感到羞愧并拒绝去投票。他说，他没有资格投票。作为显赫的贵族中唯一的平民，他觉得自己有责任为他们服务并遵从他们的决定。当敌对兄弟会的攻击者拿着剑向他攻击时，他告诉他的同伴们跑开自救。当他们为他辩护时，他表达了巨大的感激之情——仿佛他们帮了他一个无端的大忙。也许有人会说我们的新成员没有表现出对兄弟会及其规则的尊重。他实际上没有违反任何规则，拒绝投票，要求别人不要为他辩护，顺从贵族，但他象征性地否认了规则赋予他的平等地位。如果他应该尊重兄弟会，他就应该改变他的态度。奴性的人就像决斗兄弟会的新成员一样，对规则和理想体系缺乏足够的尊重。不同的是，每个人都应该尊重道德，而没有类似的道德要求来尊重兄弟会。当然，这里的结论是有限的。自我牺牲并不总是奴性的表现，维护自己的权利并不是一种责任。一个特定的行为是否是奴性的证据，不仅取决于行为者的态度，还取决于他的道德权利的具体性质，这里先不考虑这个问题。此外，一个人在多大程度上应该为他的缺陷负责，或应受责备，仍然是一个悬而未决的问题。

然而，这一结论应当没有被最小化。为了避免奴性，一个人在放弃他的权利时，必须充分认识到这些权利是什么。例如，一个女人在没有被强迫的情况下，她知道自己在做什么，并且用不假装她没有体面的选择，就可能会全身心地投入到她的丈夫身上。一个自谦的人可能会决定不去施加各种未被剥夺的权利，但前提是他不采取这样的态度，即他太堕落了，不配得到这些权利。黑人可以要求比他应得的少，只要他准备承认没有人有权要求他这样做。我想，这种牺牲是极其罕见的。大多数人，如果他们完全承认自己的权利，就不会自动拒绝施加给他们压力。

如果我们可以假设某些基本权利不能放弃，就会得出一个更有力的结论。也就是说，如果有些权利无论我们说什么，其他人都必须尊重，那么，除非有特殊的解释，我们将不仅有义务承认这些权利，而且要避免同意放弃即是表面上的。除非在特殊情况下，如果我们表现得好像我们可以免除他人赋予这些权利的义务，那就是不尊重道德。例如，卢梭认为，至少不能放弃最低限度的自由权。一个人如果同意被奴役，放弃自由而没有任何交换条件，就会表现出一种有条件的奴性心态，使他的同意变得毫无价值。同样，康德学派的人可能会争辩称，一个人不能免除其他人不杀他的义务，同意并不能作为对谋杀指控的辩护。接受这类原则，就是认为生命权和自由权如康德所相信那样的，很像受托人有权利保存委托给他的有价值的东西，他不仅有权利，而且有责任保存它。

即使没有不能放弃的特定权利，也可能至少有一项这类的正式权利，这是获得他人最低程度尊重的权利。无论一个人多么愿意屈服于别人的羞辱，他们都应该对他作为一个人表示一些尊重。通过与自尊的类比，如在这里，他人所应得到的尊重包括愿意在言语和行动上充分承认一个人基本平等的道德地位，这是由他的其他权利所定义的。在某种程度上，如果一个人对这种和尊重不相容的侮辱给予默许，那么他就会表现得好像放弃了一项实际上无法放弃的权利。除非有特别的解释，否则这样做会被标记为奴性。

四

康德认为，避免奴性是一种对自己的义务，而不是对他人的义务。然而，最近的哲学家倾向于抛弃对自己负责的想法，认为这是一种概念上的混淆。虽然不可否认，对自己的义务与对他人的义务之间的类比并不完美，但我认为康德的论点中反映了一些重要的内容。

让我们简单地考虑并描述一下，责任是对人而言的。第一，说责任是对某一特定的人，有时仅仅表明谁是该责任的对象。也就是说，它告诉我们，责任是关于如何对待那个人，如何考虑他的利益和愿望，诸如此类。在这里，我们不妨说，我们对那个人或认为对那个人有责任。通常情况下，当事人是履行职责的受益人。例如，在这个意义上，我对我的孩子有责任，甚至对一个遥远的陌生人有责任，如果我向第三方承诺我将帮助那个陌生人。显然，避免奴性的责任是对自己的责任，至少在这个最低限度的意义上是这样，因为这是一种责任，尽可能避免否定自己的道德地位。责任是关于理解和肯定一个人的权利这些权利，至少作为一个规则，是为了自己的利益。

第二，当责任是对个人时，我们通常指的是当在责任没有履行的时候特别有权抱怨的人。例如，如果我没有尽到对同事的责任，那么他们才是最适合责备我的人。别人有时可能会为自己说话，但在大多数情况下，陌生人不需要纠正我的错误。类似地，避免奴性的责任是对自己的责任，这表明，尽管有时一个人可以正当地责备自己的奴性，但其他人通常没有资格抱怨。外界的鼓励有时是必要的，但如果需要责备，那主要是自责，而不是责难他人。

第三，提到负有责任的人，往往会告诉我们责任的来源。例如，说我对另一个人负有责任，可能表明我负有这种责任的论点是基于对那个人的承诺，以及他对我的权威，我从他那里接受了特殊利益，或者，更一般地说，是他的权利。因此，相应地说避免奴性的责任是对自己的责任，至少意味着它并不完全基于对他人的承诺、对他人的权威、对他人的恩惠，或尊重他人权利的义务。更积极地说，这种断言可能表明责任的来源是自己的权利，而不是他人的权利，等等。也就是从广义上讲，人不应该有奴性是因为，一个人应该尊重自己作为一个人的权利。诚然，这里存在着一种不对称：一个人对别人负有某些责任，因为他不应该侵犯别人的权利；而对自己负有责任，因为他应该肯定自己的权利。然而，对自己的责任置之不理就是忽视了重要的相似之处……

我反对奴性的论点可能会促使一些人说，责任是"对道德"而不是"对自己"而言的。然而，所有这一切的意思是，责任源于尊重道德规定的基本要求；从这个意义上说，每一种责任都是"对道德"的责任。我对孩子的责任也源于尊重道德原则的普遍要求，但这仍然是对他们的责任。

康德认为，对自己的责任是对他人责任的前提。由于我们的奴性，至少在某种意义上是这样的。如果一个奴性的人忽视自己的权利，他就没有足够的资格去欣赏别人的权利。由于误解了他与他人平等地位的道德基础，他必然会低估那些将自己归为一类的人的权利。另一方面，如果他故意扮演奴性的角色，那么，除非有特殊的解释，否则他就表现出对承认和尊重道德原则缺乏关注，因此也就缺乏一种能促使一个有道德的人尊重他人权利的动机。无论哪种情况，奴性的人缺乏自尊必然会使他处于不太理想的地位去尊重他人。因此，不贯彻对自己的责任，就有可能违反对他人的责任。然而，这是我们反对奴性论点的结果，而不是前提。

合理的进步和自尊[①]

弗吉尼亚·赫尔德

社会不平等受害者的期望值总量要等待多长时间才能改善他们的不满是合理的？显然，如果在一个人的一生中，在一种渐进改善的过程中，没有任何方面会让一个既定的个体受益，那么等待改善的结果就不符合这个人的利益。另一方面，如果平等只能以巨大的痛苦和破坏为代价才能迅速实现，那么一个人是应该接受逐渐解决，还是立即解决呢？

在这篇文章中，我将试图考虑一些可能被理解为趋向平等的"合理进步"，这种进步不会如此循序渐进，以至于需要侵犯一个人的自尊。我将试图提出一些理由，至少在抽象的层面上，使一个受委屈的人可以出于自尊而合理地接受其满意的进展速度，或拒绝不满意的进展速度……

平等、公正和就业机会

……我将假定，对于正义和平等的含义或原则，以及它们之间的联系，任何看似合理的解释都表明，在一个发达的社会中，不公正的一个方面是我将之称为"职业成就的平等机会"的全面溃败。对于任何一个面对这种失败的人来说，问题就来了：应该做些什么来处理这种不公正，是否有一些原则可以指导一个理智的人做出决定？我将理所当然地认为，在一个经济、政治和法律健全的先进社会制度中，任何成员都有充分的理由期待平等的职业机会。我理所当然地认为，一个不能提供这样机会的社会在这方面是不公平的……当人们关注着我们周围的社会的主要机构——政治的、经济的、学术的，女性和非白人实际上被排除在领导职位之外的现象太明显了，以至于不

---

① 《一元论者》，第57卷，第1号，拉萨尔，伊利诺伊州，61301。

需要对此发表评论……

缺乏"职业成就的平等机会"不仅仅是在招聘或晋升方面的公然歧视，尽管这方面的证据是普遍的和众所周知的。那些背景条件，如儿童成长教育过程中与职业准备和期望相关的不平等待遇，自我发展、心理咨询、技术教育和高等教育等，使得女性和非白人作为一个群体比白人男性作为一个群体更难在职业上取得成功，这些因素导致了职业成就的平等机会被剥夺。期望其他的义务，例如照顾子女的义务，自动地更加深重地落在作为一个群体的母亲身上，而不是作为一个群体的父亲身上或落在整个社会的义务上，归因于平等机会被拒绝，相比较而言，妇女群体提高职业层次比男性群体更难得多。当然，要确定哪些背景条件是重要的和相关的，哪些是不可避免的或微不足道的，会有一定困难。然而，当讨论涉及了一个由性别和种族等完全基本特征定义的群体，并缺乏职业平等时，可避免的背景条件可被判断为仅仅由于这些群体成员具有这些特点而使他们更难取得职业成就，可被认为是导致缺乏获得职业成就的平等机会的因素。

当然，机会均等是不够的。即使一个特定群体中的每个人都有平等的机会，比如获得经济回报，我们仍然应该对一种结果感到厌恶：一些人在饥饿中呻吟，而另一些人则淹没在过剩之中。一个为职业成就提供了平等机会的社会，如果这些职业的满意度和权力之间的差距过大，或者所有种类或任何特定种类的职位的总数受到了不合理的限制，那么这个社会可能是高度不平等的。然而，在这里，我将集中讨论参与某一特定期望值总数的职业活动的机会平等问题，无论这些职业活动受到多么不合理的限制，或得到多么不合理的奖励或不合理的机制，诚然，这只是职业安排这个更广泛问题的一小部分……

提供平等机会的新政策通常被考虑为新工作的新政策。当有工作空缺或现有职位出现新的空缺时，那些在以前安排下享有特权的人现在将被要求在雇用和晋升方面平等地面对其他人的竞争。但是，那些已经安全地占据有保障的职位的人，不会被要求放弃他们的任何特权，无论是占领的特权，还是享受与占领相关的即时回报的权力。如果自愿辞去一个职位将会使原先享有特权的人暴露在平等竞争之下，那么有安全职位的人不太可能离开一个职位，除非他们有另一个同样令人满意的安全职位；这是用一个特权交换另一个，而不是出让特权……

许多现在赞成机会均等发展的人认为这样的政策是适当的。但是，期望值强迫不公正的受害者接受这样的改善条件，合理吗？

让我们从那些被剥夺了平等职业发展机会的人目前所面临的一些情况中抽象出以下模式来考虑这些问题的某些方面和影响：

想象一下，一个组织中有100个职位的年薪超过1.5万美元。其中许多职位的工资比这个高得多，而且涉及更大的影响力，在这个组织中，有很多职位的工资比这个低。按照目前的平均水平，100个职位中有96个是白人男性，2个是女性，2个是非白人。我将接受成为这个群体的一名成员。在这个模型中，有这样职位的人有机会在未来的一段时间里在这个组织中获得更大的职业成就。一些进入这个群体的人会退出，一些人会保持入门水平，一些人会达到更高的水平，一些人会超高的水平。如果我们假设差距的结果缺乏平等机会的结果，不是因为完全自由选择不追求职业成就的差异，那么在这个组织中，群体之间获得进一步成就的平等机会就需要在成为这个群体的成员中有平等代表权。

假设在增长、流失率和退休的正常条件下，该组织每年会创造一个年薪超过1.5万美元（以不变美元计算）的新职位，而由于流失率、退休等原因，会有4个职位空缺。那么，让我们假设，每年空缺的5个职位是在平等的基础上填补的。为了简化问题，我将只计算女性的期望值，尽管可以对非白人进行类似的计算。由于过去在较低和更广泛的层次上的不平等，在所涉及的平均时间跨度上我们可以说，这些职位的候选人的供应将是，4名男性对1名女性。鉴于公平适用要求平等填补这些职位的标准，让我们说，每年增加一名妇女将成功地进入那些职位收入超过1.5万美元的阶层，而已经担任这些职位的妇女人数不会减少。

按照这个速度，妇女需要大约94年才能获得平等的职业机会，才能在这个组织中进一步发展。考虑到在这么长的一段时间内可能发生的变化，如果我们将4∶1的数字进行修正，我们可以假设这几乎等于三男两女，每年有两名女性进入那些能够继续进步的阶级。在这个组织中，女性仍然需要大约47年的时间才能获得平等的职业成就机会，而不考虑那些获得平等机会的人一旦进入了这个阶层，在进一步发展方面能够做些什么。

显然，没有人会对等待94年的平等抱有任何看似合理的兴趣。也没有人有兴趣等待47年，因为那些甚至在20岁就开始从事一份职业的人，会在获得这份职业之前就已经超过了正常的退休年龄。

在这样一种计划中，现在拥有特权地位的人将被要求放弃一切东西，只有当死亡、退休和创造新职位时的空缺才会在平等机会的基础上填补，这几乎不符合在所有那些将从这种变化中一无所获的人的利益。个人有理由接受这种政策吗？这种政策只会略微增加过去遭受不公正待遇的特定受害者获得平等职业机会的可能性，但它将使现在寻求平等机会的绝大多数受害者的境况并不比以前好多少。如果我们把这种进步贴上"逐渐改进"的标签……不平等的受害者将有充分的理由发现它完全可以不接受……

权益、利益和自尊

如果我们放弃……认为平等可以实现且不会对任何人造成损失的幻想，我们可能会问，谁应该被要求损失多少，以及必须考虑什么利益。正义不依赖于对这种利益的计算；正义赋予权利。很明显，基于我假设的正义和平等的观念，女性和非白人有平等的职业成就机会的权利。但是，这里的问题涉及他们在实践中以其他方式实现这些权利的利益，这些权利的真实状况目前正以可避免的方式被剥夺。在审议这个问题时，我们是在讨论备选行动过程是否合理。在这个过渡时期，我们似乎必须考虑一个群体的利益来实现其成员的权利，而另一个群体的利益来阻止它的实现。这样的冲突不应该发生；

在这种情况下，应该根据权利而不是利益来解决问题。然而，问题并没有得到解决，如果可能的话，那些权利受到阻碍的人必须在这种情况下，选择合理的行动方案。有什么理由可以做出这样的选择？在考虑这个问题时，试着阐明自尊的要求可能是有帮助的。

当权利冲突时，可能会发生某些人的某些权利不可避免地被剥夺的情况。如果我们认为不是在平等条件下为给定的工作而竞争的权利，而是工作的权利，我们可以说，哪里人们因为公平正当程序而获得职位，哪里就可能在工作权利与其他人的类似工作权利之间存在冲突。那么，解决办法可能是增加工作的总数，并通过社会的充分努力重新分配资源，以提供就业和远离其他事物，并为实现这两套权利提供条件。

但是，如果人们是通过不正当的程序获得职位的，我们可以得出这样的结论：尽管他们可能有兴趣保持这些职位，但他们没有权利这样做。如果他们坚持这些立场阻碍了其他人权利的实现，我们可以得出结论，这些其他人的权利正在被本可避免地拒绝。本可避免地剥夺人们的权利是对他们自尊的一种侮辱。如果一个人默许了本可避免地对自己权利的剥夺，那就是缺乏自我尊重。

在各种形式的不默许之间，权利被本可避免地剥夺的人有理由完全按照自己的利益行事，而不顾其他人在剥夺他们权利时的利益；对他们来说，为了维护自己的权利而自愿放弃自己的利益，为了挫败他人的利益而放弃自己的利益，是不符合他们的自尊的。

如果不考虑那些拥有更高权力的人的利益就会招致灾难，并冒着双方各方面毁灭的风险。但如果没有其他与自尊不相容的选择，还有其他选择可以接受吗？也许，道德义务会超越自尊吗？也许不公平的受害者对后代有义务在实现其权利的过程中缓和对其利益的追求，并避免体制破坏和崩溃的风险，因此，尽管他们自己在缓慢的进步中什么也得不到，他们的孩子将享受其好处。但是，这种考虑似乎是被错误地平衡或超越：允许不公正特权的即时受益，并继续肆无忌惮地施加伤害。

即刻平等的风险

让我们回到前面的模型，在这个模型中，我们可以在抽象的层次上查看一些相关的选择。让我们考虑一种替代办法，在这种办法下，这个组织中所有基于特权的职位都将突然空出，让我们把它称为"即刻平等"。当然，在现实中并不是所有的白人男性都处于同样的境地：一些人自己可能遭受了职业机会的不平等，一些人可能是凭借权利而不是特权占据了他们的职位。但是，如果在我们的模型中，我们假设这个组织中所有已占据的职位都通过提供平等机会的选拔程序重新开放和填补，这就不应该扰乱那些正当地拥有其职位的人，因为他们将重新获得他们的职位。

假设这种转变可以通过某种方式实现（当然，这是一个巨大的假设，但没有人在这里处理这个问题），即通过有组织的抵制：罢工、中断、由政治压力导致立法，或由司法决定，这需要在组织中掌握权力位置阶层的人有组织支持的制售毁。在这种情况下，推翻现有的安排似乎是合理的。它不会像这个模型中定义的那样即刻产生机会平等，因为候选人的供应至少在短期内会被人为地保持不平等，但它会导致一个急剧的进展速度：在第一个候选人比率上假设在这方面已经非常乐观，如果这些特权职位每年重新开放，三年多一点的时间就可以实现平等的机会。

如果可以设想，这个组织和寻求的职业职位实际上是不变的，唯一的变化是特权阶层现在在平等的基础上面临职位竞争，每一个过去的不公正的受害者将对"即刻平等"有压倒性的利益。在正当地追求他或她自己的利益和实现他或她的权利时，唯一的问题将是权衡眼前的巨大利益和遥远未来的相同利益，解决办法是显而易见的。

但我们几乎没有这种假设的根据。那些实际上占据既定地位的人中，有一些是充分正确的，而且大多数人似乎有一种根深蒂固的信念，即他们属于这个群体，他们不愿意检验这种信念。即使是最公正的要求，也不能指望特权阶级毫无抵抗地屈服。因此，这种模式更合理的假设是，许多特权会抵制对其他地位的组织支持的突然推翻，甚至达到破坏组织和其中的职业活动的程度，而很多其他人愿意接受这种抵抗的风险。

因此，我们可能不得不假设，在这个组织中即刻实现职业成就的平等机会会导致组织和其职位的崩溃。在这种情况下，以前享有特权的人和以前受害的人的机会将是平等的，因为在这个组织中，他们两者都是零。在这种情况下，以前的受害者不会从"即刻平等"中获得任何好处，就像他们不会从"逐步改善"中获得任何好处一样，而且无论哪种情况，受害者的历史都将继续下去。

这两种行动方针都不符合那些谋求实现其权利的人的利益。然而，在这个概述中，这两种形式的失败是有区别的。如果不平等的受害者在这种情况下选择了"即刻平等"，他们就有失败的风险；如果他们在这种情况下选择"逐步改善"，他们就会认为失败是必然的。如果有这样的选择，前者似乎与自尊相容，而后者则不然。

当然，关于受害者可能采取集体行动而带来变化的假设是值得商榷的。更有可能的情况是，个人对组织拒绝机会平等的反抗，以及反抗的个人被组织的优势成员击败。但是，即使在个人层面上，冒着失败的风险去争取平等与自尊是相容的，而默许某种失败则不是。认识到这一点可能会把论点带回到对集体政策的考虑，哪些将是合理的，如果有可能的话，这将降低失败的可能性。

选择击败

当然，除了这两种形式的失败，还应该考虑其他的选择。而不是通过"逐步改进"来代替假定某种失败和通过"即刻平等"来假定失败的风险，对我们实际情况的预测可能会通过"即刻平等"表明一定的失败，而通过"逐步改善"表明仅仅可能的失败。这是已建立的组织有兴趣促进的景象：

它们建议，如果那些遭受不公正待遇的人能够有耐心，态度就会改变，改善的速度就会加快。但要使这种说法可信，就必须有平等率增加的证据……没有理由认为这种增长是可能的。明确给定进展速度所能产生的实际收益，可以大大消除人们对这些问题的幻想。

从前面所说的，我们可以得出这样的结论：对于一个人来说，人接受他或她的利益在实现一项权利方面的必然失败与他的自尊是不相容的。对于一个人来说，冒着可能被这些利益击败的风险可能是与自尊相容的，当这是唯一的选择时，但它可能对个人和社会都具有破坏性。我们还可以补充说，对于一个组织来说，如果它试图收买某些特定的个人，通过增加他们个人获得职业成就的机会的概率，而只以降低其他受害者获得职业成就的概率为代价，这就是提出了一个不公正的，甚至可能是强迫性的提议，与所有受害者的自尊相抵触。

第八章 权利

我们认为以下真理是不言而喻的：人人生而平等，造物主赋予他们若干不可剥夺的权利，其中包括生命权、自由权和追求幸福的权利。

北美的13个英国殖民地用这些话提出了革命的道德论点。既然英国侵犯了这些权利，殖民地就应该是一个自由和独立的国家。权利主义激发了美国的诞生，我们的大部分历史都是为了实现这一理想而进行的斗争。一场内战结束了奴隶制，妇女获得了选举权。马丁·路德·金的民权游行和这些游行引发的暴力反应共同震撼和激励着美国人坚持种族隔离应该结束。

当然，对权利的关注并不起源于美国。但权利的概念是英语世界对道德哲学的贡献。希腊人没有完善的个人权利概念。斯多葛学派和中世纪有自然法的观念，但任何关于自然权利的观念在很大程度上都没有发展。英国哲学家约翰·洛克确实有一个关于自然权利的理论。洛克关心的问题是困扰他的前辈托马斯·霍布斯的问题，国家的功能和个体公民对国家的限制应该建立在自然权利的基础上。洛克认为，在自然状态下（没有政府机构的状态），人有生命、自由和财产的权利。任何侵犯这些权利的国家行为都是非法的。

但是，洛克有哪些论据来支持他的主张，即人有生命权、自由权和财产权？洛克关于生命权和自由权的论点是基于神学的，特别是基于所有人都是上帝之子这一"事实"。今天，洛克关于生命权和自由权的论点在很大程度上已被遗忘；然而，他关于财产权的论点却广为人知，并继续激励着一些当代哲学家的工作，特别是像罗伯特·诺齐克等这样的自由至上主义者。

洛克的论点是以劳动价值论为基础的。是什么生产了我们消费的商品和服务？当然是劳动。直到土地被清理干净，作物种植和收获，才有食物。即使是树林里的浆果，也要先摘下来才能吃。为了创造价值，人类将自己的劳动与自然结合起来，正因为如此，他们才有权拥有自己所生产的东西。通过劳动，人类有权获得其劳动产品。

许多人认为，洛克的哲学是基于一种过时的观点，即人们必须劳动的可能性。洛克的论点在一个有大量土地可以被占用的边疆社会似乎是合理的。但在当代社会，许多人把自己的劳动力卖给别人（为公司工作），洛克的理论似乎过于简单。如果我拥有工厂，你把你的劳动力和我的机器混合在一起，你有权获得多少产品？当工厂主少而工人多时，问题就变得更加复杂了。大多数工人要么为工厂主工作，要么饿死。洛克确实有一个附带条件，即人的财产权会受到一个条件的限制，即有足够的财产留给其他人。问题是决定多少才够。工厂主给其他人留了足够的钱吗？这类问题在社会和政治哲学课程中受到相当多的关注。由于财产权具有很大的争议性，它不能作为一种权利的模式，因此本章很少讨论财产权。

然而，权利主张的正当性是一个极其重要的问题。权利语言的成功正带来一些真正的困难。联合国通过了《世界人权宣言》，明确规定了成员国所有公民都应享有广泛的权利。然而，许多成员国可能没有提供这些权利的资源。带薪休假的权利就是一个经常被引用的例子。虽然道德权利的概念已赢得国际社会的支持，但这种支持究竟意味着什么仍是一个有争议的问题。美国人强调政治权利，但并不是所有国家——包括我们的许多盟友——都这么做。吉米·卡特总统试图将其他州关于尊重权利的行为与美国的外交政策决策联系起来。然而，外交政策的现实和一些关于合法权利构成的困惑阻碍了卡特的努力。

与此同时，在我们自己的国家，权利要求也达到了狂热的程度。那些反对堕胎的人谈到了生命权。那些支持堕胎的人说，女人对自己的身体有权利。同性恋者、残疾人、老年人、矮个子，甚至是那些外表不太好看的人的权益都得到了维护。雇主坚持自己的权利；员工坚持他们的权利。雇主有权雇佣或解雇任何他们想要的人吗？只要员工表现令人满意，他们就有权从事自己的工作吗？员工是否有权利被告知与他们的工作有关的危险，不管他们是否询问这些危险？雇员可否有权以工作太危险为根据拒绝工作指派？有福利吗，如果有的话，其范围是什么？美国人已经采用了权利的语言，但对于哪些权利是基本的，哪些权利是优先的，以及如何解决权利冲突，却没有达成共识。本章将讨论其中的许多问题。

也许开始讨论的最好方法是关注权利在道德理论中的作用。乔尔·范伯格（Joel Feinberg）和理查德·瓦瑟斯特罗姆（Richard Wasserstrom）的选篇是基于这一重要问题的。为了阐明他的观点，范伯格要求我们考虑一个国家——"未名谷"，它与我们的国家非常相似，除了一个至关重要的方面——"未名谷"是一个没有道德权利概念的国家。因此，在"未名谷"中，最引人注目的是，人们并不对自己的权利提出道德要求。瓦瑟斯特罗姆完全同意范伯格的观点。为了了解两位作者的意图，我们不妨考虑一所大学，在那里，学生没有权利知道他们成绩的根据。学生可以询问、乞求或哄骗。教授可能出于好心，出于怜悯或者出于仁慈，给他们的分数定根据。但是，学生没有权利知道成绩的根据，教授也没有义务提供。这样的世界难道不是道德贫乏的吗？学生没有权利知道他们成绩的根据，这难道不会削弱学生的自尊和人性吗？权利使人们能够自立——提出要求和主张。这就是范伯格认为权利是道德装备的实质这一观点背后的思想。

让我们确信，权利的概念在道德语言中可以发挥有益的作用。我们有什么权利？可以为他们提出什么论据？首先，认识到权利有多种分类是很重要的。许多权利是常规的；它们是由社会机构创造的。如果你想知道你的法律权利，请咨询律师。道德哲学家对传统权利的兴趣是有限的。人权是人们仅仅因为是人而主张的权利。传统上，这些权利被称为"自然权利"，但自然权利与自然法神学的联系导致许多哲学家用"人权"一词来替代。人权的重要特征是，它们是独立于我们在社会机构中的地位之外的权利。事实上，由于社会机构应尊重和/或提供人权，人权构成了对社会结构的一种考验。一个机构被判定为充分或不充分，是好的或坏的根据对人权的支持。吉米·卡特以此为根据检验了我们许多盟友，发现了他们的不足之处。本章讨论的问题基本上仅限于人权问题。

道德权利是我们在道德基础上提出的要求。人权是道德权利，因为代表人权的论点是道德论点。这些论点往往是基于自尊的概念，这是前一章的重点。然而，如果社会的法律制度通过了道德考验，法律权利也可以成为道德权利。我接受陪审团审判的权利既是一种法律权利，在某种程度上也是一种道德权利。

哲学家们最关注的人权是自由权和福祉权。瓦瑟斯特罗姆强化了格雷戈里·弗拉斯托斯（参见第十章）的观点，即自由和福祉具有同等的内在价值。瓦瑟斯特罗姆认为，上诉之所以能成功，是因为自由和福祉是我们发展人类能力所必须具备的东西。那些对我们作为人类的发展所必要的东西是我们拥有人权的东西。使权利平等是被康德有效使用的论证。这种论点认为，简单地把一个人的幸福置于另一个人的幸福或自由之上是没有理性依据的。简单的偏爱是任意的，而提供辩护则是诉诸理性——诉诸非任意的东西来完成的。

艾伦·格卫斯（Alan Gewirth）采用了类似的策略来捍卫自由和福祉的人权。格卫斯提出了人类目的性行为的必要条件是什么。答：自由和福祉是必要的。然后，格卫斯用康德的策略表明，我对自己的自由和福祉的关注，在逻辑上承诺我将关注所有有目的的主体的自由和福祉。我关心自由或福祉的理由是，这些对于我的任何目的都是必要的：一般权利是我对我实现目的所必需的物品所拥有的权利。然而，对于我的情况，对于任何有目的的主体是真实的。因此，我们必须采用格卫斯所说的"通用一致性原则"，即行动时要与你的接受者和你自己的通用权利一致。这一逻辑要求为所有人都有正当理由要求自由和福祉的权利提供了基础——因此自由和福祉的权利是平等的权利。

赞同人权理论的哲学家们把自由的权利作为人权之一。然而，并不是所有的哲学家都把福祉的权利作为一项人权。关于排除福祉权，已经提出了许多论据。发展这一论点的标准方法之一是区分积极权利和消极权利，其中福祉权是积极的权利，自由权是消极的权利。自由权是消极的权利，是因为没有人需要做任何事情来尊重它。要尊重消极的权利，你所要做的就是让人单独存在。对于积极权利来说，这并不总是真实的。为了尊重人，有时必须有人提供一些东西。如果一个人有享受福祉的人权，但他却在挨饿，那么就有人有责任为他提供食物。

如果采用这种区分，那些将福祉权列入人权清单的人会争辩说，提供积极权利的责任落在国家身上。在某些情况下，国家无法提供这项权利；国家缺乏必要的资源。在其他情况下，国家可以提供权利，但这将赋予国家太多的权力。这种权力的增加会导致不良后果，包括侵犯公民自由权的后果；例如，美国通过税收来支付福利项目。另一种批评是，由于福祉权只适用于处于特定情况的人，这种权利缺乏人权所要求的普遍性。例如，带薪休假的权利只适用于工人；它不适用于退休人员。但消极权利应用于所有人。自由权不取决于社会环境。

最后一项反对意见的依据混淆了基本权利和执行基本权利的关系。实现自由权（否定权的典型例子）的一种方式是允许人们投票。事实上，有些人——非居民、儿童和罪犯都不被允许投票，这并不表明自由权不是普遍的。同样，退休人员没有带薪休假的事实并不表明享有福祉权不是普遍的。人权可以以不同的方式得到实施，这些方式依赖于与个人相关的不同环境。

此外，消极权利和积极权利之间的区别也受到了尖锐的攻击。亨利·舒（Henry Shue）在他的论文中通过表明尊重消极权利确实需要积极的行动，而尊重积极权利通常要求一些人停止伤害另一个人，从而推翻了这种区别。因此，如果亨利·舒是正确的，那么至少有两种同等价值的基本人权，即自由的权利和最低水准的福祉权。

一旦你拥有一项以上的基本人权，它们之间总是有发生冲突的可能性。产生这两种权利之间冲突的一种常见方式是，说明为满足他人的基本需求而征收的所得税如何与个人财产权利发生冲突。然而，考虑到财产权的可疑地位，不如考虑投票权、有资格担任政治职务以及当选时制定自己的计划会产生冲突可能更合适。假设某政党的竞选纲领承诺：（1）拒绝向有工作能力但不工作的人提供福利。（2）将孩子从"领取福利但仍有孩子"的母亲身边带走。这些候选人随后当选并颁布了他们的竞选纲领。当然，他们平台的第一点在自由权和福祉权之间制造了冲突，而第二点在自由之间制造了冲突。无论人们选择怎样提出这个问题，大多数哲学家都同意，至少在自由权和福祉权之间出现冲突。

这些冲突的存在表明，权利在伦理选择中发挥着非常重要但却有限的作用。伦理选择不能仅仅基于权利理论。事实上，这并不奇怪。伦理选择不仅仅是规则的问题，也不仅仅是尊重权利的问题。尽管如此，如果权利不是仅有的道德内容，它就是道德的内容。如果提供权利的考量，任何伦理选择理论将是不充分的。

权利的性质与价值[①]

乔尔·范伯格（Joel Feinberg）

一

我想从一个思维实验开始。试着想象一个世界"未名谷"——一个与我们的世界非常相似的世界，只是没有人，或者几乎没有人（资格并不重要）拥有权利。如果这一缺陷使"未名谷"变得太丑而不能长久地被人们思考，我们可以在其他道德方面使它变得像我们所希望的那样美丽。例如，我们可以在不损害我们对人性局限性的观念认识的情况下，使其中的人类尽可能地具有吸引力和德性。尤其要让道德敏感的德性蓬勃发展。让这个想象中的世

[①] 乔尔·范伯格，《权利的本质和价值》，载于《价值探究期刊》，第4卷，1970年冬，第243-257页。

界充满仁慈、同情、理解和怜悯，只要它们能方便而不费力地容纳。现在我们可以想象，人们互相帮助仅仅是出于同情的动机，和我们在现实世界中出于各种更复杂的动机所做的帮助一样多，甚至更多……

那么，让我们把义务引入"未名谷"，但只在那些被认为是道德上强制性的行为的意义上，而不是在旧意义上，那些应由他人承担并被他人视为权利的行为的意义上。现在任何地方都不可能有实在法所规定的那种义务。法律责任不仅仅是恳求或建议我们去做的事情，更是法律或法律下的权威要求我们做的事，无论我们愿不愿意，都在惩罚的痛苦之下。然而，当交通灯变红时，没有一个有决定力的人可以看似合理地声称我们应该停车，因此，驾车人应当具有停车的责任，就像债务人欠债权人的债务一样。当然，在我们自己的现实世界中，有时我们应该让司机同伴停下来，但这种权利相关的责任在"未名谷"并不存在。在那里，司机应该遵守法律，但他们彼此不欠任何东西。当他们发生冲突时，无论谁有错，都没有人对其他人承担道德责任，也没有人有任何合理的不满或"抱怨的权利"。

当我们离开法律语境来考虑道德义务和其他法律以外的义务时，各种各样的没有相关权利的义务就会出现。例如，慈善事业的职责要求我们向众多符合条件的受助人中的一个或另一个捐款，但没有人声称我们的捐赠是他的应得。慈善捐助更像是免费的服务、恩惠和礼物，而不是偿还债务或赔偿；但我们也有行善的责任。此外，在我们的现实世界中，许多人认为，是他们自己的良知使自己去做的，而不是责任，即他们未来的受益人能够要求他们做的。我曾在其他地方引用过H.B.阿克顿（H.B.Acton）对马尔罗（Malraux）小说中的一个人物的描述，"他把他所有的毒药都给了他的狱友，让他们自杀，以逃脱活活烧死的命运，这是他们和他的命运。"这个人，阿克顿补充说，"可能并不认为（其他人）比他更有权利得到毒药，尽管他认为把毒药给他们是他的责任。"[1]我相信，有很多实际例子，不如这

---

① H. B. 阿克顿，《关于"权利"的专题讨论会》，载于《亚里士多德社会论文集》，附录第24卷，1950年，第107-108页。

虚构的例子那么具有戏剧性的英雄色彩，这些人相信，无论对错，他们必须为另一个人做一些事情（因此"责任"这个词），超出了这个人可以适当要求他做的事情（因此没有了"权利"）。

现在题外话结束了，我们可以回到"未名谷"，总结一下我们到目前为止所讲的内容。我们现在发现自发的仁爱在某种程度上比我们现实世界更大，我们也发现了公认的服从责任，慈善责任，以及由严格的私人良心所强加的责任的存在，而且，让我们假设，对于这些责任的认真程度在某种程度上超过了我们在现实世界中所发现的……现在，我将在"未名谷"中进一步介绍两种道德实践，这将使……成为现实，它对我们来说更加熟悉。这些实践与个人应得的观念相联系，我称之为权利垄断。

当有人说一个人值得从我们这里得到一些好的东西时，这在一定程度上意味着，由于他是这样的人，我们给予他这种好的东西是适宜的。也许，或更有可能的是，由于他所做的一些具体的事情。这里所涉及的礼节，是一种远远不够的礼节，它来自我们向他许诺好的事物，或来自他通过满足某些公共规则的良好宣传条件而有资格获得它。在后一种情况下，人们可以说，他不仅配得上这个好东西，而且有权利得到它，也就是说，他有资格要求得到它作为他应得的；当然，我们在"未名谷"是不会有这种事的。这种较弱的礼仪，只不过是一方的性格或行为与另一方的有利反应之间的一种契合，很像幽默与笑声，或出色的表演与掌声之间的契合。

"应该受到或好或坏的对待"这个概念的起源似乎是这样的：主人没有义务因为仆人特别好的服务而奖励他；然而，主人可能会自然地认为，给予无端的奖励作为对良好服务的感激（或者相反地，对糟糕的服务施加惩罚）是特别合适的。这样的行为虽然肯定是理所应当的，但却是完全多余的。受到奖赏的仆人应该报以感激之情。如果他没有得到应得的报酬，他也不应该抱怨，因为他只是应该得到奖赏，而不是有权得到，或者有根据要求作为它的应得。

然而，在"未名谷"，我们将只有最初脆弱的那种应得的赏罚。事实上，如果允许教师给学生打分、法官给学生颁奖、仆人为仁慈但有阶级意识的主人服务，就不可能杜绝这种想法。在很多方面，"未名谷"都是一个相当美好的世界，它的教师、裁判和主人们通常会给学生、参赛者和仆人们他们应得的分数、奖品和奖励。为此，收信人会心存感激；但当预期的回应失败时，他们绝不会想到抱怨，甚至不会感到愤懑。主人、裁判和老师们毕竟不必为任何人做好事。我们应该为他们良好地对待我们而感到高兴，而且不要抱怨他们偶尔的失误。毕竟，他们希望得到的回应是无偿的，而忽略仅仅是无偿的东西并没有错。这是那些对权利没有概念的人的反应，甚至是那些对自己应得的权利感到自豪的人的反应。

当然，有人可能会问，如果我们想要适度复杂的社会组织形式，就必须要有权利。没有赋予权利和强加义务的规则，我们如何拥有财产、交易和协约、承诺和契约、任命和贷款、婚姻和伙伴关系的所有权？很好，让我们把所有这些社会和经济实践引入到未名谷，但有一个大的转折。在此，我想介绍一个奇怪的概念，即"权利垄断"。你们应该还记得，在霍布斯的《利维坦》中，臣民没有任何权利反对他们的君主。他可以对君主们为所欲为，甚至无缘无故地伤害他们，但这并不能使他们对他产生任何合法的不满。在主权里，可以肯定的是，君主有一个特定的责任善待他的臣民，但这责任不直接对臣民，而是对上帝的，就像我们对一个人有责任善待他的财产一样，当然对财产本身没有责任，只对其所有者有责任。因此，虽然君主有能力伤害他的臣民，但他不能令臣民产生抱怨的错误，因为他们对君主的行为没有事先的要求。在君主对臣民的虐待中，唯一同批次到伤害的是上帝——最高立法者……

然而，即使在《利维坦》中，普通的人也有普通的权利来对抗他人。他们扮演角色，占据官职，达成协议，签署契约。在真正的"主权权利垄断"中，正如我将使用这个短语，它们也会做所有这些事情，从而产生对彼此的真正义务；但是这种义务（这里有个转折）将不会直接归于受约人、债权人、父母之类的人，而只归于上帝，或某些精英成员，或上帝之下的某个君主。因此，与这些交易产生与由此产生的与义务相关的权利都属于某些"外部"权威……

在我们的现实世界中，很少有……这样设想他们的相互义务；但他们年幼的孩子，在道德教育的某个阶段，很可能对他们的共同义务有准确的感知。如果比利踢了鲍比，并受到爸爸的惩罚，他可能会为自己的顽皮感到后悔，因为他与深爱的父亲疏远了。然后，他可能会高兴地向爸爸赔罪并真诚地道歉；但当爸爸坚持要他向受了委屈的弟弟道歉时，那就是另一回事了。直接向比利道歉就等于默认了比利处于权利持有人而反对他的地位，有些人对他而言直接为他的错误负责任。这是鲍比乐意给予爸爸的地位；但这意味着他对比利的尊重，而他现在并没有这种感觉，所以他非常怨恨他这样做……

当然，在想象的世界里会有权力下放，授权给他们的下属发号施令，并惩罚他们的不服从。但这些命令都是以权利垄断的名义发出的，而权利垄断又是唯一需要承担义务的人。因此，即使是中级上级也没有对下属的索求权，而只有在下属中建立对垄断权利人的有义务的法律权力，以及以垄断的名义实施惩罚的法律特权。

二

这就是所想象的"没有权利的世界"。如果我在这个世界上允许的一些道德观念和道德实践彼此不兼容，那也没关系。如果可以的话，想象一下"未名谷"的所有这些实践，或者如果你愿意，想象一下它们中的任何一个和谐的小团体。重要的不是我放进去了什么，而是我把什么排除在外了。本文的其余部分将致力于分析，当一个世界不包含权利时，它究竟缺失了什么，以及为什么这种缺失在道德上是重要的。

我认为，"未名谷村民"和我们自己之间最显著的区别就在于索取的行为。即使他们受到恶意的歧视，或被剥夺了他们需要的东西，或以其他方式受到虐待，会毫不犹豫地站起来，对彼此提出正义的要求，尽管他们可能会毫不犹豫地诉诸武力和诡计来得到他们想要的东西。他们没有权利的概念，所以，他们也不知道什么是他们应得的；因此，他们在得到之前也不会索取……

声称自己有权利，就是断言自己拥有这些权利，并且以要求或坚持这些权利得到承认的方式来断言这些权利。在这个"要求"的意义上，除了权利之外，还有许多东西可以要求，也就是说，许多其他种类的命题可以以要求的方式断言。例如，我可以断言你、他或她拥有某些权利，或者朱利叶斯·恺撒曾经拥有某些权利；或者我可以声称某些陈述是真实的，或者我有某些技能、成就或真正的任何事情。我可以说地球是平的。断言的实质是要求断言的方式。一个人甚至可以不太关心是否有人在听，但命题主张的部分意义在于确保人们在听……并不是每一个事实都适合断言，在每种背景下更多的是不适合断言。在不能比冷静断言更有理由的情况下声称某事是正确的，就是表现得像个粗鲁的人。（我得补充一句，这种粗俗的行为在"未名谷"可能不太常见。）但是，在适当的情况下不声称一个人有权利，就是沮丧或愚蠢。"适当的情况"包括：当一个人受到挑战，当一个人的财产被否认，或似乎没有得到充分承认或赏识；当然，即使在这种情况下，这种主张也应该以适当的程度来表达。

即使在可以想象的情况下，人们会不自信地承认权利，但毫无疑问，人们会宣称、要求、肯定和坚持权利的特有用途和它们特别适合的用途。它们特别坚固的"立足点"，是一种最有用的道德内容。当然，拥有权利使要求成为可能；但它声称赋予权利特殊的道德意义。权利的这一特征在某种程度上与人类的修辞习惯有关。拥有权利使我们能够"像人一样站起来"，能够直视别人的眼睛，能够在某些基本方面感觉到与任何人平等。认为自己是权利的持有者，这不是过分的骄傲，而是适当的骄傲，要有最起码的自尊，这是值得别人爱和尊重的必要条件。事实上，对人的尊重（这是一个有趣的想法）可能只是对他们权利的尊重，因此两者之间互不分离；所谓的"人的尊严"可能仅仅是一种可识别的主张权利的能力。尊重一个人，或者认为他拥有人类的尊严，仅仅是认为他是一个潜在的权利创造者。并不是所有这些都可以被包装成一个"权利"的定义，但这些关于权利拥有的事实很好地证明了它们的最高道德重要性。我最想说的是，这些事实解释了"未名谷"的问题所在……

简要结论：权利是反对他人的主张，而承认其合法性是由某种支配规则或道德原则所要求的。反过来，有一个主张，就是有一个值得考虑的情况，也就是说，有理由或根据，使一个人能够持有行为性和命题性的主张。最后，主张的行为和其他任何事情一样，使人懂得自尊和尊重他人，使个人尊严的概念有意义，并将这个道德上有缺陷的世界与更糟糕的"未名谷"的世界区分开来。

人权①

理查德·瓦瑟斯特罗姆

一

如果有人权这样的东西，它之所以具有一定的重要特征和功能，正是因为权利本身是有价值的、有显著特色的道德"商品"。我认为，每当权利的概念被当作一个基本上无趣的衍生概念——可以通过解释义务和义务的概念以完全令人满意的方式加以考虑时，这一点就常常被忽视了。

现在，我的本意并不是要争辩说，可以存在没有相关义务的权利，也不可能存在没有相关权利的义务，尽管我认为存在，例如，善待动物的义务或慈善的义务。相反，我想说明的是，权利和义务之间有重要的区别，特别是权利履行的某些功能是义务（甚至是相关义务）或任何其他道德或法律概念

---

① 理查德·瓦瑟斯特罗姆，《权利、人权与种族歧视》，载于《哲学杂志》，第61卷，第20号，1964年10月29日。

都无法履行的。

也许关于权利最明显的一点是，它们是权利领域的组成部分。它们有助于定义和保护那些人们可以提出特殊要求的事物——权利要求。来主张或获得任何作为一种权利的东西与通过特权的授予、恩惠的接收或许可的存在来寻求或获得它至关重要的不同。对某事拥有权利通常是指现在有权接受、拥有或享受某物，而且这样做没有得到另一个人的同意。只要一个人对任何事情都有权利，那么其他人就不能适当地拒绝或否定它。此外，拥有一项权利就免除了对在其他情况下可能是有关的各种考虑加以权衡的义务；它被赋予权利对象的权利——至少表面上是这样——无须更多。简而言之，对任何事物都有权利，就是在道德或法律上有很强的权利要求。这是最强烈的一种主张。

正因为如此，很明显，作为一种权利，一个人有权享有的东西通常不是微不足道的或无关紧要的。权利的对象是有意义的东西。

另一种解释相同的观点的方法是观察到权利为做出至少两种道德判断提供了特殊的依据或理由。第一，如果一个人对某物有权利，他可以适当地引用这一权利作为根据该权利行事或行使该权利的正当理由。如果一个人的行为是为了行使他的权利，那么他的行为就毫不犹豫地是正确的——至少表面看来是正确的。行使自己的权利就是以一种能明显确信不受批评的方式行事。当一个人离开权利领域，进入被允许或不被禁止的领域时，这种豁免就远没有保障了。

第二，就像行使或维护自己的权利本身不需要防御一样，侵犯、干涉或否定他人的权利是通过他本身严厉谴责和指责的适当根据。这里，违反或忽视一项义务与侵犯或干涉一项权利在重点和意义上是不同的。因为把注意力集中在责任和其违约上，就必然会集中在负有责任的人身上；它是援引对他的行为做出道德评价的标准。另一方面，权利要求人们注意所造成的伤害；事实是权利的拥有者受到了诉讼的不利影响。此外，侵犯一项权利本身就构成一种特殊和独立的损害，而不那么严格的申诉则不是这样。

最后，正因为权利是一种道德商品，它描绘了权利的领域，它们还有一个额外的重要功能：定义人们可以合理地接受某些期望的方面。生活在一个有权利并且权利得到普遍尊重的社会，就是生活在一个社会环境明显变得更可预测和更安全的社会。它是能够指望得到和享受有价值的东西。因此，权利具有明显的心理层面和道德层面的维度和意义。

二

如果以上就是一般权利的一些特性和特征功能，那么我们对人权又能说些什么呢？更具体地说，什么是人权的权利？人权可能发挥什么特殊作用？

也许关于人权最简单的说法可能是它是人类拥有的一种权利。谈论人权就是将人类所拥有的权利与非人类实体（如动物或合作机构）可能拥有的权利区分开来。

可以肯定的是，这不是一般意义上的人权。人权几乎总是被认为是这些权利中的一种，而不是构成人类拥有的所有特定权利的种类。如果关于这个主体的其他方面都不清楚，那么很明显，一个人的特定法律权利，以及他的一些道德权利，不在他的人权之中。如果任何权利都是人权，我认为，它必须至少有四个非常普遍的特征。第一，它必须为所有人所拥有，也只能为人类所拥有。第二，因为它是所有人都拥有的权利，所以它必须被所有人平等地拥有。第三，因为人权是所有人都拥有的，我们可以排除作为可能的候选人的任何权利，这些人可能事实上拥有特定的身份或关系，如父母、校长或受约人。第四，如果有什么人权的话，它们还有一个额外的特点，可以这么说，"反对整个世界"。也就是说，因为这些权利不是根据任何偶然的地位或关系而拥有的权利，它们是可以对任何其他人平等要求的权利。

此外，再重复一遍，如果存在人权，也即具有作为权利的某些特征。因此，如果真的有任何人权的话，这些人权是所有人所能主张的最强有力的道德要求。它们用来定义和保护所有人都有权拥有和享受的东西。它们指出了每个人都有权在不需要进一步许可或同意的情况下，应该向哪些对象和哪些领域行动。它们的作用是为了让某些事情超出所有人的权力去同意或拒绝。它们为每个人以某种方式行动提供了稳定的理由并谴责任何干涉和侵犯，而且，它们的作用还会引导人们充分发现相信，这种自信是受它们保护的价值或目标将很容易和可预见地获得。如果真有人权的话，它们就是强大的道德商品。

最后，也许值得注意的是，我还没有赋予这些权利某些特征。特别是，我并没有说人权需要具有以下两个特征之一的任何一个：绝对性和自明性……我并没有说人权在某种意义上是绝对的，即没有条件可以适当地推翻人权，尽管我断言——这是完全不同的——人权在任何意义上都是绝对的，即所有人都平等地拥有人权，而不需要任何特殊的、额外的资格。

我既没有说（也不想断言）人权在任何意义上都是自明的。事实上，我想明确地否认人权理论的发展需要一种特殊的认识方式或一种特定的认识论。我想说的是，对于某一特定权利是一项人权的主张，有很多可以辩护或支持的地方。我也想坚持认为，为人权提出理由是与人权作为人类或自然权利的性质相一致的。我在人权问题上所说的一切都不会导致任何相反的结论。

三

问是否存在任何人类或自然权利，是提出了一个潜在的误导性问题。任何一种权利，尤其是自然权利，都不像椅子或树。人们不能简单地看看它们是否在那里。然而，至少有两种意义上的权利可以说是存在的。首先，我们可以提出并回答一个经验主义的问题：即在一个特定的社会中，是否存在对个人或其他实体拥有权利这一事实的知识或概念的确认。我们可以问，那个社会中的人是否"具有"权利（或人权）的概念，以及他们是否认为这个概念对那个社会中的人或其他实体充满意义地适用。其次，我们可以提出这样一个问题，在一个承认权利存在的社会中，人们在多大程度上认可权利的存在，这是人们在普遍尊重、保护，或不干涉这些权利的行使。

然而，这并不是仅有的两个问题。因为我们还可以寻求确定任何权利，特别是人权，是否应该得到承认和尊重。现在我想通过思考人权的论证是如何发展的来开始做这件事。

我认为，很明显，几乎所有将权利承认为人权的论点都始于这样一个事实的断言：在某些方面，所有人都是相同或平等的。论证通常从这一断言转到某些人权的结论。然而，人们往往不清楚的是，关于人在哪些方面是相同的命题的真实性，究竟是如何推动承认人权的论点的。因此，必须提供的是，似是而非的中间前提，它将初始前提和结论联系起来。

格雷戈里·弗拉斯托斯（Gregory Vlastos）在一篇名为《正义与平等》（Justice and Equality）的文章中①，对一个论证进行了最仔细、最完整的阐释，说明了其中的一些中间步骤，他说，我们的道德赋予每个人的福祉和自由的平等的内在价值。具体来说，论证是这样的：

弗拉斯托斯断言，在各种各样的情况下，所有人都有能力体验相同的价值观。

因此，举一个非常清楚的例子，无论A和B的品位和生活方式如何不同，他们都渴望从剧烈的身体疼痛中解脱出来。在这种情况下，我们会把同样的价值给他们中的任何一个，不管事实是A可能是一个有才华的辉煌的成功人士，B"只是一个无名小卒"……在所有人类能够享受相同商品的情况下，我们都觉得他们享受的内在价值是相同的。就这个意义而言，我们认为（1）一个人的幸福和其他人的一样有价值……［同样］我们觉得，为自己选择做什么、相信什么、赞成什么、说什么、读什么、崇拜什么，都有其内在的价值，对所有人都是一样的，而且完全独立于他们所选择的事物的价

---

① 理查德·B.布兰德，《社会正义》，恩格尔伍德克利夫斯，新泽西，1962年，普伦蒂斯霍尔出版社，第31—72页。

值。当然，我们希望所有人都将创造最好的可能，使用人们的自由选择。但我们评价自由的实践不关心结果，我们会对所有人进行平等的评价。对我们来说，（2）一个人的自由和其他任何人的自由一样宝贵……因此，既然我们相信人类的福祉和自由是平等的，我们也应该相信人类享有福祉和自由的权利是初步的平等。

如上所述，我不确定这个论点是否回答了某些类型的攻击。特别是有三个问题值得进一步注意。第一，为什么每个人都有权利享受任何物品，更具体地说，有权利享受福祉和自由？第二，有什么理由可以保证我们相信享受这些商品的内在价值对所有人都是一样的？第三，即使有人应该享有福祉和自由的权利，即使每个人享受这些商品的内在价值是平等的，为什么所有人都应该拥有平等的权利——并因此是确保、获得或享受这些商品的人权？

我认为第三个问题是三个问题中最简单的。如果任何人都享有福祉和自由的权利，如果任何人享受这些商品的内在价值与他人的内在价值是平等的，那么所有人都享有平等的权利，因此也就是人权——确保、获得或享受这些商品，仅仅是因为区分不同的人对这些权利的占有是不合理的。也就是说，任何人都不应该被区别对待，除非有一些普遍的和相关的理由来证明这种区别对待，这一原则即使不是理性本身的原则，也是道德的基本原则。的确，尽管我不确定人们如何为这一原则辩护，但我认为完全可以说，所有人都有一种"二级"人权，即一种希望所有人据此遵守这一原则的绝对权利。

这一原则或这一权利本身并不能确立任何特定的人权。但无论是原则还是权利，似乎都确立了福祉和自由是人权，如果它们根本就是权利，而且如果每个人享受的内在价值是相同的，鉴于这些前提，似乎可以得出这样的结论：在拥有这项权利方面，没有任何相关和普遍的理由对不同的人加以区分。

我说"似乎"和"好像"是因为这个道德的一般原则可能不够充分。到目前为止所讲的，并不明显地排除存在某种一般的和相关的区分原则的可能性。显然，它只是排除了内在价值的可能变化，作为进行区分的理由。

相关性的要求，我认为，似乎使这个论证更可靠。因为，如果承认一个人自由权和福祉权是他享受这些商品的内在价值，那么，任何其他人享受的内在价值的本质是，对产生例外或在这些权利拥有者之间做出区分的唯一相关理由。

至于第一个问题，即一个人是否有福祉和自由的权利，我不确定什么样的答案是最令人满意的。如果弗拉斯托斯关于这些享受是价值的断言是正确的，那么，也许，这种回答就够了。也就是说，如果享受福祉是一件有价值的事情——特别是如果它具有内在价值——那么似乎可以得出这样的结论：这是一种人们应该享有的权利。因为如果有什么东西应该得到权利所赋予的那种保护，那应该是有价值的东西。也许，除了指出我们只是正确地重视福祉和自由之外，没有什么需要说的了。

我认为另一个更普遍的答案也是可能的。在这里，我要更具体地回到我先前关于权利的一些特征和功能的讨论。有两点需要说明。首先，如果有人问我们，为什么每个人都应该有任何权利？或者为什么不建立一个根本没有权利的制度呢？答案是这样一个体系：道德贫乏的体系。它将阻止人们提出这些要求，它会阻止人们有这些类型的期望，它会禁止人们做出那些类型的判断，而权利体系使之成为可能。

因此，如果我们能回答"为什么有权利"这个问题，那么我们就能提出并回答"什么东西——包括其他东西——应该受到权利保护"这个问题。我认为，答案应该是，一个人应该能够把那些最低限度的东西作为权利，没有它们就不可能发展一个人的能力，也不可能像人一样生活。因此，就拿福祉的先决条件来说，从剧烈的身体疼痛中解脱出来，这是一种应该作为某种权利受到保护的享受，因为没有这种解脱，一个人就无法有效地做或成为什么。同样地，对于做出选择、检验信念等机会也是如此。

重述要点。到目前为止的讨论表明了两件事：（1）在何种条件下，任何特定的权利都是人权；（2）某些价值或享受应该被视为权利事项的一些可能的理由。剩下的最后一个问题是，是否有任何特定的权利满足使其成为人权的必要条件。或者，更具体地说，是否有理由相信，没有一般和有关的原则可以证明在人的福祉权和自由权方面，对它们加以区分是合理的。

　　弗拉斯托斯认为，福祉和自由的权利确实能满足这些条件，因为他断言，至少我们确实认为每个人的福祉和自由具有同等的内在价值。如果这是正确的，如果每个人的福祉和自由确实具有同等的内在价值，那么就没有一般和相关的原则来区分人与这些价值的看法，从而区分人与他们获得这些价值的权利。但这似乎并不完全令人满意。它并没有给我们任何理由去假设将平等的内在价值归于每个人的福祉和自由是合理的。

　　那么，关键的问题是，是否有可以将平等的内在价值归于每个人的福祉和自由。我认为，至少有三个不同的答案。

　　首先，我们可以断言，这种归属只是构成了我们道德的另一个特征。唯一能做的就是指出这确实是一个我们做出的假设，并询问人们是否愿意生活在一个有这种假设的社会中。

　　虽然这可能是正确和有说服力的，但在我看来，这似乎不是所有能做的。特别是，我认为，还有两个进一步的论点。

　　首先，在某些情况下，所有的人都是平等的，有能力享受相同的物品，例如，从剧烈的身体疼痛中解脱，或者他们能够从相同的物品中获得平等的享受。如果这是真的，那么如果任何人有权利享受这种享受，那么这种权利就是一种人权，因为没有理性的理由来选择一个人的享受而不是另一个人的享受。因为如果所有的人都有这些能力，如果这些能力的存在是归于任何这些权利的理由，那么所有人都应该有权利要求在拥有和行使这些权利方面获得平等对待。

　　这一论点的内在困难在于下一论点的说服力。困难之处在于，要知道一个人如何证明所有人都有同等的能力享受任何一种相同的物品，甚至要知道一个人如何试图收集或评估这方面的相关证据，似乎是极其困难的。在真正的意义上，对诸如承受痛苦的能力这样的事情进行人际比较，似乎在逻辑上和在经验上都是不可能的。毫无疑问，更难以获得的是一种衡量自己选择所得的相对喜悦的方法。这些仅仅是享受的相对价值，对于不同的人来说，是无法评估的。如果是这样，那么这个事实就引出了另一个可选择的论点。

通过考察人类历史和我们自己的生活，我们确实知道，剥夺了体验享受这些商品的机会，就不可能过上充实或满意的生活。在真正意义上，对这些商品的享受将人类与非人类实体区分开来。因此，即使我们没有有意义的或可靠的标准来比较和衡量享受的能力，或衡量它们的数量或质量，我们可能已经知道了所有我们需要知道的，来证明我们拒绝尝试给这些商品的享受价值分级的理由。因此，将其内在价值视为对所有人都平等对待的双重理由是：要么这些价值对所有人都平等；要么，如果存在差异，它们在原则上是无法发现或衡量的。因此，这个论点，或者说一个论点，是关于福祉和自由的人权。

人权的基础和内容①

艾伦·格卫斯

尽管人权的概念在实践上具有极大的重要性，但关于人权的一些最基本的问题尚未得到充分的答案。根据定义，我们可以假设人权是所有人只要是人就拥有的权利，这是正确的。但是有这样的权利吗？如果有的话，我们是如何知道有的呢？它们的范围或内容是什么，它们是如何相互关联的？它们中的任何一个是绝对的，或者它们中的每一个可能在某些情况下会被推翻？

一

让我们……开始对这些关于人权的问题给出答案。首先，由于这些权利源自有效的道德标准或原则，我们必须考虑道德的背景或主题……在各种不同的分歧中，道德的实质和分配标准相互冲突，可能会引出某种核心意义。

---

① J.罗兰·彭洛克和约翰·W.查普曼编，《人权》，罗斯姆斯，第23期，纽约大学出版社，1981年。

根据这一点，道德是一整套对行为而言的明确的强制性要求，这种行为至少部分针对每一个实际的或认知的主体，他有意地推进利益，特别指除主体或演讲者以外的人或接受者的最重要的利益……

正如我们所看到的，道德在他们认为哪些人的利益是重要的和值得支持的这两方面是不同的。在这些差异中，所有的道德都有一个共同点，那就是它们都与行为有关。因为所有的道德判断，包括权利主张，都直接或间接地构成关于人们应该如何对待彼此的准则。当然，这些判断的具体内容千差万别，而且常常相互冲突。但是，尽管有这些变化和冲突，它们在人类行为的背景上有共同点，它们有不同的规定或禁止，因此这种观点被认为是对的或错的。这一背景构成了所有道德的一般主题。

对人类行为的考虑，如何成为人权归属和内容的依据或理由？

正如我们所看到的，一切道德准则，无论其具体内容如何变化，都直接或间接地与人们应该如何行动有关。这也适用于大多数（如果不是所有的话）其他实践的原则。就行为可能是任何此类戒律的对象而言，它们就是由有目的主体来执行的。现在，每个行为人都认为他的目的是好的，这是根据他的行为所涉及的一切标准（不一定是道德标准）来实现的。这表现为，例如，通过努力或至少意图，每个主体接近实现他的目的。因此……作为理性的人，他也把他为达到目的而采取行动的，近于一般的必要条件视为必要的善。因为如果没有这些条件，他就不能为任何目的或利益而行动，或者至少不能有任何机会实现他的目的。他的行为和成功行为的必要条件是自由和福祉，自由在于在了解相关情况的情况下，通过自己的非被迫选择来控制自己的行为，而幸福在于具有主体所需的其他一般能力和条件。这种幸福的组成部分分为三种基本的善：基本的、非减法的和附加的善。这些将在下面进行更全面的分析。

说到每一个理性的人都把他的自由和福祉视为必要的善，我主要是在说……关于行为结构中逻辑上所包含的辩证的必要观点。由于主体是为了他们认为值得追求的目的而采取行为的——否则他们就不会为了达到目的而通过非被迫的选择来控制自己的行为——只要他们是理性的，他们也必须把这种追求的必要条件视为必要的善……我将把自由和福祉称为行为的一般特征，因为它们是所有行为的特征，或至少是上述所界定的行为方面的所有成功行为的特征。

人权的归属和内容正是源于对自由和福祉作为行为的必要的善的考虑。主要的一点是，在下列特定条件下，必要的善和权利之间存在逻辑联系……原因在于权利包含规范性的必要性。理解这一点的一个方法是通过权利和严格的"应该"或责任的相关性。"A对X有权利"的判断既需要又被"所有其他人应当避免干涉A拥有（或做）X"所限定。这个"应该"包括由于或归因A的观念。在某些情况下，包括那些主体或权利拥有者A不能通过自己的努力而拥有X，这种权利判断还需要并且必须被限定为"其他人应该协助A拥有X"，在那里"应该"再一次包括由于或归因于A的观点。这些严格的"应该"包括规范的必然性；它们陈述了其他人作为权利所必须做的。这种必要性也涉及经常注意到的将"应该"和"权利"作为同义词或至少作为"权利"实质性使用的组成部分。一个人的权利属于他应得的，他有权得到的，因此他有权要求别人。在所有这些表述中，规范性必要性的思想是核心。

这种必要性是权利归属的一个实质性组成部分，但它不足以在逻辑上为这种归属奠定基础。让我们重申，自由和福祉是行动的必要成果。从"X对A来说是必要的善"，逻辑上是否可以推断出"A对X有权利"？为了正确理解这个问题，我们必须记住"必要的善"在这里是在理性和不变的意义上使用的。它并不是指不同主人公可能具有的古怪和毫无根据的欲望，比如有人断言："我必须去佛罗里达度假（或一辆十速自行车）；这对我来说是一件必要的善。"更确切地说，"必要的善"在这里被限制在主体真正有根据的要求之内；因此，它正确地描述了所有主体作为行为需要而必须接受的不可缺少的条件……

必要的善的概念要在逻辑上产生权利概念，两个概念都必须出现在主体或权利人自己按照辩证的必要方法所做出的判断中。回想一下，这种方法是从主角或主体必然做出或接受的陈述或判断开始的，然后该方法追踪这些陈述或判断在逻辑上意味着什么。因此，在目前的情况下，在当前的行为语境中，该方法要求对必要的善和权利的判断被视为是由目的性主体的行为人从其自身内部的意向性立场做出的判断。

如果采用这种内在的、意指的观点，上述关于必要的善的判断和权利归属之间的逻辑差距就被消除了。主体现在被设想为说，"我的自由和福祉是必要的善。"从这一点上，他的进一步判断是合乎逻辑的，"我有自由和福祉的权利。"因为关于必要的善的断言现在不仅仅是一个事实的意思陈述；相反，因为它是由主体从他自己的意指立场在有目的的主体中做出来的，它承载着主体的主张或认可。实际上，他是在说，"我必须有自由和福祉，以便通过我的行为来追求我想要和打算追求的任何目标。"因此，他的陈述是规定性的。

同样地，他的陈述包含着他应得的，他有权得到的想法。必须记住，这些概念不仅有道德或法律标准；它们可以与许多不同的标准一起使用，包括智力的、审美的和谨慎的标准。在目前的背景下，主体的标准是谨慎的：他要求自由和福祉的权利是基于他作为一个想要追求他的目的的主体的自己的需要。他说，他有自由和福祉的权利，因为这些东西是他作为一个预期的有目的性的主体应得的，因为他需要这些东西，以便行动，或者有成功的一般可能性。

这种考虑也表明，从主体的判断"我的自由和福祉是必要的善"出发，也有基于他的那部分逻辑上跟随的主张，这是反对其他人的。因为他是在说，因为他必须有自由和福祉才能行为，无论如何进一步的条件是要求这些需要必须满足；这些进一步的条件尤其包括其他人至少不要干涉他的自由和福祉。因此，主体的断言需求主体在他那一部分的要求上不受其他人的干涉，并且，在某些情况下，也需要他们的帮助……

二

　　到目前为止，我已经证明了权利和权利要求与行为是必然联系在一起的，因为每一个主体在自我矛盾的痛苦中，必须持有或接受他对行为的必要条件拥有权利。今后，我将称这些为一般权利，因为自由和福祉是行为的普遍特征。然而，就目前所述，它们只是谨慎的权利，而不是道德的权利，因为正如我们所看到的，它们的标准是主体自己对其目的的追求。为了确定它们也是道德和人权，我们必须表明，每一个主体必须承认所有其他的人也有这些权利。因为通过这种方式，主体将致力于考虑除他自己以外的其他人的目的或利益。让我们看看他为什么必须采取进一步的措施。

　　这涉及到根据或充分理由或充分条件的问题，在此基础上任何主体必须认为他拥有一般权利。现在，这个理由不受他的选择或可变的决定的影响。有一个，也只有一个理由，每个主体在逻辑上必须接受作为他拥有一般权利的充分理由条件，即，他是一个未来的主体，他有他想要实现的目的。假设某个主体A认为他拥有这些权利只是因为一些更有限制性的必要和充分的理由R。这将导致在缺乏R时，他将缺乏一般权利。但如果A接受这个结论，即他可能没有通用的权利，他将自相矛盾。因为我们在上面看到，对于每一个主体来说，他必须至少含蓄地认为或接受他有自由和福祉的权利，这必然是正确的。因此，A将处于既肯定又否认他拥有一般权利的地位：肯定他，因为他是一个主体；否定它，因为他缺乏R。为了避免这种矛盾，每一个主体必须持有，作为一个潜在的目的性主体有充分的原因或条件拥有一般权利。

　　由于这个充分的原因，每一个主体，出于自我矛盾的痛苦，也必须接受这种普遍化，即所有潜在的目的性主体都有一般的权利……如果任何主体A否认或拒绝接受任何其他潜在的目的性主体的这种普遍化，那么A就会自相矛盾。因为他的立场是，作为一个潜在的目的性主体，既是，也不是拥有一般权利的充分理由条件。因此，出于自我矛盾的痛苦，每一个主体都必须接受这样一个普遍化，即所有潜在的目的性主体都有普遍的权利。

因此，我们现在已经达到了人权的基础。因为自由和福祉的一般权利是道德权利，因为它们要求每一个行为主体有利地考虑所有其他可能的主体的最重要的利益，即基于他们对主体的必要条件的需要的利益。这些一般权利也是人权，因为每个人都是一个实际的、预期的或潜在的主体。我将在下面更充分地讨论这些权利在人类中的分配。但首先，我还必须确定，在上述进一步的方面，一般权利是人权，即它们以一种有效的道德标准或原则为根据或为其辩护。

上述关于一般权利作为道德权利的论点，已经为推导出最高的道德原则提供了充分的基础。我们已经看到，每一个主体，出于自相矛盾的痛苦，必须接受这样一种概括，即所有潜在的目的性主体都有自由和福祉的一般权利。从这种普遍化中，由于权利和严格的"应该"的相关性，逻辑上可以得出这样的结论：只要其他人是潜在的目的性主体，每个人都应该避免干涉他们的自由和福祉。还可以得出这样的结论：在某些情况下，每个人都应当帮助他人获得自由和福祉，如果他们无法通过自己的努力获得这些自由和福祉，而且他可以向他人提供这种援助，而自己无须付出相当的代价，尽管这种援助通常必须通过适当的机构进行。因为限制和协助在这些方面采取行为，一个人的行为符合接受者的一般权利，每个主体逻辑上承诺，自相矛盾的痛苦接受以下规则：行为符合你的接受者和你自己的一般权利。我将把这称为一般一致性原则，因为它结合了对一致性的正式考虑和对主体的一般特征和权利的实质性考虑。根据某人的自由权行事，在某种程度上是避免强迫他；根据某人的福祉权行事，在某种程度上，是避免通过对他的基本的、非减法的或加法的善产生不利影响来伤害他。此外，根据这些权利采取行为也可能需要积极的协助。这样维护的这些权利现在是道德权利，因为它们涉及促进主体以外的人或主体以外的人的利益或善。一般一致性规则的核心道德要求是一般权利的平等，因为它要求每个主体给予他的接受者同样的自由和福祉的权利，这些权利是他必须为自己争取的……

三

到目前为止，关于人权仍有两个广泛的问题。首先，自由和福祉的权利是非常普遍的。他们有哪些更具体的内容，这些内容又是如何相互联系的？其次，人们常常根据政治效力和法律强制的思想来考虑人权。在一般权利的情况下，这种关系是如何运作的？所有这些都应该被法律依法强制执行吗？还是只有一部分？这是如何确定的？

要回答第一个问题，我们必须分析福祉和自由的组成部分。上面提到，福祉被视为主体所需要的能力和条件，包括三种善：基本的善、非减法的善和加法的善。基本的善是行为的基本前提条件，如生命、身体完整和精神平衡。因此，当一个人被杀害、挨饿、丧失行为能力、受到恐吓或受到精神错乱药物的折磨时，他的基本权利——他拥有基本的善的权利——就受到了侵犯。在下列情况下，基本权利也受到侵犯：一个人溺水或挨饿，而另一个人可以在不付出与他自己相当的代价的情况下救他或给他食物，却没有这样做。

非减法的善是保持一个人的目标实现水平和一个人的特定行为能力维持所需要的能力和条件。当一个人能力受到不利影响时，他的非减法权利就受到了侵犯，他无法规划未来，无法了解与他计划的行为相关的事实，无法利用他的资源来满足他的需求，等等。遭受这种不幸的方式包括谎言、欺骗、偷窃或诽谤的伤害；遭受食言的伤害；或遭受危险的、有辱人格的伤害；或在资源可以得到改善时，遭受过度衰弱的体力劳动或住房的条件，或其他策略性的生活状况的伤害。

加法的善是提高一个人的目的实现水平和一个人的特定行为能力所需的能力和条件。当一个人的自尊受到攻击，当他的能力被剥夺受教育的权利，或者当他因种族、宗教或国籍而受到歧视时，他的加法的权利就受到了侵犯。当一个人对自我的勇气、节制和谨慎等德性的发展受到一些行为的阻碍时，这种权利也受到了侵犯，这些行为助长了一种恐惧和压迫的气氛，或鼓励了对身体或精神有害的做法的传播，如过度使用药物，或导致错误信息，无知，还有迷信，尤其是当迷信影响到人们为了追求自己的目标而有效行为的能力时。当一个人的基本福祉权受到侵犯时，我要说他遭受了基本的伤害；当他的非减法或加法福祉权受到侵犯时，我要说他遭受了特定的伤害。

人权除了包括这三种福祉权外，还包括自由权。在一个人在了解相关情况下，通过自己的非强迫选择或同意来控制自己的行为和参与交易，这样他的行为就不会被其他人的行为所强迫或阻止。因此，如果一个人受到暴力、胁迫、欺骗或任何其他程序的侵害，或通过他自己的非强迫选择而剥夺他对自己行为的知情控制，那么他的自由权就受到了侵犯。这一权利包括享有个人自主和隐私的范围，在此范围内，除非并直到某人非强迫的同意接受他们的行为，否则他就被其他人置于单独状态。

一般来说，每当一个人侵犯了这些福祉或自由的权利，他的行为在道德上就是错误并且自相矛盾的。因为他处于这样一种地位，即他必须主张他自己有这样的权利：只要他是一个预期的有目的的主体，就不被其他人拥有，即使后者也是一个预期的有目的的主体。因此，所有这些道德上错误的行为在理性上都是不合理的。

然而，还必须指出，这些自由和福祉的权利可能相互冲突。例如，当A用自己的自由去杀人、抢劫、或侮辱B时，在这种情况下，A的自由权可能与另一个人B的福祉权发生冲突。其他人避免通过非强迫选择，其行为的责任可能与他们防止B遭受基本或具体伤害的责任相冲突，而他们可以这样做，但不需要付出与自己相同的代价。此外，不同的人的福祉权可能会相互冲突，比如当C必须对D说谎，以防止E被谋杀，或者当F必须违背对G的承诺以拯救溺水的H。此外，一个人的自由权可能与他自己的福祉权发生冲突，比如当他自杀或服用有害药物时。在这种情况下，其他人有责任不通过他的非强迫选择来干涉他对自己行为的控制，这可能与他们有责任防止他失去基本的善相冲突，而他们可以这样做，而不需要付出与自己相同的代价。

这些冲突表明，人权只是表面的，而不是绝对的，因为在某些情况下，它们可以有理由被践踏……但是，虽然人权可以被推翻，但这仍然使一般一致性原则成为绝对或绝对强制性的道德原则。因为一般一致性原则为一种道德权利对另一种道德权利的合理超越设定了标准，从而为权利之间的冲突的解决设定了标准。这些标准的基础是，一般一致性原则既是一种形式原则，也是一种实质原则，涉及关于行为必要条件的拥有和使用的事务一致性。这些标准源自一般一致性原则的中心要求，即所有可能有目的的主体必须相互尊重自由和福祉。只有在需要防止或纠正之前的背离，或避免更大的背离，或遵守社会规则的情况下，才有理由背离这种相互尊重。这些规则本身以一般一致性原则的程序和工具应用中所示的方式反映了这种尊重。因此，解决权利或责任冲突的标准分为三个标题，它们的重要性逐渐降低。

虚假的区别——"消极"权利和"积极"权利①

亨利·苏

一

许多美国人一开始可能会倾向于认为生存权至少比安全权稍微不那么重要一点，即使生存至少和安全一样对生存至关重要，即使在生存无法维持的情况下，安全问题甚至不会出现。美国政府的许多官方言论例行地将所有的"经济权利"，其中基本生存权被埋在许多非基本权利之中，视为次要的和可推迟的……既然支持个人生存这两个方面的基本权利的同一论点就摆在我们面前，我们就可以批判性地考察为什么有时人们似乎有基本的保障权利。如果有的话，即使是获得最低限度的医疗保健、食物、衣服、住所、未受污

---

① 亨利·苏，《基本权利：生存、富裕和美国外交政策》，1980年，普林斯顿大学出版，节选自第35—53页。

染的水和未受污染的空气等物质生存必需品的权利，在某种程度上也不那么紧迫或基本。

人们经常断言或假定，人身安全权和生存权之间的一个非常重要的区别是，它们分别是"消极"权利与"积极"权利。我现在将试图反驳这种立场，它比最初看起来要复杂得多。我有时会把它称为生存权是积极的，因此是次要的。显然，采取这一立场包括认为生存权在某些方面是积极的，而安全权则是消极的，并进一步声称，关于积极或消极的这种差异是赋予消极权利优先于积极权利的充分理由。稍后我将简短地解释这种假定的积极或消极的区别。但首先，我想列出生存权是积极的，因此是次要的这一立场所需要的所有前提，尽管我只需要削弱其中的一些——严格地说，只需要削弱其中的一个前提，就可以对这一立场的结论提出严重的怀疑。

与安全权相比，所谓的生存权缺乏优先权：

1. 生存权和安全权之间的区别是（a）强烈的，（b）显著的。
2. 积极权和消极权之间的区别是（a）强烈的，（b）显著的。
3. 生存权是积极的。
4. 安全权是消极的。

我并不是说任何人都已经把这一论点按所有步骤的实际需要列出了。相反，对论点的完整陈述就是反驳的开始——这是一个哲学类比的原理——阳光是最好的防腐剂的例子……

我将集中说明前提3和4都是误导。然后，我将提出一套职责之间的区别，以准确地传达被3和4扭曲的透视。由于3和4是不准确的，人们对2产生了相当大的怀疑，尽管仍然有可能有人可以指定一些截然相反的权利，实际上是2的例子。我不会直接攻击前提1。

现在，关于积极权利和消极权利的一般性建议背后的基本思想似乎是，一种权利（积极的）要求别人积极采取行动"做些什么"，而另一种权利

（消极的）要求其他人仅仅克制自己不采取某些行动，不做任何侵犯权利的事情。例如，根据以上描述，生存权将是积极的，因为它将要求其他人在最后时刻向那些无法找到、生产或购买自己的食物或清洁空气的人提供食物或空气；安全权是消极的，因为它将要求其他人仅仅避免谋杀或以其他方式攻击享有这种权利的人。因此，根本的区别在于采取行动和克制行为之间；积极权利是那些有相关责任以某种方式行事的权利，消极权利是那些有相关责任以某种方式克制行为的权利。因此，积极权利和消极权利之间的区别在道德上的意义（如果有的话）取决于采取行动和避免行动之间的区别。

因此，将生存权考虑为次要的通常隐含的论据似乎基本上是这样的。由于生存权是积极的，并且要求他人做得比消极权利所要求的更多——也许比人们实际能做的更多——消极权利，比如安全权，应该首先得到充分保障。然后，任何剩余的资源都可以用于维持生计的积极的——也许是不可能的——提供了生存的任务。对这一论点来说，不幸的是，人身安全权和生存权不能整齐划一地对应于简单的积极或消极二分法中指定的两个方面。我们必须考虑安全权是否是纯粹消极的，然后再考虑生存权是否是纯粹积极的。我将尽力展示（1）安全权比它们通常被认为的更"积极"，（2）生存权比他们常说的更"消极"，并考虑到（1）和（2），（3）安全权和生存权之间的差别，虽然不完全是虚幻的，但太细微了，而不能支持任何有分量的结论，特别是安全权是基本的，而生存权不是基本的。

在人身安全的条件下这也许是可能的：为了避免对一个人人身安全权的伤害而仅仅以任何方法限制行动就构成了侵犯。但是，不采取广泛的积极行动，或为采取行动支付费用，就不可能保护任何人的人身安全权。例如，保护人身安全权至少需要警察部队、刑事法庭、监狱、警察、律师、警卫培训学校；还需要用税收支持一个庞大的系统，用于预防、检查和惩罚违反人身安全。所有这些活动和机构都试图为个人的安全提供社会保障，使他们不至于独自面对他们自己无法对付的力量。一个人认为，要使人们真正得到合理的安全（这与仅仅知道在某人的安全已经被侵犯之后，偶尔会有罪犯受到惩罚，这只是一种冰冷的安慰），需要比这些支出多多少，取决于他对暴力犯罪的理论，但是，相信这将涉及极其昂贵的"积极"计划也不是不合理的。也许没有人知道在像美国这样的当代社会，需要采取多少积极的行动才能显著降低抢劫、强奸、谋杀和其他侵犯人身安全的袭击的水平，实际上才能使人们合理地感到安全。

有人可能会说，这模糊了对人身安全的权利与其他类型的权利，这些权利可能被称为对人身安全攻击的保护权利。根据这一区别，人身安全权是消极的，只要求他人避免攻击，而人身安全受到保护的权利是积极的，要求他人采取积极措施防止攻击。

也许如果有人要处理荒郊野岭的情形——在那里，单个人之间的争斗是不确定的。可能会有一些人注意到：我不要求你配合从第三方担保制度来保护我，但仅仅只是避免攻击我。但是在一个有组织的社会中，如果存在任何类似于人身安全权的东西，而这些权利与其他一些人身安全受保护避免攻击的权利是不同的，那么没有人会对人身安全的纯粹权利感兴趣。人们想要的和需要的……就是对自己的权利的保护。只要这种脆弱的区别成立，这是任何理性的人都会向社会要求保护自己避免攻击的权利。对人身安全的要求通常不是简单地要求置身事外，而是要求避免伤害。这是对积极行动的要求，或者，用我们最初对一项权利的描述的话来说，是对社会保障的要求，要求社会保障至少不受标准威胁。

因此，简单地说，身体安全是他人避免侵犯的消极问题，是非常具有误导性的。通常情况下，这是一些人避免侵犯第一方和第二方采取积极步骤，避免第三方侵犯的问题。在特定情况下，"消极"克制可能不如"积极"预防重要——它几乎不是事情的全部。所采取的积极预防性步骤的最终结果当然是强制避免违反规定，而不是采取任何积极行动。这种权利的核心是不让他人以特定方式行事的权利。但仅仅是权利的核心，几乎不能说明保障权利所需的社会制度，而且权利的核心并不包含其整体结构。"消极权利"的保护需要采取积极措施，"消极权利"的实际享有也需要采取积极措施。在任何不完善的社会中，权利的享有将在一定程度上取决于对那些不选择不侵犯它的人的保护。

生存权就其本身而言，也比简单地贴上"积极"的标签要复杂得多。事实上，它们的实现至少与两种截然不同的行为相关。一方面，生存权有时确实涉及他人的相关责任，即在需要的人无力为自己确保供应时提供所需要的商品，例如，在发生饥荒时，富人可能有责任为粮食供应以及运输和分配设施提供资金。然而，即使通过这种积极的行动来满足生存权，也不需要比有效保护安全权更昂贵或涉及任何更复杂的政府计划。例如，一个食品券项目可能比一个旨在减少由吸毒者造成的抢劫和谋杀的禁毒项目更便宜或更贵。哪个方案更昂贵或更复杂，将取决于各自问题的相对维度，并且不受安全是"消极的"而生存是"积极的"的任何影响。如果所有优先实现"消极权利"的论点都建立在这样的假设上，即实际保障"消极权利"通常比保障"积极权利"更便宜或更简单，那么该论点建立在一种普遍性可疑的经验主义推测上。

实现生存权所需的另一种行动与实现安全权所需的行动更难明显加以区分。人身生存权往往可以在无须他人向其提供任何商品的情况下，完全得到满足。有时所需要的只是保护那些生存受到威胁的人不受有意或无意（伤害他们的个人和机构）的伤害。对生存权实现的要求可能不包括对商品授予的要求，而只是要求提供一些维持自己生存的机会。这个要求不是被支持，而是被允许在自己努力工作的基础上自给自足。

引人注目的是，防止支撑自己的基础遭到破坏的保护与防止人身安全受到攻击的保护之间的相似性。我们现在可以举出一些例子清楚地说明，尊重生存权有时并不比尊重安全权更积极。在某些情况下，所要求的只是保护避免会破坏自给能力的伤害，这涉及了对生存威胁的复杂性，在安全方面通常不会注意到这种复杂性，虽然充足的安全保护将涉及比专注于警察和监狱更复杂的分析和措施。然而，生存环境的复杂性不应掩盖一个基本事实，即在这些例子中，以生存权的名义所要求的基本上只是保护避免其他人的破坏行为的伤害。

二

……假设村子里最大的一块土地是一个家族后代的财产，这个家族拥有这片土地的所有权，在人们的记忆中已经有好几代了。按照绝对的标准来衡量，这个农民一点也不富裕，但他的土地却是这个小村庄里最肥沃的土地。像他的父亲和祖父一样，他主要吃黑豆，这是当地饮食的主要来源（是主要的，也是充足的蛋白质来源）。他的收成通常占村里销售黑豆的四分之一左右。几乎每个家庭都种了一部分他们需要的东西，他在需要额外劳动的季节雇佣了六个人，他们是村里唯一的有偿工作——其他人都在自己的小块地里干活。

一天，一个来自首都的人向这位农民提供了一份合同，这份合同不仅保证他在他的土地上十年的租赁期每年都能得到报酬，而且还保证他会有一份工资（不管天气如何，因此庄稼也会大大增加他的经济保障），让他在他的土地上担任一种新产品的领班。这份合同要求他种植用于出口的鲜花，并给他提供了一个机会，这个机会得到了了强烈的推荐，他可以通过公司分期付款购买设备，这样他只需要雇两个人就可以了。同样的合同也被村庄所在地区的大多数大地主所接受。

很快，随着供应的急剧减少，黑豆价格飙升。有些人可以在自己的土地上种植他们需要的所有作物（在天气好的年份），但那些需要用购买来补充自己作物的家庭不得不减少消费。特别是，失去季节性就业机会的工人家庭的四个子女严重营养不良，尤其是父母原本只是因为自己的土地太贫瘠或太少，无法养活家人而从事劳工工作。

现在，这个故事没有任何暗示，来自首都的人或农民变工头是恶意的，或打算做比一门心思地追求各自的利益的更坏的事情。但外来者提供的合同是一个原因，农民接受合同是另一个原因。而另一个导致营养不良的原因，除非保护性的干预，否则营养不良可能会持续，至少在合同履行的十年里。

如果村里的家庭有生存权，他们的权利就被侵犯了。社会，假定以政府的方式行动，应该保护他们免受一种严重的主动伤害，这种伤害甚至消除了他们养活自己的能力。

但是，真的有人在伤害村民吗？或者，他们只是遭遇了令人遗憾的命运衰退？如果有人侵犯了他们的权利，到底是谁侵犯了他们的权利？政府应该针对谁来保护他们？因为，我们通常会对侵犯他人的权利和允许他人的权利被侵犯而只顾自己的事情进行区分。举另一组基本权利的例子，无论是我自己攻击别人，还是在我可以保护受害者并结束攻击的情况下，我只是继续我自己的事情，允许第三人攻击别人，这有相当大的区别。现在，我可能有责任不允许我可以在不给自己带来很大危险的情况下阻止或停止攻击，我也有责任不去攻击别人，但这里显然有两个可分离的问题。这是完全可以想象的，我可能有一个责任（避免伤害），而没有另一个（保护避免第三方的伤害），因为它们涉及两种不同类型的行动。

故事中土地使用的转变可以描述如下。即使有人愿意暂时承认，村民们似乎都有生存权，有些人的生存权是因为换种作物后营养不良而受到侵犯的，但没有一个个人或组织被确认为侵害者：例如，不是农民变工头，因为——让我们假设——他没有预见到他个人选择的"系统性"影响；不是来自首都的商业代表，因为——让我们假设——尽管他知识足够渊博，知道可能会发生什么，但指望他为自己和他所代表的公司放弃诚实的收益，因为这些收益带来了不被希望的，甚至可能令人后悔的"副作用"，是不切实际的；不是政府官僚机构中的任何一个特定成员，因为——让我们假设——没有人被指派负责在这个特定的村庄里保持足够的营养。当地的农民和商人代表都在村里忙着自己的事，政府的人都和这个村子没有任何关系。当伤害降临到不幸的村民身上时，农民和代表可能在处理自己的事务，但允许伤害发生而不加以防止并不等于自己直接造成伤害。从字面上说，营养不良是不幸的：运气不好，对此没有人能公平地加以指责。实际上，营养不良是一场自然灾害，用保险法中令人讨厌的语言来说，是天灾。毕竟，也许这个村庄正变得人口过剩。

但是，当然，由于新作物选择而造成的营养不良并不是一场自然灾害。这个令人欣慰的类比并不成立。营养不良是一场社会灾难。营养不良是特定的人类决策的产物，特定的社会机构的存在和其他社会机构的缺席，在自然环境的背景下，特别是在做出决定之前就已经提供了用于种植粮食的土地稀缺。所讨论的危害，即营养不良，不仅仅是花卉种植合同的当事人允许发生的。造成这种损害的部分原因是，合同中要求从食品转向其他食品，合同的合法性，以及转移种植农作物的要求的履行。如果没有合同，或者如果合同没有要求从粮食转向当地消费，就不会出现目前的营养不良。一般来说，当一个人采取的行动在某些特定的自然和社会环境中足以带来不良后果时，特别是没有特别的理由认为会发生这种后果时，把他们的行动看作是造成伤害的一个积极原因是完全正常的。营养不良的部分原因是合同当事人造成的。

但是，社会本可以通过一系列改变情况的方法中的任何一种来对抗缔约双方的主动行动来保护村民，而缺乏适当的社会保障是营养不良的另一个原因。例如，这些合同可能已经被定为非法。或者他们可以被允许，但管理或征税，以补偿那些本来可能会被他们损害的人。具体采取了什么措施，在很大程度上是一个经济和政治问题。但是，通过这种标准的、可预测的方式，对反复出现的营养不良问题是有可能得到社会保障的。

那么，在这种情况下，生存权在任何重要方面都是积极的权利，而安全权不是吗？我们真的找到了具有重大意义的对比吗？不。就像我们通常考虑的对人身安全的威胁一样，对生存的威胁是人类活动，其影响在很大程度上是可以预测的。即使像我们往往认为的那样，剥夺安全的动机往往是恶毒的，而剥夺生存的动机往往是冷酷无情的，受影响的人通常仍然需要保护。设计、建立和维护保护人们生存的制度和实践，使人们免受冷酷无情——甚至是过于精力充沛——的伤害，其积极程度不亚于制订和执行控制针对个人的暴力犯罪的计划。目前还不清楚，如果两者都有，希望哪种更现实，追求哪种更经济。可以想象（尽管我怀疑是否有人真的知道），这两者结合起来会更有效和更充分。两者看起来都不简单，不便宜，也不"消极"。

这个花卉契约的例子之所以重要，部分原因是，在一个非常简单的层面上，它实际上是当今世界上大多数贫困农村人口所面临的典型问题，这些人受到各种形式的"经济发展"的威胁，这些发展降低了他们自己的生活水平。但它的重要性还在于，它再次以一种非常简单的方式，说明了生存权最关键的一个事实；在生存取决于基本商品（如食品）供应紧张的情况下，供应的变化往往会通过中间价格效应对人们的生存能力产生间接但可预测的破坏性影响。供应的变化会使自给自足的人陷入无助，如果不提供防止这种变化的保护，则会导致营养不良或死亡。对一些人生存能力的严重损害可能是由于其他人对他们控制的重要资源（如土地）的使用发生了变化。在这种情况下，即使有人否认个人或组织有责任向哪些无法为自己获取商品的人提供商品，也可能会承认政府应该执行社会的责任，保护人们不让他们维持自身生存的能力被其他人的行为摧毁。如果提供了这种保护，以后就不太需要提供商品本身来补偿这种剥夺。

在这种情况下，传递这种效果的是这种重要商品在当地的稀缺性。有些人可能会把数千英亩的土地从食物转向鲜花，而不会对其他人的饮食产生任何影响，因为食物供应充足，可以防止因供应减少而导致的价格大幅上涨。不用说，只有当至少一部分人的收入和财富严重受限时，物价上涨才会至关重要。当然，每个社会都是如此，通常是农村人口占多数。这就好像一个充足的供给有时就像一块海绵，吸附了对其他人的其他重大影响，但供应紧张（在收入和财富有限的背景下）有时会起到传导的作用，将影响传递给其他人，让他们敏锐地感受到这些影响。

在重要商品匮乏的情况下，要管好自己的事是极其困难的。认为自由主义的第一条戒律总是可以被遵守的想法是虚幻的。这种稀缺性吸引人们相互接触，摧毁了几乎所有个人努力的空间，迫使人们为了前进而互相推搡。除了稀缺本身导致的匮乏之外，稀缺的悲剧在于，稀缺往往会让每个人得到其他人所失去的。一个人只能通过反对他人来为自己行事，因为对所有人来说是不够的。在丰富的食物中，决定种花在最坏的情况下可能是无害的行为，而且很可能是对社会有益的行为。但是，在食物短缺（部分原因是肥沃土地的短缺）的情况下，除非社会保证有足够的营养，否则无心种花的决定可能会导致死亡。要求在物资匮乏的情况下为生存提供社会保障，并不意味着要求干涉以前属于私人的事务……

我认为，消极权利和积极权利之间存在着道德意义上的二分法的整个概念在理智上是行不通的——本文第一部分所述的前提2是错误的。我们所考虑的案例至少证明，当二分法适用于安全权和生存权时，它是扭曲的——前提3和前提4是错误的。后者就是需要展示的全部内容。

三

尽管如此，有时履行一项权利确实涉及将商品转让给该权利的人，有时仅仅涉及不拿走商品。否定权利和肯定权利的二分法难道没有掩盖一点真相吗？这里没有有用的区别吗？

我相信答案是：是的，有区别，但它们不是权利之间的区别。有用的区别是在责任之间，各种责任和各种权利之间并没有一对一的配对。每一种权利的完全履行都涉及多种责任的履行……在本文的剩余部分，我想提供一个非常简单的职责三分法的类型学。尽管它本身很简单，但它大大超出了通常的假设，即每一项权利都有一项相关的责任，相反，它表明，每一项基本权利以及许多其他权利都有三种责任，如果要充分尊重基本权利，就必须履行这些责任，但所有这些都必须由同一个人或机构履行。这后一点开启了一种可能性，即以某种不同的方式分配三种责任中的每一种，并可能将生存权及其伴随责任的相关性的任何困难限制在少于所有三种责任的范围内。

所以我想说的是，与每一项基本权利相关的，有三种责任：

1. 避免剥夺的责任。

2. 保护不被剥夺的责任。

3. 援助被剥夺者的责任。

这一点在更熟悉的基本权利，即人身安全的权利（不受酷刑、处决、强奸、攻击等权利）中可能更容易看出。对于每个人享有人身安全的权利，有三种相关联的责任：

1. 责任不消除一个人的安全责任——避免剥夺的责任。

2. 保护人民避免他人剥夺安全的责任——保护不被剥夺的责任。

3. 有责任为那些无力提供保障的人提供安全保障——援助被剥夺者的责任。

同样，对于每一项生存权，都有：

1. 有责任：不消除一个人唯一可用的生存手段——避免剥夺的责任。

2. 保护人民被其他人剥夺仅有的生存手段的责任——保护不被剥夺的责任。

3. 对无力供养自己的人提供生存保障的责任——援助被剥夺者的责任。

如果这个建议是正确的，普遍认为权利可以分为忍耐权利（所谓的消极权利）和援助权利（所谓的积极权利），仿佛有些权利的相关责任只是为了避免被剥夺，而有些权利的相关责任只是为了援助，这完全是误导。这种误导的简化实际上在当代北大西洋理论家中是普遍存在的，而且我认为，由于这种简化已经达到了不容置疑的接受程度，它的危害就更大了。可以划分为避免、援助和保护的是责任，而不是权利。最重要的是，每一项基本权利都包含这三种责任。因此，试图将权利（而不是责任）划分为宽容和援助（以及保护，这通常是可以理解的，但毫无帮助地模糊为避免，因为保护是部分的，但仅仅只是部分的，是强制避免）只会造成混乱。

除非这三种责任都得到履行，否则任何一种基本权利——无论它看起来多么"消极"——都不可能得到充分保障。例如，看似最"消极"的自由权，要求社会采取积极行动来保护它，并在回避和保护都失败时，要求社会采取积极行动来恢复它。正如我已经提到过的，这绝不意味着所有这三种类型的责任都落在其他人身上，甚至平等地落在它们所落在的每个人身上。

第九章　德性

　　假设有人在一次聚会上说你是一个道德高尚的人。你会感到被称赞还是有点不自在？如果有人说你尊重、体贴、善良、勇敢或聪明，你不会感到不安。然而，这些特征中的每一个都被认为是或一直被认为是一种德性。一般说来，被称为有道德的人可能会感到有一种不安，是这样一个事实，"道德高尚"一词在日常交谈中很少出现。直到最近，伦理理论家也很少讨论这个问题。谈论德性被认为是过时的。也许这个词的内涵会与性纯洁联系在一起，特别是在20世纪60年代和70年代的性革命期间，它与德性的含义尤其格格不入。如今，很少有人相信有德性的人的本质特征是性克制或贞洁。此外，传统哲学对德性的讨论，可以追溯到早期的希腊，并没有强调贞洁的德性。

　　然而，放弃谈论德性就忽略了道德生活的一个核心要素。伦理学的正确焦点是道德主体——做出道德选择的人。即使你认为做道德选择的主要责任是关注规则，作为一个道德主体，你也需要一套态度和信念，一种特定的个性或性格，来发现适当的规则并据此采取行动。你需要表现出某些德性。拥有德性既能提升我们伦理选择的品质，也能提升我们抵御诱惑和道德行为的能力。在当前的伦理理论中，一个更有趣的发展是德性的重要性的重新发现。阿拉斯戴尔·麦金太尔教授的《追寻德性》成为这种重新发现的催化剂。

　　经典的德性观出自亚里士多德。亚里士多德将理智的德性与道德上的德性区分开来。亚里士多德对理智德性的分析是其功能思维的典范。他指出了我们了解事物的五种方式，这五种方式对应着一种智力上的德性。理智德性与道德德性的主要特征之一是，道德德性代表着过剩与不足之间的一种中庸之道；理智德性则没有这个特点。理智德性没有过分之处；有再多的智慧也不为过。

更多的注意力转向了亚里士多德对道德德性的描述。你可能听说过亚里士多德的德性理论是中庸之道。适当地理解和限制这种对亚里士多德哲学的描述是正确的。关于道德德性，亚里士多德的德性理论是纠正性的。德性是一种习惯，它能使我们避免做得过头或做得不足。我们如何纠正酗酒或暴饮暴食的倾向？培养节制的德性。我们如何获得力量来维护我们的权利？培养勇气的德性。节制是过度挥霍和缺乏知觉之间的平均值。（亚里士多德承认，没有多少人有麻木不仁的恶习。）勇气是怯懦和鲁莽之间的中庸之道。亚里士多德非常详细地阐述了所有道德德性的手段，过剩和不足。亚里士多德的工作范围如下表所示。

活动	恶行（超出）	德性（中庸）	恶行（不足）
面临死亡	太过恐惧（胆怯）	适当的恐惧（即勇气）节制	太少的恐惧（鲁莽）
身体动作（吃、喝、性等）	肆意挥霍	节制	这种状态没有名字，但它可以被称为"不敏感"
给钱	浪费	慷慨	吝啬
大规模捐赠	粗野	辉煌	卑鄙
声称荣誉	虚荣	骄傲	谦卑
社会交往	谄媚	友好	闷闷不乐
根据荣誉	不公正	正义	不公正
报复不当行为	不公正	正义	不公正

资料来源：W.T.琼斯，《古典思维》，哈科特，布雷斯和沃德出版社，纽约，1952年，1969年，第268页。

尽管将德性描述为过剩和不足之间的中庸之道代表了亚里士多德对德性理论的主要贡献，但他也提出了一个完整的德性理论必须解决的其他几个问题。柏拉图提出了德性是否可以被教导的问题。由于品德高尚的父母有时似乎会培养出品德不高尚的孩子，柏拉图对德性能否被教导持相当严重的怀疑态度。德性当然不能由那些声称要教导德性的人来教导——比如律师和政治家。如果一种德性可以被传授——专家们不同意柏拉图在这个问题上的实际观点——它只能由哲学家传授。亚里士多德对柏拉图问题的回答并不拐弯抹角。理智德性被传授；道德德性在我们身上是潜在的，是我们人的本性和由习惯发展而来的结果。我们通过实践道德德性而变得德性高尚。亚里士多德的建议并不是空洞的。如果你习惯了诚实，或者勇敢，那么随后的每一个诚实或勇气的行为都更容易。这就是为什么给孩子们实践德性的机会很重要。据推测，在诚实被妥协的危险较小的情况下，要比容易妥协的情况更容易做到诚实。在足球场上有勇气，在战场上更容易表现出勇气。

当道德行为成为一种习惯时，我们就有了做出伦理选择的重要资源。这一主题在沃诺克的文章《道德德性》中得到了阐述。在他的讨论中，沃诺克考虑了伦理选择中一个更有趣的问题——意志薄弱的问题。在意志薄弱的时候，我们知道道德要求什么，但我们不去做。学习被推迟了，这样你就可以和你的朋友在酒吧度过一个晚上。当考试来临，作弊的机会出现时，你就会抓住它。你知道你做错了，你做的时候就知道了。你为什么要这么做？你"意志薄弱"。拥有德性会给你意志力，它能使你克服意志薄弱。沃诺克认为，真正的道德德性是帮助我们克服在对待他人时意志薄弱的倾向。在沃诺克看来，这些道德德性在数量上有四种——不作恶、公平、仁慈和不欺骗。

彼得·吉奇的《为什么我们需要德性》为德性在道德生活中扮演的角色提供了另一种视角。吉奇的方法建立在目的论或功能分析的基础上。在这方面，他对德性的看法继承了早期希腊道德哲学家的传统。正如你所记得的，如果某物能发挥它的功能，那它就是好东西。要知道某物是否好，我们必须知道某物的目的或功能。当然，关于功能的语句可能有不同的类型。刀的作用是什么？一只耳朵吗？一个人吗？一个国家吗？这些问题看起来很像，但也可能不是。吉奇以这样一个问题开始："人是干什么的？"现在吉奇承认，这个问题的答案与"心脏是做什么的"等问题的答案并不相同。毕竟人是没有目的的。仅仅是人有目的或目的这一事实就足以证明他们需要德性。要正确理解德性，就足够了：人类的许多（最重要的）目标或目的涉及与他人的合作——包括与我们有相当大分歧的人。然而，尽管有这种分歧，我们确实进行了合作，而这种合作只有在某些基本协议的背景下才有可能，这些协议包括对四种基本德性的承诺：智慧、节制、正义和勇气。德性的作用是使人类社会中的生活成为可能。

德性必然与成功的人类合作行为联系在一起，这一论点在麦金太尔的论述中得到了充分的发展。由于麦金太尔的讨论相当复杂，我们将不得不缓慢地进行。麦金太尔以行动的概念开始，以传统的概念结束。不是所有的人类行为都是平等的；他们不是同一类型的。麦金太尔特别感兴趣的是那些在实践中发生的行为。这种合作行为很重要，因为实践涉及获得对实践本身有价值的东西的尝试，而不仅仅是获得实践之外或外部的东西。此外，实践被卓越的标准所管理，实践的成功反映了人类追求卓越的意义。麦金太尔给出了国际象棋、医药和物理学作为实践的例子。实践的概念在麦金太尔的思想中占有非常重要的地位。参加职业棒球的实践反对仅仅参加职业棒球，你不能仅仅为了钱而参加。你必须愿意接受更多专业教师的权威，你必须愿意努力超越（尽你最大的努力）。麦金太尔接着认为，德性是有效实践的必要条件。例如，没有诚实、正义和勇气，实践就无法持续。

然而，有如此多的人类实践，人们必须在相互竞争的实践中选择，并在他们参与的实践中设置优先级。更重要的是，人的一生必须是一个统一的整体。如果你不统一你的生活，试图参与竞争的做法会弄巧成拙。麦金太尔论证的第二步是解释人类行为是可理解性和人类生活统一性意味着什么。从传统的角度来看，人类的生活最终都是可理解的和统一的。麦金太尔论证的第三步是解释人类的生活是如何在传统的基础上统一起来的。我们的生活就会与其他统一的生活相适应。

但是传统可能会被腐蚀和摧毁，带来灾难性的后果。是什么维持并丰富了传统？是善良的行为。因此，麦金太尔认为德性在道德生活中扮演着非常重要的角色。通过维持和丰富传统，德性的实践使我们能够统一我们的生活。实践这些德性使我们能够理解我们的生活。对德性的理解是至关重要的，它使我们能够回答那个饱受诟病的问题："生命的意义是什么？"

尽管麦金太尔的工作将为多年来关于德性的讨论设定标准，但大多数哲学家都会同意，麦金太尔并没有在这个问题上说最后一句话。麦金太尔的《追寻德性》是为了回应麦金太尔眼中的道德危机：伦理学没有标准。但是，他提供了什么客观性的解释呢？毕竟，有很多传统。说德性是防止传统被破坏所必需的，很难提供客观性。"什么传统应该保留下来？"这是一个恰当的伦理问题。民族主义传统、使用武力解决争端，以及男权至上的传统都应该被摧毁。我们需要的是一些客观的标准，这些标准将告诉我们哪些传统应该得到维持和丰富，哪些应该被推翻。也许德性可以提供这样的标准。只有那些能被德性所维系的传统，才是应该被丰富和维系的传统。然而，勇气的德性使战争成为解决国际争端的一种手段。因此，传统德性可以提供我们需要的标准，这当然不是不言而喻的。另一种可能性是发展一种理论，来解释作为一个完整的、自我实现的人意味着什么。亚里士多德有这样的理论，但麦金太尔没有。在缺乏进一步分析的情况下，麦金太尔的德性理论无法像康德的理论那样声称具有客观性。尽管如此，麦金太尔将德性重新引入伦理学的讨论是一个重要的贡献。如果我们要对伦理选择的本质有一个完整的理解，就需要一个关于德性的理论。

德性①

亚里士多德

一

存在两种德性：理智和道德。理智德性大多是由教学产生和促进的，这就是为什么它需要经验和时间。道德德性是由习惯产生的，这就是为什么它被称为"道德"，这个词与我们的习惯略有不同。

很明显，我们身上没有一种道德德性是自然产生的，因为没有一种具有自然属性的东西可以通过训练获得不同的属性。例如，石头，有一个自然向下的运动，不能被训练向上运动，即使一个人"训练"它无数次向上投掷。同样，火也不能被训练成向下运动。一般来说，没有一种具有特定自然属性的事物可以被训练来获得另一种事物属性。

因此，这些德性既不是天生的，也不是违背自然的。它们之所以存在，是因为我们天生适合接受它们；但我们是通过训练或习惯来完善它们的。

此外，就我们所有的自然能力而言，我们首先是潜在地拥有它们，但只有在之后，我们才能使它们充分发挥作用。就感官而言，这一点很明显：我们的感官不是通过无数的看或听的行为而获得的，情况恰恰相反。我们拥有感官，然后利用它们；我们不是利用它们来得到它们的。然而，我们要获得德性，首先要在行为中运用德性，技巧也是如此。在哪里做或制造是依赖于我们知道如何做，我们通过实际的做就会知道如何。例如，人们通过实际建造而成为建筑师，这同样适用于竖琴演奏者。同样，我们因行正义之事，就变得正义；"温和"和"勇敢"也是一样。在当代的制度中有进一步的证

---

① 福德·班布罗编，《亚里士多德哲学》，J.L.克里德和A.E.沃尔德曼译，1963年，瑞福德班步罗，新美国图书馆，纽约。

据：立法者通过培训公民使他们变得更好。事实上，所有的立法者都以这个为目标，而那些做错了的人也迷失了他们的目标。这就是一个好的社会制度和坏的社会制度的不同之处。

二

由于目前的问题不像其他问题那样是"理论上存在的"——我们研究不是为了了解德性是什么，而是为了变得善良，否则就没有任何益处——我们必须考虑我们应该如何行动的问题。正如我们所说，行动是主人，而且是某种产生性情的主宰。行动应符合正确的理由；一切行动都是如此，这将成为我们的基础。（我们将在后面定义正确的理性，并说明它与其他德性的关系。）在继续之前必须同意，我们所有关于行动的叙述都必须是笼统的，而不是确切的。关键在于，正如我们一开始所说的，答案的类型取决于主题的类型，而涉及行动的问题和权宜之计的问题总是在变化的，就像促进健康的环境一样。既然这在一般情况下是正确的，那么更正确的说法是，对于特定问题的答案不可能是准确的。这些问题不能用一种技术或一套规则来解决；那些从事行动的人必须研究特殊情况，比如医学和航海。

但是，尽管目前的讨论是这种类型的，我们必须设法提供帮助。让我们先来考虑这一点：德性会被过剩和不足所破坏，这是事物的本质，就像我们在健康和力量的例子中看到的那样——这是一个很好的例子，因为当我们讨论深奥的问题时，我们必须使用清楚的例子。过度或不足的训练会破坏力量，就像太多或太少的食物和饮料会破坏健康一样。然而，适量可以带来健康并保持健康。这也适用于节制、勇敢和其他德性。恐惧地逃避一切而什么都不敢面对的人，就成了懦夫；一个无所畏惧的人，什么事都敢做，就会变得鲁莽。一个人享受所有的快乐，自制来自无，他是无节制的；而回避一切享乐的人，如粗人，则是一个不敏感的人。节制和勇敢会因过度和缺乏而被摧毁，但却会因中庸之道而保持旺盛的生命力……

三

现在，我们必须考虑什么是德性。灵魂中有三样东西：情感、能力和性情。德性必须是其中之一。

我所说的情感是指欲望、愤怒、恐惧、自信、嫉妒、喜悦、友好、憎恨、欲望、模仿、怜悯——简单说，就是一切伴随着快乐和痛苦的东西。

我所说的能力是指我们体验情感的能力——例如，感受愤怒、痛苦和怜悯的能力。

性情描述了我们对情绪的反应——好的或坏的，例如感到愤怒。如果反应过度或不足，我们就是坏的；如果适中的，就是好的；其他的感情也是如此。

德性和恶习都不是情感。决定我们是好是坏的不是我们的情感，而是我们的德性和恶习。我们不会因为我们的情感而受到赞扬或责备（男人不会因为感到恐惧或愤怒而受到赞扬，也不会因为感到愤怒而受到责备，但是以某种方式感到愤怒），而我们会因为我们的德性和恶习而受到赞扬或责备。还有一点：我们不会不由自主地感到愤怒和恐惧。而德性是一种选择，或者至少没有选择是不可能的。此外，情感被说成是"感动"我们，而关于德性和恶习，我们不是被感动，而是处于某种状态。

因此，德性也不是能力。我们不是仅仅因为我们有感知的能力而被称为好或坏，也不是因为我们有感知的能力而被称赞或责备。此外，我们天生就有能力，但我们天生不是好就是坏……因此，如果德性既不是感情，也不是能力，那么通过淘汰，它必然是性情。这是关于德性的一般意义的陈述。

我们不能只停留在"性情"上；我们还必须说明是哪种。应该说，所有的德性，无论它属于什么，都使它变得美好，并使它运转良好。眼睛的德性使眼睛很好，使它能很好地工作，因为正是因为有了眼睛的德性，我们才有好视力。同样地，马的德性优秀使马成为好马，善于奔跑，善于驮着骑手和面对敌人。现在，如果总是这样的话，人的德性将是一种性格，通过这种性格，他将成为一个好人，并通过这种性格，他将做好自己的工作。这将如何发生，我们已经说过了，但如果我们考察这种德性的性质，就会更加清楚。

对于每一个连续的东西，也就是可分割的事物，人们可以取多或少或相等的量；这些划分既可以参照事物本身为标准，也可以参考我们自身来划分。平等是过剩和不足之间的平均值。相对于它的均值是多少？它是与两端等距的，对所有的端点都是一样的。相对于我们而言，中庸之道是既不太多也不太少；这对所有人来说都不一样。如果10是很多，2是少的，那么6是相对于它的平均值：6比2多的量与它比10多的量相同；这是按比例计算的平均值。但，参考我们自身情况的平均值不应该这样解释。如果10磅对一个人来说太多了，而2磅又太少，教练就不会定6磅。也许这对某一个人来说太多或太少了；对麦洛来说太少了，但对刚开始训练的那个人来说太多了。跑步和摔跤也是如此。

同样的道理，在任何领域，每个人都知道避免过剩和不足；他们会寻找并选择中庸的东西，不是根据事物而选择中庸的东西，而是根据我们自身而选择中庸的东西。每一个艺术它以这种方式工作，通过追求中庸之道，并引导它的产品走向中庸之道——为什么人们说事情做得好，你不能添加任何东西或拿走任何东西，因为"做得好"是通过毁于过剩和不足，而取得的平均值；而好的工匠，就像我们说的，他们关注的是中庸。接着说，如果德性像自然一样，需要更精确，比任何艺术都好，那么它将以中庸为目标。我这里讲的是道德德性，因为它与情感和行为有关；过量，不足，和平均会发生在人们身上。在感觉恐惧、自信、欲望、愤怒、怜悯，以及一般的快乐和痛苦时，一个人可以感觉太多或太少；这两个极端都是错误的。所谓中庸之道就是在正确的时间，对正确的事情，对正确的人，出于正确的原因；而中庸和善是德性的任务。同样，在行动方面，有过量、不足和平均。

德性关注情感和行为，过度和不足都是错误的，但中庸之道受到赞扬是正确的。被称赞和被称为正确的都属于德性。所以德性是一种中庸之道，因为它至少以中庸之道为目标。此外，出错的方式有很多（坏是属于没有限定的……而善是限定的），然而做正确的只有一种方法。这就是为什么一个容易，另一个难：打不中很容易，但击中目标很难。因此，过剩和不足都属于恶，中庸属于善："好人只有一种，坏人却有很多种。"

因此，德性是一种性情，与选择有关。它包含着中庸，与我们自身有关，由理性所限定，作为理性的人限定它。它是两种恶习平衡的中庸之道——一种是过度，另一种是不足。而且，德性发现并选择了中庸之道，而邪恶则在情感和行为方面超过或达不到本质……

四

我们不仅要把这一点笼统地说出来，而且要把它适用于具体情况。在关于行为的陈述中，一般性的陈述涵盖的范围很广，但关于某一具体的点的陈述则更为准确。行为毕竟是与特殊性有关的；理论应该同意具体的事实。那么，让我们从餐桌上拿走这些特殊的德性吧。

现在，勇气是指害怕和感到勇敢。无所畏惧的人没有特殊的名字（有许多恶习和德性是没有名字的）。过于自信的人是过度自信，而过于恐惧而缺乏自信的人，是懦夫。

关于快乐和痛苦（不是所有的快乐和痛苦都包含在内，实际上痛苦较少），中庸的是节制和过度挥霍。至于说与快乐的联系不足，几乎没有这样的人，这就是为什么他们（与上面的例子相比）也没有名字。但让我们称它们为"不明智的"。

在给予和收受金钱方面，中庸之道是慷慨，而超额和不足则依次是挥霍和吝啬。在这种情况下，过量和不足的作用是相反的。挥金如土的人多花少拿，吝啬的人多拿少花……

至于荣辱，中庸是灵魂的伟大，过量是一种虚荣，缺憾是灵魂的卑鄙。我们在上面说过，慷慨与宏伟的区别在于它的运作规模较小。同样，还有一种次要的德性与灵魂的伟大有关；后者以极大的荣誉为目标，关心小目标。以正确的方式争取荣誉是可能的，也或多或少地比一个人应该做得多：太努力的人被称为有野心的人，不努力的人被称为没有野心的人，中间的人没有名字。除了野心之外，性情没有名字——这就是为什么极端的人会占据中间的领地，所以有时我们称其为"野心勃勃"，有时我们称其为"无野心"；有时我们赞美这一个，有时又赞美另一个。我们这样做的原因将在后面解释；但现在让我们以这种方式谈谈其余的性情。

与愤怒有关的还有过度、不足和中庸，尽管它们没有明确的名称。但是，我们姑且称中间人为"好脾气"，称中庸者为"好脾气"。说到极端的人：过分的人是易怒的，相应的恶习是易怒的；但不足的人是没有脾气的，不足之处在于缺少脾气。

还有其他三种方法。它们之间有某种相似之处，但也有不同之处。所有的人都关心人际关系的言行。然而，不同之处在于，前者与真理有关，后者与享乐有关，享乐有两种，一种是在娱乐领域，另一种是与生活有关的一切事情。

我们也必须讨论这些内容，以便更清楚地看到，中庸之道总是值得称赞的，极端既不值得赞扬也不正确，而应该受到谴责。其中大多数也没有名字，但我们必须像以前那样为它们起个名字，以便于清楚和易于理解。

让我们看看真相。能例证中庸的人是诚实的人，而中庸的人应该被称为诚实；假装这种德性就是自吹自擂的，相应的人也会自吹自擂；但以不足为借口的伪装是虚伪的谦虚。

现在，以娱乐的方式来消遣。中间人是智慧的，他的性情是智慧的；多余的东西就是滑稽，那人就是小丑；缺点是粗野，那人也是个粗野的人。至于生活中的其他乐趣，以正确的方式使人愉悦的人是朋友，中庸的人是友谊。超过这个界限的人，如果不是别有用心，就是阿谀奉承；但如果是为了自己的利益，他就是一个阿谀奉承者。达不到要求而从不让人快乐的人是好争吵的、坏脾气的人。

在感情的领域里也有手段。羞耻不是德性，谦虚的人得到赞扬。在这种情况下，我们也谈到中庸（上面提到的那个人）和过分：对一切都感到羞耻的人被吓倒了，而对不足或根本不感到羞耻的人是无耻的。同样，中庸的人是谦虚的人。

愤怒是嫉妒和恶意之间的中庸之道。这些关系到对邻居发生的事情所经历的快乐和痛苦。愤怒的人感到痛苦，当人们成功而不值得这样做的时候；嫉妒者比前者更强，即使有好运也会感到痛苦；而心怀恶意的人，非但感觉不到痛苦，反而感觉到了快乐……

道德德性①

G.J.沃诺克

人们可能会以这样为开始，如果事情要好转……也就是说，如果人们的需要和利益，以及至少一部分他们的欲望，能够得到比其他情况下更充分的满足，那么一个非常基本的欲望肯定会有更多的资源来满足他们。在某种意义上，这显然是正确的；但最好还是弄清楚是在什么意义上……在我们所有的事业中，我们都必须以这样或那样的方式利用现有的资源；我们不能给没有的东西增加储备。因此，从相关的意义上说，增加满足人们的需要、愿望和利益的可用资源是为了更好地利用资源这一目的，从更基本的意义上讲，资源已经是可获得的，但不能通过我们自己的努力就能获得增长。有人可能会说，这是一个把不可用的资源变成可用的资源，或者把现有的资源变成可用的资源形式的问题。如果要做到这一点，显然从本质上讲，知识是必不可少的——首先是关于环境的信息、环境的内容和潜力，其次是将其转化为可用形式所涉及的各种技术技能。这些知识必须获得、保存、撒播和传播。

在同样的不公道的普遍水平上继续下去，人们接下来可能会提到组织的

---

① G.J.沃诺克，《道德的对象》，梅休因有限公司，伦敦，1971年。

明显需要。很明显，如果每个人都试图自己做每一件事，或者仅仅是在这些或多或少偶然的群体中，因为个人的主动性，可能会时不时地组成一个临时组织，那么任何类型的事情都不会发生。出于许多目的，许多个人的长期合作是绝对必要的；如果这种合作要有效，就必须有一定的指导——必须有某种确定目标的方法，或多或少地规范个人在合作事业中的角色。当然，在很大程度上，无论如何，正是由于这种需要，才产生了一般称为"机构"的东西——部落、民族国家、联邦、俱乐部、各种各样的协会和政党、公司、贸易联盟、军队、大学、黑手党等等。不必坚持认为，这种或多或少具有合作性质的机构的形成和性质完全由严格的实际目的决定；有些人可能在某种程度上是"自然的"，就像一个家庭，也许是在更普遍的方面，尽管不是在细节上；有些人可能完全或部分地，就像人们可能会说的，是为了好玩，为了协会本身的乐趣。但毋庸置疑，这是有实际必要性的；有无数我们想要和需要的东西，如果没有许多个人的有组织的、制度化的合作，以及机构与其他机构的合作，即使我们知道如何才能得到，我们也不可能得到。

那么，如果人类困境的改善，或者也许仅仅是避免它的过度恶化，是切实可行的，这当然是非常重要的，显然是必须做的一部分；如果我们有必要的信息和技术技能，如果有体制形式在合作行动的指导下带来知识和技能的应用，那么就可以做许多改善人类条件的事情。但这当然不能保证他们会成功。那是一个完全不同的问题。

好吧，至少有一个关于它的解决方案的想法很容易浮现在脑海中。如前所述，如果人类有某种固有的倾向，倾向于对他人甚至自己不利或损害，那么，如果他们不这样做，他们可以被要求不这样做。例如，如果他们倾向于不太关心别人的需要和利益，而更多地关心自己的需要和利益，那么，如果他们采取行动是为了其他一些或全体的利益，而不是纯粹地为他们自己的利益而行动，他们就可以采取行动。对人们"自然"倾向的行为模式进行适当的修改，所需要的可能是某种适当设计的强制制度。必须赋予人们一种兴趣，而这种兴趣不是他们天生就有的；去做那些他们不是天生就倾向于做的事情，而这正是强制制度所能提供的。

现在我们有充分的理由认为这是部分答案，但也有充分的理由认为它不是，也不可能像霍布斯认为的那样，是唯一和完整的答案。当然，部分答案是肯定的：就事物的现状、过去和未来而言，不可否认的是，有些人之所以不采取损害他人甚至自己的行动，完全或主要是由于对自己不满意的后果会使自己不愉快——这种后果可能是别人故意强加给他们的，在某种程度上可以说是被强迫的。毫无疑问，最明显的例子就是法律……

然而，仅仅通过胁迫或强制威慑，就能使人们避免对他人甚至自己造成损害的行为，这是不真实的，也几乎不可能是真实的。这里有一个实用的观点，我认为，也是一种逻辑的观点。首先，如果只有胁迫才能使人们保持秩序，那么胁迫的机器就必须非常庞大——比如说，警察的数量可能必须与其他人口的数量相等，或者无论如何，必须无处不在，足够强大，使他们的监视相当连续和持续有效。实际上，在大多数社会中，这似乎不是达到目的所必需的……但似乎同样重要的一点是，强迫本身就是人们做的事情；毕竟，这样的制度是由人来指导和执行的。如果它是要做好事，或者是做好事而不是害人，那么它就必须被正确地指导和执行（让我们含糊地说）；这似乎不可能完全是强制性的。如果强迫在任何普遍利益中发挥作用，除了纯粹的偶然，那么似乎有理由认为，一定有一些人，实际上是许多人，准备在不受强迫的情况下为这种普遍利益行事……就目前的情况、长期以来的情况以及可能继续的情况而言，我们可以合理地说，任何强制制度的善意运作都要求，至少在某些人身上，应该存在一些善意行为的倾向，而不是被迫这样做。当然，我并不是说所有的强制制度实际上都是有益的。

这样我们就得到了目前看来最重要的东西。如果这些能够改善人类困境的事情实际上都是可以做到的，那么人们不仅必须有时要被迫去做一些他们本来就不愿意做的事情；他们有时也必须自愿地、没有强迫地采取与人们自然倾向于做的不同的行动。人们应该获得，并且应该设法确保他人获得所谓的好性情，这是很有必要的——也就是说，有时是愿意或自愿地做一些令人满意的事情，而不是所有人天生就倾向于这样做，同样也不会去做有害的事情……

我们已经找到了……我们有理由认为，在（某种意义上）构成人类困境的局限性中，最重要的是那些可能被称为对人而言最"内在"的局限性——理性和同情的局限性。现在看来，出于同样的原因，改善的关键在于提升"良好的性情"。所有其他的事情——获取、传播、保存和传递知识，建立和维护组织和机构，设计和操作让人们做事的方法——所有这些都是人们做的事情；所以一切最终都取决于他们是否愿意去做，并且至少在某些时候不被强迫做这些事情……最重要的是，在我们能做的事情中，我们选择做什么；如果这出了问题，每一件都会出问题，而且越出问题就越容易出问题。

因此，在人们对改善人类困境的普遍愿望中，有一种区别似乎是非常重要的，（我希望）是明显重要的区别，也就是在改善成为可能和倾向于使它带来实际改变之间的区别；大致来说，就是人们改善命运的手段和对这些手段有益的利用之间的区别。此外，如果我们现在再看看人类性情的这个话题，似乎也有可能在这里辨别出一个类似的区别——就像人们所说的，在那些倾向于提高一个人的效率或能力的性情和那些倾向于决定他的能力将被使用的性情之间。

我认为，我所想到的性情，都可以首先被看作是一种性情的不同变种，以不同的方式接受、容忍或忍受本身可能不愉快的事情。锲而不舍的努力，无论是身体上的还是精神上的，往往——并不总是——本身就有些令人不快。人们有一种自然倾向，会放弃那些觉得费力的东西，在适当的情况下，不这样做的倾向是正确的，由于明确的原因被认为是可取的倾向。危险的前景或存在是令人不快的；但是，一个人不应该总是放纵自己逃避或避免它的自然倾向，这显然是可取的。类似地，有无穷无尽的各种各样的不适，它们是不愉快的，而且往往是必要的；也有无穷无尽的满足或放纵，它们是不愉快的，但往往是非常可取的，不去追求。我们在准备忍受不愉快的事情时所具有的"好性情"中，显而易见，有许多普遍公认和熟悉的德性——明显的是勤奋、勇敢和自制，同时许多其他人也如此。

现在，对于这些我提供的建议……虽然有明确而充分的理由将这些性情视为德性，但认为它们不是道德德性也不是没有道理的。它们可能是（在某种程度上确实是）有效行使道德德性的必要条件，就像任何形式的有效行动一样；但人们仍可能会说，它们不是道德德性。无论这个建议是否可以接受，无论如何，请让我立即提出我提出这个建议的理由。在我看来，有两个很好的理由希望这样说，或者可能有一个理由用两种截然不同的方式说。第一，这些德性，虽然它们不必要，但它们可能是专有的和完全的，可以被称为自利。也就是说，获得和行使这些德性不仅是典型的、必要的，而且在原则上可以完全指向实现主体的个人利益或目的——可能，确实，他的目的严重损害或忽视了他人的利益。例如，如果我生活的主要目标是通过正当或不正当的手段来维持我个人的权利，以及在某个集团、政党、帮派、国家或帝国中的权力和支配地位，那么我很可能也需要表现出，在维护和捍卫我的专制制度方面是出类拔萃的，在抵抗对手和敌人的压力和阴谋诡计方面表现出极大的勇气，在坚持明智地促进我的长期利益方面会表现出显著的自控力，也许有时还可以不受巨大的诱惑和困难、冲动、自我放纵、激情或快乐的干扰。勇气、禁欲主义、钢铁般的自我控制、面对危险或困难的决心——这些几乎都是真正的毁灭者（无论是军事、政治或刑事，还是同时具备这三种品质的毁灭者）的标准配备。因此，虽然这里所讨论的性情无疑是德性，但它们都是一个非常坏的人可能具备的德性；也许，即使在一个坏人身上，这些品质也是令人钦佩的。但在我看来，他并没有因为拥有这些令人钦佩的品质而在道德上变得更好。

第二，虽然这些性情确实倾向于补偿，一些人类的困境中，某些因素对其自然倾向变得相当糟糕起到了重要作用，但它们并没有倾向于在困境中直接抵消，似乎有理由认为，在事实和道德理论中，是真正的核心。因为这些性格倾向于与可称为人类自然弱点的各种各样的弱点相抗衡，而且就它们的作用而言，是真正令人钦佩的，可称为人类自然弱点的变种，也就是说，以各种形式逃避或避免负担或不愉快的事物的自然倾向。但它们本身根本没有对抗人类同情心局限性的倾向，正如我刚才提到的，这实际上是另一种说法。他们可能完全是自利的，甚至对他人的伤害比主体自己更大。

那么，这就引出了一个建议，我很乐意提出这个建议，那就是，典型的道德德性可能不是这些，而是那些倾向于直接对抗人类同情的局限性的好性情，因此，它们的行使在本质上——虽然本身不一定有效——对行为主体本身以外的人都是有益的。让我们看看我们能从这个命题中得到什么好处。

对于我们现在所看到的假设，我们可以适当地提出哪些问题呢？我们操作的理念是，"良好的性格"对于减轻人的困境中固有的弊端至关重要，人们可以有理由将那些本质上，甚至潜在地，并非完全对自己谋利的道德美德视为特殊的道德美德，他们将倾向于抵消那些特定的弊病的责任，这些责任将被置于人类同情的局限性之门。所以，如果我们进一步寻求这些良好的性格是什么，我们现在需要更详细地考虑这些特定的弊病是什么，也就是说，由于人类同情心的有限性，由于人类同情心的优先性，人们通常会以何种方式采取行动或不采取行动来改变困境。

无论如何，这条道路上的第一步似乎很容易走。如果我是唯一的甚至是主导的，只关心我自己想要的意愿、利益或需要，或一些有限的群体，如家人、朋友、部落、国家或阶级，带着他们的利益和目的，我自然地倾向于同情。然后，其他组的成员，或者该组织作为一个整体，可能自然地倾向于直接对他人、非群体成员或其他群体造成损害。我可能会倾向于，出于竞争或者仅仅是漠不关心，甚至积极的恶意行为，对他人造成积极的伤害，无论是对他人造成实际伤害，还是对他人的欲望、利益和需要的满足造成挫折和阻碍。也就是说，人们有一种直接对他人采取有害行为的倾向，要么是完全不关心这样造成的伤害，要么甚至是出于对自己同情范围之外的个人或群体造成伤害的积极兴趣。既然如此，认为我们正在寻找的"好性情"之一将是避免（故意的、不合理的）作恶的性情，这几乎没有争议。当然，如果我们把这种性情当作一种道德德性，我们可以合理地说，它在某种意义上并不是一种德性、一种性情。也就是说，不是出于对他人的完全不关心或主动恶意而故意对他人做出恶意的行为，我们可以满怀希望地认为，在正常人身上是正常的，因此只有当他们的无害在程度上是异常的，或在面对异常的诱惑、挑衅或困难时，他们才会因此而受到赞扬。然而，当一个人有或可能有某种"自然"倾向时，不伤害他人的倾向虽然在一般情况下可能不是特别值得信任，但显然仍然非常重要；因为很明显，我们会发现自己置身于一个多么黑帮的世界，如果没有这个世界，我们确实会发现自己置身其中。

总的来说，下一步似乎也没什么问题。如果我们需要，如果一般人不只是自然地、有规律地、可靠地、具有非作恶的倾向，那么我们也可以简单地说，他具有积极善行的倾向。同情心的有限性往往会使人们自然而然地直接对他人的利益感兴趣。因此，有必要培养这样做的倾向，这种倾向通常会采取一种特殊的形式，即随时准备在他人的活动中给予帮助。我们似乎有理由认为，事实上几乎不可能不认为，追求个人的善主要是因为他自己，部分的原因是对他来说（尽管他当然不能准确地说）什么是利益，部分原因是简单而实际的原因，即在正常情况下。在正常情况下，如果每个人都持续地把自己卷入他人而非自己的事务中，无论其用意多么善，都可能导致相当程度的混乱和矛盾。然而，一个人可能有许多目的，而这些目的并不是单凭他自己的努力就能实现的。我们有共同的目标，只有通过许多人的合作才能实现。有些人对特定的其他人的恩惠有特定的要求。还有一些人，虽然可能没有任何特殊要求，但他们应该得到帮助，因为他们对帮助的需求非常大，或者他们自助的能力非常有限。再概括地说，也就说不出更多了。由于各种各样的原因，人们和社会在对个人应该投入于自己以外的目标和利益的时间、才能、努力和资源的比例的评估上明显存在很大差异。此外，用这种方式需要什么，有什么余地，在很大程度上取决于特定社会的组织和机构。例如，私人慈善的需要和空间将取决于公共资金在多大程度上用于救济贫困。但我认为值得指出的是，在这个问题上的分歧往往是"对事实的分歧，至少部分是这样。"众所周知，曾经有一种观点认为，总的来说，每个人都应该一心一意地追求和促进自己的利益，这实际上对每个人都是最有利的。虽然这一论点无疑经常被那些（幻想他们的机会在设想的全民自由中获得）人虚伪的断言，而且毫无限制的肯定也不是正确的，但我认为，它仍然是一个事实问题，一个悬而未决的问题，并且以何种方式和在多大程度上需要加以限制。无论如何，在这里，我们并不是试图确切地指出，在这样或那样的情况下，这种德性的适当运用究竟包含在什么内容中；重要的是，一般意义上几乎没有争议的是，它与无害一样，也是一种德性。

还有什么？好吧，到目前为止，我们已经把"有限的同情"放在了门口，并因此肯定了抵消这种倾向的必要性，即对那些自己没有"自然"同情的人采取破坏性行动的倾向，以及在需要或要求采取此类行动时不采取有益行动的倾向。我相信，作为一项独立的要求，我们现在应该加上一项不歧视他人的倾向——这肯定是大多数人的自然倾向所选的，以使那些在自己自然关心的有限范围之外的人处于不利地位。例如，如果有二十个人对我所能提供的某种服务或利益有要求，或确实需要，那么，仅仅说我不应该拒绝似乎是不够的。必须补充的是，我不应该仅仅因为我不喜欢他们或对他们不友好而减少对他们中的一些人的提供帮助或好处。我认为，这种善的倾向总称是"公平"。当然，人们通常认为，实际上的同情和自然关系往往为歧视提供了理由，如果不这样认为，那确实是不切实际的不人道。然而，必须指出，这些问题只有在它们确实是为歧视待遇辩护时才应成为问题，但情况并非总是如此。再说一次，在这里试图详细说明在这种情况下或那种情况下，这种良好性格的行使实际上包括什么是不恰当的，什么可能是完全无益的。这里有一个重要的且是一个非常普遍的命题：作为一种基本的纠正，以避免由于偶然发生的有限的同情而导致的武断、不平等和剥夺，在适当的场合，准备好承认对那些人的善或恶的需要或要求，或对他们的善或恶提供救济，这无疑是一种"良好的倾向"。我们还可以补充说，公平这一德性的重要性明显而有趣地倾向于随着其行使的范围和场合的增加而增加。毕竟，对很多人来说，他们帮助或伤害他人的能力实际上是非常有限的，以至于在大多数情况下，可能只限于他们自然关心的圈子内的人；但是，随着这种权力的增加，它越来越有可能将其范围扩大到那些个人可能完全漠不关心的人身上，甚至是可能对他们一无所知的人。这就是说，确实地说，公平的德性，或者更正式地说，正义的德性，在诸如政治统治者、司法官员、军队指挥官、机构首脑等身上，要比在相对默默无闻的个人身上更为重要，因为他们所处的环境使他们行使公平的机会相对较少。

还有一件事。如果我们考虑一个人的处境，有些人天生就倾向于只关心自己的事，或者只关心某些有限的范围的利益、需要和愿望，生活在其他人或多或少类似的结构之中，我们可以看到，有一个特别的手段，非常频繁地、极其容易地去使用，他可能自然地或多或少倾向于——姑且这么说——挖掘出了本我主义的方法，如果必要，就将以其他人的目的为代价，这就是欺骗。一个人有可能而且通常很容易，通过做一些事情，特别是通过说话的形式，引导别人相信这或那是事实；为了自己的目的而操纵他人的最简单也是最具诱惑性的方法之一，就是根据他人的信念来进行利己的操作。显然，这未必是直接的损害。我们都时不时地持有各种各样的错误信念，而且往往这样做并没有坏处。只有当我们的错误信念导致或部分地导致我们以某种方式采取对我们不利的行动时，我们才会变得更糟，而事实往往并非如此。因此，如果我用言行引诱你相信事实并非如此，那我就不一定会对你造成任何伤害；我甚至可能对你有好处，比如安慰你，奉承你。然而，尽管欺骗不一定会直接造成伤害，但我们很容易看到，抑制人们诉诸欺骗的自然倾向是多么重要。有人可能会说，有害的不是培植错误的信念，而是产生怀疑这些信念可能被培植的怀疑，因为这会破坏信任。在信任被破坏的程度上，所有的合作行为，即一个人能做的或有理由做的事情都依赖于其他人已经做的、正在做的或将要做的事情上，其必然会崩溃。如果我不能相信你能抓住绳子的另一端，那就不能指望我用绳子爬过悬崖的边缘，因为不管绳子是多么重要的一件东西。如果我不认为你的回答实际上表达了你的观点，那么我在某一点上征求你的意见是没有意义的。（语言交流无疑是我们所有合作项目中最重要的。）我认为，关键的困难恰恰是，欺骗太容易了。例如，故意说我不相信的事是真的，就像说我相信的事是真的一样容易，即使是最老练、最专业的观察者也无法从中辨别出来；因此，我在这方面的任何表现的可信度的不确定性，天生就容易影响到我的所有表现——可以说，没有任何"自然迹象"，或可能没有，不值得信任的可以从真实性区分开来，因此，如果有可能是骗人的，所有的可能都是欺骗性的。显然，仅仅为了明确表明非欺骗性的表现而设计一些特殊公式也没有任何用处。因为，如果表演可能具有欺骗性，那么，使用任何这样的公式也可能容易说成"我真的是这样的"，而不是其真正的意思，因此说"我真的是这样的"得不到信任。即使是看起来真诚和天真，虽然可能比简单地说自己是要困难一些，也是一门可以学习的艺术。当然，在实践中，虽然我们认为在任何场合都不骗人的人可能很少，但我们确实在很多时候，正确地信任了很多人。这取决于一种假设，即尽管有时他们可能有特殊的原因，在某些情况下诉诸欺骗性的表演，我们可以通过运气、经验和判断来理解，在某些情况下诉诸欺骗性的表演，但他们并非只是在适合自己的时候才这样做。如果连这种温和的假设都做不到，那么人与人之间的合作，即使不是不可能，也或多或少会变成无用的、不合理的，就像资产阶级政客和马克思主义者之间的政治协议一样。

顺便说一句，这里我想提一下，虽然不是讨论，也确实发生过这样一种奇怪的情况：有些人虽然很少或甚至从来没有刻意地说话或行动，以符合他们，与它们的真正信仰相反，但却似乎有本事使他们的信仰符合他们。在某种程度上，这种独特的倾向甚至比一般的说谎者更具破坏性。一方面，它与极端的自以为是相容；但是，更重要的是，虽然说谎者为了自己的目的而歪曲事实，但他可能完全保留了认识事实的能力。因此，在某种意义上讲，他可能被认为比那些看清真相的能力已被破坏的人更可取。但我们在这里触及了自我欺骗，这个复杂的话题。

因此，我们认为，在人类困境的一般背景下，有四种（至少）可区分的破坏性或非改善性倾向，它们往往自然地直接从"有限的同情"中产生——

那些作恶、不仁慈、不公平和欺骗。如果现在我们假定道德的"目标"是使困境中不那样严峻，而在准霍布斯的自然状态中，这种困境似乎天生就有这样的倾向，并且通过寻求抵消"有限的同情"中固有的有害责任来做到这一点，我们似乎被引导出四种（至少）一般类型的良好倾向，因为它们需要抵消上述四种类型的倾向；这些倾向，可以粗略地命名为，非作恶，公平，仁慈，非欺骗。我们大胆假设，这些（至少）是基本的道德德性……

为什么我们需要德性[①]

彼得·吉奇

我标题中的定冠词很有意义。我关心的是为什么我们需要传统给予突出的七种德性：信仰、希望和慈善的神学德性，以及谨慎、节制、正义和勇气的基本德性。我坚信所有这些都是德性，而且我认为，就四种基本德性而言，这一论点不能被理性地怀疑……

我们所熟悉这种推理类型是从设定为前提的某种目标或政策出发，逐步推断出确保目标和执行政策的手段。这种推理的逻辑结构，及其与演绎命题推理结构的关系还没有完全达成一致的问题，但我们可以合理地希望这个问题会得到澄清。亚里士多德的目的论认为，如果我们认为大自然有目标或政策，我们就可以通过构建与人类实际思考类似的推理来了解世界上发生的事情。因为他的大多数例子，甚至在生物学中，都可以被指责为缺乏足够的自然知识，所以亚里士多德的学说受到了很大的抨击。尽管如此，我认为它可以得到有力的防御，对它的普遍攻击是毫无价值的。

从我陈述的方式可以清楚地看出，亚里士多德的目的论解释既没有将欲望之类的东西归于无生命的自然动因，也没有将目的的一种发明手段的设计归于全能的上帝。霍布斯俏皮地说，如果一块玻璃知道它会变成什么样子，

---

① 彼得·吉奇，《德性：斯坦顿系列演说1973-1974》，剑桥：剑桥大学出版社，1977年。

它就会待在窗户里，而不会掉到街上。这句话也许击中了他同时代的人的学说，而没有触动亚里士多德……

目的论的解释也并非毫无意义或在科学上毫无用处的。它们通常在生物学上具有启发式价值：最近，J.Z.杨解释了目前人类松果体的作用，他提出了一个启发式假设：如果松果体没有功能，它就不会存在（"进化"就不会"让"它生存下去！）。

最后，目的论与机械论并非完全不相容。一个老式的机械钟既是牛顿理论的有效原因可解释的范式，又是它的用途解释，也是它的各部分为报时目的服务的范式。当然，对于我们在到达火星上的沙漠时意外发现的时钟来说，这仍然是正确的；我们不需要任何关于火星人的存在和本质的信息或猜测，就可以确信，时钟是一种复杂的机制，事实上可以通过对其结构和运动的目的论分析来加以描述。

因此，我认为，这种以亚里士多德的原则为基础，但没有过时的自然科学的目的论思维方式，在智力上是值得尊敬的。从这个角度来看，问"男人是干什么的？"我们可能还没有准备好一个答案，即使是部分的答案，就像我们问"心是用来干什么的？""牙齿是干什么用的？"但我认为，亚里士多德是对的，他（希望得到）一个答案——成功地把人的部分器官和活动置于目的论之下，应该会鼓励我们去思考，也许会找到一些答案。但不像亚里士多德想得那么快：如果我们知道人，而且只有人能够进行理论论述，它就不能直接表明人是为了什么。

但是，为了表明人们需要德性来实现他们所追求的一切，可能就没有必要去确定人的目的和善了。对于那些形成最终目标的最初的实际前提，不仅是不同的，而且是不可调和的人来说，他们可能会同意促成某种情况，这是实现任何一个目标的必要条件，或避免一些情况以阻止任何一个目标的实现。这就是妥协的含义，这就是外交的帮助作用。

考虑到这样一个事实，即不同宗教或根本没有宗教信仰的人可以同意建立和经营医院，并就医院应做的工作达成广泛共识。当然会有一些边缘的政策分歧，例如堕胎手术的分歧以及人类实验的局限性。但是，人们可以就防治疾病达成一致意见，因为疾病阻碍了人们实现大多数目标的努力。

当然，只有在对终极目的没有过于激烈的分歧的情况下，这样的妥协协议才能实现。一个基督教科学家是不会同意去医院的。但是，如果一个基督教科学家认真对待他的宗教信仰，他一定会对我们其他人所相信的世界是如何存在的这个问题，产生很大分歧……

关于价值本质难以处理的争议，以及与关于事实本质的争论之间有着根本的分歧，常常被一种奇怪的循环论证所支持，我相信艾伦·格沃斯是第一个注意到这一点的人。当我们说每个人都同意物理学的某个命题时，我们非常清楚，如果我们清除我们头脑中的伪善的话，"每个人"认为仅仅是一种修辞；地球上有很多人都听说过这件事，但在那些只有少数人真正有能力形成意见的人中，其余的人都会以权威的身份接受它。即使地球是圆的，而太阳是几百万英里外的一个大球这样的众所周知的事实，这种说法也适用。但在实际判断的时候，有些哲学家会让我们思考：任何人和每个人的意见都必须得到公平的调查；我们必须咨询基督教科学家、阿赞德人、特罗布里恩群岛人、希特勒先生、斯大林大叔等等。当不同的人被调查时，会有截然不同的结果，这一点也不奇怪……

我断然将足够疯狂的道德观点排除在讨论之外，就像足够疯狂的理论观点处于同一立足点。人们之间在理论和实践上达成了充分的共识，这些共识一旦被排除在外，不同意见的人就可以在建造房屋、公路、铁路、医院和大学等方面进行合作。在这一共识的基础上，我们可以看到人类需要四种基本德性：任何有价值的大型企业都需要这些德性，就像需要健康和理智一样。对于任何大规模的计划，我们都需要谨慎或实际的智慧。我们需要正义来确保人们之间的合作和相互信任，没有这些，我们的生命将是肮脏、野蛮和短暂的。为了不因追求短期的满足而偏离我们长期和大规模的目标，我们需要节制。面对挫折、厌倦、困难和危险……我们需要勇气以坚持下去。

我试图从"人"的目的，和他们内在的目的论的角度来阐述"我们"对德性的需求。对此的一个回答可能是"那又怎样?"你只是用比喻的方式描述了大自然对人类的意图。但如果它们与我们的意图和我们自由接受的价值观相冲突,我们为什么要关心这些呢?自然,正如维多利亚时代激进的地方所说的那样,那是一只肮脏的老癫蛤蟆。

当然,一个人可以自由地"知道善恶",我被告知这是"创世纪"的意义;制定他自己的标准,而不考虑他内在的目的论。麻烦的是他根本行不通。自然界就是这样,一个生物通过破坏和吞噬其他生物来生存,当然,这也是所有人都称大自然为肮脏的老癫蛤蟆之类的原因之一。但是,如果有人出于良心拒绝接受这种安排,他很快就必须选择是忍受良心的痛苦还是饥饿的痛苦。如果他的反对能阻止他血液中的吞噬细胞摧毁外星生命,他会死得很快很惨。其他的道德标准与人们的本性背道而驰,将会导致灾难的速度和戏剧性不会那么快,但也不会那么肯定。用圣经的语言来说,这是上帝对忤逆之子的震怒:这不是云层之上一个暴躁的无名小辈的事的问题,而是日常的经验:坚持他们愚蠢的人不能被自然的后果所饶恕,尽管由于上帝的仁慈,灾难可能会被推迟。

德性的本质[①]

阿拉斯戴尔·麦金太尔

一

……在荷马史诗对德性的描述中,以及在更普遍的英雄社会中,德性的行使显示出维持社会角色和在社会实践的某些显著领域表现卓越所必需的品质:卓越就是在战争或游戏中表现卓越,就像阿喀琉斯那样;在维持家庭

---

① 阿拉斯戴尔·麦金太尔,《追寻德性:道德理论研究》,杰瑞德杜克沃斯有限公司,伦敦,1981年,圣母大学出版社。

方面表现卓越，就像佩内洛普那样，在集会中提出建议，就像内斯特那样；在讲故事方面表现卓越，就像荷马本人那样。当亚里士多德谈到人类活动的卓越时，他有时（虽不总是）指的是某些定义明确的人类实践类型：长笛演奏、战争或几何学。我想说的是，这一特定类型的实践的概念提供了展示德性的舞台，在那里，德性将得到它们的主要（如果不完整的话）定义，这对确定德性的核心概念的整个事业至关重要……

我所说的"实践"指的是任何连贯的、复杂的社会建立的人类活动形式，通过这种形式的活动，而在努力实现那些适合于该活动形式的、部分确定的卓越标准的过程中，实现了该活动形式内在的利益，其结果是，人类追求卓越的能力，以及人类涉及的目的和利益的概念得到了系统的扩展。井字棋并不是这种意义上的实践，投掷足球也不是一种技巧；但足球和象棋都是如此。砌砖不是一种实践；建筑设计是一种实践。种植萝卜不是一种实践，农业则是。物理学、化学和生物学的研究也是如此，历史学家的工作也是如此，绘画和音乐也是如此。在古代和在中世纪世界里，家庭、城市、民族等人类社会的建立和维持，通常被认为是一种实践，正如我所定义的那样。因此，实践的范围很广：艺术、科学、游戏、亚里士多德意义上的政治、家庭生活的创造和维持，都属于这个概念。但是，实践的精确范围的问题在这个阶段并不是最重要的。相反，让我解释一下我的定义中涉及的一些关键术语，从内在于实践中的善的概念开始。

以一个非常聪明的7岁孩子为例，我想教他下国际象棋，尽管这个孩子并没有特别想学这个游戏。然而，孩子确实对糖果有非常强烈的欲望，而且很少有机会得到它。因此，我告诉孩子，如果他每周和我下一次象棋，我就给他50克的糖果；此外，我还告诉孩子，我会一直用那种方式玩，让他很难（但并非不可能）赢，如果他赢了，他就会得到额外的50克的糖果。从而激发孩子玩，为了赢而玩。但是要注意，只要糖果本身就能给孩子一个下棋的好理由，孩子就没有理由不作弊，只要他或她能成功地作弊，就会有充分的理由作弊。但是，我们可能希望，终有一天，孩子会发现在国际象棋的特

316

质，在某种高度特定种类的分析技巧、战略想象力和竞争强度的成就中，有一套新的推理，推理现在不仅赢在特定的场合，而是为了在国际象棋比赛中，以何种方式表现出色。如果孩子作弊，他或她打败的不是我，而是他或她自己。

因此，下棋可能有两种好处。一方面，由于社会环境的偶然性，国际象棋和其他活动附带了一些外在的、偶然的好处，比如声望、地位和金钱。例如，虚构的儿童糖果，真实的成年人。总有其他的方法可以达到这种目的，而这些方法的实现绝不是通过从事某种特定的实践来实现的。另一方面，国际象棋的内在好处只有通过下棋或其他特定的游戏才能得到。我们称它们为内部的，有两个原因：第一，我已经建议，因为我们只能通过象棋或其他特定类型的游戏，并通过此类游戏中的例子来制定它们（否则，我们谈论此类善的词汇贫乏，迫使我们不得不使用我自己所诉诸的"某种高度特殊的类型"）；第二，因为他们只能通过参与实践的经验来识别和认可。那些缺乏相关经验的人无法胜任内在好处的判断。

一种实践包括卓越的标准和服从规则以及善的成就。要付诸实践，就要接受这些标准的权威性，接受这些标准对我自己表现的不足之处。它是让我自己的态度、选择、偏好和品味服从目前部分定义实践的标准。当然是实践……要有历史：游戏、科学和艺术都拥有历史。因此，这些标准本身并不是免于受批评的，但是，尽管如此，我们不能在不接受（迄今为止）实现最佳标准的权威情况下开始实践。如果一开始听音乐，我就不能接受自己没有正确判断的能力，那我就永远学不会聆听，更不用说欣赏巴托克最后的四重奏了。如果在开始打棒球时，我不认为别人比我更知道什么时候该投快球，什么时候不该，我将永远学不会好的投球，更别说投掷了。在实践领域，利益和标准的权威以这样一种方式运作，以排除所有主观主义和情感主义的判断分析。这是一场激烈的争论。

我们现在可以注意到一个重要的区别在我所说的内在好处和外在好处之间。我所说的外部好处的特点是，当它们实现时，它们总是某些个人的财产和拥有。此外，他们的特点是，一个人拥有的越多，其他人拥有的就越少。这有时是必然的，如权力和名誉；有时是由于偶然的情况，如金钱。因此，外部好处是竞争的典型对象，竞争中既有输家也有赢家。内部好处确实是为了超越而竞争的结果，但它们的特点是，它们的成就对参与实践的整个社区都是有益的。所以，当特纳在绘画中改变了海景或者格雷斯以一种全新的方式提高了板球的击球艺术时，他们的成就丰富了整个相关的群体。

但是这些和德性的概念有什么关系呢？事实证明，我们现在能对德性给出一个第一定义，尽管这个定义是片面的和常识性的：一种德性是一种后天习得的人类品质，拥有和运用德性会使我们获得实践所固有的善，而缺乏德性则会有效地阻止我们获得任何这类善。以后这一定义将需要扩大和修订。但作为一个适当定义的初步近似值，它已经阐明了德性在人类生活中的地位。因为我们不难发现，对于一系列的关键德性来说，如果没有它们，那些意图实践的东西就会被我们拒之门外，但不仅仅是一般地拒之门外，以一种特殊的方式拒之门外。

正如我所概述的那样，它属于一种实践的概念——我们在实际生活中已经对它很熟悉了，无论我们是画家、物理学家、四分位，或者仅仅是优秀绘画、一流实验或一次出色传球的爱好者——只有使自己服从迄今为止所达到的最佳标准，才能达到它的效果，而这就要求我们在实践中服从于其他从业者。我们必须学会认识到什么该归谁；我们必须做好准备，在这个过程中承担任何可能要求的危及自我的危险；我们必须仔细倾听别人告诉我们自己的不足之处，并以同样认真的态度回答事实。换句话说，我们必须接受正义、勇气和诚实的德性作为任何具有内在善和卓越标准的实践的必要组成部分。因为不接受这些，像我们想象中的孩子在早期的国际象棋中那样愿意作弊，迄今为止阻止了我们达到卓越的标准或实践的内在善，它使实践变得毫无意义，除非是作为一种实现外部善的手段。

我们可以用另一种方式来表达这一点。每一种实践都需要某种类型参与其中的人之间的关系。德性是指那些，不管我们喜不喜欢，我们定义我们与他人的关系，我们与他人有共同的目的和标准，这些目的和标准为实践提供了依据。举个例子说明德性是如何在特定的人际关系中被提及的……

就像，只要我们分享实践特征的标准和目的，我们就会参照诚实和信任的标准来定义我们与彼此的关系，不管我们承认与否，因此我们也会参照正义和勇气的标准来定义它们。如果教授A给B和C的论文应得的分数，但因为他被D的蓝眼睛所吸引或排斥D的头皮屑而给D分，那么不管他是否愿意，他对D和班上其他同学的关系的定义都是不同的。正义要求我们按照统一的、客观的标准来衡量功勋或成绩；在某些特定情况下，背离正义标准将我们与相关人的关系定义为某种特殊或与众不同的关系。

关于勇气的例子有点不同。我们认为勇气是一种德性，因为对个人、社区和事业的关心在实践中至关重要，需要这种德性的存在。如果某人说他关心某个人、社区或事业，但不愿冒伤害或危险；他的行为，他对自己的关心的真实性提出了质疑。勇气，一种对自己承担伤害或危险的能力，在人类生活中有它的作用，因为它与关怀和关心有关。这并不是说一个男人不能真正地关心别人，也不是说他是一个懦夫。这在一定程度上是在说，一个真正关心他人而又没有能力去冒伤害或危险的人，必须把自己定义为一个懦夫，无论是对自己还是对别人。

因此我认为，从那些关系的角度来看，没有这些关系，实践就无法延续诚实、正义和勇气，也许还有其他一些，是真正的卓越，是德性，我们必须以此来定义自己和他人的德性，无论我们个人的道德立场或社会的特定准则是什么。因为，承认我们不能逃避根据这些善来定义我们的关系，这与承认不同的社会并且已经存在诚实、正义和勇气的规则存在不同是恰好兼容的。路德派信徒教导他们的孩子，无论在什么情况下，无论结果如何，都应该对任何人讲真话，康德就是他们的孩子之一。传统的班图父母教育他们的孩子不要对陌生人讲真话，因为他们认为这会使家庭容易受到巫术的伤害。在我们的文化中，我们中的许多人从小就被教育不要对邀请我们去欣赏他们的新帽子的老姑姑讲真话。但这些准则都体现了对诚实德性的认可。不同的正义和勇气准则也是如此。

实践可能会在有着截然不同的准则的社会中蓬勃发展；他们不能做的是在德性不被重视的社会中繁荣，尽管为统一目的服务的机构和技术技能可能会持续地繁荣……对于这种合作，对于这种权威和成就的认可，对于对标准的尊重以及对于在实践中要求判断自己和他人公平的典型的关系中的冒险行为而言。在我所举的那位教授的例子中，不存在公平，没有公平就没有无情的真实性……愿意相信那些在实践中取得成就的人的判断，这些成就赋予他们判断的权威，这些判断以公平和真实为前提，并不时地承担危及自我、危及声誉甚至危及成就的风险。伟大的小提琴家不可能是邪恶的，伟大的棋手不可能是卑鄙的，这不是我论文的一部分。需要德性的地方，也可能滋生恶习。只是，邪恶和卑鄙的人必然依赖他人的德性，在他们从事的实践中获得繁荣，并否认自己获得那些内在的善的经验，这些好处可能会奖励那些即使不是很好的棋手和小提琴家。

为了在实践中进一步定位德性，现在有必要通过列出两个重要的对比来进一步阐明实践的性质。我希望到目前为止的讨论清楚地表明，实践，在预期的意义上，永远不只是一套技术技能，即使是指向某个统一的目的，即使这些技能的练习有时可以被重视或享受其本身的价值。实践的独特之处在于，技术技能所服务的相关善和目的的概念——每一种实践都需要技术技能的运用——通过这些人类力量的延伸和对自身内在善的关注而得到转变和丰富，这些内在善在一定程度上决定了每一种特定实践或实践类型。实践从来没有一个或多个固定的目标——绘画没有这样的目标，物理学也没有——但是目标本身被活动的历史改变了。因此，每一种实践都有它自己的历史，而且历史不仅仅是相关技术技能的提高，这并不是偶然的。这一历史维度与德性的关系至关重要。

进入一种实践，不仅是与当代的实践者进入一种关系，而且是与先于我们的实践者进入一种关系，特别是那些其成就将实践的范围扩展到现在的人。因此，这是一种传统的成就，更重要的是一种传统的权威，我必须面对它，并从中学习。对于这种学习以及与过去的关系，它体现了正义、勇气和诚实的德性，这些都是先决条件，以同样的方式和理由，就像它们在实践中维持现在的关系一样。

当然，与实践相对照的不仅仅是一系列的技术技能。实践不能与制度相混淆。国际象棋、物理和医学都是实践；国际象棋俱乐部、实验室、大学和医院都是机构。机构的特点和必要性与我所说的外部的善有关。他们涉及获取金钱和其他物质利益；他们以权力和地位为基础，将金钱、权力和地位作为奖励进行分配。如果他们不仅要维持他们自己，而且要维持他们作为承担者的行为，他们也不可能不这样做。因为没有机构的支持，任何做法都不可能长期存在。事实上，实践与制度的关系是如此密切，因此，与相关实践的内在善相对应的外在善的关系也是如此密切，以至于制度和实践形成了一个单一的因果秩序，在这个秩序中，实践的理想和创造性总是容易受到制度的获得性的影响，在这个秩序中，对实践的共同利益的合作关怀总是容易受到制度的竞争力的影响。在此背景下，德性的基本功能是明确的。没有他们，没有正义、勇气和诚实，实践就无法抵抗制度权威的腐蚀。

然而，如果制度有腐蚀能力，那么人类社会形式的形成和维持——也包括制度——本身就具有一种实践的所有特征，而且这种实践在两个重要方面与德性的行使有着特别密切的关系。行使这些德性本身就倾向于要求对社会和政治问题采取高度果断的态度；无论我们学习还是不学习德性，它总是在某些特定的社区中，有自己特定的制度形式。当然是有重要区别的道德品质和政治团体之间的关系，从自由主义的个人主义现代性的立场来设想，和从古代和中世纪德性传统的立场来设想这种关系之间，当然有一个关键的区别……对于自由的个人主义来说，一个社区只是一个竞技场，在这个竞技场中，每个人都追求他们自己选择的美好生活的观念，而政治制度的存在就是为了提供某种程度的秩序，使这种自我决定的活动成为可能。政府和法律在关于人类美好生活的对立观念之间是或应该是中立的，因此，尽管政府的任务是推进守法，但在自由主义者看来，灌输任何一种道德观并不是政府合法职能的一部分。

相比之下，在古代和中世纪的特定观点上……政治共同体不仅需要为了自身的维持而行使德性，而且使其公民具有德性也是政府的任务之一，正如父母权威的任务之一是使儿童长大成为道德高尚的成年人一样。苏格拉底在"克里托"中对这个类比作了经典的陈述。当然，接受苏格拉底关于政治共同体和政治权威的观点，并不意味着我们应该确认现代国家的道德功能，像苏格拉底赋予城市及其法律的道德功能一样。的确，自由个人主义立场的力量部分源于一个明显的事实，即现代国家确实完全不适合作为任何社会的道德教育者。但现代国家如何出现的历史本身当然是一部道德史。如果我关于德性、实践和制度之间复杂关系的论述是正确的，那么，我们将无法写出一段关于实践和制度的真实历史，除非历史也是一种德性和一种恶习。因为一种实践保持其完整性的能力将取决于德性在维持作为实践的社会承载体的制度形式中可以被运用。一种实践的完整性必然要求至少有一些在其活动中体现德性；相反，制度的腐败至少在一定程度上是恶习造成的结果……

二

我定义德性的部分依据是它们在实践中的地位。但可以肯定的是，有些实践——即符合我所说的实践描述的一些连贯的人类活动是邪恶的。所以一些道德哲学家对于这种德性的解释他们认为酷刑和施虐受虐性行为可能是实践的例子。但是，如果一种德性是一种支持实践的德性，而某些实践是邪恶的，那么它怎么可能是一种德性呢？我对这个反对意见的回答分为两部分。

首先，我想承认，在我理解这个概念的意义上，可能有一些做法是邪恶的。我远不相信有，事实上我也不相信酷刑或施虐受虐性行为符合我对德性的描述。但是，我不想把我的论点建立在这种缺乏信念的基础上，特别是因为很明显，作为偶然的事实，许多类型的实践可能在特定的场合产生邪恶。因为实践的范围包括艺术、科学和某些类型的智力和体育比赛。显而易见的是，在某些条件下，这些因素中的任何一个都可能是邪恶的根源：追求卓越和胜利的欲望可能会导致腐败，一个人可能会因为专注于他的绘画而忽略了他的家庭，而最初作为战争的一种体面手段可能会以野蛮的残忍方式产生。但接下来会发生什么呢？

德性最初需要被定义和解释为实践的概念……在任何情况下都没有办法需要赞成所有的实践。正如反对意见本身所预设的那样，德性不是根据良好和正确的实践来定义的，而仅仅只是根据实践来定义的，这并不意味着在特定的时间和地点实际进行的实践不需要道德批评。而这种批评的资源并不缺乏。首先，用一种德性的要求来批评一种实践是不矛盾的。正义最初可以被定义一种以特殊方式为维持实践所必需的倾向；这并不是说，在追求一种实践要求时违反正义，违反司法的行为不应受到谴责。此外……有德性的道德要求与之相对应的是道德法则的概念。它的要求也必须通过实践来满足。但是，人们可能会问，所有这些不都意味着在更大的道德背景下，对实践的地位需要更多的说明吗？这难道不至少表明德性的核心概念比实践所能阐明得更多吗？我毕竟强调过，人类生活中任何德性的范围都超越了最初定义它的实践。那么德性在人类生活的更大舞台上的地位是什么呢？

三

当代任何试图把每个人的生活设想为一个整体，作为一个统一体，每个人的性格为德性提供一个适当的目的，都会遇到两种不同的障碍，一种是社会障碍，一种是哲学障碍。社会障碍源于现代性将每个人的生活分割成各种各样的碎片，每个碎片都有自己的规范和行为模式。所以工作和私人休闲是分开的，私人的生活源于公众，企业源于个人。因此，童年和老年都被从人类生活的其余部分中抽离出来，被改造成不同的领域。所有这些分离已经被实现，所以它是每个人的独特性，而不是每个人生命的单位，每个人都经历了那些我们被教导去思考和感受的部分。

　　哲学上的障碍源于两种截然不同的倾向，一种主要地（虽然不只是）驯化于分析哲学，另一种主要地驯化于社会学理论和存在主义。前者倾向于以原子的方式思考人类行为，并根据简单的成分来分析复杂的行为和事务。因此，"基本行为"的概念在多种背景中反复出现。特定的行为作为更大的整体的一部分而衍生出它们的特性，这一观点与我们的占统治地位的主流思维方式相异化，但如果我们要开始理解一个生命是如何超越一系列个人行为和时代的，至少有必要考虑这一观点。

　　同样，当一个人的生活发生了剧烈的分离时，我们就看不见人类生活的统一性……个人和他或她扮演的角色之间……因为一个脱离萨特模式角色的自我，失去了社会关系的舞台，亚里士多德的德性在那里发挥作用，如果它们还能发挥作用的话。道德生活的模式将被置于传统的谴责之下，这是萨特在《恶心》中借安托万·罗昆丁（Antoine Roquentin）说的，也是他本人在《存在与永恒》（L' Etre et le néant）中说的。事实上，在萨特的著作中，自我对传统社会关系的不真实性的拒绝成为完整性被削弱的原因。

　　与此同时，把自我清理成一整套划分的角色扮演领域，不允许有任何施展性情的余地，而这些性情在任何意义上都可以被遥远的亚里士多德主义认为是德性。因为德性不是一种只在某种特定情况下才能成功的性格。所谓一个优秀的委员会成员，一个优秀的管理者，一个赌徒或赌球的骗子所具备的德性，是一种专业技能，在那些能发挥作用的情况下运用的专业技能，不是德性。一个真正拥有德性的人可能会在非常不同的情况下表现出来，在很多情况下，德性的实践不能像我们期望的专业技能那样有效。赫克托耳在离开安德洛玛克和与阿喀琉斯的战场上表现出了同样的勇气；埃莉诺·马克思在她与父亲的关系中，在她与工会成员的工作中，在她与阿韦林的纠葛中都表现出同样的激情。一个人生命中德性的统一性，只有作为统一生活的特征才能被理解，统一生活可以作为一个整体来构想和评估。因此，正如本书前面部分讨论的，随着现代性的兴起而出现的道德的变化和分裂，典型的现代道德判断观点出现的每个阶段，都伴随着相应的典型的现代自我概念出现的阶段；所以现在，在定义我一直关注的关于德性的特定的前现代概念时，有必要谈谈伴随而来的自我概念，其统一性存在于叙述的统一性中，将出生、生命、死亡作为叙述的开端、中间和结尾联系起来。

对于哲学家和普通行为主体来说，这是一个概念上的老生常谈，即人类行为的同一部分可以通过许多不同的方式得到正确的描述。对于"他在做什么？"的答案可能是"挖地""园艺""锻炼""准备过冬"或"取悦妻子"。这些答案中有一些描述了行为主体的意图，还有一些描述了他人行为的无意图结果，在这些无意图结果中，有些可能是行为主体意识到了这些后果，而另一些则没有。需要立即注意的是任何关于我们如何理解或解释特定行为片段的答案都会预先假设一些关于"他在做什么"这个问题的正确答案，是彼此相互关联的。因为如果一个人的主要目的是在冬天到来之前把花园整理好，而他这样做是为了锻炼身体和取悦妻子，这只是偶然的情况，我们有一种行为需要解释；但是，如果主体的主要目的是通过锻炼来取悦他的妻子，那么我们就有另一种类型的行为需要解释，我们将不得不从另一个方向来理解和解释。

当涉及意图时，我们需要知道哪个或哪些意图是主要的，也就是说，如果主体有其他意图，他就不会执行那个行为。因此，如果我们知道一个人公开承认做园艺工作的目的是为了健康锻炼和取悦他的妻子，我们还不知道如何理解他在做什么，直到我们知道这些问题的答案，如果他继续认为园艺工作是健康的运动他是否会继续做园艺工作，但是他发现他的园艺工作不再使他的妻子满意，如果他不再认为园艺工作是健康的运动，而是仍然相信这样做会取悦于他的妻子，如果他在这两点上都改变了他的信念，他是否会继续做园艺工作。也就是说，我们需要知道他的信仰中哪些是确定的哪些是原因的结果；也就是说，我们需要知道某些与事实相反的假设陈述是真的还是假的。在我们知道这一点之前，我们不知道如何正确地描述主体在做什么……

考虑到目前为止的论证暗示了意图的相互关系，社会和历史的相互关系。我们仅通过调用两种类型的背景（如果不是明确的，也是暗示的）来标识特定的操作。我曾建议，我们将主体的意图按照其在其历史中所扮演的角色按因果和时间顺序排列；我们也会参照他们在历史上所扮演的角色或者他们所属的背景。在这样做的过程中，再确定主体的意图在一个或多个方向上有什么因果效力，以及他的短期意图如何成功或失败地构成长期意图的过程中，我们自己书写了这些历史延伸的部分。某种叙事历史成为刻画人类行为的基本的和必要的体裁。

一开始……我认为，为了成功地识别和理解别人在做什么，我们总是将一个特定的情节放在一组叙事历史的背景下，涉及个人的历史以及他们行动和遭受苦难的背景。现在越来越清楚的是，我们以这种方式呈现他人的行动，因为行动本身具有基本的历史特征。因为我们都生活在叙事中，因为我们通过叙事来理解自己的生活，所以叙事的形式适合于理解他人的行为。故事在被讲述之前是活生生的——除了小说……

于是，一个中心论点开始浮现：人在他的行动和实践中，以及在他的小说中，本质上是一个讲故事的动物。他本质上不是愚蠢的，而是通过他的历史，成为一个渴望真理的故事讲述者。但对男性来说，关键的问题不是他们自己的作品；我只能回答"我该做什么？"，如果我能回答之前的问题"我是哪个故事的一部分？"我们进入人类社会，也就是说，带着一个或多个被赋予的角色——我们已经被塑造成的角色——我们必须学习这些角色是什么，以便能够理解其他人如何回应我们，以及我们对他们的回应容易被理解成什么。通过听故事：邪恶的继母，失去了孩子，善良但被误导的国王，狼哺乳的双胞胎儿子，没有继承遗产的长子们必须在这个世界上走自己的路，长子们浪费了他们的遗产，过着放纵的生活，被流放而生活在猪圈里。孩子们所学习的或误学的是，他们出生的戏剧中的角色可能是什么样的，这个世界的方式是怎样的，既了解什么是孩子，又了解什么是父亲。剥夺孩子们讲故事的机会，你就会让他们在行动和言语上都变得焦虑、结巴。因此，我们无法了解任何社会，包括我们自己的社会，除非通过构成其最初戏剧性资源的故事储备。神话，在其最初的意义上是事物的核心。维科是对的，乔伊斯也是对的。当然，从英雄社会到中世纪继承者的道德传统也是如此，根据这种传统，讲故事在教育我们养成德性方面起着关键作用……

自我的叙事概念要求的是双重的。一方面，我是那种被别人理所当然地认为生活在一个从出生到死亡的故事中的人；我是这段历史的主体，这段历史是我自己的，而不是别人的，它有自己独特的意义。当有人抱怨——就像那些企图自杀或自杀的人一样——他或她的生活毫无意义时，他或她经常地，也许是在典型地抱怨（他或她的）生活叙述变得难以理解……它没有任何意义，没有任何走向高潮或终极目标的运动。因此，在（他或她的生命）的关键时刻，做一件事而不做另一件事的意义，对这样的人来说已经失去了意义。

成为一个从出生到死亡的故事的主体是……对构成叙事人生的行为和经历负责。也就是说，当一个人被要求对自己做了什么，发生了什么，或在他生命的任何早期阶段所目睹的事情做出某种解释时，这个问题就提出了。当然，有些人可能忘记了，或者遭受了脑损伤，或者只是在相关的时间没有足够的出席，无法给出相关的解释。但是，说到某一种说法（伊夫堡的俘虏）来形容一个人，说他就是所描述的那个人（《基督山伯爵》）的意思是说，让他讲一段通俗易懂的故事是有意义的，使我们能够理解，为什么他在不同的时间和不同的地点是同一个人，但却具有如此不同的特征。因此，个人同一性就是以人物的统一性为前提的，这是叙事统一性所要求的。没有这样的团结，就不会有讲故事的主体。

叙事自我的另一方面是相关的：我不仅是负责任的，我是一个总能向别人询问情况的人，总能向别人提出问题的人。我是他们故事的一部分，正如他们是我故事的一部分。任何一种生活的叙述都是一系列连锁叙述的一部分。此外，这种要求和提供说明本身在构成叙述中起着重要的作用。问你做了什么和为什么，说我做了什么和为什么，思考你对我做了什么和我对我做了什么的描述之间的区别，反之亦然，这些都是所有故事的基本组成部分，除了最简单的故事。因此，如果没有自我的责任，那些构成了所有的事件，

除了最简单和最基本的叙述，就不会发生；如果没有同样的问责制，叙事将
缺乏连续性，无法使叙事和构成叙事的行动都具有可理解性。

现在，我们有可能回到对人类行为和同一性本质的探究开始时所提出的
问题：个体生命的统一性是由什么组成的？答案是，它的统一性体现在单一
生命的叙述中。问"对我有什么好处？"是问我如何才能最好地实现这种统
一，并完成它。问"对人类有什么好处？"的问题，是问前一个问题的所有
答案都必须具有的共同点。但现在有必要强调的是，正是系统地提出这两个
问题，并试图在言语和行为上回答它们，才提供了道德生活的统一性。人类
生活的统一性就是叙事追求的统一性。任务有时会失败、受挫、被抛弃或被
分散注意力；人的生命也可能在所有这些方面失败。但在整个人类生活中，
成功或失败的唯一标准是在叙述或有待叙述的探索中成功或失败的标准。追
求什么？

我们需要回顾一下中世纪任务观念的两个主要特征。第一，对于最终目
的，如果没有某种至少是部分确定的观念，就不可能有任何探索的开端。需
要对人类的利益有一些观念。这样的观念从何而出呢？恰恰从这些问题中，
我们试图超越在实践中和通过实践而获得的有限的德性观念。正是追寻善的
观念促使我们预定其他的善，正是追寻善的观念促使我们扩展对德性的目的
和内容的理解，正是追寻善的观念促使我们理解生活的完整性和恒定性，我
们最初定义的生活是一种对善的追求。但其次，很明显，中世纪的探索观念
根本不是追寻某种已经充分具备特征的东西，就像矿工寻找黄金或地质学家
寻找石油一样。它是在追寻的过程中，仅仅通过遇到和应对各种特定的伤害、
危险、诱惑和干扰在情节和事件中提供了一些追问，任务的目标是最终被理
解。探索永远是一种教育，既包括所探索事物的性质，也包括自我认识。

因此，德性应该被理解为那些不仅能保持实践并促使我们实现实践内
在的善，而且还能保持在对与善相联系的追求中，通过使我解决我们所遇到
的伤害、危险、诱惑和干扰的问题，因此这些会给我们提供越来越多的自我
认识和对善的认识。因此，德性的目录将包括维持家庭和政治团体所需的德

性，在这种家庭和政治团体中，男人和女人可以共同追寻善，以及对善的性质进行哲学探索所必需的德性。于是，我们对人的美好生活得出了一个暂时的结论：人的美好生活就是一生都在追寻的美好生活，而追寻生活所必需的德性就是使我们能够懂得更高的并还有的人的美好生活。我们也完成了对德性的第二阶段：将它们与人类的美好生活联系起来，而不仅仅是与实践联系起来。但我们的调查还需要第三阶段。

因为我永远不能仅仅以个人的身份去追寻善或行使德性的权利。这在一定程度上是因为过好生活的具体含义因环境而异，即使在一个人的生活中体现的是相同的好生活的概念和一套相同的德性。五世纪雅典将军的美好生活与中世纪修女或十七世纪农场主的美好生活是不同的。但这不仅仅是因为不同的人生活在不同的社会环境中，这也是我们作为特定社会身份的承担者来接近我们自己的环境。我是某人的儿子或女儿，某人的表哥或叔叔；我是这个或那个城市的公民，是这个或那个行业的成员；我属于这个家族，那个部落，这个国家。因此，对我有利的，也必须对扮演这些角色的人有利。因此，我从过去的家庭、我的城市、我的部落、我的国家继承了各种债务、遗产、合理的期望和义务。这就是我的人生，我的道德起点。这在一定程度上赋予了我的生命自身的道德特殊性。

从现代个人主义的角度来看，这种想法可能显得另类，甚至令人惊讶。从个人主义的观点来看，我就是我自己的选择。如果我愿意，我总是可以质疑什么被认为是我存在的偶然的社会特征。在生物学上，我可能是我父亲的儿子；但我不能为他的行为负责，除非我选择暗含或明确地承担这种责任。我可能是某个国家的合法公民；但我不能为我的国家所做或已做的事负责，除非我选择暗含或明确地承担这种责任。这种个人主义表现在现代美国人身上，他们否认奴隶制对美国黑人的影响负有任何责任，说"我从未拥有过奴隶"。更微妙的是，其他现代美国人的立场，他们认为对这些影响负有精心计算的责任，这些影响是通过他们作为个人间接从奴隶制度中获得的好处来衡量的。在这两种情况下，"身为美国人"本身并不是个人道德认同的一部分。当然，现代美国人的这种态度并没有什么特别之处：英国人会说："我从来没有对爱尔兰做过什么错事；为什么要提起过去的事，好像跟我有关似的？"或者是那些认为1945年后出生的德国年轻人，他们认为纳粹对犹太人的所作所为与他们与同时代的犹太人之间的关系没有任何道德关联，他们表现出同样态度，认为自我与社会、历史角色和地位是分离的。如此超然的自我，在萨特或戈夫曼看来，当然是非常自在的自我，一个没有历史的自我。与自我的叙述观点形成了鲜明的对比。因为我的生活故事总是与我的身份来源的那些社区的故事相容。我生来就有过去，而试图以个人主义的方式与过去划清界限，就是在扭曲我现在的人际关系。对历史身份的占有和对社会身份的占有是一致的。请注意，反抗我的身份总是一种可能的表达方式。

还要注意，自我必须在社区中并通过它在社区中的成员身份找到其道德的同一性，比如家庭、社区、城市和部落的成员身份，这一事实并不意味着自我必须接受这些社区形式的特殊性的道德限制。没有这些道德特质作为起点，就永远没有任何起点；但正是在从这种特殊性向前发展的过程中，才包含了对善和普遍的追求。然而，特殊性永远不能被简单地抛弃或抹杀。要从这种观念中逃脱出来，进入一个完全属于人类本身的普遍准则的领域，无论在十八世纪康德式的哲学中，或者在某些现代分析性道德哲学的表象中所呈现的，都是一种幻象和带着痛苦结果的幻象。当男人和女人太容易、太彻底地把他们部分的、特殊的原因与某种普遍原则的原因联系起来时，他们的行为往往比不这样做时更糟糕。

因此，我是什么，在关键部分是我继承的，一个具体的过去，它在某种程度上存在于我的现在。我发现自己是历史的一部分，也就是说，不管我喜欢与否，不管我承认与否，我都是一个传统的承担者。重要的是，当我描述实践的概念时，我注意到实践总是有历史的，在任何给定的时刻，什么是实践取决于理解它的模式，这种模式通常已经代代相传。因此，到目前为止，这些德性维系着实践所需的关系，它们就必须维持与过去、与未来以及与现在的关系。但是，对于更大的社会传统来说，传播和重塑特定习俗的传统从来都不是孤立存在的。

当一个机构——比如大学、农场或医院，承载着一种或多种实践传统时，它的共同生活将在部分的，但在重要核心的方式上，由关于大学是什么、应该是什么、好农业是什么、好医学是什么的持续争论构成。传统，在至关重要的时候，体现了冲突的持续性。因此，一个活的传统是一个历史延伸的、具有社会意义的论点，而正是论证的那个部分的善构成了那个传统。在传统中，对善的追求代代相传，有时甚至延续了好几代人。因此，个人对他或她的善的追寻是在总体上和特征上，在一个被传统定义的背景中进行的，这些传统是个人生活的一部分，这对实践内在的善和单个生活的善都是真实的。再一次，嵌入至关重要的叙事现象：我们这个时代的实践的历史在总体上和特征上嵌入在传统的更大、更长的历史中，并使其可理解，通过传统的历史，实践以现在的形式被传递给我们；我们每个人自己生活的历史在总体上和特征上嵌入在一些更大、更长的传统历史中，并使之易于理解。我不得不说"总体上、特征上"而不是"凡是"，因为传统会衰落、解体和消失。那么是什么支持和加强了传统呢？是什么削弱并摧毁了它们？

关键部分的答案是：锻炼或缺乏锻炼相关的德性。德性的意义和目的不仅在于维持那些必要的关系，如果要实现实践中各种各样的善不仅在于维持个人生活的形式，在这种形式中，个人可以追寻到他或她的善作为他或她整个生命的善，而且在于维持那些为实践和个人生活提供了必要的历史背景的传统。缺乏正义、缺乏诚实、缺乏勇气、缺乏相关的理智德性——这些腐败的传统，就像他们对待那些从传统中汲取生命的制度和实践一样，他们是这些传统的当代体现。认识到这一点当然也是认识到另一种德性的存在，这种德性的重要性可能在它最不存在的时候最明显，即对自己所属的或面对的传统有充分的认识的德性……对传统的充分认识体现在对过去为现在提供的那些未来可能性的把握上。活着的传统，正因为它们继续着一种尚未完成的叙述，面对着一个未来，它的决定性和可决定性的特征，就其所拥有的一切而言，源自过去……

第四部分

社会环境中的伦理选择

第十章　正义和平等

　　我们对生活环境最常见的道德批评之一就是它们不正义。一个孩子会抗议父母的指令，"这不公平"。或者我们抱怨老师不正义；考试是不公平的。约翰·肯尼迪总统曾经强调，生活是不公平的。在本章中，我们将讨论公平的概念和与之密切相关的正义的概念。

　　对正义最早的分析之一是由希腊哲学家柏拉图提出的。正义就是给予每个人，他或她应得的东西。当然，下一个问题是显而易见的。一个人的应得的制度是什么？柏拉图的理论与希腊观念的功能紧密相连。每件事都有它的功能，当每件事都在发挥它的功能时，世界是有序的，每件事都在接受它应得的。考虑到人，虽然我们由几种能力组成，如理性、欲望和意志，但理性是人类的统治者。当理性处于控制之下时，人类的行为是正义的。如果理性不受控制，我们的欲望就没有恰当的秩序，我们的行为就会不正义。

　　在柏拉图看来，对人适用的理论，对国家也适用。一个国家是由不同的阶级组成的，在柏拉图的讨论中，商业阶级、军事阶级和统治阶级占据了重要位置。这三个阶级是类似于人类灵魂的三个部分。只要每个阶级发挥其适当的功能，所有的公民都会得到他们应得和正义的结果。在柏拉图看来，当一切都处于适当的位置并履行适当的功能时，正义就会产生。实际上，"接受应得的"这个词组在某种程度上是误导。柏拉图大多数关于正义的例子，仅仅代表人们根据他们应得的去做而不是得到他们的应得。

　　你会注意到，在柏拉图的叙述中没有任何平等主义或民主主义的内容。当奴隶被当作奴隶对待时，他们得到了他们应得的待遇。当国王受到国王般的待遇时，他就得到了应得的待遇。平等和正义之间的第一个联系发生在柏拉图的学生亚里士多德的思想中。亚里士多德把正义确认为一种道德德性，因此可看作为两端之间的适中（中庸）。亚里士多德将非法的不正义从不公平的不正义中区分出来。后一种观点引起了后来哲学家的兴趣。在亚里士多德看来，不公平的结果是背离分配正义或矫正正义。当平等的人根据价值被平等对待时，分配正义就出现了。分配正义是遵照平等比例的正义。如果朱迪在战斗中比约翰表现出两倍的勇气，那么朱迪应该得到两倍的赞扬。关于矫正正义，有些人的所得是以牺牲他人利益为代价的。如果朱迪抢走了约翰100美元，朱迪就从约翰身上获得了100美元。矫正正义要求把那100美元还给约翰。纠正不义之财当然会带来身体或心理上的伤害，这是一件复杂的事情，但应当注意的是，这种矫正正义不是被哲学所确认的那样"以眼还眼、以牙还牙"。法官不必诉诸这种互惠正义来提供矫正正义。而重要的任务是通过赔偿受害者的损失来恢复平等的状态。

分配正义和矫正正义都是在反对某种社会背景下产生的。在分配正义中，一定的价值标准为分配提供了基础。通过矫正正义，我们正在恢复现状；我们从犯下不公正行为的人那里得到的赔偿相当于受害者的损失。所涉及的平等性是返回将事件状态带回到具体起点的数量。但是价值标准和被纠正的初始起点是正义的吗？亚里士多德关注的是个人之间的正义，那么个人参与的制度的正义呢？

约翰·罗尔斯选择的重点是公正的制度。与亚里士多德一样，罗尔斯在正义与平等之间建立了联系。正义的制度必须符合正义的基本原则。这些正义的原则是道德自由平等的人会采取的原则，如果他们是假设的制度规划者。在罗尔斯看来，正义的原则是作为社会契约的一部分而确定的，每个受社会制度影响的人都是契约者。此外，为了防止人们产生偏见，人们必须假装对所有的特质一无所知，比如收入水平、工作技能和教育水平。当制度被设计时，通过消除那些在社会制度中提供价值的个人特征，罗尔斯是一个相当基础意义上的平等主义者。那么，在社会制度的设计中，赋予每个受社会制度影响的人平等的发言权是合理的吗？罗尔斯认为，没有什么标准可以让一些人比其他人更有价值。罗尔斯认为，你可以谈论个人对社会中某个机构的价值，但你不能谈论个人对整个社会的价值。

罗尔斯认识到社会生活类似一个合作的企业，考虑到个人利益的冲突，他也认为社会生活是一个竞争的企业，需要规则。正义理论使社会互动公平。事实上，罗尔斯把他早期的一篇关于正义的论文命名为《作为公平的正义》。以罗尔斯所描述的方式约束的社会契约是一种确定正义原则的公平程序。行为符合正义原则的社会制度是公平的。

罗尔斯的正义观的另一个重要特征是他对程序的强调。罗尔斯主要关注的是社会制度的正义，这种强调可能并不令人惊讶。罗尔斯对不同类型程序正义的区分，对不完美世界中的正义实践具有启示意义。在一个理想的世界里，公正的程序和结果都应该存在。在这个理想的世界里，刑事正义系统会判决所有有罪的人，但仅限于有罪的人。无罪的人将被发现无罪，有罪的人将被发现有罪。在这个理想世界中，刑事正义制度应表现出完美程序正义的特征。唉，但是我们并不是生活在一个理想的世界里。我们的刑事正义制度的建立必须符合这样一种观点，即不给一个无辜者定罪比让一个罪犯逍遥法外更为重要。在一个不完美的世界里，最有效的原则是错误地保护无辜者。因此，在像我们这样一个不完美的世界中，刑事正义制度的管理原则可能与理想世界中管理刑事正义制度的原则不同。在不完美的世界中，刑事正义制度表现出程序正义不完善的特征。

还有第三种程序正义，以公平抽签为例。只要骰子没有上场，无论结果如何，游戏的结果都是公平的。获胜者是富人还是穷人并不重要。只要机会游戏是按照公平的规则进行的，结果就是公正的。像机会游戏这样的情况被称为"纯粹程序正义"的实例。罗尔斯似乎认为，如果社会制度与正义原则相一致，那么社会就是纯粹程序正义的社会。如果正义原则被用来在一个不完美的世界中设计社会制度，那么社会契约者会对这些原则做出怎样的改变呢？

我们现在意识到，要问一个社会甚至一个个人行为是否正义，就是在问一个复杂的问题。要确定一个社会是否正义，我们需要知道管理其制度的原则。这些原则能通过正义的考验吗？社会制度所体现的程序是正义的吗？理论正义与社会现实之间是否有适当的匹配？要回答这些问题，就必须考虑其他伦理概念。社会是否尊重个人人权？一个社会没有不可能是正义的社会。在这方面，有趣的是，罗尔斯的两项正义原则体现了这一标准——人权理论家所强调的两种善。

美国人最根深蒂固的信念之一是，正义的社会在某种重要意义上就是平等的社会。亚里士多德将正义定义为平等，而罗尔斯则坚持认为所有受社会实践影响的人在设计实践时都应该有平等的发言权。既然我们已经遇到了社会可以平等的几种意义，那么必须存在明确要求平等的主张就不足为奇了。因为一个社会否认平等而只是谴责它是不够的。

要问的重要问题是，现有的不平等是合理的还是不合理的。所有社会都需要有一种形式上的平等意识。平等的形式原则是：平等对待平等，不平等对待不平等。但是这个要求只不过是一致性的要求。如果我将这个对象称为"椅子"，那么我必须将与它相关（相等）的其他对象也称为"椅子"。形式上的平等原则是一种理性原则；因此，它适用于道德，也可以延伸到任何其他理性的努力。当然，有时候保持一致性会让你走得更远。回想一下康德是如何利用一致性的概念来发展定言命令的概念的。

一些平等主义的原则不仅仅是形式上的，而且过于笼统。柏拉图和亚里士多德的平等原则都有这个缺陷。例如，亚里士多德的比例平等理论需要一个功绩理论。这个讨论的道德是那个"平等"，即背景依赖的概念。平等的概念只在与其他概念（如权利）相联系的伦理选择中有用。

格雷戈里·弗拉斯托斯在他的文章《正义与平等》中以自由的平等权理论为基础，为正义理论进行了辩护。在他的分析过程中，他澄清了经常困扰平等主义理论的几个困惑。例如，一个关于谋杀公司追捕受害者的生动例子表明，为什么承诺平等往往需要非常不平等的分配。此外，这种不平等的分配不是应得的。谋杀公司的潜在受害者不应该得到额外的警察保护，而是作为社区的一员享有平等的权利。顺便说一句，值得注意的是，弗拉斯托斯（Vlastos）关于自由和幸福权利的论点是基于人类本身的终极价值以及他们体验自由和幸福的同等价值。回顾一下弗拉斯托斯观点的实质是有益的，因为它使用了最近几章的基本概念，并展示了如何将这些概念联系在一起，以帮助做出伦理选择。

1. 所有的人都有平等的内在价值——康德的论证基于定言命令的第二个公式。

2. 由于人类具有同等的价值，他们的自由和幸福的经历也具有同等的价值。

3. 人类享有平等的自由和幸福的权利。

4. 当自由和幸福的平等权得到保护和维持时，正义就得到了实现。

5. 保护和维持自由和幸福的平等权通常需要善和资源的不平等分配。

这个论点中可能有一些漏洞，但那不是重点。弗拉斯托斯将尊重个人的基本原则和基于平等人权的平等主义正义理论联系在一起，告诉我们社会应该如何应对谋杀公司对其成员的威胁。

回顾第八章的导言以悲观的结论结束，即自由权和幸福权之间存在着基本的冲突。也许有一种平等主义的理论可以解决这两种基本权利之间的冲突。也许解决办法是找到一种能解决任何冲突的终极平等权。罗纳德·德沃金在他的文章中提供了这样一种权利。美国和许多其他国家的平等主义传统强调每个人享有平等关注和尊重的权利。然而，正如德沃金所指出的，这种平等关注和尊重的权利可以从两方面解释——作为权利的平等对待或作为权利对待平等。德沃金反对后者的解释倾向于前者。平等对待的解释是，个人可以被平等对待，但仍然可以为了公共利益牺牲个人的利益。由于在政治领域被平等对待是考虑个人利益的权利，你可以投票，因此你的利益会被考虑，但尽管如此，如果你的利益是少数，你的利益就会被牺牲。现在德沃金认为，不能为了考虑而牺牲真正的权利。因此，公共利益（功利主义考虑），对平等关注和尊重权利唯一可接受的解释是作为一种权利的平等对待。此外，平等待遇的权利是一种平等分配某种善或商品的权利。争论的最后一步是要表明，有多少传统自由可以奠基于或根源于权利的平等对待。通过这种方式，德沃金试图展示平等如何作为一个主要的道德概念发挥作用。正义的社会是尊重并执行权利平等对待的社会。

正义[①]

亚里士多德

关于正义和非正义，我们必须考虑（1）他们涉及什么样的行为；（2）正义的意思是什么；（3）正义的行为介于哪些极端之间。我们的调查将遵循与前面讨论相同的过程。

我们看到，所有人所说的正义都是指那种使人们倾向于做正义的事，使他们正义地采取行动，并希望得到正义结果的性格状态；同样，通过不正义，国家使他们的行为不正义，并希望得到不正义……

那么，让我们以"不正义的人"的各种含义为出发点试想一下。无法无天的人和贪婪不公正的人都被认为是不正义的，所以遵纪守法的人和正义的人显然都是正义的。那么，正义的就是合法的和公平的，不正义的就是非法的和不公平的……

既然无法无天的人被认为是不正义的，遵纪守法的人被认为是正义的，显然一切合法的行为在某种意义上都是正义的行为；因为立法艺术所规定的法案是合法的，我们可以说，每一项法案都是正义的。法律在制定所有主题时，目的都是为了共同利益，要么是全体利益，要么是最优秀的人的利益，要么是当权者的利益或诸如此类的利益；所以在某种意义上，我们称这些行

[①] 亚里士多德，《尼各马可伦理学》，译自《亚里士多德牛津译典》，W.D.罗斯编，第9卷，1925年，牛津大学出版社。

为是创造和保持幸福及构成政治社会组成部分的行为。法律要求我们既要做勇士的行为（如不擅离职守、不逃跑，不扔掉武器），又要做节制之人的行为（如不通奸，不满足自己的情欲），又要做有脾气之人的行为（如不打击人，不说恶话），对于其他的德性和邪恶形式也是如此，会命令某些行为，禁止其他行为；建立正确的法律在这方面做得很好，而仓促构思的法律则做得不够好。

因此，这种形式的正义是完全的德性，但不是绝对的，这与我们的邻居有关的。因此，正义常常被认为是最伟大的德性，而"晚星和晨星"都不那么美妙；众所周知，所有德性都包含在正义之中，它是完全意义上的完全德性，因为它是完全德性的实际实践。爱之所以圆满，是因为拥有爱的人不仅能在自己身上践行德性，也能对他人践行德性；因为许多人可以在自己的事务中践行德性，但在与邻居的关系中却不行。这就是为什么偏见被认为是真实的，"规则显现人"；因为一个统治者必然体现与他人和社会成员的关系。出于同样的原因，在德性中，只有正义被认为是"他人的善"，因为它与我们的邻居有关；因为他所做的事，是对他人有利的，无论是统治者还是同伴。最坏的人是对自己和对朋友都施恶的人；最好的人不对自己施德，而是对别人施德；因为这是一项艰巨的任务。因此，在这个意义上，正义不是德性的一部分，而是全部的德性，相反的不正义也不是罪恶的一部分，而是罪恶的全部。德性和正义在这个意义上的区别，从我们刚才讲过的看，是显而易见的；它们是相同的，但本质又不同；作为一种与邻居的关系，正义是一种没有资格的状态，是德性……

不正义的被分成了非法的和不公平的，正义的被分成了合法的和公平的。对于不合法的答案是上述的不公正感。但由于不公平的和非法的是不一样的，但不同的部分是相对于它的整体（所有不公平是非法的，但并不是所有违法是不公平的），不公平和不正义在不公平的意义上是不一样的，是作为整体的一部分；因为这一意义上的不正义是广义上的不正义的一部分，同样，这一意义上的正义也是另一意义上的正义的一部分。因此，我们也必须谈论特殊的正义和特殊的不正义，同样地，我们也必须谈论正义和不正义……

特别正义的，也就是体现在相应的意义上，（A）是一种表现在分配荣誉或金钱或其他东西分给那些参与制度制定的人（因为在这些东西中，一个人的份额可能不等于另一个的份额）；（B）一是在人与人之间的交易中起纠错作用的东西……

（A）我们已经表明，不正义的人和不正义的行为都是不公平或不平等的。现在很明显，在这两种情况下所涉及的两个不相等之间还有一个中间点。这就是平等，因为在任何一种或多与少的行为中，也有平等的东西。如果不公正的是不平等的，那么公正的就是平等的，就像所有人认为的那样，即使不加争论。因为平等的是中间的，所以正义就是中间的。平等至少意味着两件事。因此，正义必须是中间的、平等的和相对的（即对某些人而言）。作为中间物，它必须介于某些事物（分别是较大的和较小的事物）之间；平等包括两件事；并且只是针对某些人来说。因此，正义至少涉及四个术语；对于那些它实际上只是存在于其中的人来说，是两个人，而它所表现出来的事物，所分布的对象，也是两个人。同样的平等将存在于有关的人和事物之间；因为后者与相关的事物有关联，前者也是如此；如果他们不平等，他们就不会得到平等的东西，但这是争吵和抱怨的根源——当平等得到不平等的份额和不平等得到平等的份额时。此外，这一点很明显，因为奖励应该是"根据优点"的；因为所有人都同意，公平的分配在某种意义上必须根据优点来进行，尽管他们并不都指定相同类型的优点，但民主党人将其等同于自由人的地位，有财富（或与出身高贵）的寡头政治的支持者，有优秀贵族的支持者。

因此，正义是比例的一种（比例不仅是由抽象的单位构成的数字的性质，而且是一般的数字的性质）。因为比例是比率的相等，至少包含四项，……它也包含至少四项，每一对儿之间的比例是相同的；因为人与物之间也有同样的区别。正如A之于B，将C之于D，因而根据交换定律，A之于C，将B之于D……A与C的结合同B与D的结合就是分配中的正义，这种正义的是中间的，不正义的是违反比例的；因为比例是中间的，而正义是成比例的。（数学家称这种比例为几何比例；因为这是几何比例的推论，即整体与整体之比，正如任何一个部分与相应的部分之比。）……

那么，这就是正义——比例；不正义是违反比例的。这样一来，这一项就变得太大，另一项就变得太小，这是实践中真正发生的。因为行不义的人，就有太多好处，受不义对待的人，就有太少的好处。在邪恶发生的情况下，则恰恰相反；因为与大恶相比，小恶被认为是善，因为小恶比大恶更应被选择，而值得选择的就是善，而更值得选择的就是大善。

那么，这就是正义的一种。

（B）剩下的是矫正性，它产生于自愿和不自愿的交易行为的联系之中。这种形式的正义与前者有不同的特殊性。因为分配公有财产的正义总是依照上述的那种比例，……与这种正义相对的不正义是违反比例的。但人与人之间的交易中，正义确实是一种平等，而不正义则是一种不平等；不是按照那种比例，而是按照算术比例。因为好人欺坏人、坏人欺好人、奸淫是好人还是坏人都没有分别。法律只考虑伤害的独特性质，如一方有过错而另一方受委屈，又如一方造成伤害而另一方受到伤害，因此，这种不正义是一种不平等，法官试图使其平等；因为在这种情况下，一个人受到了伤害，另一个人造成了伤害，或者一个人杀死了另一个人，痛苦和行动是不平等地分配的；但是法官试图通过惩罚来平衡事情，剥夺攻击者的利益……现在法官恢复了平等；这就好像有一条线被分成不相等的几部分，他把较大的一段超过一半的部分拿走，把它加到较小的部分上。当整体被平均分配时，他们说他们得到了"他们自己的"——也就是他们得到相等的东西。等量线是根据算数比例在较大线和较小线之间的中间值……

我们现在已经定义了正义和不正义。将这两种行为相互区分之后，很明显看到，正义的行为介于不正义的行为和不正义的对待之间；因为一种是拥有太多，另一种是拥有太少。但与其他德性不同的是，正义是一种中庸之道，而非正义是一种极端之道。正义是这样一种德性，根据这种德性，正义的人被称为一个行为者，通过选择正义的事物，一个人在自己和另一个人或两个人之间进行分配，不是为了给自己更多想要的东西而给邻居更少（与伤害相反），而是为了按比例相等地给予；同样地，分配给另外两个人。另一方面，不公正同样与不正义有关，不公正是有益或有害的事物的过度和缺陷，与比例相反。不公的原因是过度和缺陷，也就是说，因为它是生产过度和缺陷的产物——对一个人来说，对其本身有用的东西过多，对其有害的东西有缺陷；而对别人来说，就整体而言，它和自己的本质一样。虽然在别人看来，它作为一个整体就像在自己的情况下，但比例可能违反任何一个方面。在不公正的行为中，拥有的太少是不公正的对待，拥有的太多是不公正的行为。

让我们把这当作判定正义和非正义的性质，以及对一般正义和非正义的性质的解释……

正义体系①

约翰·罗尔斯

一

我的著作《正义论》②的一个重要假设是，社会的基本结构是正义的首要主题。所谓基本结构，指的是将主要社会制度整合成一个系统的方式，以及它们如何分配基本权利和义务，并形成通过社会合作产生的利益分配。因此，政治结构、法律上公认的财产形式和经济组织都属于基本结构。我认为，对正义概念的第一个检验是，在这种情况下，它的原则是是否为社会正

---

① 约翰·罗尔斯，《作为主体的基本结构》，载于《美国哲学季刊》，第14卷，第2号，1977年4月，尼古拉斯·雷歇尔编，巴兹尔布莱克威尔出版社，文章发表于美国哲学协会第51届年会太平洋分会，波特兰市俄勒冈州，1977年3月。

② 约翰·罗尔斯，《正义论》，剑桥，马萨诸塞州，1971年。

义的经典问题提供了合理的指导。

在我的书中，我没有详细考虑为什么要把基本结构作为首要主题。这是我在讨论其他问题时从各种评论中总结出来的。在这里，我将设法弥补这一缺憾。当然，完美的法律首先要严格对基本结构进行调查。我们必须从某个地方开始，而这个起点可能会被一切事情的进展证明是合理的。但我们当然想找到一个比这更有启发性的答案；此外，它还利用了基本结构的特点与其他社会安排形成对比，并将这些特点与正义原则本身的特殊作用和内容联系起来。我的目的是贡献一个符合这些条件的解释。

现在，社会契约是一种协议：（1）在所有而不是部分社会成员之间，并且它是（2）存在于作为社会成员（作为公民）而不是作为在社会中拥有某种特殊地位或角色的个人之间。在康德式的教条中，作为公平正义的概念就是一个例子；（3）当事人被认为是，而且他们自己也被认为是，自由而平等的道德人；（4）协议的内容是规范基本结构的首要原则。我们把道德哲学传统发展起来的正义概念看作是一个既定的简短的列表，然后提问，当这些选择受到限制时，当事人会承认其中的哪一个。假设我们对确保达成的任何协议是公平的必要情况有足够清楚的认识，基本结构的正义内容就能够确定，或至少近似地被原则同意。（当然，这是以传统的合理性为前提的；但是我们还能从哪里开始呢？）因此，纯粹的程序正义在最高层次上被唤醒；环境的公正性转变为所采用原则的公正性。

我想提出以下建议：首先，一旦我们认为社会契约的当事人是自由、平等（和理性）的人，那么自然就会把基本结构作为首要主题。其次，鉴于这一结构的显著特点，必须以一种特殊的方式来理解这一初步协定及其所依据的、正在形成的条件，使这一协定有别于所有其他协定；这样一来，康德的观点就可以充分考虑人类关系的社会本性。最后，虽然纯粹程序正义的很大一部分会转移到正义的原则上，但这些原则必须体现基本结构的理想形式，根据这种形式，正在进行的制度过程将受到限制，个人交易的累积结果将不断得到纠正。

二

有几条推理线索指向作为正义主体的基本结构。一种是：假设我们从最初吸引人的想法开始，即社会应该随着时间的推移，按照公平达成并充分履行的自由协议发展。我们需要立即说明，什么时候达成的协议是自由的，达成协议的社会环境是公平的？此外，虽然这些条件在早期可能是公平的，但产生许多单独表面公平协定的累积结果，加上社会和历史的偶发事件，是可能的。随着时间的推移，很可能改变体制和机遇，使自由和公平协定的条件不再成立。基本结构的作用是确保个人和协会的行动在正义的背景条件下进行。除非这种结构得到适当的管制和纠正，否则社会进程将中止正义，无论特殊交易本身看起来多么自由和公平。

例如，当我们说自愿市场交易产生的分配（即使是竞争效率的所有理想条件都能得到）一般来说是不公平的，除非收入和财富的预先分配以及市场制度的结构是公平的，我们才承认这一事实。现有的财富必须是通过正当途径获得的，所有人都必须有公平的收入机会，学习需要的技能，等等。另外，正义背景的必要条件可能会被破坏，即使没有人做出不公平的行为，或意识到偶发事件的结合如何影响他人的机会。没有可行的规则可以强加给能够防止这些不良后果的经济主体。这些后果往往是很遥远的将来，或者是间接的，如果不是不可能的话，试图通过适用于个人的限制性规则来阻止这些后果将是一种过度的负担。因此，我们从基本结构开始，并试图看到这个系统本身应该如何进行必要的修正，以维护背景正义。

三

第二个反思点指向相同的方向。考虑一下从事市场交易的个人的情况。我们已经看到，为了公平，某些背景正义对公平交易是必要的。但是个体本身的本质是什么呢？他们是如何变成现在这个样子的呢？一个正义的理论不能把他们的最终目标和利益，他们对自己和生活的态度当作是既定的。每个人都应该认识到，社会的形式影响其成员，并在很大程度上决定了他们想成为什么样的人以及他们是什么样的人。它也以不同的方式限制了人们的野心和希望，因为他们会理性地根据自己在其中的位置来看待自己，并考虑他们可以期望的手段和机会。因此，经济制度不仅是一种满足现有欲望和愿望的制度方案，而且是一种塑造未来欲望和愿望的方式。

同样，我们也不能把个人的能力和才能看作是固定的自然天赋，即使这里有一种重要的基因成分。能力和才能的实现离不开社会条件，正如人们所认识到的那样，它们往往只是许多可能形式中的一种。例如，能力并不是大脑中的计算机，它具有不受社会环境影响的明确可测量的能力。影响实现自然能力的因素，包括鼓励和支持的社会态度，以及有关培训和使用这些能力的机构。因此，即使是一种在任何时间都存在的潜在能力，也不会不受现实社会形式和生命过程中特定偶发事件的影响的。因此，不仅是我们最终的目标和对自己的希望，还包括我们已经实现的能力和才能也在很大程度上反映了我们的个人历史、机会和社会地位。如果这些事情不一样，我们会是什么样子，将无法知道。

最后，基本结构很可能包含严重的社会和经济不平等，这一事实加重了上述两种考虑。我认为，要保持有效的社会合作，这些都是必要的，或者是非常有利的；这大概有多种原因，其中需要激励只是其中之一。即使这些不平等不是很严重，但它们似乎注定会产生相当大的影响，因此，根据他们的社会出身、他们已实现的自然禀赋，以及出现在他们面前的偶然巧合和机会，一些人会比其他人更受青睐。可以说，基本结构包括某些起始点之间的不平等，而这一特征，加上以前的观察，促使我们以这种结构为首要主题。

四

在公平和正义的概念中，基本结构的制度被认为是正义的，前提是它们能（合理地）满足自由平等的道德人的原则，在他们之间是公平的情况下，将采取这些原则，以调节该结构的目的。主要的两项原则如下：（1）每个人都有平等的权利享有最广泛的平等自由方案，该方案与适用于所有人的类似自由方案相兼容。（2）社会和经济不平等是允许的，但条件是（a）对处境最不利者的预期利益最大；（b）附属于在公平机会平等的条件下，对所有人开放的职位和职务。

让我们考虑一下基本结构的特点如何影响初始协定的条件，从而影响这些原则的内容。假设基本结构是决定背景正义的包罗万象的社会体系，因此，在被认为是自由平等道德人的个体之间的任何公平情况都必须适当地平衡这个体系中的偶然性。当人们知道自己在当前社会中的位置时，达成的协议将受到不同的社会和自然偶发事件的影响。然后，采用的原则将根据在该结构内发生的事件的历史进程来选择。我们不会为了找到一个独立的标准而超越社会偶发事件。

同样清楚的是，当我们把当事人解释为道德自由平等的人时，他们就会像对自己知之甚少一样进行推理（这里指的是无知之幕的限制）。因为如果不这样做，这仍然是允许社会制度的不同而受偶然深刻影响所采取的原则；即使当事人没有关于他们自己的特别信息，只有关于他们自己社会条件的一般事实（这也许是公平条件所要求的全部），情况也是如此。当我们作为同时代的人，在受到对当前社会状况的一般性描述的影响时，就如何对待彼此和我们的后代达成一致意见，我们还不会忽略基本结构中的偶然性。因此，我们所看到的是一层更厚而不是更薄的无知之幕：我们应当尽可能地只把当事人理解为有道德的人，也就是说，再从所有那些随时间而来的基本结构所塑造和影响的偶然性中抽象出来；为了使他们之间实现公平，最初的情况必须使他们平等，因为作为道德人，他们是平等的，相同的基本属性限定了他们。

最后，社会契约必须被认为是假设的。当然，任何实际协议都可能出现上述扭曲；但是，无论如何，历史上有效的契约如果存在的话，其效力也是有限的，不能作为一般理论的基础。同样，具有决定性意义的是这样一个事实，社会是一个随时间推移而扩展的合作体系：它是几代人之间的合作，而不仅仅是同时代人之间的合作。如果我们要考虑两代人之间的责任和义务，从契约的观点来看，没有明确的方法可以做到这一点，同时不把初始协议解释为假设。基本结构的正确原则是任何一代人（因此是所有一代人）都会同意的，因为他们这一代人要遵循这些原则。希望其他几代人都能继承并继续继承，不管时间先后有多久远。

一旦我们注意到基本结构的独特作用，并从其内部的各种偶发中抽象化，以找到一个适当的正义概念来规范它，类似于初始位置的概念似乎是不可避免的。将社会契约的基本结构作为正义的首要主体，是社会契约思想的自然延伸。

五

最重要的一点是基本结构的独特作用：我们必须区分在这一结构内达成的特定协议和形成的合作，以及作为公民在社会中的初始协议和成员身份。首先，要考虑特定的协议：通常这些协议是基于当事人已知（或可能有）的资产和能力、机会和利益，因为这些都是在背景制度中实现的。我们可以假设，每一方，无论是个人还是团体，都有各种可供选择的公开方案，他们可以比较这些方案可能的优点和缺点，并据此采取行动。在某些条件下，某人对合作的或正在运行的协会的贡献是可以估计的：人们只需注意没有这个人的加入，企业或协会将如何发展，而这种差别是衡量他们对企业或协会的价值所在。通过与个人的机会进行比较，加入个人的吸引力也同样得到了体现。因此，可以在现有和可预见的关系格局范围内达成特定协议，因为这些关系在基本结构内已经并很可能实现；正是这些配置赋予了契约计算的意义。

社会契约的背景截然不同，它必须考虑三个事实，其中包括：我们的社会成员身份是被赋予的；如果我们不属于它，我们就不可能知道我们会是什么样子（也许是思想本身缺乏某种意义）；社会作为一个整体，没有社团和个人所具有的意义上的目的或目的顺序。一旦我们试图将社会契约视为一种普通协议，并询问在此之前的讨论将如何进行，这些事实的意义就很明显了。既然给予了他们社会的成员资格，当事人就不存在比较其他社会的吸引力的问题。此外，没有办法确定一个尚未成为社会成员的个人对社会的潜在贡献；因为这种潜力是无法被知道的，而且无论如何，它与他们目前的状况无关。不仅如此，从社会作为一个整体相对于任何一个成员的角度来看，没有一套商定的目标可以用来评估个人潜在的社会贡献。社团和个人有这样的目的，但秩序良好的社会却没有；虽然它的目标是使所有公民都得到正义，但这一目标并不是对他们预期的贡献进行排名，并在此基础上决定他们的社会作用。个人对社会的贡献本身就是一种合作的概念已经消失了。因此，有必要以一种特殊的方式来解释社会契约，使之区别于其他协议。

在正义作为公平的概念中，这是通过构建初始位置的观念来实现的。这种结构必须反映刚才提到的基本对比，它必须能够补充缺少的因素，以便达成适当的协议。下面，将依次考虑前一段的观点。第一，处于初始位置的当事人假定他们的社会成员身份是给定的，这一假设反映了这样一个事实：我们出生在我们的社会中，在社会的框架内只认识到了人的多种可能形式中的一种；进入另一个社会的问题并没有出现。任务是就一个人出生的社会基本结构的原则达成一致。第二，不仅无知之幕建立了道德平等的人之间的公平，而且通过排除当事人的实际利益和能力的信息，它代表了一个事实，即除了我们在一个社会中的位置和历史，我们的潜在能力无法被了解，我们的利益和性格还有待形成。因此，从最初的情况可以适当地认识到，我们的本性除了社会之外，只是一种潜在的各种可能性。第三，也是最后一点，这里除了正义原则本身所确立的或由正义原则所授权的社会目的之外，没有任何社会目的；但这些原则尚未被采纳。

然而，虽然通常影响社会内部协议的计算没有立足之地，但初始位置的其他方面提供了一整套理性的深思熟虑。因此，替代选择不是加入其他社会的机会，而是一系列正义概念的清单，用以规范一个人自己社会的基本结构。各方的利益和偏好是由他们对首要的善的欲望所决定的。它们特定的最后目的和目标虽然还不知道，但确实已经形成了；而且正是通过这些已经形成的利益，他们可以根据自己对初级的善的偏好（在最初的位置）对概念进行排序来寻求保护。最后，一般社会理论的可获得性为估计各种正义概念的可行性和结果提供了充分的依据。初始位置的这些方面允许我们贯彻社会契约的思想，尽管这种契约的性质不同寻常。

六

我现在指出，人类关系的社会方面以三种方式反映在正义原则本身的内容中。第一，差别原则（支配经济和社会不平等）没有区分作为社会成员的个人获得了什么，以及如果他们不是社会成员，他们会获得什么。事实上，一个人的社会福利的那一部分超出了他们在另一个社会或自然状态下的状况，这一概念是没有意义的。如果我们愿意，我们可以从初始位置来建立论点，引入与所谓的无共识点有关的自然状态可以定义为一般的本我主义及其后果，这可以成为自然状态。[①]但是这些条件不能确定一个确定的状态。在初始位置中，我们所知道的是，当事人可以得到的各种正义概念，其结果都优于一般的本我主义。决定一个人对社会的贡献或贡献有多大，是没有问题的。如果它们不属于社会，那么它们的价值就会降低，然后参照这些估计来

---

① 约翰·罗尔斯，《正义论》，剑桥，马萨诸塞州，1971年，第136、147页，也参见第80页。

调整公民的社会利益。尽管我们可以对社会内部达成的协议进行这种区分，但对于基本结构本身的原理所必需的计算是没有基础的。我们在其他社会或自然状态中的处境，在比较正义的概念方面都没有任何作用。显然，这些概念与正义原则的应用毫无关联。

第二，与前一项有关的是，两项司法原则规定了在基本结构内如何通过对社团或其他合作形式的捐助来获得权利。正如我们所看到的，这些贡献是根据偶发事件的特定结构来估计的，这些偶发事件部分受到个人努力和成就的影响，部分受到社会偶发事件和偶然事件的影响。贡献只能局部地定义为在这种或那种情况下对这个或那个关联的贡献。这种贡献反映了个人对某些特定群体的价值（边际有用性）。这些贡献不能被误认为是对社会本身的贡献，或者是对作为公民的社会成员的价值。个人权利的总和，或者甚至是他们对社会内社团的无偿贡献的总和，不应被视为对社会的贡献。对于这种贡献，我们无法给予任何意义；关于个人对社会的贡献，没有一个清晰或有用的概念可以与个人对社会内部团体的贡献相提并论。就我们对公民的价值进行比较而言，在一个秩序良好的社会中，公民的价值总是平等的；这种平等体现在基本自由平等和机会公平的体系中，体现在差异原则的运作中。

第三，也是最后，请回想一下，在康德的观点中，各方都被认为是自由而平等的道德人。自由意味着某种形式的社会制度，也就是说，某种形式的权利和自由；而平等反过来又意味着，例如某些基本自由和机会是平等的，社会和经济不平等是由适当表达平等的原则来调节的，等等。有道德的人是那些具有善的观念（最终目的的体系），有能力理解正义的观念，并在生活中遵循它的人。当然，我们不能把道德上自由平等的人定义为那些其社会关系恰好符合社会契约中同意原则的人。这样，这些原则就没有争论了。但是，一旦用需要某种社会表达的术语来描述当事人，正义的首要原则本身就是制度性的，并适用于社会的公共结构，这并非偶然。这两个原则的内容满足了这一期望。这与功利主义形成了鲜明对比，功利主义将快乐和痛苦或某些有价值的经验，视为基本能力。然而，描述当事人的社会方式并不意味着陷入某种整体主义；由此产生的结果是一个秩序良好的社会的概念，由两个正义原则来调节。

<h2 style="text-align:center">七</h2>

现在我来谈谈最后一点：即为什么在决定分配份额时，尽管社会可以合理地依据纯粹程序正义的很大一部分因素，但正义的概念必须包含基本结构的一种理想形式，在这种基本结构中，正在进行的社会进程的累积结果将被限制和纠正。

首先是关于纯粹程序正义的评论：这两个原则充分利用了这一概念。它们适用于获得权利的基本结构及其制度；在适当的限度内，分配份额的结果都是正义的。公平的分配只能通过一个公平的社会过程的实际工作来实现，在这个过程中，根据公开宣布的规则，权利是获得和尊重的。这些特征界定了纯粹程序正义。因此，如果我们抽象地问，为了确定具有已知欲望和偏好的个体，对一组给定事物的一种份额是否比另一种更公正，那么这个问题根本就没有答案。①

因此，正义原则，特别是差别原则，适用于调节社会和经济不平等的公共原则和政策。它们被用来调整权利和收入制度，并平衡这一制度所采用的、被人熟悉的日常标准和规则。差异原则适用于收入和财产税，适用于财政和经济政策。它适用于已宣布的公共法律和法规体系，而不是特定的交易或分配活动，也不是个人和协会的决定，而是这一切发生的制度背景。公民的期望和所得不会受到意外和不可预测的干扰。正如公共规则体系所宣称的那样，权利是作为公共规则体系来获得并被尊重的。税收和限制在原则上都是可预见的，在已知将进行某些修正的条件下才会被获得。差别原则禁止对私人交易进行持续和反复的干涉，这种反对是基于一种误解。

---

① 《关于纯粹程序正义》，同上，参见第64、66、72ff、79、84-89、274-280、305-315页。

　　同样，这两项正义原则既不坚持实际分配反映任何可观察到的模式，如平等，也不坚持从分配中计算出任何指标，如某种基尼系数（作为衡量平等程度的指标）。而规定的是（允许的）不平等随着时间的推移，对最不受青睐的人的期望产生一定的功能贡献。然而，其目的并不是要消除社会生活中的各种偶发事件，因为有些偶发事件似乎是不可避免的。因此，即使自然资产的平等分配似乎更符合自由人的平等，重新分配这些资产的问题（如果这是可以想象的）并不会出现，因为它与人的完整性不相容。我们也不需要对这些自然变化做出任何具体假设；我们只是假设，正如我们在后来的生活中所认识到的那样，它们会受到许多偶然事件的影响。各机构必须组织社会合作，以鼓励建设性的努力。我们有权拥有自己的自然能力，也有权拥有通过参与公平的社会过程而获得的任何权利。正义的两个原则定义了相关的公平过程，因此无论分配份额的结果如何，都是公平的。

　　同时，这些原则为基本结构规定了一种理想的形式，纯粹的程序性过程是根据这种形式加以限制和纠正的。这些限制包括对财产积累的限制（特别是生产资产中存在私有财产的情况），这些限制源于对政治自由的公平价值和公平的机会平等的要求，以及基于稳定和可原谅的嫉妒考虑的限制，这两者都与自尊这一基本的首要的善有关。①我们需要这样一个理想来指导必要的纠正以维护背景正义。正如我们所看到的，即使每个人都按照规则的定义公平行事（规则对个人既合理又可行），许多独立交易的结果也会破坏背景正义。这一点很明显，因为我们必须把社会看作是代代相传的合作。所以，即使在一个秩序良好的社会中，调整基本结构也是必要的。实际上，我们所拥有的是一种制度性的劳动分工，这种分工存在于直接适用于特定交易的基本结构和规则之间。个人和社团可以在基本结构的框架内更有效地推进其目标，因为他们知道在社会制度的其他地方正在进行必要的纠正，以维护背景正义。

---

① 《关于纯粹程序正义》，同上，参见第224—227、227f、534—537、543—546页。

因此，实质是对一种结构理想来规定约束和指导纠正的需要，并不取决于不公正。即使严格遵守所有合理和实际的规则，这种调整仍是不断需要的。实际的政治和社会生活往往充斥着许多不公正现象，这一事实恰恰突出了这种必要性。一种不包括建立公正社会秩序的结构性原则的程序性理论，在我们这个政治目标是消除不公正和引导变革走向公平的基本结构的世界上将毫无用处。秩序良好的社会概念提供了必要的结构原则，并规定了政治行动的总体方向。如果这种背景制度的理想形式被拒绝，就没有任何合理的基础来阻止或消除不公正。

正义与平等①

格雷戈里·弗拉斯托斯

一

正义与平等之间的紧密联系在历史和语言上都有体现。争取社会正义的伟大历史斗争的中心是一些要求平等权的斗争：反对奴隶制、政治专制主义、经济剥削、剥夺中低阶层和妇女的权利、殖民主义和种族压迫的斗争。在语言方面，让我提一个好奇的事，它将引导我们进入问题的最深处。亚里士多德在《尼各马可伦理学》第五卷中谈到分配正义时，几乎在最显著的位置上他这样说："正义就是平等，就像所有人所相信的那样，没有任何争论。"……但恰巧亚里士多德就像柏拉图和他之前的其他人一样，坚信公平的分配通常是不平等的。也就是说，如果"平等"是"公正"的代名词，那么"平等"的分配就是不平等的……这一杰作在当时一定激怒了许多诚实的人……我们可以更冷静地把它看作是对平等与正义之间纽带力量的经典证明：即使那些有意打破概念联系的人也不能或不愿打破语言联系。功德主义

---

① 格雷戈里·弗拉斯托斯，《正义与平等》，选自理查德·B.布兰德编辑的《社会正义》一书，普伦蒂斯霍尔出版社，普伦蒂哈尔出版社，1962年，恩格尔伍德克里夫，新泽西，07632。

的正义观只能勉强地向平等主义的正义观致敬，用平等的词汇来主张不平等的正义。

但是，当平等主义者从中得到安慰时，他仍然要面对这样一个事实，即对他的"平等"一词的剥夺可以如此声誉卓越、如此成功地进行下去，以至于它的遥远继承性使我们现在能够以一种完全实事求是的方式来谈论"平等的不平等"或"不平等的平等"。这种成功并不完全是由于执行最初行动的人的战术技巧；当柏拉图谈到民主是"把一种奇怪的平等分配给平等和不平等的人"时[①]，他把整个民主平等的概念用一句话（更确切地说，是分词从句）巧妙地表达了出来，人们可能会欣赏他的精湛技巧。如果是民主党人，他们自己在理智上对这种俏皮话是毫无防备的。他们对民主的信仰并没有深深扎根于任何人类平等的概念；他们引以为傲的法律平等是那些有良好判断力，能够从自由的雅典血统中挑选出自己的祖先的人所享有的特权。但即使我们能想象一个早熟的人道主义者，在柏拉图的时代或之前，在人权的基础上，建立公民的权利，我们也不清楚他是否能证明柏拉图的批评。因为柏拉图想要知道的是，他的平等主义对手是否真的想要使平等普遍化：他，或者任何人，愿意说不存在正义的不平等吗？有没有什么权利是不平等的？

人们可能会认为，这是平等主义者最先会遇到的问题之一，而且早就有了明确而坚定的答案。虽然看起来很奇怪，但这并没有发生。这个问题在很大程度上被回避了。举个例子：《人权与公民权利宣言》（由法兰西第一共和国制宪会议于1791年颁布）第一条写道："人生而自由，权利平等。社会区分只能基于公共福祉。"边沁用第一句话来表示人在所有的权利上都是平等的。人们可能会认为这是一种故意的误解。因为对《宣言》的起草人来说，他们接下来谈到的那些"社会差别"将导致许多权利上的不平等，这是再明显不过的了。因此，一个独特的政治职务（例如，共和国的总统）的负责人，在所有权利上与其他所有人，甚至与另一个人是不平等的：没有其他

---

① 《理想国》558c对比《法律篇》757a："因为当平等被赋予不平等时，结果就是不平等，除非采取适当措施。"

人对这个职务或同等高的职务有平等的权利；许多人不会有平等的权利担任任何政治职务，即使他们有，根据共和宪法，他们将有资格担任所有职务的平等权。但如果作家们是这么想的，为什么他们不站出来说，男人在某些权利上生来平等，而且仍然是平等的，但是，他们不是生来就平等，就是在许多其他人身上始终不平等？他们的行为似乎是害怕在这个过分公开的场合说出后者，以免他们的公众会认为承认某些不平等权与作为《宣言》主旨的对人权的明确承诺不一致。这是什么？恶心吗？困惑吗？两种都是吗？或者，它是否有一个坚实的基础？如果有的话，它的基础是什么？柏拉图的问题没有得到回答。默认情况下是被允许的。

二

让我从……分配正义的格言"按需分配"开始。由于需求往往是不平等的，这看起来像是一个不平等的分配原则，但这是错误的。事实上，这是最完美的平均分配形式。为了解释这一点，让我以自然法传统中最明确的权利之一为例：生命和人身安全权。相信这是一种平等的权利，在有特殊需要的情况下，我们觉得这意味着什么？

举个例子，假设，纽约人X从谋杀（Murder）公司收到了一张便条，看起来像是在做生意。在接下来的几周内，会分配几名警察和便衣来保护他，而这一费用是同期其他公民人均安全服务费用的一百倍，当然这不是对所有公民享有生命和人身安全的平等权的平等分配进行例外；它并不是假设X有更大的权利获得安全或有权利获得更大的安全。如果来自火星的游客从警察的行为中得出这个结论，他会被告知他只是弄错了。我们需要解释的是，社区资源更有利于X的分配，正是因为X的安全权与纽约其他人的安全权是平等的。这意味着X有权享受与其他纽约人相同的由警察制定的安全保障。因此，在这些特殊情况下，如果没有额外的支持，他的安全级别将下降到零，他应该得到这个，使他的安全级别更接近正常水平。我说"更近"，而不是

"达到"正常水平，因为我说的是1961年的纽约。如果我想象纽约有一个理想的自治政府，理想的警察资源供给，我会说"达到正常水平"，因为这就是理想的权利平等。但就目前情况来看，在不影响其他所有纽约人的总体安全水平的情况下，对X所能做的最好的事情，也许是将他在一周内被撞死的概率降低到，比如说万分之一；而对普通市民来说，被撞死的概率是千万分之一——这可不是什么小差距。现在，如果纽约更富裕一些，它就可以为它的公民买到更多平等的安全保障（以及更多的安全保障）：通过增加更多的警察，也许还能获得更高的报酬，它将能够缩小为普通情况下的人提供安全保障和为特殊需要提供安全保障之间的差距，就像现在的X所面临的困境一样。在这里，我们无意中发现了一些相当有趣的东西：对所有公民而言，安全收益完全平等的近似值是两个变量的函数：首先，很明显，是资源分配模式的函数；其次，不那么明显的是它们的规模。如果可分配的资源是如此贫乏，以至于它们都处于被用来维持勉强满足一般需要的一般水平。对于普通的需要，他们得重新分配来满足特殊的需要，就像抢夺彼得以支付保罗。在这种情况下，很可能很少（如果有的话）为极端需要提供的资源；而且，未能满足极端需要不会被认为是社会不公，而是命运的灾难。

因此，我们可以看到，为什么按个人需要分配与人权所要求的分配平等并没有冲突，而是与其本身的意义紧密相连，在理想条件下，权利平等与按需分配是一致的。我们的客户误解了纽约警察突然被动员来支持X先生，因为他不明白，平等是对人的利益，而不是资源的分配；因为那时他会立刻看到，在需求不平等的情况下，为了使利益平衡，就需要对资源进行不平等的分配。但如果他看到了这一点，他可能会问，"可你为什么想要这种平等？"我的回答是：因为所有人的价值都是平等的，不管他们的功绩有多不平等。为了解释这一建议，我将用一节的篇幅来平衡。

在整篇文章中，我所说的"功绩"指的是各种有价值的品质或表现，这些品质或表现可以用来给人评级。这个概念将不局限于道德行为或性情。因此，智慧、举止优雅和技术技巧与真诚、慷慨或勇气一样，都是值得称赞的品质。任何有价值的人类特征，或一组特征，只要具有"获得性"，也就是说，代表了其拥有者自己利用其自然禀赋和环境机会所创造的东西，都是有资格的。考虑到个体差异的巨大变化，在通常情况下，任何两个人都可能在不同类型或一种类型的优点方面优于另一个人。因此，如果A和B都是聪明而勇敢的人，A作为一个商人可能更聪明，B作为一个评论家可能更聪明，而A可能在体力上优于B，B在道德和勇气上优于A。从这一点看应该很清楚，谈论"一个人的优点"将是毫无意义的，除非用省略的方式来代表那个人的优点，即那些他评价良好的具体的品质或活动。因此，如果一个人本身有一种价值，他被认为是一个完整而独特的个体，那么这种价值就不会被归为优点或被简化为优点。因为它是价值的本质，正如这里定义的是一个等级概念；同样，也没有办法对个人进行这样的分级。我们只能根据他们的品质来给他们评级，因此只能从他们的个性中抽象化。如果A的价值是由于某种值得称赞的品质，M，作为他的个性就不在价值中。作为一个个体，他是可有可无的；他的位置可以在不损失价值的情况下被其他与M同等级的人取代，也不会因为A被赋予的优点的倍增和多样化而改变。不管一个全面发展的优秀A多么令人羡慕，如果他只是因为他的优点而被重视，那么他就不是作为一个个体被重视的。可以肯定的是，个人也许可能只因其优点而受到重视。这种情况太常见了。A可能就是这样被他公司的老板P评价的，对他来说，A，这个非常成功的销售副总裁，一个有趣的晚餐客人，高尔夫俱乐部的优秀会员，只是P控制或光顾的各种社会机器综合体中的高档设备。另一方面，有可能的是，虽然P重视这种品质的结合（M），他也把A作为一个个体来看待。A可能是他的儿子，他可能真的喜欢他。如果是这样，他的爱将是A，而不是M的品质。后者P赞同、钦佩、自豪、诸如此类，但他的喜欢和善意是对A的，这不是因为或就目前而言，A具有M的品质，而是因为P可能同样喜欢另一个在P评分系统中得分远低于A的儿子。此外，P对A的喜欢并不像他对A的认可或钦佩那样，不会随着A成绩的起伏而波动。也许A在大学毕业后经历了一些糟糕的岁月，在那时看来，他卓越的天赋将被浪费。这并不是说P对A的爱就消失了，甚至消退了。面对各种各样的优点，始终如一的爱是检验父母是否爱孩子的最可靠的方法之一。如果他只在孩子表现良好时才喜欢，而在孩子成绩下降时却变得冷酷或怀有敌意，那么他对孩子的感情几乎不能称为爱。在许多关系中，一个人对一个人的喜爱或尊重严格地取决于他是否达到了一定的标准。但是，有说服力的证据证明这种关系并不能证明这种关系是父母之爱或任何其他类型的爱。它并不能表明一个人对某个人有这种感觉，或任何感觉，而不是对一个人喜欢看到的品质拥有者，由一个人或其他接近的人实例化。

现在，如果这个价值概念依附于一个人的个人存在，超过他的优点——让我称它为"个人价值"——只适用于个人爱的关系，那么它对正义的分析就无关紧要了。为达到我们的目的，它的适用范围必须同正义的适用范围一样广泛。它必须适用于所有的人际关系，包括（或更确切地说，尤其适用于）最客观的人际关系，那些与陌生人、市民或同胞的关系。我必须证明个人价值的概念确实可以满足这个条件。

考虑一下它在我们的政治社会中的作用，把我们的法律关于对待人的规定作为我们评价的指数。出于功绩（除其他原因外），人们可能被任命或选举担任公职，或被国家机构录用。如果记过，他们可能会失去执照、工作和职位；他们可能被罚款、监禁，甚至处死。但是，在许多针对个人的法律规范行动中，无论是由个人还是由国家机关采取的行动，都不存在功过问题。"法律的平等保护"是给予所有人的，而不是那些有功绩的人，或在某种级别上高于他人的人。投票权也是如此。一个人不会因为聪明和有公共精神而拥有它，也不会因为懒惰、无知或极度自私而失去它。一个人有权利行使它，只要他已经登记，不被监禁。如果在我们的政治社会中唯一认可的价值是那些有价值的东西，这种安排看起来就像是异想天开，甚至更糟，就像纯粹的不道德主义。显然，我们的政治制度没有强制性；如果我们愿意，我们肯定会设计出可行的替代方案，将基本权利置于某些优点之上。例如，我们可能有三类公民身份。最重要的可能是那些具有高教育资质并能提供明确证据证明是有责任感的公民利益的人，例如，积极参与政治职能、担任公职、有在民间组织的领袖身份的记录和支持民间组织，如此等等。这个类别的人可能在所有选举中都有多张选票，有资格担任更重要的政治职务；他们也可能有权得到警察的更高级别的保护，并享有各种其他特权和豁免权。另一方面则是C类，即被剥夺公民权和法律上的弱势群体，指的是那些没有通过某种较低的教育考试、有违法记录或在救济名单上待了三个月以上的人。介于两者之间的是拥有普通投票权和中级法律地位的B类。

这个"M系统"将比我们的系统更复杂、更麻烦。但是，如果我们对其独特的价值体系着迷，那么类似的东西肯定能发挥作用。撇开效率的问题不谈，它给我们描绘了这样一种社会图景：政治价值完全以功绩为基础，永远不会建立在个人价值的基础上，因此，这个概念在政治上是无用的。另一方面，对我们来说，它是不可或缺的。当我们试图理解这样一个事实时，我们不得不诉诸于它：我们的法律制度赋予所有公民相同的地位，并赋予其权利，如M体制对B或A的保留，其中一些权利（如投票权或言论自由）甚至在过去一些种姓制度中被剥夺了贵族地位……

最后，考虑相同价值在道德共同体中的作用。这里，德性的差异是如此明显和普遍，以至于我们甚至可能试图从道德上对一个人的行为或性格的认同或不认同来定义他的道德反应，也就是对他道德德性的反应。但是，在许多道德反应中，一个人的优点是无关紧要的，就像纽约人X向警察求助一样。如果我看到有人有溺水的危险，在去帮助他之前，我不需要对他的道德品格感到满意。在这种情况下，我应该帮助任何人，而不仅仅是好人。正如这个例子所表明的那样，我对他人的义务与他们的道德价值无关，这也不仅仅是在罕见和例外的情况下。在我与同伴的关系中，真诚、可靠、公平、善良、宽容、不干涉他人、谦虚，并不是因为他们取得了杰出的成绩甚至通过了道德考试，而仅仅是因为他们碰巧是道德共同体的成员……

因此，在这里，正如在单一地位的政治社会中一样，我们承认个人权利，这些权利与功绩不成比例，也不能以功绩为理由。他们唯一的理由仅仅是人所拥有的价值，因为他们是人：他们有"作为个体的内在价值"，弗兰肯纳这样说；他们"无限价值"或"神圣"的个性就像其他人所说的那样，我将把它称为"个体人类价值"，或者简称为"人类价值"。这些表达的意思还可以通过说人是"自身的目的"来表达。后一个概念是康德的，他的公式中的一些纠结的地方可以通过如下直白的解释来澄清：除人以外的一切事物只能因为人而有价值。这不仅适用于只具有工具价值的自然或人造的物质对象，而且也适用于那些具有内在价值而不低于外在价值的人类精神的产物：一首史诗、一门科学理论、一套法律制度、一种道德倾向。即使是这样的事情，也只是因为它们可以（a）被人类体验或感觉到有价值，以及能够（b）被人类从相互竞争的选择中选择。因此，对于一切事物，毫无例外地可以这样说：如果X是有价值的，而不是一个人，那么X对自身以外的其他个体有价值。因此，即使一本乐谱或一个勇敢的事迹，因为其本身的价值而被视为"目的"，而不是达到其他目的的手段，仍然会与价值评估者完全不同，他们不需要为了有价值而被其他人视为"目的"。在这个意义上，人，只有人，是"目的本身"。

我所描述的评估人员价值的两个因素——上述（a）和（b）所对应的能力——可能并不全面。但它们的结合提供了"个体人类价值"的阐释，这种阐释在工作目的上的实用性不言自明。对于（a），如果我能像柏拉图和亚里士多德使用"幸福"那样使用这个术语，我就可以称之为"幸福"，也就是说，没有自那以后一直被固定在它上面的纯粹享乐主义的内涵了。用"福利"或"福祉"来表达我的意图会减少误导；也就是说，以人类所能体验到的所有形式享受价值。（b）我将称其为"自由"，这个词不仅包括有意识的选择和深思熟虑的决定，而且还包括个人偏好的更微妙的调整和更自发的表达，如果没有某种语言的强迫，很难称之为"选择"或"决定"。因此，一个人的幸福和自由是他个人存在的各个方面，就像存在本身一样独特和不可重复：如果A和B听着同样的交响乐，有着相似的品位和性情，我们可以说他们享受着"相同"的善，或者有"相同"的快乐，并且每个人都对这种花费时间和金钱的方式做出了"相同"的选择。但是在这里，"相同"的意思只是"非常相似"；这两种分别出现在A和B意识中的享受和选择是绝对独特的。因此，在将A的人类价值翻译成A的幸福和自由的价值时，我们肯定会满足一个条件，即前一种表达代表了与A不同的，具有个人价值的任何东西。

我们还在满足另一个条件：人类价值的平等是人权平等的理由或根据。我可以通过回到火星访客的问题来解释这个问题，他之前问过我们为什么需要安全收益的均衡化。让我们想象一下，在这种情况下，他的问题不是出于无聊的好奇心，而是出于一种强烈的信念，即这种权利或任何其他要求不加区别地平等享有利益的权利，将是完全不合理的。假设他来自一个严格的精英主义团体，这个团体在其政治生活中维持着M体系，在其他团体中维持着类似的模式。为了使事情更简单，让我们也假设他在纽约或其他地方没有看到任何与我们正式的平等职业不符的东西，因此他把我们想象成比我们恰巧更纯粹、更勤奋、更平等的人。于是，他赋予我们的估价模式在他看来，似乎是非常混乱的。他很难让自己相信理性的人应该为他们的"社会闲散人员"和他们的"精英"要求平等的个人权利，无论是法律上的还是道德上的。然而，他也不能把我们的行为解释为纯粹的无意识行为，仅仅是社会习惯的赋格曲。"这些人，或者其中的一些人"会对自己说，"对这些令人难以置信的规则肯定有一些原因。这些是什么呢？"如果我们主动提出以人的价值来回答，他可能会发现很难理解我们。这样不加掩饰的回答，难道只会告诉他，我们认识到在所有人身上都有同等重要的东西吗，但与他们的功绩无关，构成了他们平等权的基础。但这可能开始促使他寻找某种被称为"人类价值"的特殊品质，就像"诚实"被称为"诚实"，"善良"被称为"善良"①。他一直在想，如果他和他的部落一直都有这种品质，为什么他和他的部落却一点也不知道呢？

但现在，假设我们使用上述阐释，然后我们可以告诉他："要理解我们

---

① 前面所说的"诚实""善良"是指人的价值上的诚实、善良；后面的所说的"诚实""善良"是指人的品行上的诚实、善良。——译者注

的准则，你应该考虑到我们对不同个体的福祉和自由的相对价值的估计与你的有多么不同。"我们同意你的观点，不是所有人都有能力体验相同的价值观。但在很多情况下，人们都有能力做到这一点。因此，举一个非常清楚的例子，无论A和B的品位和生活方式如何不同，他们都渴望从剧烈的身体疼痛中得到缓解。在这种情况下，我们会给他们中的任何一个人同样的价值，不管A可能是一个才华横溢、非常成功的人士，而B可能只是一个无名小辈。在这一点上，我们有很大的分歧。你会更看重精英成员的福祉，而不是你所谓的"社会闲散人员"。而我们不会。如果一个政治家，给他减轻痛苦使他达成协议，将有利于数百万人，而B非技术劳动者，靠自己过活，当然，两种经验的工具价值大大不同——但不是他们的内在价值。在所有人类能够享受相同的善的情况下，我们觉得他们享受的内在价值是相同的。从这个意义上讲，我们认为：（1）一个人的幸福和其他人的一样有价值。我们对自由的感受也有类似的不同。只有当善良的人为了善的目的而行事时，你才会珍惜他。我们没有给他的价值加上这样的字符串。我们觉得，为自己选择做什么、相信什么、赞成什么、看什么、读什么、崇拜什么，都有其内在价值，对所有人都是如此，与他们恰巧选择的事物的价值无关。当然，我们希望所有这些国家都将尽可能最好地利用选择自由，但我们重视他们行使这种自由，不管结果如何，我们对所有人一视同仁。（2）对我们来说，一个人的自由和其他人的自由一样宝贵。

我认为，这种解释将使他能够解决他的困境。因为，假设他从表面上接受了这一说教，他开始认为我们相信（1）和（2），无论他可能认为我们多么不合理，他会觉得完全合理，因为我们确实相信人类幸福和自由的同等价值，我们也应该相信，男人享有幸福和自由的权利是表面上的平等。他会把前者看作是后者的一个很好的理由，或者更正式。他能想到的（1）和（2）分别作为其各自理由的至关重要的结论前提是：（3）一个人的（表面上）幸福权等于任何其他人的幸福权，和（4）一个人的（表面上）自由权等于其他任何人的自由权。然后，考虑到（4），他可以看到这将如何成为各种具体自由权的基础：行动自由、结社自由、享有选举权、言论自由、思想自由、信仰自由、选择职业自由等等。因为上述每一项都可以被看作是对一般自由权的简单说明，因此可以为后者提供理由。此外，鉴于（3），他可以从中看到各种福利权的基础，比如受教育权、医疗保健权、体面工作条件权、失业救济权、休闲权、住房权等。因此，用第（1）和第（2）项作为第（3）和第（4）项的理由，就等于给了他一个基础，使他能够享有目前由联合国大会于1948年通过的、必须完整的、权威的《世界人权宣言》中所提到的每一项权利。因此，如果告诉他，我们相信个人自由和幸福的价值是相等的，就等于用他能理解的方式回答他的问题："你的平等主义准则的理由是什么？"

在为"同等的人类价值"翻译为"同等的人类幸福和自由"的辩护中，我并没有声称前者可以简化为后者。我认为个人的幸福和自由只是满足人类个人价值定义条件的两件事。还有其他人吗？就本文而言，这可能是一个未解决的问题。因为如果有的话，它们最多会为人权提供补充根据。我列出的理由已经足够了，它们是我分析平等主义正义所需要的一切。我相信，平等主义正义将直接出现。

三

我给出以下定义：一种行为是正义的，当且仅当它是为专门考虑到它实质上影响的所有人的权利而规定的……

我对"正义"定义的一个主要特点是，它给出的问题"X正义吗？"（其中X是任何行动、决定等）严格依赖于另一个问题的答案："那些受到X实质性影响的人的权利是什么？"在回答后一个问题时，这个定义不能，也不会假装它可以提供丝毫的帮助，只有一个例外：它确实告诉我们，实质上受到影响的权利，无论它们是什么都应该得到公正的尊重。因此，它确实揭示了一种权利，尽管这是一种纯粹形式的权利：即让自己的其他权利像任何其他利益方的权利一样，得到公正尊重的权利。但是，其他的权利是什么呢？它们相等还是不相等？在这一点上，定义是沉默的。因此，在精英主义者和平等主义者之间的争论中，它是完全中立的，应该被任何一方平等地接受而不应以它的中立态度来反对它。"正义"和"不正义"这两个词不是平等主义者的私有财产；那些反对或赞同他们的持特殊正义观的人，都可以凭良心加以利用。我们不必被迫在定义中提供这一点；但这样做有明显的优势。因为这样我们就为我们的对手提供了共同的立场，他们也可以在此基础上提出自己的主张。例如，我们允许亚里士多德在没有滥用语言的情况下，宣称奴隶制和对体力劳动者的剥夺是正义的制度。它允许我们反驳他的主张，不是通过质疑其语言上的适当性，而是通过解释我们肯定他的主张的暗含的否认的东西：所有人都有个人和政治自由的权利。

读者现在应该明白了，为什么我在这篇文章的前半部分如此专注于人权问题，而在第二部分的大部分内容中，我甚至没有提到"正义"这个词。我这样做正是因为我写这篇文章的目的不是讨论一般的正义，而是平等主义正义。现在应该很明显，如果我试图从正义的概念推理到平等主义正义的概念，我将是在一个循环中推理。我在一开始确实提到了正义与平等的重要历史和语言联系。虽然这些完全相关，但显然不是结论性的。他们会被一个坚定而头脑清醒的对手，比如柏拉图，当作是普遍误解正义的证据而被剔除。我并不是建议我们就这一点向他让步，或者相反地，如果我们向他提出第二章的论点（或具有同样效果的更有力的论点），就可以有充分的理由认为他会同意我们的观点。我的观点是，如果我们让他认为正义是可以被历史和语言证据证明的，那我们就曲解了我们对正义的看法。要向他解释我们的立场，使他除了最终同意我们的立场外至少有机会理解我们的立场，最重要的是：表明我们相信人权，以及为什么相信人权。

这就是为什么在前面的第二章中的论点，会分量如此之重地落在人类价值的概念上，人的价值被理解为不低于所有人的幸福和自由的同等价值。鉴于此，我们享有平等的福利权和自由权；这使我们能够涵盖自然权利传统留下的、令人困惑的、不确定的全部人权。

平等优先①

罗纳德·德沃金

一

我们有自由的权利吗？托马斯·杰斐逊（Thomas Jefferson）就是这么认为的，自他的时代以来，自由的权利比他提到的生活和追求幸福的权利受到了更多的重视。自由赋予了上世纪最有影响力的政治运动以自由的名义，现在许多人鄙视自由主义者，理由是他们并不是充分的自由意志主义。当然，几乎每个人都承认，自由权不是唯一的政治权利，因此，对自由的要求必须受到限制，例如，为了保护他人的安全或财产而采取的限制措施。然而，赞成某些自由权的共识是一个广泛的共识，尽管正如我将在本文中指出的那样，这种共识是被误导的。

自由权在这个政治范围内很受欢迎。从国际解放战争到性自由和妇女解放运动，每一场激进运动都是由修饰过的自由主义所点燃的。但自由在保守的服务中表现得更为突出。即使是温和的反垄断的社会重组和工会运动，以及早期的新政也遭到反对，根据是他们侵犯了自由权，而现在美国通过一些技术，例如以黑人和白人学生同校同车的手段而努力实现种族平等，以及在英国通过限制私立教育的努力，都在这个根据上遭到过痛苦的反对。

事实上，把国内政治的重大社会问题，特别是种族问题，描述为自由和平等要求之间的冲突已变得很普遍。有人说，也许穷人、黑人、未受过教育的和没有技术的人享有抽象的平等权，但富裕的人、白人、受过教育的和有能力的人也有自由权，任何为了帮助第一套权利而进行社会重组的努力都必须考虑和尊重第二套权利。因此，除了极端分子之外，每个人都认识到平等

---

① 罗纳德·德沃金，《认真对待权利》，哈佛大学出版社，剑桥，马萨诸塞州，1977年。

与自由之间必须妥协。每一项重要的社会立法，从税收政策到整合计划，都是由这两个目标之间假定的紧张关系所造成的。

当我问我们是否有自由权时，我脑子里就有这个平等和自由之间的冲突，就像杰斐逊和其他人认为的那样。这是一个关键问题。如果自由选择自己的学校，或者员工，或邻居仅仅是我们都想要的东西，像空调或龙虾，而我们在面对我们承认的他人享有平等分享尊重和资源的权利时，却没有资格坚持这些自由。但是，如果我们不仅能说我们想要这些自由，而且能说我们自己有权利享有这些自由，那么我们至少已经建立了要求妥协的基础……

我心目中的自由的传统定义是：如果一个人想做什么，就可以不受政府的限制……这种自由的概念在一个人可能从事的各种活动中是中立的，在他可能想走的各种道路中是中立的。当我们阻止一个人随心所欲地说话或示爱时，他的自由就会被削弱；但当我们阻止他谋杀或诽谤他人时，他的自由也会被削弱。后面这些限制可能是合理的，但只是因为它们是保护他人自由或安全所必需的妥协，而不是因为它们本身没有侵犯自由的独立价值。边沁说，任何法律都是对自由的"侵犯"，尽管一些这样的侵犯可能是必要的，但假装它们根本不是侵犯，这是反启蒙主义。在这种中立的、相互包容的自由意识中，自由和平等显然是相互竞争的。平等需要法律的保护，而法律不可避免地是自由的妥协。

像柏林这样的自由主义者满足于这种中立的自由意识，因为它似乎鼓励清晰的思维。它让我们认识到，当人们为了其他目标或价值而接受对自己行为的约束时，他们失去了什么，尽管这可能是不可避免的。在这种观点下，把自由或自由的概念用在这样一种方式上，即只有当人们被阻止去做我们认为他们应该做的事情时，我们才算失去了自由，这将是一种无法忍受的混乱。它将允许集权主义政府伪装成自由主义政府，仅仅因为他们声称他们阻止人们只做错的事。更糟糕的是，它将掩盖自由主义传统最独特的一点，即干扰一个人的自由选择去做他想做的和对人的侮辱，这是一种错误，可能是合理的，但是永远不能被相互竞争的考虑抹去。对于一个真正的自由主义者来说，任何对自由的限制都是一个体面的政府必须感到遗憾的事情，并保持最低限度的必要，以容纳其选民的其他权利。

然而，尽管有这样的传统，在我看来，对自由的中立观念所造成的混乱比它所消除的混乱更多，特别是当它与男人和女人都有自由权这一流行而鼓舞人心的观念结合在一起时。因为我们只有将自由权淡化到几乎不值得拥有的地步，才能坚持这种观点。

"权利"一词在政治和哲学中有许多不同的含义，其中一些我在文章中已经试图解开。为了明智地问我们是否具有中立性意义上的自由权，我们必须确定"权利"的某个含义……一次成功的权利主张……有这样的后果。如果某人对某事有权利，那么政府拒绝他是错误的，即使这样做符合普遍利益。在我看来，这种权利的意识（可能被称为反功利主义的权利概念）与近年来政治和法律起草和辩论中主要使用的权利概念非常接近。它标志着个人权利对国家的独特概念，而国家是美国宪法理论的核心。

我认为，如果自由权依赖于任何比自由权更弱的权利，那么它在政治辩论中就不会有太大的作用，也不会有太大的力量。然而，如果我们确定这种权利的概念，那么似乎很明显，不存在这样的普遍自由权。我没有在列克星敦大道开车的政治权利。如果政府选择让列克星敦大道成为市区的一条单行道，那就有充分的理由认为这符合公众利益，而如果我认为出于某种原因这样做是错误的，这将是荒谬的。绝大多数削弱我自由的法律都是基于功利主义的理由，被认为是符合总体利益或为了总体福利的；如果，如边沁所言，每一条法律都削弱了我的自由，但它们并没有从我手中夺走我有权拥有的任何东西。在单行道的情况下，不能说虽然我有权利沿着列克星敦大道行驶，但由于特殊原因，政府有理由凌驾于该权利之上。这似乎很愚蠢，因为政府不需要特别的理由——而只需要一个理由——来支持这类立法。所以我可以有自由的政治权利，这样每一个约束的条款都会削弱或侵犯这项权利，只是在这样一个微弱的权利意义上，所谓的自由权并不与强大的权利相竞争，比如平等权。在任何与平等权相竞争的强烈的权利意识中，根本不存在普遍的自由权……

因此，如果我们想为某些自由权辩护，我们必须找到另一个根据。我们必须以政治道德的角度论证，除了直接的心理伤害，出于某种原因剥夺个人的这些自由是错误的，尽管这样做符合共同利益。我之所以说得这么含糊，是因为没有根据预先假设，只有一种根据会支持这种道德立场。一个正义的社会可能会承认各种各样的个人权利，其中一些权利基于与其他权利截然不同的道德考量。在本章剩余的篇幅中，我将只试图说明权利的一种可能的根据。这并不是说公民社会中的男人和女人只享有我将提出的论点所支持的权利；但这确实意味着他们至少有这些权利，这就足够重要了。

二

我的论点的中心概念不是自由的概念，而是平等的概念。我假定我们都接受以下政治道德的设想。政府必须关切地对待它所管辖的人，也就是说，把他们当作能够承受痛苦和挫折的人，并尊重他们，把他们当作能够形成自己的生活方式的明智观念并按照这些观念生活的人。政府不仅要关心和尊重人民，而且要平等地关心和尊重人民。它不能以某些公民理应得到更多而值得更多关注为理由，不平等地分配福利或机会。它不能因为一个公民认为一个群体的美好生活比另一个群体的美好生活更高尚或更优越而限制自由。这些假设合在一起，说明了所谓自由的平等观念；但他们所说的是平等的概念，而不是自由的概念。

在一个被自由平等概念所统治的国家里，政治理论中的主权问题，是关于在这样一个国家允许什么样的善、机会和自由不平等，以及为什么不平等的问题。答案的开始在于以下区别。受自由平等观念支配的公民，每个人都有权得到平等的关心和尊重。但是有两种不同的权利可以被这个抽象的权利所理解。第一个是平等待遇的权利，即与任何人拥有或被给予的一样分配货物或机会的权利。最高法院在重新分配案件中认为，公民在分配投票权方面享有平等待遇；它认为，一个人必须有一票，尽管事实上，不同的选票分配可能实际上有利于普遍利益。第二是平等对待的权利。这是一种权利，不是平等分配某些善或机会的权利，而是在政治选择中平等关注和尊重这些善和机会如何分配的权利。假设有人提出这样一个问题：损害长期债券持有人利益的经济政策是否符合总体利益？那些将受到伤害的人有权在决定该政策是否符合一般利益时考虑他们的预期损失。在这个计算中，他们可能不会被简单地忽略。但是，当考虑到他们的利益时，其他将从政策中获益的人的利益可能会超过他们的利益，在这种情况下，他们对享有如此定义的平等关心和尊重的权利就不会提出反对。因此，就经济政策而言，我们不妨说，如果允许通货膨胀，那些将受到伤害的人有权在决定该政策是否服务于普遍利益时得到平等待遇。但没有平等待遇的权利，即使该政策通过检验，也会被视为非法。

我建议，在平等的自由概念下，平等待遇的权利必须被视为基本的权利，而更限制性的平等待遇的权利只在那些特殊情况下才成立，在这些特殊情况下，由于某种特殊的原因，它从更基本的权利而来，就像在重新分配案件的特殊情况中可能是这样。我还建议，只有当平等对待的基本权利被证明需要这些权利时，个人享有不同自由权才必须得到承认。如果这是正确的，那么不同自由权并不与任何假定的平等的竞争权相冲突，相反，它遵循着一种被承认为更基本的平等的概念。

然而，我现在必须说明，人们熟悉的不同自由权——例如在美国宪法中确立的权利——可能被认为是平等的基本概念所要求的。为了目前的目的，我将尝试这样做，只有通过提供一个更详尽的论点的框架，在此基础上捍卫任何特定的自由，然后说明为什么它是可信的期望，更熟悉的政治自由和公民自由将会得到支持，如果这种观点在事实上是真的。

一个尊重平等的自由观念的政府，可能只在某些非常有限的理由的基础上适当地限制自由。为了说明这一点，我将采用以下粗略的类型学的政治辩护。首先，采用有原则性的论点支持对自由的一种特殊限制，理由是这种限制是为了保护某些个人的明确权利，而这些人在行使自由时会受到伤害。第二，论点的政策支持约束的不同根据，这种约束要求达到一些总体的政治目标，即实现一些事态在社区中作为一个整体，而不仅仅是某些个人为了变好的事实约束。政策的争论可能会以这种方式进一步细分。功利主义关于政策的观点认为，社区作为一个整体会更好，因为（粗略地说）更多的公民将获得更多他们总体上想要的东西，尽管其中一些人拥有更少的东西。另一方面，关于政策的理想论点认为，社区的状况变得更好，不是因为更多的成员会有更多他们想要的东西，而是因为社会将在某种程度上更接近理想的社区，无论其成员是否渴望所讨论的改善问题。

自由主义的平等观念极大地限制了人们用政策的理想论据来为限制自由辩护的程度。如果所讨论的想法本身在社区内是有争议的，那么这种论点就不能使用。例如，限制不能直接以它们有助于文化复杂的社区为理由进行辩护，不管这个社区是否想要这种复杂，因为这一论点违反了自由平等理念的标准，这个标准禁止政府依赖于某些生命形式，天生比其他生命形式更有价值的主张……

第十一章　功利主义

在百老汇音乐剧《追梦女郎》（Dreamgirls）中，主唱艾菲（Effie）被一个局外人取代。尽管艾菲拥有一副美妙的嗓音，并且一直是他们家庭组合的中流砥柱，但要从灵魂音乐到"流行音乐"跨界，需要一个充满活力、性感的领唱。成功的跨界演出需要的不仅仅是美妙的嗓音。不用说，艾菲已经崩溃了；然而，在一首美丽而悲伤的歌谣中，为了家庭和团体的利益，她被敦促接受改变。作为个人，我们常常被要求为了集体的更大利益而放弃自己的利益。事实上，许多人会争辩说，正确的伦理选择是对群体福利贡献最大的决定。说伦理选择应该以公共福利为目标是一回事，为实现公共福利而找到一种道德上可接受的手段则完全是另一回事。本章将介绍最著名的公共利益伦理理论，即功利主义理论。在《概论》中，功利主义是效果主义中最著名的例子。

功利主义理论认为，行为或实践的道德价值完全由行为或实践的后果决定。要理解功利主义，可以考虑一个人决定是把50美元捐给慈善机构，还是给朋友买礼物。功利主义者的建议是，人们应该在这样一种行为的基础上做出选择，这种行为将导致对所有受影响的人产生最好的结果。或者，考虑一下国会关于是否应该提高税收的辩论。功利主义者会再次敦促，选择应该基于最大多数人的最大利益。如果增税能给整个社会带来最大的好处，那么它应该被批准。否则就不应该被批准。因此，功利主义是这样一种观点：如果一种行为或实践能带来最大的可能，如果一种行为或实践（与任何替代行为或实践相比）能带来最好结果的平衡，那么这种实践和行为的观点就是正确的，而义务和权利的概念服从于或取决于好的结果。

尽管功利主义的观点在整个伦理理论的早期历史中得到了支持，但经典的功利主义作品是杰里米·边沁（1748—1832）和约翰·斯图亚特·密尔（1806—1873）的作品。边沁提供了一个特别恰当的例子，因为他的功利主义观点是产生于他对英国法律体系及其主要辩护者威廉·布莱克斯通（William Blackstone）的著作感到不快。边沁认为英国的犯罪分类体系已经过时了，因为它是基于一种抽象的关于犯罪严重性的道德理论。作为一种选择，边沁建议可根据犯罪对受害者和社会造成的不幸和痛苦进行分类。他对分级制度的修订反感旨在使人们对某些罪行应如何严惩的看法有所改变。边沁的基本原则是，对任何犯罪的惩罚都应该超过犯罪所获得的利益，但惩罚不应该超过确保犯罪最终对罪犯不利的必要程度。边沁认为，人们应该计算改造和威慑罪犯的社会效益，并从这个数字中减去惩罚所带来的痛苦。一个人的惩罚应该达到但不应该超过，施加痛苦能在改造和威慑方面带来最大好处的那一点。因此，监狱应该确保犯罪不会得到补偿，但他们不应该做得太过火。为了体现边沁分析的特色，他的一些关于惩罚的著作都被包括在本章的边沁选集中。

也许义务论和功利主义理论家之间最显著的区别是义务论着眼于过去而功利主义着眼于未来。考虑惩罚，义务论者强调罪犯做了什么，认为正义的惩罚是基于功绩的，它应该平衡或补偿损害。边沁不这么看惩罚，他提出了这样的问题：惩罚所造成的痛苦是否大于犯罪给罪犯带来的好处，一种特定的惩罚是否会鼓励更大的犯罪过度，对任何一种罪行的惩罚是否能威慑这种类型的其他罪行。例如，功利主义者可能会说，死刑充其量只适用于某些类型的谋杀。而用死刑来惩罚强奸——这一建议至今仍在流传——只会鼓励强奸犯杀死受害者。因此，即使某些义务论的考虑可能导致强奸犯应被判处死刑的结论，对强奸犯判处死刑也不能基于功利主义理由进行辩护。类似的考虑可能会导致功利主义者减少对所谓激情犯罪的惩罚。考虑到冲动犯罪的性质，对他们进行极端的惩罚几乎没有威慑作用。冲动犯罪是否应受到极端惩罚是一个扭曲刑事司法体系的抽象理论问题。强调隔离问题，很容易忽视公共福利。在功利主义的基础上，刑事司法系统的目的是确保犯罪不会得到补偿；寻求报复不是刑事司法系统的目的。

除了强调未来，功利主义还有其他几个基本特征。每一个功利主义者都致力于善的最大化，因为功利主义认为，一个正确的伦理选择是一个为所有受影响的人产生善与恶最优平衡的决定。功利主义者的不同之处在于，什么是好的结果，以及如何评价这些好的结果。

也许关于好的结果最常见的功利主义理论是享乐主义。好的结果会带来最大的快乐。为了充分理解功利主义，必须区分外在的善和内在的善。外在的善只是作为达到目的的一种手段。金钱就是一个很好的例子。内在的善是指内在于自身或自身价值的善。享乐主义功利主义者认为快乐是唯一内在的善，所有其他善都是外在的，它们是一种享受的手段的善。边沁是一个纯粹的享乐主义功利主义者。他相信，人类行为的动机是寻求快乐和避免痛苦，而正确的伦理选择是最大多数人的最大快乐。

后来的享乐主义功利主义者倾向于用"幸福"来代替"快乐"。（事实上，一些哲学家仍然想要区分享乐主义理论，即快乐是唯一的内在的善，和幸福主义理论，即幸福是最大的善。将二者区别开来。）用幸福代替快乐的主要原因是"快乐"存在不好的含义。边沁认为，内在的善只能从快乐的角度来理解，这一观点遭到了嘲笑，他的哲学有时被称为猪哲学。它之所以有这个名字，是因为从享乐主义的角度来看，做一头满意的猪似乎比做一个不满意的苏格拉底要好。不那么轻蔑地说，在享乐主义下，艺术创作的乐趣可能不比酒、女人和歌曲的乐趣好，甚至更低，只要后者的乐趣比前者多。

约翰·斯图亚特·密尔对功利主义被看作一种猪哲学的指责是特别敏感的。他认为功利主义与常识性观点是一致的，即一个不满意的苏格拉底的生活比一头满意的猪的生活要好。在本章的选集中，密尔介绍了快乐之间的区别，有些快乐比其他快乐更高级或更好。

关于快乐的衡量，边沁发展了一种享乐演算。任何快乐体验的量化标准都是通过考虑它的强度、持续时间、确定性、接近性、衍生性（它产生额外愉悦的能力）、纯度和程度来达到的。边沁的享乐演算为评估政策和立法提供了一种手段。在面对该做什么的问题时，例如，是陪着你生病的母亲，还是加入抵抗纳粹的队伍，可基于最大的幸福做出你的决定，用享乐演算来计算所有受你行为影响的相关个体的幸福指数。然后，在为每个选择的行为添加快乐并减去不幸福之后，就可以去执行产生最多幸福的行为。但是，边沁的演算是如此的不精确，甚至在功利主义者中也没有找到准确的一个。

由于密尔已经介绍了更高和更低的快乐之间的区别，所以即使他想诉诸享乐计算微积分，他也无法做到，微积分中没有办法确定哪种快乐更高。密尔的方法是咨询一个专家小组，其中的成员都有相关经验。

对于那些可能会反驳这样一个专家小组不能从猪的角度来看待问题的人，密尔认为，人类与动物在本质上是不同的。人类有一种更高的能力，即使那样会更快乐，他们也不会渴望低层次的生活。密尔把这种能力称为人的尊严。这种尊严感为乐趣之间的定性区别提供了基础。

自边沁和密尔时代以来，当代功利主义有了长足的发展。那些熟悉经济学的学生可能知道，直到最近，功利主义才为自由放任经济学的心理学理论提供了基础。一些经济学家认为，通过保持自由市场和竞争经济，可以最大限度地从稀缺资源中挤出商品和服务。这些经济学家进一步认为，当有价值的商品和服务的生产最大化时，幸福也会最大化。功利主义分析为这一结论提供了纽带。这里有一个简化的例子：假设山姆去杂货店买六瓶装啤酒，在那里，他遇到了他的朋友吉姆，吉姆也在买六瓶瓶装啤酒。由于两个人都花了2.5美元买啤酒，经济学家假设，在其他条件相同的情况下，山姆和吉姆从啤酒中获得的满足感是相同的。然而，假设啤酒的价格上涨到2.75美元，山姆转向了葡萄酒，而吉姆仍然喝六瓶装啤酒。然后想象吉姆从2.75美元的六瓶装啤酒中获得的满足感一定比山姆多。通过用价格作为衡量标准，取代边沁的确定性、相似性、衍生性等范畴，经济学家认为，按照自由竞争的假设构建的经济会使功利（幸福）最大化。因此，经济理论的核心是功利主义。

　　此外，经济学家和许多哲学家最近都用个人偏好取代了快乐或幸福，将其作为内在的善。功利的概念不是从经验或事件状态的角度来理解的，而是从一个人的行为所决定的实际偏好的角度来理解的。因此，要使一个人的功利最大化，就是要提供他或她已经选择或将从可能产生的可供选择的产品中选择的产品。使受一项行动或政策影响的所有人的功利最大化，就是使整个群体的功利最大化。这种方法对于内在价值的享乐主义或多元解释是无关紧要的。具有内在价值的是个人更愿意获得的东西，因此功利就转化为个人选择满足的那些需求和欲望。

　　对许多人来说，这种现代的估值方法似乎比以前的方法更可取，主要有两个原因。第一，它绕过了关于什么是内在的善的争论。享乐主义者和非享乐主义者之间的冲突是通过迎合偏好来解决的。第二，事实证明，这种方法在公共政策的选择中卓有成效。它必然会对那些既注重数量，又坚持认为公共政策应与这些政策和活动所服务的人的主观偏好密切相关的人产生强烈的吸引力。

　　当代功利主义者之间最重要的区别是行为功利主义者和规则功利主义者之间的区别。行为功利主义者，如边沁，认为人应该去做这些行为：产生符合最大多数人的最大利益。根据行为功利主义的观点，规则只是一种速记工具，适合作为"拇指规则"，但遵循规则在不能为最大多数人带来最大利益的情况下，就应该被放弃。

　　然而，在规则功利主义下，规则有一个非常不同的地位。在规则功利主义中，对"我应该做什么"这个问题的适当回答是："你应该在这种情况下遵循适当的规则"。然而，对"应该采取什么规则"这个问题的适当回答是："应该采取那些产生最大多数人获得最大利益的规则"。也许这两种功利主义的区别可以用一个例子来说明。考虑一下给大学生的课程作业打分的做法。假设数学成绩得A的其中一个标准是测验和考试的平均成绩为90分，行为功利主义者会把90分满分的规则当作"拇指规则"。在效用最大化的情况下，90分以上可以给A，90分以下可以给B。决定每一种评分行为的是在特定情况下给出特定评分的结果。A规则为90分是一个指导，但并不是权威的。对于规则功利主义者来说，情况就不同了。一个85分的学生不能仅仅根据他或她的情况特殊而为A规则辩护。相反，学生必须证明90分的A评分规则并不能为大多数人带来最大的好处。道德哲学家的任务是，从规则功利主义的角度出发，制定出通过功利主义测试的规则。

在本章中，行为功利主义的代表人物是J.J.C.斯玛特，规则功利主义的代表人物是理查德·B.布兰德。虽然一些哲学家，如大卫·莱昂斯认为最终行为功利主义和规则功利主义是一回事，但还是很容易看出两者之间的区别是如何产生的。行为功利主义曾受到批评，因为它似乎公然为不道德行为辩护。考虑一个经典的例子。一个小镇发生了多起恶性谋杀案。市民几近恐慌。全副武装的房主坐在锁着的门窗后。当地治安官知道凶手的身份，他已经逃离了这个国家。他也知道，他无法让当地民众相信危险已经过去。警长在货场发现了一个流浪汉。虽然后来的调查显示这个流浪汉是无辜的，但他可以令人信服地被证明有罪。由于流浪汉没有家人或朋友，而且在镇上的情况特别落破，他可能会受到惩罚，从而增加功利。以行为功利主义为基础，在这种情况下惩罚无辜的人似乎是合乎道德的。但惩罚无辜者又是公然不道德的。为了将功利主义从惩罚无辜的人这种违反直觉判断的结论中拯救出来，规则功利主义要求我们关注规则或实践，而不是个人行为。

对于一个允许在上述情况下惩罚无辜的规则，我们能说些什么呢？这样的规则肯定无法通过规则功利主义者提出的考验。这样的规则，如果得到普遍遵循，就不会给大多数人带来最大的好处。正确使用功利主义是评估社会的规则、惯例和制度，确保它们能带来公共的善的标准。然而，社会中正在思考该做什么的个人应该遵守规则。个人行为的检验标准是相关的规则或实践；而对规则和实践的检验就是功利主义的最大幸福原则。

由于这点适用于惩罚，刑事官员有责任遵守公平审判的规则以及其他有关的刑事司法规则。为惩罚制度提供的规则是被功利主义的结果所自我确证的。约翰·罗尔斯的《规则的两个概念》（第六章）采用了这种方法。

规则功利主义者相信他们能够避免与惩罚无辜的例子相关的问题。因此，像布兰德这样的规则功利主义者致力于确定，如果规则要通过功利主义测试，需要考虑哪些因素。布兰德提出如何确定一组规则是否使福利最大化，这种观点，选编的内容包含在其中。

如果规则功利主义避免了许多问题，比如惩罚无辜的例子所提出的问题，那么行为功利主义又能说些什么呢？J.J.C.斯玛特指责规则功利主义者崇拜规则。如果有时候打破规则确实能带来最大的好结果，那我们为什么不能这样做呢？斯马特认为，在这种情况下不打破规则肯定是不理性的。此外，一个谨慎的行为功利主义者会考虑到诸如正义、公平以及违反规则所带来的危险等概念。通常情况下，正义应该得到促进，根深蒂固的道德规则不应该被打破。规则功利主义者强调这些问题当然是正确的，但一个谨慎的行为功利主义者可以考虑到这些因素，并仍然认为，有时正确的伦理选择是打破规则；否则就违背了功利主义非信仰的基本要求，功利主义要求我们将善最大化。布兰德在他的文章中回应了这种对规则崇拜的指责。

当代功利主义比边沁和密尔的古典功利主义复杂得多。古典功利主义受到批评，因为它忽略了做出一种伦理选择所需的许多考虑因素。在忽略的控罪中有：（1）忽略规则；（2）忽略承诺；（3）忽略德性；（4）忽略正义；（5）忽略权利。布兰德的功利主义构想说明了理论功利主义在多大程度上试图为普通的道德实践和常用的伦理概念找到一席之地。事实上，一些哲学家仍然在寻找与统一领域的理论等价的伦理学；他们仍然希望义务论和功利主义最终能够彼此一致。事实上，他们试图展示某个版本的康德主义如何导致功利主义伦理。这种努力或类似的努力会成功吗？现在下结论还为时过早。在任何情况下，功利主义理论将继续在许多类型的伦理选择中发挥重要的作用，即使不是决定性的作用。

功利原则

杰里米·边沁[①]

一

大自然把人类置于两个主宰者——痛苦和快乐——的统治之下。只有他们才能指出我们应该做什么，也只有他们才能决定我们应该做什么。一方面是对与错的标准，另一方面是因果的链条都系在它们的宝座上。它们支配着我们所做的一切，所说的一切，所想的一切——所能做的一切摆脱臣服的努力，只会起到证明和证实它的作用。一句话，一个人可以假装放弃他们的帝国，但在现实中，他将始终受制于它。功利原则承认这种臣服，并假定它为那个制度的基础，其目的是通过理性和法律之手来编织幸福的织物，试图质疑它的系统，处理的是声音而不是感觉，是反复无常而不是理性，是黑暗而不是光明。

不过，比喻和说教已经够多了，道德科学并不是靠这种方法来改进的。

功利原则是本著作的基础：因此，从一开始就明白而确定地说明功利的含义是恰当的。通过功利原则意味着原则的每一个行为的赞成或反对，根据这种倾向，他的出现了增加或减少当事人的幸福，他的利益基于这样的问题：或者，换句话说，是什么促进或反对这种幸福。我说的是每一个行动；因此，不仅是个人的每一个行动，而且是政府的每一项措施。

功利是意味着财产的任何对象，即它往往会产生利益、优势、快乐、善或幸福，（所有这些在目前情况下是一样的）或（什么再来同样的事情）防止危害的发生，对当事人而言，疼痛、邪恶，或者不幸的利益被认为是：如

---

① 杰里米·边沁，《道德与立法原理导论》特别版，牛津，克拉伦登出版社，伦敦，马萨诸塞州，亨利弗劳德，1789年。

果那一方是整个社区，那么就是社区的幸福；如果是一个特定的个人，那么就是那个个人的幸福……

这样，一种行为就可以说符合功利原则，或者，简单地说，符合功利（就整个社会而言），在它增加社会幸福的倾向大于任何减少它的倾向时。

一个政府的措施（不过是由一个或几个人执行的一种特定行为），当它出现增加社会幸福大于它减少社会幸福的类似倾向时可以被看成符合或由功利原则决定……

当赞成或不赞成的时候，一个人可以说是功利原则的拥护者，附加任何行动和衡量标准，是由他所设想的增加或减少社会幸福的倾向所决定的，并与这种倾向成比例。或换句话说，取决于它是否符合或不符合功利的原则或法律。

对于符合功利原则的行为，人们总是可以说，这是一个应该做的行为，或者至少不是一个不应该做的行为。我们也可以说，这样做是对的；至少应该这样做，这并没有错，这是一个正确的行为；至少这不是一个错误的行为。这样解释，"应该""对""错"，以及这一标记的其他词就有意义了；否则，它们就没有意义了。

这一原则的正确性是否受到过正式的质疑？对于那些不知道意味着什么的人来说，这句话应该是有道理的。它能得到任何直接证据吗？这似乎是不可能的，因为用来证明其他一切事物的东西本身是不能被证明的。证明的链条总是要从某个地方开始的。给出这样的证据既不可能，也没有必要……

二

因此，立法者所考虑的目的是享乐和避免痛苦，立法者有必要了解它们的价值。快乐和痛苦是他们工作的工具，因此，他有必要了解它们的力量，也就是它们的价值。

对一个独立思考的人来说，自己考虑的快乐或痛苦的价值会根据以下四种情况或大或小：

1. 其强度。
2. 其持续时间。
3. 其确定性：确定性或不确定性。
4. 其邻近或遥远。

这些都是在评估快乐或痛苦时要考虑到的各种情况。但是，当为了评估产生快乐或痛苦行为的倾向，而必须考虑快乐或痛苦的价值时，还有另外两种情况需要，分别是：

5. 其衍生性，或者指它被同样的感觉所跟随的机会。也就是说，如果它是一种快乐状态，那就是快乐；如果它是一种痛苦状态，那就是痛苦。
6. 其纯粹性，或者指它没有被另一种相反的感觉所跟随的机会。如果它是快乐，那就是痛苦；如果它是痛苦，那就是快乐。

然而，严格地说，这后两者几乎不能被认为是快乐或痛苦本身的特性；因此，它们不能被考虑到快乐或痛苦的价值中去，它们只能被看作是行为或其他事件的特性。通过这些特性，快乐或痛苦得以产生；因此，我们只能考虑这种行为或这种事件的倾向。

对许多人来说，他们认为快乐或痛苦的价值是大是小，根据以下七种情况考虑。其中，即前面的六种情况为：

1. 其强度。
2. 其持续时间。
3. 其确定性或不确定性。
4. 其邻近或遥远。

5. 其衍生性。

6. 其纯粹性。

和另一个：

7.其程度；也就是说，它延伸到的人数；或者（换句话说）谁会受到影响。

　　那么，要精确地考虑任何影响社会利益行为的一般趋势，可以这样做，从任何一个利益似乎能最直接受到影响的人开始：

　　1.一开始似乎由它产生的每一种明显的快乐的价值。

　　2.一开始由它产生的每一种明显的痛苦的价值。

　　3. 通过跟随第一次快乐，之后所产生的每一种明显的快乐的价值，构成了第一次快乐的衍生力和第一次痛苦的不纯粹。

　　4. 通过跟随第一次痛苦，之后明显地产生的每一次痛苦的价值，构成了第一次痛苦的衍生力和第一次快乐的不纯粹。

　　5. 在一方面，综合所有快乐的所有价值，并且在另一方面综合所有痛苦的所有价值。这种平衡，如果处在快乐的一边，就会使行为在整体上有善的倾向，与整体利益有关；如果处在痛苦的一边，就会使行为在整体上有坏的倾向。

　　6. 考虑一下关心利益出现的那些人的人数，并对相关的每一项重复上述过程。综合数量表达善的倾向的等级，这一行为与每一个单个人相关，在整体上认为善的倾向的那些人，再一次做和每个个体相关的事情。以平衡为例：如果从快乐的方面看，考虑总体数量或个体关心的群体，将产生行为的总体的善的倾向；如果从痛苦的方面看，就同一群体而言，就产生行为的总体的恶的倾向。

我们不应期望在每一次道德判断，或每一次立法或司法行动之前都能严格地追求这种程序。然而，可以一直保持这种观点，实际追求的过程在这些场所越接近它，这种过程将越接近精确的特性……

三

一切法律所共有的或应该共有的一般目标是增加社会的总幸福；因此，首先，尽可能地排除一切可能从这种幸福中减损的东西，换句话说，排除一切有害的东西。

但一切的刑罚都是毒害，一切的刑罚本身都是恶。根据功利原则，如果它确实应该被承认，就它承诺排除一些更大的恶而言，它应该仅仅因此而被承认。

因此，很明显，在下列情况下不应施加惩罚。

1. 在它毫无根据的地方：在没有需要阻止危害的地方；在总体上无害的行为。

2. 在它必须无效的地方：在它不能采取行动以阻止危害的地方。

3. 在它无利可图或太昂贵的地方：在它所产生的危害大于它所阻止危害的地方。

4. 在它没有需要的地方：在没有它就可以阻止或自行中止的地方，也就是说，在更低廉的地方。

惩罚毫无根据的事例

1. 没有发生过任何损害的地方：没有因有关行为对任何人造成损害。在这些数字中，行为在某些情况下可能是有害的或令人不快的，但与之相关的人同意其行为。这种同意，只要是自由、公平地获得的，是所能提出的最好的证明，即对做出这种同意的人总体上没有造成损害，至少没有立即造成损害。因为没有人能像他自己一样如此准确地判断事物，而带来的快乐或不快乐。

2. 在损害被超过的地方：尽管这种行为产生了损害，但是同样的行为对于产生比损害更有价值的利益是必要的。任何为预防立即发生的灾难而采取的行动都可能是这种情况，就像所有为行使在每个社会中所必须建立的几种权力而采取的行动一样，即家庭的、司法的、军事的和最高的权力。

3. 如果确定有足够的补偿的情况下，并且在所有可能犯下罪行的情况下。这意味着两件事：（1）这一犯罪行为承认有足够的赔偿；（2）这样的补偿会立即到来。在这些假设中，后者只能是一种理想的假设，就这里所给予的普遍性而言，这种假设是不能被事实所证实的。因此，它实际上不能被列为绝对有罪不罚的理由之一。然而，它可以被承认为减轻这一惩罚的理由，这似乎是由其他因素站在自己的立场上单独决定的。

惩罚无效的事例

1. 行为发生后刑罚规定尚未确立的地方。这些事例是：（1）事后由法律判决的；立法者本人在行为完成后才指定惩罚。（2）超越法律判决的；在这种情况下，法官凭自己的权威，指定了立法者没有指定的惩罚。

2. 刑罚规定虽已确立，但未通知有意使其生效的人。情况就是这样，法律没有任何的替代品是必要的权宜之计，以确保法律管辖范围内的每一个人都能了解（以其生活所处的地位）他可能受到法律惩罚的所有情况。

3. 在这种情况下，刑法的规定虽然已传达给个人，但在阻止其采取上述讨论的那种行为方面，却不起作用。（1）在极端的初级阶段，当一个人还没有达到那种状态或心理状态时，法律所列举的那些遥远的邪恶的前景还不能对他的行为产生影响。（2）精神错乱。在这种情况下，一个人，如果已经达到了这种倾向，后来又由于某种看不见的长期原因的影响而丧失了这种倾向。（3）在中毒过程中。当他被一种可见的原因的短暂影响所剥夺行为能力的时候：如饮酒、鸦片或其他药物的使用，其作用于神经系统，这种情况确实不亚于一种可确定的原因所产生的暂时的精神错乱。

4. 对他即将进行的个人行为，刑法规定（虽然已通知当事人，但只要他知道它与这些行为有关，它就很可能使其从事这类行为）不能产生这种效果，也就是说，他不知道这是与刑法规定有关的。这可能发生：（1）在无意的情况下；他不打算参与，也因此不知道他将要参与，但最终他要参与的行为。（2）在无意识的情况下；在这种情况下，虽然他可能知道他将要从事这种行为，但由于不了解与之相关的所有物质环境，他就不知道这种行为产生危害的倾向，而在大多数情况下，这种危害已被认为确实是有害的……

惩罚无利可图的事例

1. 在一般情况下，罪的性质一方面是冒犯，另一方面是惩罚，当把它们放在一起比较时，后者的罪恶就会比前者的更大。[①]

惩罚的邪恶分为四个分支，许多不同类型的人受其影响。（1）强迫或约束的罪恶：或一个人不能这样做所带来的痛苦，不管它是什么事，因为害怕惩罚而不敢去做。那些遵守法律的人都能感受到这一点。（2）恐惧之恶：或者一个人在受了惩罚时，一想到要受惩罚就会感到痛苦。那些触犯了法律的人，那些觉得自己有被执行法律的危险的人，都会有这种感觉。（3）忍受之恶：或者一个人从开始忍受之时起，由于惩罚本身而感到的痛苦。这是那些被触犯法律的人所感受到的，是那些法律真正被执行的人所感受到的。（4）同情之苦，以及其他衍生的罪恶：对那些与刚才提到的几类最初的受害者有关的人产生了影响。在这四种罪恶中，第一种是大是小，由行为的性质而定，而第二种和第三种则由惩罚的性质而定。

另一方面，至于罪行的罪恶，当然也会根据每一罪行的性质而有大小之分。因此，每一种罪恶与另一种罪恶之间的比例在每一种特定罪行的情况下都是不同的。因此，在这种情况下，惩罚是无利可图的，只能通过对每一具体罪行的审查来发现……

---

① 原文只有1。——译者注

不需要惩罚的事例

结束实践的目的也许可以有效地以成本更低的方式达到，既可以通过教导，也可以通过恐怖，既可以通过告知理解，也可以通过对意志施加直接的影响。似乎与所有罪行有关的事例，包含在责任问题里传播有害规则；无论责任是什么；无论是政治上的，还是道德上的，还是宗教上的。而且，无论这些原则是否在真诚地相信它们在有益的情况下传播出去，甚至不相信它们是有益的。我说，即使没有，因为虽然在这种情况下，并不能阻止作者努力向读者灌输他的原则，但可以阻止读者采纳这些原则；没有这些原则，他努力向读者灌输这些原则是没有害处的。在这种情况下，主权者通常不需要积极参与：如果灌输有害的原则符合一个人的利益，那么揭露这些原则肯定也符合其他个人的利益。但是，如果君主一定要参与到争论中来，那么，对付错误的合适武器是笔，而不是剑。

功利主义[①]

约翰·斯图亚特·密尔

一

作为道德、功利或最大幸福原则的基础信条认为，当行为倾向于促进幸福时，它就是正确的；当行为倾向于产生与幸福相反时，它就是错误的。幸福的倾向是快乐，而不是痛苦，被不幸、痛苦和缺乏快乐所折磨。要对伦理理论所建立的道德标准形成一个清晰的认识，就需要更多的论述；特别是，它在痛苦和快乐的概念中包含了什么；这在什么程度上仍是一个悬而未决的问题。但是，这些补充的解释并不影响作为道德理论基础的生活理论，即快

[①]　约翰·斯图亚特·密尔，《功利主义》，朗曼格林出版社，1907年，纽约。

乐和摆脱痛苦是作为目的唯一可取的东西；所有美好的事物（在功利主义中和在其他任何理论中一样）都是令人向往的，或者因其本身固有的快乐而令人向往，或因其作为促进快乐和防止痛苦的手段而令人向往。

现在，这样一种生活理论在许多人的心中引起了兴奋，其中一些在感情和目标方面最值得尊敬的人也对他产生了根深蒂固的反感。如果认为（正如他们所说的）生活没有比快乐更高的目的——没有比欲望和追求的更好、更高贵的目标——他们就认为这完全是卑鄙和卑躬屈膝的。作为一种只配得上猪的学说，伊壁鸠鲁的追随者在很早就被轻蔑地比作猪；德国、法国和英国的攻击者偶尔也会以同样礼貌的方式对这一学说的现代持有者进行比较。

当伊壁鸠鲁学派受到这样的攻击时，他们总是回答说，不是他们自己，而是他们的控诉者以一种侮辱性的眼光来代表人性，因为这一指控假定人类除了猪能做的事以外，没有任何乐趣可言。如果这个猜想是真的，那么这种指责就无法反驳，而且也就不再是一种指责了。因为，若快乐的来源对人类和猪完全相同，那么对前者足够好的生活规则，对后者也同样足够好。将伊壁鸠鲁主义的生活与野兽的生活进行比较被认为是一种贬低，正是因为野兽的快乐不能满足人类对幸福的概念。人类拥有比动物欲望更高的能力，一旦意识到这些能力，就不要把任何不包括满足的幸福视为幸福。事实上，我并不认为伊壁鸠鲁派从功利主义原则中得出他们的结果是无可挑剔的。要以任何充分的方式做到这一点，许多斯多葛学派，以及基督教的元素都需要包括在内。但是，没有一种已知的享乐主义的生活理论不被赋予智力的乐趣，情感、想象和道德情操作为一种快乐，比单纯的感觉具有更高的价值。然而，必须承认，功利主义作家一般都把精神上的快乐凌驾于肉体上的快乐，主要放在更持久、更安全、更廉价等方面。也就是说，体现在它们的环境优势，而不是它们的内在本性。在所有这些方面，功利主义者都充分证明了他们的观点；不过，他们也可以完全一致地占领另一个高地。承认某些种类的快乐比其他的更令人渴望和更有价值，这与功利原则是完全一致的。在估计其他事物时，要既考虑数量又考虑质量，而认为对快乐的估计只取决于数量，这是荒谬的。

如果有人问我，我所说的快乐的品质差异是什么意思，或者仅仅是一种快乐比另一种快乐更有价值，只是它的数量更多，那么只有一个可能的答案。在两种快乐中，如果有一种是所有或几乎所有经历过这两种快乐的人都明确偏好的，而不考虑道德义务去偏好它，那它就是更令人渴望的快乐。如果对两者都很熟悉的人把两者中的一种置于远远高于另一种的位置，他们宁愿选择它，即使知道它会招致更大的不满，也不愿放弃它去换取他们天性所能获得的其他乐趣，那么我们有理由认为，所选择的乐趣在质量上优于数量，相比之下，它便显得微不足道。

现在，毋庸置疑的事实是，那些既熟悉又有能力欣赏和享受这两者的人，确实对使用他们更高才能的生活方式表现出最明显的偏好。很少有人会为了得到野兽的完美享受而愿意变成低级动物；聪明的人不会甘心做傻瓜，受过教育的人不会甘心做无知的人，有感情和良知的人不会自私和卑鄙，即使他们相信愚钝的人、傻瓜和流氓对自己的命运比他们对自己的命运更满意。他们不会为了彻底满足自己与那些人共有的愿望而放弃自己所拥有的比那些人更多的东西。如果他们曾经幻想自己会这样做，那也只是在极端不幸情况下，为了逃避不幸，他们会用自己的命运来交换几乎任何其他的命运，不管他们自己是多么不喜欢。一个能力较强的人需要更多的东西使自己快乐，也能承受更剧烈的痛苦，当然也比一个能力弱的人更容易承受痛苦；但是，尽管有这些能力，他也永远不可能希望陷入他认为是低级的生活中……谁要是认为这种偏爱是以牺牲幸福为代价的——在其他任何类似平等的情况下，高级的人并不比低级的人更幸福——那么他就混淆了幸福和满足这两种截然不同的概念。毫无疑问，享受快乐能力较低的人，其享受得到充分满足的机会更大；而一个天赋极高的人总是觉得，他所能寻找到的任何幸福，就世界的构成而言都是不完美的。但他可以学会忍受它的不完美，如果他们还能忍受的话；它们不会使人嫉妒那些确实没有意识到不完美的人，而只是因为他根本感觉不到那些不完美所符合的美好。做一个不知足的人胜过做一只知足的猪；做不满意的苏格拉底，总比做满意的傻瓜好。如果傻瓜或猪有不同的意见，那是因为他们只知道自己的问题，而进行比较的另一方了解双方……

从唯一有能力的法官的判决来看，我认为没有上诉的余地。关于两种快乐中的哪一种最值得拥有的问题，或者两种生活模式中的哪一种最值得感受的问题，除了其道德属性和其后果之外，必须承认对两种快乐都有了解的人的判断，或者，如果他们有所不同，其中大多数人的判断是决定性的。在接受这个关于快乐的质量的判定时，需要更少的犹豫，因为即使在数量的问题上也没有其他的法庭可以参考。在两种痛苦中，哪一种是更剧烈的，哪一种是更强烈的，除了由熟悉这两种感觉的人来判定之外，又有什么办法呢？痛苦和快乐都不是单一的，痛苦总是与快乐不同的。除了经验者的感觉和判断之外，还有什么能决定是否值得以特定的痛苦为代价来换取特定的快乐呢？

二

前面已经说过，关于终极目的的问题，按照一般的说法，是不需要证明的。不能用推理来证明，这是所有首要原则的共同特点，是我们认识的第一个前提，以及我们行为的第一个前提。但前者作为事实，可以直接诉诸事实判断的官能，即我们的感官和我们的内在意识。在实际目的的问题上，可以向同样的官能提出认定吗？或者是通过什么其他的官能来认识他们？

关于目的的问题，换句话说，就是关于想要什么东西的问题。功利主义认为，幸福是值得追求的，而且作为目的，幸福是唯一令人向往的，其他一切都只是为了达到目的的手段。这个学说应该要求什么——这个学说应该满足什么条件，才能实现它被相信的要求？

唯一能证明一个物体是可见的，就是人们真的看到了它。一种声音是可听到的，唯一的证据是人们听到了它，我们的其他经验来源也是如此。同样，我理解，唯一可能证明任何事物是可能产生的证据，就是人们确实渴望它。如果功利主义学说所提出的目的在理论上和实践上都不被认为是目的，那就没有什么能使任何人相信它确实是目的。没有理由能说明为什么普遍的幸福是可取的，除非每个人，只要他认为能得到，都渴望自己的幸福。然而，既然这是事实，我们不仅有实例所承认的一切证据，而且也有一切可能要求的证据，证明幸福是一种善：每个人的幸福都是对那个人的善，因此对一般的幸福，对所有人的总和是善的。幸福已成为行为的目的之一，因而也成为道德的标准之一。

但仅凭这一点，它并不是唯一的标准。要做到这一点，根据同样的规则，似乎有必要表明，人们不仅渴望幸福，而且从不渴望其他任何东西。现在很明显，用通俗的语言来说，他们所渴望的东西，是与幸福截然不同的。例如，他们渴望德性和无恶，就像渴望快乐和无痛苦一样。对德性的渴望不像对幸福的渴望那样普遍，但它是一个真实的事实。因此，反对功利主义标准的人认为，他们有权推断，除了幸福之外，人类行为还有其他目的，而幸福并不是赞成和反对的标准。

但功利主义是否认人们渴望德性，还是认为德性不是一种可以渴望的东西呢？正好相反……幸福的要素是多种多样的，每一种要素本身都是令人向往的，而不仅仅是把它们看成一个膨胀的集合体。功利原则并不是说，任何一种特定的快乐，如音乐，或任何一种对痛苦的豁免，如健康，都可以被看作是达到所谓幸福的手段，并因此而被追求。它们本身就是被人渴望和向往的；除了卑鄙，他们也是目的的一部分。根据功利主义，德性本来就不是目的的一部分，但它能够成为目的的一部分；在那些无私地爱它的人心中，它已经成为幸福的一部分。人们渴望和珍惜它，不是把它作为获得幸福的手段，而是把它作为幸福的一部分。

为了进一步说明这一点，我们可能记得德性并不是唯一的东西，它最初只是一种手段，如果它不是达到别的目的的手段，它就会是不值得关心的，而且永远是无关紧要的。但德性通过与作为目的手段的东西联系起来，就会得到人们对它自身的渴望，而且这种渴望也是极其强烈的。比如说，我们该怎么评价对金钱的热爱呢？没有什么比一堆闪闪发光的鹅卵石更令人向往的了。它的价值仅仅在于它所购买的东西的价值；对自身以外的事物的渴望，这是一种满足的手段。然而，对金钱的热爱不仅是人类生活中最强大的动力之一，而且在许多情况下，金钱本身就是人们所渴望的；占有它的欲望往往比使用它的欲望更强烈，当所有指向它以外的目的、被它包围的欲望都消失时，这种欲望就会继续增加。那么，我们可以说，人们追求金钱不是为了达到目的，而是作为目的的一部分。从一种获得幸福的手段，发展成为个人幸福观的主要组成部分，人类生活中的大多数伟大目标都可以这样说——例如，权力，名声；除此之外，每一种快乐都包含着一定数量的直接快乐，这种快乐至少有一种表面上看来是天生固有的、一种不能用金钱来形容的东西。然而，权力和名声最强烈的天然吸引力，在于它们能极大地帮助我们实现其他愿望。正是这样，他们和我们所有的欲望对象之间产生了一种强烈的联系，使他们的直接欲望具有通常所表现出的强烈程度，以至于在某些人物身上，这种强烈程度超过了其他所有的欲望。在这些情况下，手段已成为目的的一部分，是目的的重要组成部分，比他们想要达到的任何目的都重要。曾经作为获得幸福的工具而被渴望的东西，已经变成了为了它本身渴望的东西。然而，在愿望成为自身的原因过程中，愿望就成为幸福的一部分。这个人仅仅因为拥有它而感到幸福，或者认为他将会感到幸福，因为得不到它而变得不快乐。对幸福的渴望与对音乐的热爱，或对健康的渴望没有什么不同，它们包含在幸福之中，它们是构成幸福愿望的一些因素。幸福不是一个抽象的概念，而是一个具体的整体，是它的一部分；而功利主义的标准则认可并赞成它们的存在。如果没有大自然的这一规定，生命将会是一件可怜的事情，没有幸福的源泉是非常糟糕的。在大自然的供给下，原本无关紧要的，但有助于或与满足我们原始愿望有关的东西，本身就成为比原始快乐更有价值的快乐源泉，无论是在永久性方面，还是在它们能够覆盖的人类生存空间方面，甚至在强度方面，都是如此。

德性，根据功利主义的概念，是这种描述的一种善。它没有最初的愿望，也没有动机，除了有助于快乐，特别是防止痛苦。但是，通过这样形成的联系，人们会感到它本身是一种善，并像其他善一样强烈地渴望着它；它区别爱钱、权力或名誉，所有这些可能往往会使一个人对他所属的社会的其他成员有害，而对他们来说，没有什么比培养一种无私的德性之爱更能使他成为他们（指他所在社区的）的福气了。因此，功利主义的标准虽然容忍并认可其他获得的愿望，但当这种愿望对普遍幸福的危害大于促进普遍幸福的程度，它便规定并要求将对德性的最大限度的热爱作为对普遍幸福最重要的事情。

这是由于前面的考虑，实际上除了幸福没有什么是渴望的。无论人们渴望其他什么，只要不是作为达到某种超越自身的目的和最终达到幸福的手段，都是可以作为幸福的一部分而渴望的，直到它成为幸福的一部分，才为自己而渴望。那些为德性本身而被追求德性的人，要么因为意识到德性是一种快乐，要么因为意识到没有德性是一种痛苦，要么因为这两种原因连在一起。事实上，快乐和痛苦很少分别存在，而几乎总是同时存在的，同一个人在获得德性上感到快乐，而在没有得到更多德性时感到痛苦。如果其中一种不能给他带来快乐，而另一种不能给他带来痛苦，他就不会爱德性，也不会要求德性，或者只为了德性可能给他自己或他所关心的人带来的其他好处而要求德性。

那么，我们现在就有了一个问题的答案，那就是功利原则是易受影响的。如果我现在所陈述的这种观点在心理学上是真实的——如果人类的本性是这样的，即不渴望任何不是幸福的一部分或不是实现幸福的手段，那么我们可以没有其他证据，也不需要其他证据来证明这些事是仅仅渴望的东西。如果是这样的话，那么幸福就是人类行为的唯一目的，促进幸福就是判断人类一切行为的检验标准。因此，它必然是道德的标准，因为部分包含在全体中。

现在来决定这是否真的是这样；人类自己是否只渴求对他们来说是快乐的东西，还是因为缺少而痛苦；我们显然得出了一个关于事实和经验的问题，像所有类似的问题一样，它依赖于证据。它只能通过练习自我意识和自我观察来确定，并辅以他人的观察。我相信，这些证据的来源经过公正的调查会表明，对一件事的渴望和对它的喜悦，对它的厌恶和对它的痛苦，是完全不可分割的现象，或者更确切地说，是同一现象的两个部分。严格地说，对于同一心理事实，有两种不同的说法：一种是认为一个对象是可取的（除非为了其结果），另一种是认为它是令人愉快的，这是同一件事；想要得到渴望的东西，除非它的想法是令人愉快的，否则在物质上和形而上学上都是不可能的⋯⋯

行为功利主义^①

J.J.C.斯玛特

一

正如我前面所说的，我在此要捍卫的规范伦理体系是行为功利主义。行为功利主义与规则功利主义相对照。行为功利主义认为行为的对与错是由行为本身的结果的好坏来判断的；规则功利主义认为行为的对与错是由规则的好坏来判断的，每个人都应该在类似的环境下执行这个准则⋯⋯

我曾在其他地方论述过对规则功利主义与行为功利主义的反对意见。简单地说，他们可以将其归结为对规则崇拜的指责：规则功利主义者之所以提倡他的原则，大概是因为他最终关心的是人类的幸福。那么，当他知道在目前的情况下，遵守规则不是最有益的，他为什么要提倡遵守规则呢？在大多数情况下，遵守规则是最有益的回答似乎无关紧要。因此，有人回答说，每个人都遵守规则总比谁都不遵守要好。这是假设"每个人都做A"的唯一替代是"没有人做A"。但很明显，我们有可能"有些人做A，有些人不做"。因此，拒绝打破一般有益的规则，在那些情况下，它不是最有益的遵守，似乎是非理性的，是一个规则崇拜的案例。

---

① J.J.C.斯玛特和伯纳德·威廉姆斯.功利主义：赞成和反对［M］.纽约：剑桥大学出版社，1973.

因此，我所提倡的功利主义类型是行为功利主义，而不是规则功利主义……

二

行为功利主义者通过行为结果的好坏来判断行为的对与错。但是，他是否仅仅根据一种行为的结果的愉快和不愉快来判断其好坏呢？边沁认为快乐的数量是相等的，玩图钉的体验和读诗的体验一样好，可以被归为享乐主义的行为功利主义。摩尔认为，某些精神状态，如获取知识的精神状态，具有独立于其愉悦感的内在价值，他可以被称为观念功利主义者。密尔似乎处于中间立场，他认为快乐有高有低，这似乎暗示快乐是善的必要条件，但善取决于经验的其他品质，而不是愉快和不愉快。我建议称密尔为准观念功利主义者……

边沁、密尔和摩尔都同意的是行为的正确性仅由结果来判断，结果是由行为引起的事件状态。当然，我们在这里必须小心，不要把"事态"解释得如此广泛，以至于任何伦理学说都变成了功利主义。因为如果我们这样做了，我们就不会说任何提倡功利主义的话。例如，如果我们允许"刚刚遵守承诺的状态"，那么义务论者便会说我们应该遵守承诺仅仅因为它们是承诺，这就是功利主义。我们不希望也会允许这样。

根据我所假设的非认知主义（或主观主义）伦理学，"应该"和"好"这两个词的功能主要是表达赞同，换句话说是赞扬。我们用"应该"来赞扬行动。我们可以用"善"来褒扬各种事物，但这里我关心的是用来褒扬事物状态或行为结果的"善"。假设我们可以确定地知道两种轮替行为A和B的全部结果，并假设A和B的轮替行为是我们唯一可能的、向我们开放的行为。然后在决定我们应该做A还是B时，行为功利主义者会问A的总结果是否优于B的总结果，或者相反，或者（两种）总结果是否相等。也就是说，如果他认为A的总结果比B好，他就会推荐A而不是B。但说"更好"本身就是推荐。

所以行为功利主义者必须做出双重评价或称赞。首先他要评估结果，然后在他对结果的评估的基础上，他必须评估A和B会导致这两组结果的行为。我们很容易忽略第二次评估的必要性，但如果我们提醒自己以下事实，我们就会发现这是必要的。一个非功利主义者，像大卫·罗斯先生这样的哲学家，可能会同意我们对行为A和B产生所有结果的相对优点的评价，但不同意我们关于是否应该做A或B的评价。他可能会同意我们在总结果上的评价，但不同意我们的评估可能的行动。他可能会说，A的总结果比B的总结果好，但做A是不公平的，因为你承诺要做B。

在这项研究中，我主要关注的是第二种评价：行为评价。功利主义者针对的是那些很可能认同他关于什么结果是好结果的观点，但又不认同他关于我们应该做的是产生最佳结果这一原则的人。出于某种原因，在大多数情况下，观念功利主义和享乐功利主义之间的差异通常不会导致在实践中应该做什么方面的严重分歧，这一点马上就会说明。然而，在这一节中，我想谈一谈第一种评价，即对结果的评价，以便澄清根据。这就是边沁、密尔和摩尔的不同之处。让我们来考虑一下密尔的论点："做不满意的苏格拉底，总比做满意的傻子好。"密尔认为快乐不是我们评价结果的唯一标准，苏格拉底的精神状态可能没有傻子的快乐，但密尔认为，苏格拉底会比傻子更快乐。

首先，我们必须注意到，一个纯粹的享乐主义功利主义者，比如边沁，可能会同意密尔的观点，认为不满意的哲学家的经验比满意的傻瓜的经验更有价值。然而，他对哲学家精神状态的偏爱并不是内在的。他会说，不满意的哲学家是社会中有用的主体，而苏格拉底的存在对人类命运的普遍改善负有责任。考虑有两个兄弟，一个人可能性情温顺随和，他可能过着极其满足和无野心的生活，享受着巨大的乐趣。另一个兄弟可能雄心勃勃，可能充分发挥他的才能，可能争取科学上的成功和学术上的荣誉，可能创造某种发明或某种疾病的治疗方法或农业上的改进，使无数性情随和的人过上满足的生活，否则，他们可能会被贫穷、疾病或饥饿所挫败。或者他可能在纯科学方面取得一些进步，这些进步将来会有很好的实际应用。或者，他也可以写诗来慰藉闲暇时光，激发实干家或科学家的头脑，从而间接地促进社会进步。也就是说，诗歌或数学的乐趣可能在某种程度上具有图钉或日光浴所没有的外在价值。虽然诗人或数学家可能会不满意，但社会整体可能会因为他的存在而更满意。

同样，一个喜欢图钉的人最终可能会对它感到厌倦，而一个喜欢诗歌的人可能会终生保持这种兴趣。此外，阅读诗歌可以发展想象力和敏感性，因此，作为对诗歌感兴趣的结果，一个人可能会为别人的幸福做更多的事情，如果他只是玩图钉，会让自己的大脑退化。简而言之，对于直接相关的人和其他人来说，用边沁的话来说，诗歌的乐趣比图钉的乐趣更丰富。

边沁和密尔的问题就讲到这里。那密尔和摩尔之间呢？愉悦的精神状态是否根本没有内在价值，或者甚至是消极的内在价值？是否存在一种愉快的心境，我们对其持有一种不利的态度，即使我们无视它们的后果？为了解决这个问题，让我们设想一个宇宙，它只有一个有知觉存在物，他错误地认为还有其他有知觉存在物，并且他们正在遭受巨大的痛苦。这种想法非但没有使他痛苦，反而使他从想象中的痛苦中得到极大的快乐。这比一个完全没有知觉存在物的宇宙是好还是坏？难道这比一个只有一个人的宇宙更糟糕吗？他的信仰和以前一样，但谁会担心想象中的其他生物的折磨呢？与摩尔的观点不同，我认为，包含受欺骗的施虐狂的宇宙更可取。毕竟他是快乐的，既然没有别的知觉存在物，他又能做什么坏事呢……

我承认，一想到受欺骗的施虐狂，就很难不立即感到厌恶。如果在我们的整个童年，只要我们尝了奶酪就会被电击，那么对我们来说奶酪就会立刻变得很难吃。我们对施虐狂的厌恶自然而然地产生了，因为在我们的世界里，施虐狂总是做坏事。如果我们生活在一个宇宙中，在这个宇宙中，一个施虐狂总是被他自己的恶作剧弄得不知所措，并且总是做很多好事，那么我们应该对施虐狂的心态有更好的倾向……通常，当我们说一件事"坏"时，我们的意思是冷漠地表达对这件事本身的厌恶或对它导致的结果的厌恶。当一种心态有时是外在的好，有时是外在的坏，我们发现很容易区分内在和外在偏好的实例。但是当一种心态总是或几乎总是外在地坏，对我们来说很容易混淆对他的外在和内在的厌恶。如果考虑到这一点，我们认为没有内在的、坏的快乐就不是那么荒谬了。快乐之所以是不好的，只是因为它会对拥有它的人或其他人造成伤害。但是，如果有人不同意我的观点，我也不会很想去争辩。这种关于最终目的的分歧不太可能导致实践中的任何分歧。因为在所有的实际案例中，都有足够的外在原因来憎恨施虐狂和类似的心理状态。对于理性的、合作的道德讨论来说，关于终极目的的大体一致意见通常已经足够了。在实际案例中，关于什么原因产生什么结果的事实分歧的可能性，可能比享乐主义和观念功利主义之间在终极目的上的分歧要重要得多……

三

功利主义者之间的另一种终极分歧，无论是享乐主义的还是观念主义的，都可能产生于我们是否应该试图最大化人类的平均幸福（或他们的心理状态的平均的善），还是我们是否应该试图最大化总的幸福或善。我还没有阐明总体幸福的概念，你可能认为这是一个可疑的概念。但为了目前的目的，我将会说：你会对（a）宇宙中仅仅包含了100万个快乐的知觉存在物，所有人都同样幸福；（b）宇宙中有200万个知觉存在物，每一个都不比第一个宇宙中的任何一个幸福多，也不比它少吗？还是说，作为一个仁慈而富有同情心的人，你会偏爱第二个宇宙吗？我自己也忍不住对第二个宇宙有一种偏爱。但如果有人不这么想，我不知道怎么跟他争论。在总的功利主义框架内，我们仍然还有另一种分歧的可能性。

这种分歧可能具有实际的相关性。这在讨论生育控制的伦理问题时可能很重要。这并不是说看重总体幸福而不是平均幸福的功利主义者，可能没有强有力的理由支持计划生育。但与其他类型的功利主义者相比，他需要更多的论据来说服自己。

在大多数情况下，两种功利主义的不同并不会导致实践上的分歧。因为在大多数情况下，增加总幸福的最有效方法是增加平均幸福，反之亦然。

　　下面我将陈述行为功利主义。纯粹为了简单起见，我将以广义的享乐主义形式提出它。如果所有人都重视精神状态，例如知识不受其愉悦感的影响，他就可以做出适当的口头改变，将其从享乐主义转变为观念功利主义。在这里，我不会在享乐主义和准观念功利主义的问题上选择立场。我将关心"一个人应该做会产生最好结果的事情"中"应该"所表示的评价，而把"最好"一词所表示的评价放在一边。

　　那么，让我们说，执行一个行动A而不是另一个行动B的唯一原因是，执行行动A会让人类（或者，也许是所有知觉存在物）比执行行动B更快乐。在这里，我把这样的考虑放一边，即实际上我们只执行对我们行为的效果有可能的信念，所以我们的理由应该更准确地表述为：执行行动A比执行行动B更可能产生好处……这是一个如此简单和自然的原则，我们可以肯定，我的许多读者至少会倾向于同意。因为，正如我前面所说的，我是在对负有同情心和仁慈的人说话，也就是说，对渴望人类幸福的人说话。既然他们对普遍的幸福抱有一种积极的态度，他们肯定会倾向于服从一种终极的道德原则，而这一原则只不过是表达了这种态度。诚然，这些人作为人，也会有纯粹自私的态度。这些态度要么与一般的幸福和谐一致（在这种情况下，每个人都照顾自己的利益，促进总体幸福的最大化），要么与总体的幸福不和谐，在这种情况下，它们将在很大程度上相互抵消，因此无论如何也不能作为人际讨论的基础。因此，可能有许多富有同情心和仁慈的人，只是在传统、迷信或不健全的哲学推理的压力下，才背离或未能达到功利主义的伦理原则。如果这个假设是正确的，那么至少对这些读者而言，功利主义可能认为没有必要直接捍卫自己的立场，除非以一致的方式陈述它，并表明对它的常见反对意见是站不住脚的。毕竟，它表达了一种终极的态度，而不是一种仅仅将某物作为另一物手段的喜好。当然，除了试图消除可能妨碍清晰道德思考的困惑和怀疑迷信之外，它不能诉诸辩论，而是必须把希望寄托在读者的良好感觉上。如果一个读者不是一个富有同情心和仁慈的人，那么我们当然不能指望他会对人类的幸福抱有终极的积极态度……

让我们记住，功利主义的终极道德原则表达的不是利他主义的情感，而是仁慈的情感，作为行为主体的人并不认为自己比其他人的情感多或少。纯粹的利他主义不能成为普遍道德讨论的基础，因为它可能会导致不同的人采取不同的甚至不相容的行动，即使环境是相同的。当两个人都试图让对方先通过一扇门时，就会出现僵局。利他主义很难被科学的思想所推崇，因而也就难以被普遍的思想所推崇。如果你算在我的计算里，为什么我不应该算在你的计算里呢？为什么我要对自己的计算比你的更关注呢？当然，我们往往更倾向于赞扬和赞扬利他主义，而不是泛泛的善行。这是因为人们经常在自私方面犯错误，所以利他主义的错误是站在正确的一方。如果我们能使一个人尝试做一个利他主义者，他就可能成功地获得普遍的仁爱。

假设我们可以确定地预测行动的未来结果。那么我们就有可能说，行动A未来的总结果是这样的，而行动B未来的总结果是那样的。为了帮助某人决定是做A还是做B，我们可以对他说：设想A的总结果，并仔细和富有想象力地考虑它们。现在，设想B的总结果，并仔细考虑它们。作为一个仁慈的人，把自己看作是其他人中的一个，你更喜欢A的结果还是B的结果？也就是说，我们要求对一个（现在和将来）总体情况与另一个（现在和将来）总体情况进行比较。到目前为止，我们并没有要求对快乐或幸福进行求和或计算。我们只是要求对总体情况进行比较。很明显，我们经常可以做这样的比较，说一种总体情况比另一种更好。例如很少有人会不喜欢在100万人吃得好、穿得好、没有痛苦的总体情况下，做着有趣而愉快的工作，享受着对话、学习、商业、艺术、幽默等等的乐趣的总体成果。对这种总体成果，仅仅只有1万人，或者999999人，再加上一个牙痛、神经质或冷得发抖的人。总的来说，我们可以这样总结，如果我们是人道的、善良的、仁慈的人，我们希望现在和未来尽可能多的人尽可能地获得快乐。有人可能会反对说，我们无法想象未来的总体情况，因为这是无限延伸的。对此，我们可以这样说，它并没有延伸到无限，因为所有的地球上的知觉生命最终将消失，而且在实践中我们通常不需要考虑非常遥远的后果，因此这些后果最终会迅速接近于零，就像扔了一块石头后池塘里最远处的涟漪一样。

但是，一个行动的遥远后果会消失到零吗？假设两个人决定是要孩子还是不要孩子。让我们假设他们决定要这个孩子，并且他们拥有无限延续的幸福后代。遥远的后果似乎并没有减少。如果这些人是亚当和夏娃，那就不可能了。区别将是人类的终结和人类幸福的无限增长，一代又一代。亚当和夏娃的例子表明，在理性的功利主义决策中，"池塘里的涟漪"的假设并非在所有情况下都是必需的。如果我们有理由认为每一代人都会比不快乐的我们有更多的快乐，就不需要（就像亚当和夏娃那样）担心我们的行动的遥远后果将是在细节上是未知的。"池塘里的涟漪"这一假设的必要性来自这样一个事实：我们通常不知道遥远的后果是好是坏。因此，我们无法知道该做什么，除非我们可以假设遥远的后果能留给我们考虑之外。这通常是可以做到的。因此，如果我们考虑两个真正的父母，而不是亚当和夏娃，那么他们就不必担心几千年后的事情。至少，如果我们假设将会有生态力量决定未来世界的人口，那么就不用担心。如果这些父母没有远亲后代，那么其他人可能会比他们拥有更多的后代。没有理由认为我的后代会比你的后代更幸福或更不幸福。我们必须注意，除非我们处理的是"全有或全无"的情况（如亚当和夏娃，或某人处于完全结束人类生命的位置），我们需要某种"池塘里的涟漪"的假设，使功利主义在实践中可行。我不知道如何证明这样一个假设，尽管它似乎很有道理。如果不接受，不仅是功利主义，就连戴维·罗斯先生（Sir David Ross）这样的义务论体系也将受到致命的影响，他至少承认慈善是其他责任中的一种首要责任。

当然，有时候需要多说一些。例如，一项行动可能会让一些人非常高兴，而让其他人保持他们的状态，或者可能稍微不高兴。另一种行动可能会使所有的人比以前更幸福，但没有人会非常幸福。总体而言，哪一种行动方式会让人类更快乐？同样地，一种做法很有可能让每个人都更快乐，而另一种做法让每个人都更快乐的可能性就小得多。第三种情况，一个行为的过程可能会让每个人都像猪一样快乐，而另一种行为可能会以一种高度复杂和智力的方式让少数人快乐。

因此，我们似乎必须权衡幸福最大化与分配公平，以幸福衡量概率，以愉悦衡量智力和其他精神状态的品质。因此，我们难道不需要重新考虑一下幸福的计算吗？我们能不能只说："设想两种总体情况，然后告诉我你更喜欢哪一种？"如果这是可能的，当然就没有必要谈论幸福的总和或计算了。我们所要做的就是把总和情况按优先顺序排列。

我们已经讨论过智力对非智力的快乐和活动问题了，这与现在的问题无关，因为似乎没有理由。为什么观念或准观念功利主义者不能像享乐主义功利主义者一样，使用想象总体情况的方法。这只是设想各种不同的总体情况，延伸到未来，然后说自己更喜欢哪种情况。非享乐主义的功利主义者可能会以不同于享乐主义的功利主义者的方式来评估所有的总体情况，在这种情况下，最终会出现道德上的分歧。这种最终分歧的可能性始终存在，尽管我们已给出理由怀疑它在实践中不会经常导致重大分歧……

多元福利最大化道德体系的观念①

理查德·B.布兰德

一个由多种道德规则组成的、经过适当选择的体系，有可能使福利最大化，从而成为完全理性的人所支持的那种道德体系。本文将探讨这种可能性。

这样的想法并不新奇，这是由主教贝克莱和神学功利主义者所提出的。他们的观点是：上帝希望最大限度地提高有知觉的造物的幸福，并为此目的颁布了一些符合这一目的的法律，并在《圣经》中或通过良心或某种意义上的理性向人类揭示了它们。②这些法律这种神学道德功利主义的类似物已经

---

① 理查德·B.布兰德，《善与权利理论》，牛津大学出版社，1979年，第286-301页，第305页。

② 贝克莱在1712年的《被动服从》或《基督教不反抗最高权利的教义》中对该理论做了一个有趣的陈述，并在自然法则的原则上被证明是正确的

被包括边沁在内的刑法功利改革者设计出来了。他们认为理想的刑法是一个复杂的系统，包括禁令、惩罚和程序，整个系统的运行将使福利最大化。

于是，我们有了这样一个多元道德体系的大致概念。这篇文章将解决一些细节问题。（1）首先，审查道德准则可以有不同的方式，道德准则的各个部分可以改变，以得到一个福利最大化的系统作为一个整体。（2）它将更详细地讨论如何确定一个理想的禁令系统：它们将规范什么，在它们应该在的形成框架的抽象水平上，是否以及如何给这些规则赋予权重，以及如何在应用它们时使用概率估计。它将解释历史上的道德准则如何能够成为指导，并一直服务于"理想"准则的基本规则。所有这些讨论都将为我们提供一个思考的理由，即当下的这样设计的准则实际上会使社会福利最大化。（3）回答一些明显严重的反对意见，并得出结论。

一、多元道德体系的可变特征

（一）内在动机

道德准则最重要的部分是对某些行为本身的基本欲望（厌恶），比如刑法和民法的禁令和警告。对某种行为形式的基本厌恶，在英语中通常会被表达为"这是（表面上看）错误的"。（"对什么有错"一词表示禁令可以被更强烈的证据禁令推翻）这些动机可以在三个方面有所不同：所涉及的行为类型；行为是否令人满意或令人厌恶；以及动机的力量。这里讨论的行为类型不一定是简单的。比如，承诺，表面上看，准则可能要求遵守承诺，但只要求某些类型的承诺，可能并不是在胁迫下做出的，或不是在故意歪曲事实以取得承诺的基础上做出的。这样的例外可能是因为人们感到遵守这些承诺会对社会有害。

并非所有这种逻辑上可行的"义务规则"在因果关系上都可行。显然，基本动机不可能有很多，因为它们必须通过条件作用的过程或一些类似的手段（例如以知名人士为模型）来建立。同样，被禁止或禁止行为的复杂性会受到普通人智力能力的限制。这些规则可能要求的是受限于每个人自身利益的压力，以及几乎每个人必然会发展的具体愿望和厌恶，包括某种程度的仁慈；它们还受到以下事实的限制，即其他欲望都是优先的，基本的道德动机只能通过条件作用才能获得，只能建立在这些愿望之上。

（二）理由

如果这些基本动机在既定情况下发生冲突怎么办？如果基本准则禁止违背诺言和伤害他人，但在既定情况下，只有违背诺言才能避免伤害他人，那该怎么办？一个完整的道德体系将理想地回答这些问题。如何做到这一点？一种可能性是，每种动机的内在力量决定了在每种情况下都有利于更强的一方：所以一个人"应该"做他最有动力（道德上的）去做的事情。这些力量可以被内置，以至于这种方式决定的义务冲突就会像代码构建器所希望的那样出现。举例来说，功利主义者可能会考虑，在某种情况下，违背承诺会给他人带来多大的伤害，以平衡这种损失，然后设定避免这种伤害的动机，以匹配对这种违背承诺的厌恶情绪。（当然，在实践中，我们很难对人们的良心进行足够细致的调整，使它们完全符合我们的要求。）但还有第二种可能：引入一种特殊的道德规则（动机），使其限制于初级规则的冲突，或至少限制于严重的冲突中。

（三）负罪感，对他人的不满和借口

对违反义务规则的内疚或不赞成的反应是道德准则的另一个变量。在某种程度上，这些反应是由基本动机决定的：例如，如果对伤害他人的厌恶是建立在潜在的仁爱基础上，那么一个人在伤害他人时会倾向于感到懊悔，而对伤害他人的人则会持相反的态度。然而，在某些情况下，有负罪感的倾向必须分别吸取教训，并是独立于基本动机的变量。认知的变化也可能带来变化：幼童负罪感的强度似乎往往与其错误行为造成的伤害程度有关；随后，由于受到基于意图、疏忽和错误等观念的歧视，其内疚感（和对他人的相反

的态度）减少了。人们可以通过训练来理解他人的行为，不是根据他所引起的客观变化，而是根据他的意图和动机。显然，内在动机和内疚，或不赞成的感觉之间的关系——我们可以称之为"借口系统"——是可变的，就像在刑法中，被禁止的行为和惩罚之间的关系是可变的。

（四）钦佩、赞美和骄傲

还有另一个变量。至少在盎格鲁—撒克逊的世界里，有些行为在道德上是不被要求的，但其表现会受到赞扬、引起尊重或钦佩，即英雄主义的行为（比如为了救自己的战友而扑向引爆的手榴弹），或者圣洁的行为（比如耐心地、毫无怨言地照顾一个久病难治的亲戚）。虽然赞赏和尊重是对某些情况的天生反应，不是通过条件作用习得的，但这些态度的作用频率和表达方式可以是多种多样的：人们可以被教导去识别一些性格特征，即行为表达通常是罕见的、困难的、对社会有益的，他们可以被教导用赞美的方式来表达赞许的态度。如果人们被教导用赞美来回应这样的行为，那么这种行为就会受到鼓励；人们可能会重视他们所表达的性格特征，形成相应的自我意识，并以这样的行为为荣。

道德准则的这种可变特征可能会让功利主义者感兴趣，因为他可能认为鼓励而不是要求这样的额外行为是有益的。

二、福利最大化道德的内容系统

让我们把注意力集中在道德体系的内在动机、禁令和禁止体系。我将提出一些关于如何识别福利最大化的禁令和禁止指示，这将为我们提供规则将会是什么样的线索。但是，如果没有一个特定的社会环境和一整套摆在我们面前的机构，我们就无法准确地表述它们。

如果我们假设法规不只是直接或间接地产生福利指令，那么它们必须是禁令或禁止行为类型的规则。但是哪一个呢？最迅速的第一步是通过参考我们实际的道德准则、刑法和侵权法等，找到需要监管的行为领域。然后，我们可以决定在这个清单上的哪些实际规范行为，会最大化道德准则禁止的效用，并可能产生附加在我们身上的观念。例如，这样的调查将表明需要道德规范履行契约和承诺，并冒着伤害他人的风险。旧的诡辩手册，或像西季威克的《伦理学方法》这样的专著，包含了至少一些人的良心结构的信息库。这些信息来源不仅提供了哪些行为类型可能需要监管的建议，还会提供关于哪些例外条款可能有用的信息。

理想的规则大概是现有规则的一些不是很遥远的变体。就像政治学家中的"渐进主义者"一样，我们应该通过改进现有规则来构建我们的理想准则。那将如何呢？一方面，一些已经失去功能的药物应该被废弃。目前的道德或法律规则可能不能反映最近的技术或体制变化，但在我们知道这些变化已经发生的地方，应当考虑制定最新的规则，其无疑是类似于一些旧的规则。

规范行为类型的规则应该在什么样的抽象层次上制定？比如说，应该有一条禁止携带左轮手枪的基本规则吗？或者规定禁止有伤害他人的风险就足够了吗？抽象规则的一个好处是增加了适用性——这也许是世界性的。抽象规则也可以很少，这是一种优势，因为基本动机必须通过条件作用来建立。另一方面，抽象规则的条件和例外，以及从它到具体应用的推论，对一般人来说可能过于复杂。一个合理的折中方案是，建议该准则要包含针对常见情况的十分具体的规则，尤其是对许多人来说行为的可预测性是很重要的。对于不太频繁或不太重要的事项，更抽象的规定需要更充分的推论。

这些事实表明，在一个社会中，所教导或强调的道德准则可能会因子群体而有所不同：孩子们可能需要被教育不要在考试中作弊，对金钱要诚实，也许还要有尊重排队的道德；但他们不需要听到和平主义或逃税。医生和律师经常面临特殊而复杂的道德问题，向他们传授关于对病人或委托人义务的特殊规则，或者至少仔细叙述一般道德规则与他们经常遇到的特殊情况之间的联系，可能是有用的。因此，需要制定医疗和法律道德规范。其他各行各业和商人也是如此。我们可以留下这样一个问题：这些针对特殊群体的各种各样的"伦理"，在原则上是否都可以被推演为要传授给整个社会的规则的特殊情况，或者它们是否必须通过直接呼吁福利最大化来证明是合理的。

如果一种道德准则是为了使福利最大化，那么它不仅必须适合于普通人的智力能力，还必须适合于他的自利、冲动等。可能有些规则会使福利最大化，不是因为严格遵守这些规则会使福利最大化，而是因为实际对这些规则的反应并不完美，就像限速55英里/小时与规则一致，但如果交通以60英里/小时行驶，就会获得更多好处。因为驾驶者的思维和习惯是这样的，广告上的限速（在人员和资金允许的情况下执行）为55英里/小时，交通实际上将以接近理想的速度行驶。

一个多元系统的道德原则合并功能，类似于行为功利主义的禁令能预期实现的最大化（与实际比较）功利，那允许行为准则的具体含义对不同行为或多或少可能实现期望结果的这一事实敏感吗？应该也可以。这是应该的，因为如果一个效用最大化的准则是为了防止伤害他人而设计的，那么一个可预期的效用最大化的准则也将以适当的方式禁止承担伤害的风险。应该如此，因为如果这样的准则是为了履行承诺（也许是还书），它应该指示借书人是否必须亲自还书，或者他是否可以将书委托给邮政服务。道德体系可以以一种相当简单的方式包含这种特征。我曾说过，认同一种道德原则本质上是一种内在动机；它源于心理学理论……假设厌恶情绪有一定的强度，那么行为的倾向将是厌恶情绪的强度和行为能够避免厌恶结果的预期程度的乘积函数。因此，如果你有内在的厌恶，无法归还一本书，而把它寄出去会使丢失的可能性高达40%，那么随之而来的邮寄的倾向将比亲自归还的倾向更弱。同样地，如果对伤害他人有一种厌恶，那么避免这种行为的倾向就会比做出一种被认为只会造成很小伤害风险的行为的倾向更强。（如果准则包含允许小风险的"权利"，而行为人避免风险的成本相当大，事情就会变得复杂。在任何情况下，道德规范的适当教学必须包括可能性推理教学。）完成系统的客观原则对上面的考虑十分敏感，需要做的就是设置内在动机的程度要处在一个适当的水平，理想的动机是这样一种动机：即避免具有不同程度风险的行为倾向大约处于福利最大化的水平……

上面关于如何识别福利最大化准则的评论，将为我们提供一个相当好的想法，让我们知道这样的系统会是什么样的。事实上，我们毫无疑问地知道，在这样一个道德体系中，一些相对具体的规则会是什么：保护个人安全的规则，要求履行契约和承诺的规则，等等。我们的讨论确实表明，许多选择是开放的和有争议的；然而，这些选择中的大多数并没有很大的不同，它们通常对应于普通道德思维中的模糊领域，在那里，人们对什么是正确的感到困惑，并希望得到一个明确的原则的指导。然而，没有什么能阻止我们学习更多关于最佳特定规则的知识；哲学家、心理学家和其他社会科学家可以合作确定福利最大化的道德准则是什么。事实上，我们不清楚为什么我们没有在这方面做出更大的努力。

从现在的规则发挥作用开始，并不意味着一个完整的准则只会反映我们长期建立的"直觉"。相反，幸福最大化道德准则的概念可能具有革命性的意义。比如在一个道德准则为禁止种族间通婚的国家，这一点都是显而易见的。此外，很明显，对禁止任何事情的道德准则有一个初步的证据——这可能会很令人惊讶。对于某人想做的事情，允许是有好处的（至少通常是这样）：他会喜欢做这件事，而如果因为良心的原因而被阻止，他会感到沮丧。如果要实施禁令或禁止某件事，必须以限制个人自由、使他们感到内疚、利用社区的教学资源等长期利益提出理由。没有长期利益的证据，任何限制都缺乏理由。

在目前的概念中，是否有一个致命的逻辑缺陷，由两个事实造成的不同的道德体系可能同样有益？这种可能性不仅仅是猜测，因为看起来很像两个非常相似的准则，比如对遵守承诺的义务的重视程度不同，可能不会对福利产生明显不同的影响。或者，不同的制度可能采用不同的办法来裁决相互冲突的规则，或处理规则中没有具体提到的情况；同样，对福利的承诺可能不会有明显的不同。当然，差距似乎越大，对福利产生不同影响的可能性就越大。但假设两种稍有不同的准则承诺的收益大致相同，然后我们说，有些规则构成了福利最大化系统的一部分，但其他规则只构成了替代系统的一部分，其中每一个规则都能同样地产生福利，而且比其他的更好。哪一个会被选择？只要能达成一致——就像遵守交通规则一样——就不会有什么区别。如果两个道德规则在其他方面承诺了同等的利益，那么其中一个已经成为"传统"的事实应该使天平向有利于它的方向倾斜。然而，在达成这样的协议之前，对于哪条规则会得到理性的人支持的问题，将不会有明确的正确答案。每个道德商议者可能会给出不同的答案，但我们已经学会了容忍不同的人，并按照不同的道德准则体系认真行事。在这种情况下，没有人会因为在各种选择中坚持自己偏爱的道德体系而受到批评。

关于"理想"准则的内容，一个自然的错误是，假定理性的人会支持单一原则的准则，毕竟，像行为功利主义只有一个原则："做道德准则要求的任何事，它的准则会使福利最大化，它的流行术语通常是福利最大化"，这就是理性的人所支持的全部道德准则吗？这个问题的答案是："不，理性的人不会支持只有单一原则的准则。"如果我们试着把它描绘出来，就会明白为什么不。假设这是真的，道德准则的通行说法最大化的福利就仅仅只是单一原则的准则。那么我们应该教导的是："无论如何要做道德准则所要求的事""做道德准则所要求的事……"以此无穷类推。换句话说："遵循原则，也就是去遵循原则……"要么存在其他一些特定的规则，使福利最大化，要么没有。如果没有，这一原则就变成了"永久的结巴"。正如C.I.刘易斯所说的那样，如果有，那么它就是理性的人想要传授的一套原则，就是福利最大化的道德准则。

这里所设想的流行的多元道德准则，可以通过成本效益分析来显示，以产生更多的效益，正如总成本效益分析所显示的那样，比任何一种原则的准则……一个由多个规则组成的系统，特别是为社会中重要和频繁的情况而建立的规则，避免了其他理论的主要困难。当个人决定做什么是正确的事情时，通常情况下，他们不需要进行难以捉摸的计算，这些计算诱使他们做出有利于他们想做的事情的决定。关于信守承诺的原则以及例外情况的规则，是内置的。个人不需要考虑在这种情况下违背诺言是否会带来更多的好处——因为他不需要，其他个体可以可靠地预测一个有道德的人会做什么。此外，他们无须担心他人道德思考的结果：他们个人会感到安全，对承诺行为的发生感到安全。进一步说，行为人也受益于他的能力，在任何时候都知道他的角色，要么是先前的行为，要么是他帮助有迫切需要的人的一般义务，会使他在任何既定的时刻都处于义务之下。他知道可以不履行没有的义务，只要他不冒险伤害或给他人造成不便，他可以自由地做他想做的事。在大部分时间里，他可以安静地做自己的事情。他可以为我们做很多好事，甚至是英雄和神圣的事情，如果他做了这些事情，他就会受到别人的赞赏甚至爱戴；但他没有义务这样做。

显然，我们有充分的理由认为，总体而言，在一个社会中使用一种精心挑选的多元规则，将比历史上倡导的任何一种单一原则的准则产生多得多的福利或幸福。

我们有这样一个概念，即在特定社会中存在福利最大化的道德准则。我们并不知道其禁令和禁止规则确切会怎样，但我们有一些指导原则可以确定、可以推测，不同学科之间的合作将非常接近于理想准则，即可以确定完全理性的人会支持和教导的准则，而不是单一原则的准则。

三、功利主义的多元理想准则的悖论

批评功利主义的哲学家通常对上述"规则功利主义"的概念不太满意，对社会行为功利主义准则的概念不太满意……然而，许多人对目前的概念持批评态度；而且一些反对意见已经足够广泛，似乎有必要加以考虑。反对意见大致如下：（a）类似上述的准则很难使福利最大化，因此，一个信奉功利主义的人如果支持它，就会挫败自己的目的；（b）在某些情况下，即使是在我们的实际社会中，许多人也只可能对社会有害；（c）遵守这样的准则必然会导致重大的不公平。让我们来看看其中的原因。

（a）第一个论证是一个抽象的先验论证。它强烈主张，如果准则建议行为不同于行为功利主义——他们必须是不同的，否则该理论就失去了所有的声誉——它一定是在告诉人们做一些不同于产生最好结果的事情，这是行为功利主义准则所建议的。因此，遵循它必然导致产出低于最佳水平。其他人也提出了大致相同的观点，他们说，规则实用主义者必须是规则崇拜者，因为他们提倡遵循一个规则，即使这样做不能达到最大化的利益……然而，这些观点建立在一种混乱之上。因为有行为功利主义准则就是有动机（基本动机）去做自己认为会有最好结果的事情，因此，假设行为人不是无所不知的，一个人被激励去做某事，根本不是去做会产生最好结果的事情。然而，致力于理想准则的人有动机（基本动机）去做他们认为会遵守承诺、避免造成伤害的事情，并且做他们被激励去做、愿意去做、长期做会产生最好结果的事情，即使有些行为不会如此。非全知的人行动起来遵守他们的承诺（某些类型的），实际上会比那些直接以福利最大化为目标的人能成功地创造更多的福利。因此，这条推理的第一条线可能会被驳回。

（b）第二种论点开始时承认，每个人遵守理想准则的建议，至少在正常情况下能使福利最大化。粗略地说，"理想的"准则是带着这个目的挑选的，所以它的成功并不令人惊讶。但假设在某一社会中，一种通用准则将使福利最大化；这并不代表，不管其他人在做什么，有些人按照它行事就会实现福利最大化。举个例子：在一个社会中，街头暴力司空见惯，每个人都携带武器，而使用武器的能力是安全的唯一保证。在这个社会中，普遍遵守"不携带武器"的规则会使利益最大化，但对于一个人来说，遵守这个规则只会危及生命。

这一论点依赖于关于最佳规则是什么样的这个过于简单的概念。有两点需要说明。（1）第一个是，上述不幸的行为可能被一个表面具有强制性的规则所要求，但通常总是会有其他规则。其中一条很可能是："用有效的手段保护你自己和你的妻子、孩子免受无理的暴力攻击。"这两种规则都只有表面上的强制，但在理想的准则中，第二种可能比第一种更严格。如果是这样，那么，如果一个人不能在遵守第一条规则的同时履行第二项义务，他就在道义上有义务违反禁止携带武器的规定。（2）但是，无论如何，不加限制地禁止携带武器几乎不可能成为该社会福利最大化的一个初步规则。我们必须记住，要以某种方式制定一种理想的道德准则，以最理想的方式处理实际将出现的问题，从而解决许多人要携带致命武器上街的事实。（即使"规则"是没有人携带武器，我们也应该期待一些武器出现在街上，因为即使规则是"流行的"，在某种程度上是最被广泛接受的，但总会有一些人出于自身利益而不接受它。我们必须记住，对一个人来说，遵守一种准则只是为了激励他朝着适当的方向前进，而不一定总是遵循它。）我们回想一下，为什么理想规范的构建应该从实际规范开始，原因之一是实际规范会引起人们对需要监管的情况的关注。显然，最优道德准则要避免的一件事就是：道德高尚的人成为无良之人或道德软弱者的猎物。这对潜在的罪犯来说是一种威慑，当他们攻击一个有道德的人时，不确定他是没有防御能力的。综合考虑，什么样的道德规则会使福利最大化？显然还有另一条规则，比如："如果不携带武器不会带来重大的个人风险，就不要携带武器；如果有重大的个人风险，你可以携带武器，但只用于自我保护，与此同时，你应该努力争取合作，减少街头暴力。这一通用规则实际上具有无限禁止的所有好处，并带来了额外的好处，因为它为意外事件提供了预期。

这个例子展示了一个理想的道德规则不允许出现的灾难（1）源于那些不接受规则的人的行为，或（2）源于那些原本接受规则，但由于更强的相反动机而未能遵守规则的人的行为，或（3）源于其他可预测或可能的情况。当然，理想的准则可能会提出一些有风险的要求；如果行为符合某一标准是福利最大化，那么最好的做法可能是教授一套规范，允许存在有一定的伤害风险，以便社会能够向理想行为上升……

于是，我们有了一个多元道德体系的概念——基本动机、理由、借口规则等等——一个特定社会的绝大多数成年人对这个体系的认同将比对任何其他道德体系的认同带来更多的福利。我们不仅有这样一个系统的想法，我们还知道它的一些主要特征是什么，原则上我们也知道如何继续寻找所需的精确细节。在前面的部分中，我曾说过，如果我们真的理解这样一个系统的细节，我们就会发现，在这个以福利最大化为流行标准的社会中，只有少数人会认可要总是在做能产生尽可能多好处的事情。

我曾说过，完全理性的人会在他们希望生活的社会中支持这样一种道德体系。但我们必须注意到，事实上，可能没有人生活在一个道德规范完全理想的社会中。如果这样的准则在一个特定的社会中是现行的，那么理想动机等就会被纳入其中。结果，如果一个人在社会中出现了实际问题，他大概只需要遵循良心（他与生俱来的道德动机，与他对自己处境的理性分析相对应），也许还需要对道德准则的福利最大化目的进行背景解释，以便做正确的事情。

最后，让我们看一个实际的行为人会合理做出的选择，如果他相信上面所支持的关于他有义务做什么的一般性描述（比如，一个福利最大化的系统会要求什么），但又不确定这个系统对他所处的情况的确切要求。经过仔细的思考，他认为这样的系统会要求他做某某事。例如，假设一个行为人认为福利最大化系统会要求人们把自己带入某种处境并信守承诺，在他看来，正当的道德原则要求他信守承诺。在这种情况下，鉴于"道德义务"的拟议规则，他毫无资格地断言："我在道义上有义务遵守我的承诺。"但是，如果他希望非常谨慎，他可能会说"我不可能真的有义务遵守我的承诺，但就我所看，据我所知，尽我所想，我已经通过了，我尽到了义务。"他可以确定地说这一点，即使事实上他对自我最大化的道德准则的原则要求是错误的。而且，如果他遵循自己的道德结论，那么他做了客观上是错误的事情，在道德上是无法受到谴责的（除非在他的整个推理中存在一些道德上应受谴责的错误）；如果他不遵循，他就应该受到道德上的谴责，即使他所做的是客观正确的。他行为的道德判定也不会因为这样的事实而改变，即他所处的社会中的大多数人都不会同意他的结论，如果他未能遵守诺言，他们也不会反对。

第十二章　角色道德和职业伦理学

任何一个明星云集的运动队最常见的问题之一是，其"明星"的表现都是为了提升自己的声誉，而不是为了球队的最佳利益。在篮球比赛中，球员的命中率太低了。在棒球比赛中，当合适的击球方式是使用突然短打上垒时，一名强击手就会跑向围栏。因此，冠军球队往往不是拥有最佳个人球员的球队。更确切地说，是团队发挥了最好的作用。由于团队成员的表现是为了团队的利益，在重要的意义上，团队大于其各部分的总和。

运动生活的这一事实并非没有其伦理意义。甚至由于非功利主义者都同意公共利益是做出伦理选择时的一个考虑因素，非功利主义者和功利主义者都面临着激励个人为公共利益行事的问题。换句话说，功利主义者和非功利主义者都有类似于面对体育团队教练的问题。功利主义道德理论家的传统策略是人性中存在利他或仁慈的倾向。休谟认为，人们确实区分了利己主义和利他主义，并经常以利他主义为理由为自己的行为辩护。休谟认为，对语言的分析揭示了利己主义的"主观"主张与利他主义的"客观"主张之间的区别。解释这一语言学事实的一种方法是认为人类能够与他们的伙伴产生同理心。当不幸降临到别人身上时，我们是同情的，作为结果，我们试图帮助他们，我们利他的行为。一些功利主义者相信，同情的性格是人类行为中常见和自然的成分。其他功利主义者则较为悲观，他们认为这种富有同情心的性格需要相当仔细和持续的培养。

然而，无论是教练还是伦理理论家，都不需要完全依靠人类的同情心或利他主义作为团队精神或行为的动力，以支持公共的善。另一种方法是简单地指出，最大的个人成功与团队的成功绑在一起（个人利益的实现依赖于公众利益的实现）。自由主义传统中对传统伦理学的一种常见批评是过分强调个人。大多数英美伦理理论的出发点都是个人，伦理理论的充分性取决于它对个人利益和个人权利的容纳能力。但是，在社会环境之外的个人的概念难道不是一个纯粹的抽象概念吗？F.布拉德利认为，所有的个体都存在于一个社会环境中。没有这种环境，个体就无法生存，或者至少，他们无法成长和发展。作为一个个体，你是什么样的人取决于你在社会中的地位。你是家庭成员，是员工，是同事，也是朋友。从非常真实的意义上讲，这些关系使你成为你自己。脱离一切社会关系的个人是一个抽象的实体。因此，很容易得出捍卫个人的善与社会的善息息相关的观点。教练不断地指出一群球员和一个团队的输赢的关系是一个有效的哲学观点。

但是我们愿意在多大程度上承担集体责任？W.H.沃尔什在这篇具有挑衅性的文章的开头举了大量的例子，与第三章相反，在这些例子中，我们可以轻松地应用道德概念，而在这些概念中，谈论个人责任毫无意义。我们要么以祖先为荣，要么以祖先为耻。父母的行为会影响孩子，反之亦然。我们对待美国印第安人的方式和奴隶制的存在让我们感到羞耻，许多美国白人，即使他们对内战前发生的事情没有任何责任，也觉得有义务赔偿美国印第安人和美国黑人。

沃尔什承认，我们正在进行的这类伦理分析可以用来表明基于这些情感和行为是非理性的。毕竟，伦理理论的任务之一就是改进我们的伦理选择。然而，在这种情况下，沃尔什认为这样的举动是错误的。这样的举动是基于这样的原则："一个人只对他自己做过或可能自己做过的事情负责。"但沃尔什认为，原则并不总是适用于伦理选择的正确原则。他还认为，当代英国人在某种程度上承担了他们祖先对待苏格兰人的责任（替代当代美国人在某种程度上承担了他们祖先对待印第安人的责任）。

个体之所以是个体，是因为他们所处的社会地位，这种认识有助于我们理解忠诚的概念。忠诚在这一代人中没有得到多少青睐，这个概念也没有得到当代哲学家的关注。这种冷漠和忽视不是没有道理的。几乎所有参与水门事件的人都表示，他们参与的原因是对总统和他的项目的忠诚。除了水门事件，他们在忠诚的名义下做了很多坏事。但是忠诚应该被淡化还是应该被放弃呢？如果美国哲学家乔赛亚·罗伊斯还活着，他会响亮地回答"不"。他认为，忠诚不仅是一种德性，而且是做出伦理选择的核心概念。事实上，罗伊斯认为"所有普通的德性，只要它们确实可靠和有效，都是对忠诚的特殊忠诚"。罗伊斯并非不知道，许多罪恶都是在忠诚的名义下发生的，他需要说明，是什么将忠诚的道德实践与滥用忠诚区分开来。首先，罗伊斯接受并支持布拉德利的观点，即认为不存在抽象的个体，人类是通过无数的关系联结在一起的，从一个重要的意义上说，这些关系构成了我们是谁。这种人与人之间的相互关系是忠诚的基础。然而，过了一定的年龄，我们拥有什么样的关系或者我们拥有的关系的性质都是一个负责任的自主选择。真正的忠诚是对自由选择的事业的忠诚。这种态度与我们在第三章所学到的是一致的。但是我们如何区分好和坏的原因呢？罗伊斯似乎用了两个标准来区分。第一，对坏事的忠诚最终会导致对忠诚的削弱。就整体的忠诚而言，对坏事的忠诚是弄巧成拙的。第二，真正的忠诚是对人性的忠诚，坏的忠诚导致摧毁人性，但在道德上可接受意义上的忠诚总是对人性的支持。罗伊斯的第一个论点使用了与康德类似的策略。罗伊斯的第二个论点建立在人的无条件价值的基础上，因此这个论点也与康德有相似之处。罗伊斯的两个论点的道德口号都是"忠于忠诚"。但是罗伊斯论证的细节呢？罗伊斯的策略是认为所有的道德义务和德性都代表着忠诚，因为这些义务和德性支持着尊重人类终极尊严的决定和行为。如果我们同意论证中的这一点，我们就可以看到，对坏事的忠诚最终会弄巧成拙。一个不好的原因是削弱或不符合我们的责任和德性的实践。因此，人们可以求助于康德或麦金太尔提出的考虑意见，来建立这种不一致性。

罗伊斯不是绕圈了吗？他不是通过"忠诚于忠诚"来回答"什么是伦理选择"这个问题吗，他不是通过"遵循伦理选择所要求的约束条件"来回答

"什么是忠诚于忠诚"这个问题吗？在这一章中，罗伊斯的选段给人的印象是，罗伊斯在绕圈争论。然而，只要道德选择不仅仅是忠诚，这个循环就被打破了。忠诚是做出伦理选择的一个因素，但仅仅是一个因素。忠诚是被道德利用还是被道德滥用，取决于忠诚选择与伦理选择的其他要素是否一致。

如果罗伊斯是这样理解的，而不是循环式的推理，那么他提供了一个关键的测试，不仅可以评估忠诚的视野，还可以评估我们根据自己在社会中所处的位置或角色所做出的任何决定。为了理解这一点，让我们来追溯布拉德利的观点的含义：在大多数情况下，个人之所以是个人，是因为他们所扮演的角色。如果我们的社会地位如此重要，那么我们做出的大多数伦理选择都是在一个角色的背景下做出的，而这个角色承载着适当行为的规范。让我举例说明，瓦匠和好瓦匠是有区别的。仅仅因为某人是瓦匠联盟的成员，一个不满的房主就不会自相矛盾地说："我不在乎琼斯是否有工会卡，他不是砖瓦工人。"这种区别不应该让学生感到神秘。所有的学生都知道他们的学院或大学认证为教师的教授，但在学生看来，他们根本不是教师。顺便说一下，我们的教授对学生也同样适用这一区别。

因为我们的许多决定都是根据我们所扮演的角色做出的，因为角色带有良好表现的准则，所以你就可以理解为什么布拉德利将道德描述为"我的地位和它的职责"。确实，布拉德利把自己的地位描述为："没有什么比我的地位和职责更好的了，也没有什么比我更真实美丽的了。"

但每个社会地位或角色都有道德要求——如果只是对良好表现的要求的话。一份完整而准确的工作描述的优点之一是它为员工提供了良好表现的具体标准。在没有完整准确的工作描述的情况下，员工不知道他们应该做什么，他们可能会因为与工作表现无关的原因被解雇，即使他们可能会以工作表现不佳为借口。与"地位即责任"伦理相关的一个问题是，地位的责任通常既不明确也不清晰。

原则上，任何工作的道德要求都是明确而清晰的。然而，实现这一目标不会结束我们的困难。因为我们拥有如此多的角色，承担了如此多的义务，因此角色之间就有巨大的冲突机会。角色本身也会产生一些冲突。例如，员工在他们的角色中经常有冲突。管理鼓励最佳的生产力，从这个角度来看，最好的员工就是最有生产能力的员工。然而，同事们几乎从来没有对这位格外高效的员工给予过多的赞扬。从事暑期工作的大学生往往会艰难地发现这一事实。一个远远超过平均水平的人是一个严重的威胁，因为人们担心管理层会怀疑为什么其他人不能生产同样多的产品。

第二，角色之间存在冲突。例如，一个人的工作职责与他的家庭、教会、朋友和国家之间会发生冲突。由工作职责引起的冲突尤其严重。直到最近，许多公司每隔一到两年就会把年轻的高管从一个地方调到另一个地方——这往往会让配偶和孩子付出巨大的情感代价。一些公司对员工在非工作时间从事的活动进行了限制。这些限制既可以适用于政治活动，也可以适用于社会活动。

但第三种冲突涉及角色的道德要求和整个社会的道德要求之间的冲突。这种类型的冲突是理查德·T.德·乔治讨论平托车案的焦点。福特的工程师们是否在道德上有过失，是由他们没有揭发或者没有以其他方式反对关于福特平托汽车油箱外壳位置的决定？德·乔治提出了几个理由，认为他们对这一决定不负责任。工程师们确实指出，花6.65美元改装一下会让汽车更安全。但他们的责任还能进一步吗？德·乔治提出了三条标准，在道德上允许工程师在这种情况下检举安全问题，他提出了五条标准在道德上要求工程师在这种情况下公开事件。然后，德·乔治根据这些标准分析了平托车的案例。

在我们与角色相关的义务之间或者角色的要求与传统道德的要求之间存在冲突的情况下，我们能得出什么样的普遍结论呢？首先，布莱德利正确地指出，我们在生活中的地位带来了道德责任，罗伊斯强调我们有义务忠于与我们有关系的人，这是正确的。然而，忠诚的义务可以被更高的义务所取代。由于忠诚的义务是一种道德义务，它只能被另一种道德义务所取代；私利或个人利益是不行的。此外，如果我们要对社会制度负有真正的道德义务，就必须符合正义的要求。这就是罗尔斯在第十章提出的观点的意义所在。最终，社会制度及其相关责任必须符合一般道德原则。"我只是奉命行事"作为一个借口是有限的。

尽管如此，德·乔治还是正确地指出，遵循更高的道德原则，甚至遵循一般的社会道德原则，都会给个人带来巨大的个人成本。我们不能期望个人成为道德英雄。有时"我只是奉命行事"是一个合法的借口。通常，当角色的要求和社会道德的要求之间存在冲突时，道德上适当的反应是使制度与社会道德保持一致。

骄傲、羞耻和责任[①]

W.H.沃尔什

我先把一些熟悉的事实复述一遍。有些时候，我们会因为那些完全不是我们个人所为的事情感到骄傲或羞耻。对许多人来说，国家和家庭的命运不仅是一种生动和持续兴趣的对象，而且是他们发现自己与之密切相关的事情。他们对这些事务的关注也不仅限于当前：他们祖先的活动和名声几乎与他们同时代的人的活动和名声一样密切地与他们相关；他们对针对祖先和前辈的批评很敏感，就像他们对那些与自己的生活直接相关的人的批评一样。相反，当人们说到他们既不认识也不可能认识的同胞和亲戚的好话时，他们会感到高兴。无论理由是什么，他们对过去有一种归属感，就此而言，是对比自己更重要的统一性的归属感；如上所述，统一最容易通过家庭和国家得到说明，但也可以包括许多不同种类的实体，如政治运动、教育组织、教会甚至是像白人这样不太可能的群体。由于这种归属感，他们觉得自己在某种程度上不仅要对自己的所作所为负责，对他们所拥有或可能影响的人（他们的子女、同代的人）的行为和疏忽负责，而且要对同一群体成员过去的行

---

① W.H.沃尔什，《骄傲、耻辱与责任》，载于《哲学季刊》，第20卷，第78号，1970年1月。

为、成就，尤其是失败负责。很少有苏格兰人在回想起班诺克本战役时不感到自豪和满足，甚至像我这样的英国人，在想到他们国家过去历史上的某些片段时，也会承认有一种不安，甚至内疚的感觉，因为从事情的本质上讲，这些事件与他们没有个人联系。

在强调我到目前为止所说的只是简单的事实时，我当然不应该否认事实中有各种各样的地方差异。E.M.福斯特曾说过一句著名的话：如果要他在朋友和国家之间做出选择，他希望自己有勇气选择朋友。对于许多人来说，个体与国家之间的联系是脆弱的，尽管在这种情况下，人们想知道为什么他们觉得揭露和纠正自己国家的错误如此重要。但是，我们不必考虑特殊情况就可以认识到，我所说的归属感在人与人、年龄和群体之间存在巨大差异。在战争时期，正如布拉德运用他的修辞方式所说，"一个国家的心高高升起，在她的每一个公民的心中跳动"；在和平时期，特别是长期和平时期，情况可能会非常不同，尽管这并不意味着在这种情况下会失去各种集体团结。同样，外部环境显然深刻影响形势。像犹太人或法裔加拿大人这样的群体，如果感到自己作为一个独立单位存续受到了他人的威胁，自然会对批评做出强烈反应，包括对其前成员的行为的批评做出强烈反应；一个像英国人这样从未面对过那种挑战，多年来一直享有不受限制的自我表达的群体，其民族认同感会大大降低，因此对这种压力也就不那么敏感。然而，如果声称英国人已经完全摆脱了他们的过去，那肯定是鲁莽的。住在国外的英国人当然是不被允许这样做的。

我现在关心的不是这种情况的细节，而是它的整体面貌。我认为这是一个事实，有一些人会转变成另一种类型的例子，他们或为卑微的出身感到羞耻或为杰出的关系感到自豪，无论这是一个家庭关系还是更广泛的关系问题。我都将这种情况作为一个事实，我所说的归属感是一种完全真实的东西，不管它在具体情况下可能有多大的不同；这就是说，如果我没有弄错的话，在有些情况下，人们认为自己要对那些他们自己没有做过的事情负责。如果"可回答的"一词在这里有争议，理由是它意味着正式接受责任，而没有直接的证据，我可以指出一些情况，但仍然可以使用它，例如，在所描述的情况下，男人清楚地看到对他们祖先的批评在某种程度上反映了他们自己。但在这一点上，我不会试图更仔细或更准确地描述事实。相反，我想转向一个问题，作为哲学家，我们应该如何看待他们。

也许现在处理我所提到的事实的最普遍的方式是承认它们的存在，但争辩说它们源于误解。让我们同意（我们被告知这种思维方式）有些人对他们的父母感到羞耻，或者对过去同胞的行为感到不安。事实仍然是，无论是一种情况还是另一种情况，都没有任何理由让他们采取这一立场。只有当那些表现出骄傲、羞耻和负责的人因为自己的努力或自己的疏忽产生了某些事情时，他们才会适当地受到质疑；为了使这些术语能够被广泛使用，其所属的人必须在相关事务中处于主体的地位。但显然，在他们自己的观念中，没有人扮演主体的角色；没有人能选择自己的父母，所以没有人会为自己的出生感到自豪或有任何理由为此感到羞耻。如果我父亲在我出生前，或者在我童年时犯下了什么特别可恶的罪行，那我就会感到遗憾，或者痛苦，但不会感到羞耻。既然在上述情况下，我显然无法做任何事来改变我父亲的行为，我显然不可能以任何方式对此负责。在这种情况下成立的，在另一种情况下也同样成立，尽管关于这个主题的普遍误解在这里可能更普遍。无论过去英国人对不作为的苏格兰人、不幸的美国殖民者或毫无防御能力的爱尔兰人做了什么错事，都与我作为当今的英国人无关。我没有做过这些事，所以不能要求我为这些事负责。如果爱尔兰人和苏格兰人不这么想——如果他们坚持认为我的祖先的行为也与我有关——他们就会暴露出自己是最基本的哲学困惑的对象……

我们有什么理由不接受这种考虑呢？有两方面的考虑使我犹豫是否接受它。首先，很明显，我们只有在这样的情况下，我们准备告诉普通人，他们严重滥用语言是有罪的，而我们必须假定这是一种相对熟悉的情况；他们对整个问题的看法是混乱的。在涉及复杂的技术问题时，我原则上看不出普通人有理由不因思维混乱而感到内疚，但把目前的问题描述为技术问题几乎是不合理的。在这种情况下，至少可以要求对问题进行更仔细、更详细的描述，以便找出所假定的情况，以便弄清楚在哪些方面普通人可以说是在提出毫无根据的主张。但我有第二个、也是更严肃的理由来拒绝，或至少怀疑上述说法。它所涉及的论点基于这样一个原则：一个人只对他自己已经做过或可能已经做过的事情负责。这里假定，在将我作为个人所做的事情与我有联系的其他人所做或已经做过的事情区分开来时，没有任何困难。换句话说，这个命题建立在关于思想和行动中的个人本质的某一教条之上：它认为个体在一个重要的方面是独立的、自给自足的。尽管这一学说在今天已被广泛接受（例如，在当前许多关于道德选择和决定的讨论中），但我既不相信它的含义已经被阐明，也不相信它们如果被阐明，能够经得起批判的审视。

现在我将努力发展和捍卫这两种思路。为了处理第一个问题，想象一系列的对话是有用的。（A）一个人严肃地对我说："成吉思汗的事业是可悲的"，我相当不安地同意。他接着说："这是我们都应该感到羞愧的事情。"现在我该说什么呢？我可能会认为他是在提醒我，我们两人与成吉思汗有着共同的人性，并敦促后者的野蛮行径也牵连到我们。但同样明智的是，我可以停止对话，因为我的对话者根本不知道他在说什么，毕竟，成吉思汗与我或他有什么关系？（B）我遇到另一个麻烦的同伴，他意味深长地对我说："看看雅典人在米洛斯所做的；你必须承认这反映了你的性格。"从什么方面说它反映了我呢？嗯，我们都知道，五世纪的雅典人是自由主义的伟大英雄之一，而我（让我们假设）是一个热情而著名的自由主义者。我的同伴在这里试图用联想来给我定罪，问题是我能否在不放弃我所献身的事业的情况下否认联想。如果我能证明，认为雅典人只关心自己以外的其他人的自由是错误的，我也许会这么做。然而，在上述情况下，我必须承认这句话是有道理的：我在这种情况下会感到不舒服，因为我不能否认，我认为属于我的事业的声誉正处于危险之中。事情当然会完全不同的，如果我是，例如，弗朗哥将军；然后我可以说，在情况（A）中，雅典人与我无关。

（C）苏格兰的问题再次被讨论，作为唯一在场的英国人，我要为我同胞的罪行承担责任。一开始，人们谈论的都是"白厅"的歧视，以及政府在今天的苏格兰没有合理分配公共资金；后来，我们从现在回到过去，许多古老的错误被提起来，扔到我的脸上。例如，据说英格兰人在达连计划上可耻地虐待苏格兰人。我一定要蒙羞吗？当然，如果我假装自己的祖先是爱尔兰人，并承认自己根本不是真正的英国人，我就可以摆脱这种困境。但如果我想坚持做一个英国人，我能把自己和过去英国人的活动完全分开吗？无论我想说什么，很明显，我的批评者几乎不允许我这么做。

我举这三个例子的目的是提供一系列不同的案例，以表明普通人在这些问题上可能并不像一些哲学家所认为的那样天真。"与我无关"的辩护到处遭到驳斥，这是不真实的。如果我背负着成吉思汗那样的性格，我很可能会提起它，而且很可能没有人会进一步强调这一点。如果有人对我提起雅典人的罪行，我就可以再次为自己辩护，不过我是否能在任何情况下都这么做还远不清楚。最后，当我作为一个英国人被要求为我的祖先所做的事承担一份责任时，我必须要么表明他们没有做任何丢脸的事，要么承认我也有一部分丢脸。事实上，我与他们有着特殊的关系，与他们一起属于一个更广泛的群体，这个群体涵盖了不止一代人，它过去和现在的命运，反映了所有属于这个单位的人。

但是，这个明显神秘的教义是如何被证明的呢？要了解它的必要性，我们必须回到一两页前提出的批评。

根据大多数当代思想家的观点，骄傲、羞耻和责任只在一个人自己的行为中才有意义。我们的假设是，在实际或理论上，确定一个人的表面行为中哪些是他自己的，都没有困难。检验方法很简单：我们只需要问这个行为（或不作为）是否出自他的意志。那些我心甘情愿，或至少不是不情愿的行为是我的；这些行为是我自己选择或决定做的，或者也许不会否认，如果后来有人把它们归咎于我。很明显，负责行为的概念并不像一开始看起来那么清晰；一个人在行动中表达自己的情况需要仔细调查。然而，我的目的不是在这里探讨这个问题，而是转向与此相关的问题，即他在这些场合应该表达的自我的本质。

道德哲学家常常把人类的所有行为都写在一个层面上，即私人关系的层面上。当然，我不否认我们确实是在这个层次上采取行动，而且我们在那里的行动往往是重要的，尤其是对我们自己。然而，我怀疑，即使在这个层次上，我们也倾向于夸大我们所做的事情，认为完全是我们个人凭自己的能力所做出的。以选择妻子或丈夫为例，我们都知道，在有些社会中，婚姻不是个人选择的问题，我们大多数人都很高兴我们不是生活在这样的社会中。然而，在我们的社会中，一个人在做出这个至关重要的决定时，除了他自己，什么都不考虑，这种说法有多正确呢？有多少人的思想没有被别人那里默认的态度所影响？我在这里并不是说一个人对这个问题的思考必须简单地反映他所在的特定群体或社会阶层对配偶品质的偏好；显然，人们有时确实会对这些错误的做法表示反对，即使不是整体的，也是部分的。然而，关键是，当一个人以这种方式反抗他的社会背景，可能是他所在的部分有不同的信仰原则，被不同群体实行，除了他想要抛弃的那些"传统"，他不再有自己的独特风格。一个人如果在这个问题上把所有不相干的想法都抛到脑后，独自选择，很可能会得到非常奇特的结果。

这还不是全部。我用两个人同意结婚的情况作为一个私人行为的例子，试图表明其中涉及的不仅仅是他们个人的决定。但是，如果在我们的社会中，A是否要嫁给B在理想上仅仅是他们两个人的事情，那么这个决定同样不是一个纯粹私人的行为。这是因为婚姻本身是一种社会制度，是个人继承结构的一部分，除非以微小的方式，否则无权改变。如果我请求某个人做我的妻子，而她同意了，我们可能会承担比我们所期望的更多的责任，不仅仅是因为生活充满了惊喜，还因为该制度很可能存在我们从未考虑过的复杂情况。一旦我们采取了第一步，我们就会受到制度规则的约束，其中的一些法律规则，令一切成为社会规则，强制的规则，无论我们是否已经充分意识到它们是什么：当然，虽然这些规则都是人为的，但他们并不源于单一个体的选择。一个有权势的人也许会对它们进行修正，就像一个有权有势的人可以开创新设计一样。但在每一种情况下，他是否成功并不仅仅取决于他自己：在公认的行为方式被得以改变之前，其他人必须遵守。

如果这一论点是正确的，那么即使那些通常被认为是严格私人行为的某些方面也不能归因于纯粹的个人选择。毫无疑问，这些人有最后的决定权，但他们的选择绝不是在他们自己造成的情况下进行的，他们的选择使他们的行为和态度从别人那里继承而来，而不是为自己设计的。你不能不承担婚姻的义务就结婚，无论你多么不考虑这些义务，无论你发现这些义务后多么想要否认它们。同样，你结婚时也不能不牵涉到另一个家族的命运，从现在起，这个家族的名声就会像影响其他家族成员一样，影响到你。毫无疑问，我们大多数人都希望根据自己的条件来制定契约，但在这个特殊的契约中，就像其他大多数契约一样，条款往往是为我们而定的，而不是我们的个人意愿。坚持选择最终是我们自己的这一事实，就是将注意力引向形势的形式，而不是其中心。因为，毕竟作为个人我们没有能力显著改变这个制度；如果我们参与进来，我们就会把它作为一个将要关心的问题。

当然，关于这一点我意识到还有很多话要说，但必须推迟对它的进一步审议，并简单地看一看不同范围的情况。我以两个人决定结婚的例子来说明，在我们的社会中，什么被认为是个人的事情。但是，当然，有许多行为不是我们作为个体而进行的，而是在某种程度上以公共的能力进行的。只要一个人担任一个职位，在一个多么小而不重要的机构里，他不仅扮演自己的角色，而且是这个机构的代表，他所做的决定反映了这一事实。一个土地分配协会的秘书向镇议会抗议，不是以相貌平平的史密斯先生，而是以他的法人身份；他也许会说出自己没有感觉到的愤慨，而且常常会被引导去做他作为个体不会做的事情。但这也不能说他的决定完全是他自己的，因为一上任，他就背负了一些长期的承诺和长期的目标，其中一些他个人可能并不热心；但他必须尽其所能，在环境复杂的情况下，促进团体成员的利益，在接受任命之前，他可能没有意识到这一点，这可能有时会导致他采取的行动落入亚里士多德所描述的"非自愿"的类别。如果这种情况很少发生在我提到的那种小官员身上，那么这种情况很可能会发生在身居高位的重要人物身上。我们这些急于谴责大臣们未能履行其就职前所做承诺的人，应该停下来反思一下这些事实。

一个政府的成员，一个上市公司的董事，一个工会的领导，一支军队的指挥官，一个大学的官员——这些都是一个庞大的群体中的少数人，他们的公共行为只是在一个非常有限的意义上属于他们自己。在这方面，我并不是在思考这样一个事实：许多这样的人是按照指示行事的，只要他们这样做，就可以否认最终的责任；这一点，必须既包括上属，也包括下属。我要强调的是，即使是前者也会发现他们采取的行动的情况是，追求的目标和追求这些目标的方法在很大程度上是不由他们决定的。由于他们的立场要求他们追求所代表机构的长期利益，他们所能采取的行动往往比他们所希望的更为有限；因为他们从事的活动需要广泛的技能，所以他们自然不会倾向于依靠自己未经训练的思想，而会尽可能多地利用积累的智慧和经验。因此，在结果行动中很少表现出自己的想法。在20世纪30年代，人们常说"英国对德国宣战"之类的措辞是极大的误导，因为国家毕竟不过是由个体男性和女性构成的逻辑结构。我认为，尽管国家或其他集团的所有行动都必须由个人执行，但这一学说显然是不真实的。尽管事实上所有国家行为和组织行为都是由个体来执行的。关键是有关人员（a）显然不以私人自我而是以公共能力的名义，作为政府的成员、大使、官方使者等等。（b）无论如何，他们在这种情况下思考，因此他们的决定往往具有集体性质，而不是个人性质。某些特定的人可能在特定的情况下有最后的决定权，就像美国的总统对投掷原子弹有最后的决定权一样。但我们大家都知道，任何一位面临做出这一决定的必要性的总统都将作为一个庞大而持续的组织的代表做出这一决定，而且他在这个问题上所做的考虑，如果有话，也是很小的程度。这些话也不是要特别反映美国总统的能力或品格；他们在这方面的困境同他们的政治对手以及许多活动完全不是政治性的人一样。事实上，这是现代世界的一个特征，它见证了组织的发展达到了前所未有的程度，因此人们能够越来越多地利用前人的成就，而个人因素在这类决策中所占的比例却在稳步下降。在更原始的时代，情况可能会有所不同，那时知识匮乏，国王和将军们必须主要依靠自己。但至少在现代条件下，当所涉及的决策是我们考虑过的类型时，组织比个人做决策更真实可靠。

因此，在我看来，一个国家、一个商业组织、一个工会、一所大学的行为和决定是完全正当的；它并非不准确，也并非只是一段令人遗憾的简短表述。唯心主义的批评家们把这些事情说得太容易了，因为他们认为，只有在这种实体被认定为独立存在的条件下，这种实体才能被恰当地称为行动或遭受；他们坚定地认为这些条件永远不会得到满足。但我们不必认为英格兰是凌驾于英国男人和女人之上的东西，就能理解以"英格兰"为主题的语句。谈论英国曾经做了什么或做了什么就是谈论英国人曾经做了什么或做了什么，而不仅仅是谈论几个孤立的个人的所作所为。我希望我已经说明了，如果认为人类的行为与同伴完全隔绝，或者认为他们的行为具有纯洁的心灵，这种心灵在任何意义上都不会受到与其他人联系的影响，那是幼稚的。事实上，即使在个人的行动中，人们的思想也被他们与他人分享的思想所渗透，集体行动并非只是个人行动的混合体，而是自成一体的独特的。事实上，困难在于找到明确的标准，以区分那些以私人和个人身份采取的行动；在一些原始类型的社会中，我们所知道的个性几乎不存在，要找到个性很可能根本不可能。即使是在发达社会，上面提到的那种集体行动似乎也是一种规范，而不是例外；我们与他人一起行动的频率要高得多，也远比我们单独行动重要得多。

我希望，在最近几年我所表达的观点的矛盾性已经减少了……但即便如此，对有关责任的主要结论的抵制持续存在也不足为奇。我们每个人都不如我们想象的那么独立，那么自我容纳，这是一回事；得出这样的结论，即我们因此与他人有不可质疑的内在联系，这是完全不同的另一回事。第一种是我们可以容忍的，作为一种现实的，如果不受欢迎的，对事实的承认；第二个问题似乎涉及一种价值判断，在今天的许多人看来，这种价值判断必然显得完全不公平。因为即使事实证明我不是独自一人的我，但事实是我加入了一些更大的集体或不同的集体，我怎样才能在这些不同的情况下合理地期望为这些集体担负起责任，在行为上对这种情况不产生可信的影响呢？或者，如果有人告诉我，我必须为那些我曾经正式认同自己的组织负责，比如一个政党或一个宗教团体，那么，如何从这些讨论出发应用于不同的机构，比如国家或家庭？在正常情况下，不会有任何一个时候要求一个英国公民宣布拥护他的国家：一个大不列颠人出生时就是英国公民，因此，他发现自己加入了一个他无法选择属于的组织。家庭也是如此，成员资格是残酷的事实，而不是意志。如果我的孩子或我的同龄人做了可耻的事情，我也许会承担一部分责任，因为至少我有可能采取措施阻止他们那样做。但我能采取什么行为可以改变我曾祖父令人遗憾地加入了战争，或者阻止1840年代初期与中国的鸦片战争？

我不假装对这些困难有简单的答案，但我认为即使这样，它们也不应该被认为是决定性的。有一件事鼓励我持这种态度，那就是我的观点所提出的问题与政治义务的经典问题之间的明显关系。每当当局发出所得税要求或征缴表格时，人们就会想当然地认为男人对国家负有义务；他们有这些义务是他们自己意志行为的结果，这一点远非显而易见。如果我问是什么迫使我纳税或服兵役，答案可能是我没有实际的选择；法律的力量使我无法逃脱。但并不是每个人都处于被迫承担这些可以不认可的责任的不幸境地；有些人，尽管看起来很奇怪，却承认国家有权强制实施这些措施。然而，它怎么能对那些出生在特定条件下的人，即（在英国）是国王的臣民，有权利呢？可以公平地要求归化的公民纳税或服兵役，因为他们已正式接受公民义务。但我们其他人从来没有这样做过，但如果有人因此这样建议，国家对我们没有任何道德要求，我们就会感到不安。

我应该澄清的是，在所有的这一切中，我并不是在鼓吹一种希特勒式的一体化：我并不是说，只有作为单一群体的成员，一个人才是真实的。我们生来是政治团体的成员，但我们也是家庭的成员；我们是不列颠人、英格兰人或苏格兰人,但我们也是欧洲人和白人,我们是或可以成为基督徒、道德修行者或核裁军者。我看不出有什么理由让所有这些都坍缩成一个标准,在我看来,如果它们坍缩成一个,人类的生活显然会很贫乏。但我同样认为,人属于这些更大的整体,这一事实对于理解他们是什么是至关重要的,但与此同时,令人遗憾的是,当代伦理学理论忽视了这一事实。

如果有人问是什么导致了这种忽视,我建议一个答案可能只是因为我们喜欢把自己视为自己命运的主人,独立于传统和自然的束缚,并据此构建我们的道德哲学。萨特对人的世界和物质王国之间的对比做了大量研究,前者可以是自由的,或是自我创造的,后者必然且必须被物质世界所统治。我认为这种对比有些夸张,因为至少就我们个人而言,人类世界中也有许多东西必须被当作纯粹的赠予来接受。我们可以通过认识这一事实并承认它对我们实际的责任归属有影响,来开始对这一对比进行更现实的评估。但是,道德哲学家可能无法阻止达到这样的结果,不仅因为他们错误的形而上学,还因为他们的责任概念,从亚里士多德开始,他们一直被法律概念所支配。在法律上,我们力图纠正某些偏离社会的成员,为达到此目的,我们采用的原则是:一个人只对在某种程度上违背他意愿的事情负责。不这样做实际上是不可能的,因为一个人虽然可以以公司管理人员的名义起诉公司,但一个人不能对整个家庭或整个国家提起法律诉讼。然而,这并不意味着法律上的责任概念必须完全延伸到道德领域,我的论点是,它不适合。罪犯被抓住,不但给自己带来了惩罚,也给家人和朋友带来了耻辱和谩骂,家人和朋友因此要承担不是自己做的事的后果。今天有些人说,这等于迫害无辜者,因此,他们想以冒犯者的方式彻底改变我们对待罪犯的方式。我认为他们在得出任何这样的结论之前,应该反思法律和道德的功能。法律只提供了抵御不法分子的第一道防线;它通过明确惩罚的威胁来阻止反社会行为,然而,在大多数情况下,惩罚可以一劳永逸地得到偿还。道德是对法律的补充,它带来了更柔和、更微妙的压力,这种压力不仅会影响一个人的个人能力,还会影响他的亲戚、朋友和同事,这种压力在囚犯服完刑或缴纳罚款后并不是总会得到释放。事情以这种方式解决可能会让我们觉得不公平；我现在只想强调的是，事情就是这样。道德压力的实践在这种方式上表明了它是复杂社会系统的一部分，通过它，社会努力地保护自己，反对行为的不良形式，有人提出将其全部剔除，或者从根本上改变它，他必须告诉我们可以给这种行为留有恰当余地。在道德和法律上坚持有限责任原则，可能会产生破坏社会稳定性的不良影响。但不管是否这样做，我们不应该在没有清楚地意识到它所涉及的内容的情况下做出改变。

我的职位及其职责①

F.H.布拉德利

一

善的意志（对于道德而言）如果不是活着的人的意志，无论它是什么，那它就是毫无意义的……它是一个有机体，一个道德的有机体；它是自觉的自我实现，因为只有通过自觉成员的意志，道德有机体才能赋予以现实。它是整个社会有机本的自我实现，因为它是同样的生命意志、生活行为和每次活动；它是每个成员的自我实现，因为每个成员都找不到使自己成为自己的功能，除了他自己所属的整体。为了做自己，他必须超越自己，为了过自己的生活，他必须过一种不仅仅是他自己的生活，然而，他自己的个性却恰恰相反，是强烈而突出的自己的个性……这是真的，至少对我来说是真的。正是在这样的肯定中，我肯定了我自己，因为我不过是"它系统中的一颗心跳"。我是真实的；因为，当我全身心投入的时候，它就会使我的个人活动结出果实，使我的人生理想得以实现，那就是幸福。但此时此地内在于我，在一个比我更优越，在一个持续的过程中得到确认的思想中，我们找到了目

---

① F.H.布拉德利，《伦理研究》，拉尔夫·罗斯介绍，1951年，博布美林公司。

的，发现了自我实现、责任和幸福是融为一体的；是的，我们找到了自己，当我们找到了自己的位置和职责，就像找到了我们作为社会有机体中的一个器官的功能一样。

我们会被告知，这"仅仅是一种修辞，一个糟糕的形而上的梦，一个更为热情的陈腐的古老故事，它无法与他自己的事实逻辑相抗衡"。国家优先于个人，整体有时大于部分之和，这是猎获希腊思想家的一种幻象。但是，这种幻象已经找到了它的根源，并被驱散了，简单地说，就是被爆破掉了。一般来说，家庭、社会、国家，人类的每一个社会单元，都是由个人组成的，其中除了个人以外，没有什么是真实的。个人通过把自己放在特定的关系中，创造自己，或即将要创造自己……整体只是各部分的总和，而各部分既在整体之内，又在远离整体的地方真实存在着。你真的认为如果社会的每一种形式都被摧毁，个体就会灭亡吗？……简单地说，社会是其各部分的总和，是由各部分的相加而成的；相加之前和之后的部分都是真实的；它们所处的关系并没有使它们成为现在的样子，而是偶然的，这不是它们存在的本质；就整体而言，如果它不是一个由个体所组成的名称，那它就是一个空洞的名称。

一场深入到"什么是个人"这一问题的讨论，当然是想……但我们并不是要进入一个不平等的形而上学问题；对于"个人主义者"的形而上学论断，我们只能予以否定；并且，从事实来看，我们将努力表明，它们将把我们引向另一个方向。因此，对于认为自我在排斥其他自我意义"个体的"的说法，我们反对（同样有理由）认为这只是一种幻想的说法。我们认为，从理论上讲，不存在这样的人；我们将努力从事实来说明，事实上，我们所称的个人，是由于群体的缘故和由于群体的德行而成为他的，因此，群体并不是单纯的名称，而是真实的东西，并且，如果我们坚持事实的话，只能被认为是多中之一。

如果把这个问题限制在我们所熟悉的范围内，我们就不会求助于动物性的生活、早期的社会或历史的进程，我们就会像现在这样看待人类；我们将自食其力，并努力完全遵守经验的教导。

让我们以一个人为例，有一个像现在这样的英国人，请试着指出，不是他与别人的共同之处，不属于他与别人的相同之处，如他不是一个英国人——甚至根本不是一个人；如果你把他看成一个人，他就不是他自己了。当然，我们并不是说他离开英国就一定会消失，也不是说，即使这个国家的其他地方都毁灭了，他也不会活下来。我们想说的是，他之所以是他，是因为他是天生的受过教育的社会人，是个体社会有机体的成员；如果你把这一切抽象化，那么这一切在他和别人身上都是一样的，你所剩下的就不是一个英国人，也不是一个人，而是一些我不知道的残余，这种残余本身从来没有存在过，当然现在也不存在。如果我们假定他出生和成长的关系世界从来就没有存在过，那么我们就假定他的本质根本就没有存在过；如果我们把这一点拿走了，我们就把他拿走了；因此，他现在不是一个个体，因为他对他发现自己所在的关系领域没有任何亏欠，而是包含了那些属于他自身的各种关系；简而言之，他就是他自己，只要他也是别人之所是……

我们说，那个"个体"人，那个在本质上没有融入他与他人的共同体的人，那个在他的存在中没有包括与他人关系的人，是一种虚构，我们必须根据事实来考察他。让我们在他一出生时就把他塑造成一个英国孩子的形象；我想我们不应该再往前走了。让我们在他和他的母亲分开之后，在他占据一个没有其他人类的空间的时候，就把他带走。我想，在这个时候，教育和习俗还不能对他起作用，也不能削弱他的"个性"。但是他现在仅仅是一个"个体"吗？在他的存在中没有暗示他与他人的身份吗？这孩子不是从天上掉下来的。他的父母来自某些特定的家庭，他身上既有他父母的品质，又或如喂养者所说的那样，个性特点来自父母双方。其中很多是我们可以看到的，更多我们认为是潜在的，在特定（可能或不可能）条件下，随时会被发现。在精神品质的下降方面，我相信现代调查和未经教育的庸俗意见的大众经验是相互支持的，我们不必在这里徘徊……

但孩子不仅仅是家庭成员；他同时生在别的地方，并且（不考虑在许多情况下使他具有资格的附属群体）他生在英国民族里……

孩子就是这样出生的；他不是出生在沙漠，而是出生在一个有生命的世界里，一个有自己真正个性的整体，出生在一个系统和秩序中，很难把这个系统和秩序看作是一个有机体，甚至在英国，我们现在开始用这个名字……他学会了或者也许已经学会了说话，在这一点上，他适应了他所属民族的共同遗产，他自己创造的语言是他自己国家的语言，它是（或应该是）和别人一样的语言，它把这个种族的思想和情感带进他的头脑中（关于这一点，我不需要停留），并将它们铭记于心。他是在榜样和习俗的氛围中长大的，他的生活从一个小世界扩展到另一个更高的世界，他通过连续职位变迁明白他所生活的和他曾经生活的整个世界。那么，他现在是在尝试发展他的"个性"吗？他自己和其他人的个性是不一样的吗？哪不一样？什么不一样？他在哪里可以找到它？他内在的灵魂是饱和的，是充盈的，是限定的，它被同化了，得到了它的实体，从它那里建立了它自己，它与宇宙生命是同一的生命，如果他反对普遍的生命，他就反对他自己；如果他把它推开，他就撕裂了自己的生命；如果他攻击它，他就会把武器对准自己的心脏。他在整体的生命中找到了自己的生命，他活在自己的生命中，"他是整个系统的脉搏，他自己也是整个系统的脉搏"……

到目前为止，我认为，如果没有形而上学的帮助，我们已经看到，脱离集体的"个人"是一种抽象概念。它不是任何真实的东西，因此也不是任何我们能认识到的东西，无论我们多么希望这样做。我们已经看到，通过与他人分享，通过在我与他们的本质关系中包含社会状态的关系，我就是我自己。如果我希望实现我的真实存在，我必须实现超越我存在的东西，即仅仅是这个或那个；因为真我的生命并不是某一特定的生命，它必须是普遍的生命。

那么，我该认识什么呢？我们已经在"我的身份和职责"中说过了。要了解一个人是什么（正如我们所看到的），你不能孤立地看待他。他是一个人，他出生在一个家庭，他生活在一个特定的社会、特定的状态中。他必须做什么，取决于他的社会位置，他的功能是什么，这些都取决于他在有机体中的地位。那么，他生活在这样的有机体中吗？如果是，它们的性质是什么？在这里，我们遇到了一些问题，这些问题必须由完整的伦理学体系来回答，但我们却无法进入其中。我们必须满足于指出这样的事实：家庭，处于中间位置的是一个人的职业和社会角色，总的来说，是国家这个更大的社会。抛开比国家更广泛的社会问题，我们必须承认，一个人生命的道德职责主要由他在整体系统中的地位所充盈，而这部分是由法律和制度，更多的是由他的精神界赋予他在过的生活和应过的生活决定的……总之，人是一种社会存在；他这个人是真实的，正因为他是社会的，他意识到自己是因社会而存在的。单纯的个体是理论的错觉；试图在实践中实现这一理论的尝试是对人性的匮乏和摧残，并且完全是由不育症或畸形的产生……

二

"我的地位及其职责"教导我们，要将他人和自己与我们所充盈的地位等同起来；可以认为这是好的，并因此认为别人和自己也是好的。这一理论告诉我们，一个在世界上工作的人是好的，即便他有缺点，只要他的缺点不妨碍他实现他的地位。这一理论告诉我们，心中所想是一种无所事事的抽象；我们不必想它，也不必看我们的内心，而要看我们的工作和生活，并问自己，我是否履行了我指定的职责？如果我们愿意，我们可以实现它：我们必须做的并不比我们不能做的好多少；世界就在那里等着它；我的义务就是我的权利。一方面，我不可能比这个世界要求我做得更好；另一方面，如果我能在世界上占有一席之地，我就不应该感到不满……

没有什么比我的地位和职责更好的了，也没有什么比我更高、更美丽的了。它坚持并将坚持自己的观点，反对"个人"崇拜，无论这种崇拜采取何种形式。它强烈地反对疯狂的理论和强烈的激情，最终它战胜了事实，甚至可以嘲笑文学是感伤主义，无论其冲动的出发是多么过分，或者在它失望的结局中变酸。它嘲笑它对被称之为爱情的尚未满足的激情的狂热崇拜；还有那种已经失去了的幻象，却又不能让幻象消失的苦情，那种对一般太聪明而不能做任何特别事情的天才的仁慈，那种对在穹苍之上有灵魂的、可以凝望星空的处女地的崇拜，她们想在世界上有所作为的愿望，表现为想用它来做点什么，她们本来可以在开始时做得很好，但最后却做得很糟糕；更糟糕的是，它对那些只值得同情的东西的愤世嫉俗的蔑视，为了自己最好的成就而牺牲自己的生命，这种牺牲被鄙视，不仅仅是因为它失败了，而是因为它愚蠢、无趣、完全没有感情⋯⋯

忠贞不渝[①]

约西亚·罗伊斯

一个事业，只有当它是把许多人结合在一起的单一生活，才是一个可能的忠诚的对象。因此，这样的原因必须是个人的，而且对于一个从纯粹的人类观点来定义个性的人来说，是超个人的⋯⋯一切稳定的社会关系都可能产生引起忠诚的原因。

现在，很明显，没有人能够平等地、直接地忠于所有存在的无数实际的社会事业。同样明显的是，许多符合我们对可能原因的一般定义，在任何一个人看来，都可能是可恨的和邪恶的原因，而他是公正地反对的。一个强盗团伙，一个陷入血腥世仇的家庭，一个海盗船员，一个野蛮的部落，一个旧时的高地强盗家族——这些都可能构成某些人曾经或现在忠心耿耿的原因。人们全心全意地热爱他的事业，为之服务了一辈子。然而，我们大多数人很容易同意这样的观点，认为这些事业不值得任何人的忠诚。此外，不同的忠诚显然可能处于相互冲突中，只要他们的原因是对立的。双方的忠诚使家庭的不和更加激化。我的国家，如果我是被战争精神所激励的爱国者，似乎是一个绝对值得的事业；但我常常因为自己的忠诚而憎恨敌对的国家；因此，

---

① 乔赛亚·罗伊斯，《忠诚的哲学》，1908年，经约西亚·罗伊斯继承人许可转载。

即使是我个人的敌人，也可能因为他的事业被认为是卑鄙的而被人憎恨。战争歌曲用邪恶的名字称呼每个敌人，只是因为他拥有我们忠诚的同胞最钦佩的个人品质。

让我们接着指出，我们刚才报告的所有复杂情况，显然主要是由于这样一个事实：正如目前的忠诚的人一样，他们的各种原因以及他们的各种忠诚，被他们看作是相互的，有时是致命的冲突。一般来说，很明显，如果某人对某一特定事物的忠诚，比如对一个家庭，或对一个国家的忠诚，就会表现为与邻居家庭的不和，或对外国的战争攻击，其结果显然是邪恶的。它之所以邪恶，至少部分原因在于，由于世仇或战争。而某种善，即敌人的忠诚，连同敌人忠诚的机会，会被攻击、被挫败，受到威胁，甚至被完全摧毁。如果A的忠诚对他来说是好的，如果B的忠诚对他是好的，那么A和B之间的矛盾，建立在相互之间的冲突的原因上，陷入了这种邪恶的，即每个战士扑面而来，甚至可能完全摧毁，正是我们所看到的对方最好的精神上的占有，也就是，他有一个事业和忠于一个事业的机会。在这种情况下，战斗性的忠诚确实也攻击敌人的身体健康和幸福，以及他的财产和他的生命；当然，在这里，好战的忠诚对敌人是有害的。但是，如果每个人拥有一个事业并为之服务是他最好的好处，那么世仇的最大坏处就在于由此而来的攻击，不是攻击敌人的舒适、健康、财产或生命，而是攻击敌人最宝贵的财产——对忠诚本身的攻击。

如果忠诚是一种至善，那么相互破坏的忠诚冲突通常就是一种至恶。如果忠诚是一种适合各种条件的男人，男人对男人的战争尤其有害，不是因为它有伤害、残废、贫困，或屠杀男人，而是因为它经常抢劫失败的原因，他们的机会是忠诚，有时是忠诚的精神。

因此，如果我们纵观人类生活的领域，看看善与恶最集中的地方，我们就会发现，人类生活的最佳之处在于它的忠诚；而最糟糕的则是那些倾向于使忠诚变得不可能，或在忠诚存在时摧毁它，或在它仍然活着的时候剥夺它的所有。在所有这样与忠诚做斗争的事物中，人类最痛苦的悲哀是，往往是那些忠诚的人自己盲目而急切地去伤害和杀死他们同胞的忠诚。忠诚的精神被滥用，让人们对这种神圣的精神犯罪。因为任何无谓的忠诚冲突恰恰就是这种罪恶的含义。当这种冲突发生时，最好的，也就是忠诚，就会被用作一种工具，用来对付最坏的，也就是摧毁忠诚。

那么，确实，有些事业是好的，而有些事业是邪恶的。但是，对于人们所忠实于的事业的善恶的检验，现在可以用根据上述考虑而大大简化的术语来定义了。

换句话说，如果我找到了一个目标，这个目标使我着迷，我全身心地为它服务，那么，如果我的忠诚是完全的，那么对我来说，我就达到了一种至善的境界。但我的事业，按照我们自己的定义，是一项社会事业，它把许多人凝聚成一个整体。因此，我的事业使我有必要成为我的伙伴，他们与我分享这种忠诚，对他们来说，这种完全的忠诚也是一种至善。那么，到目前为止，在我自己的忠诚中，我不但得到了好处，而且付出了好处；因为我帮助维持我的每一个仆人同伴的忠诚，这样我就帮助他获得他自己的最高利益。因此，到目前为止，我对我的事业的忠诚就是对我的伙伴们的忠诚。但现在假设我的事业，就像家庭的世仇，或像海盗船，或好斗的国家，靠破坏其他家庭的忠诚，或它自己的社区，或其他社区的忠诚而生存。这样，我们共同的忠诚使我和我的仆人们都得到了好处；但我反对这种忠诚的精神，因为它体现在我们的对手对自己事业的忠诚上。

因此，一项事业不仅对我是好的，而且对人类也是好的，因为它本质上是对忠诚的忠诚，也就是说，它是对我的伙伴们忠诚的帮助和促进。这是一个邪恶的事业，尽管它唤起了我的忠诚，但它破坏了我周围人的忠诚。的确，我的事业总是包含一些对忠诚的忠诚；因为，如果我对任何事业都忠诚的话，我的同胞们的忠诚也得到了我的支持。但如果我的事业是一种掠夺性的事业，通过推翻他人的忠诚而生存，那它就是一种邪恶的事业，因为它涉及对忠诚事业本身的不忠诚。

鉴于这些考虑，我们现在能够通过强调来进一步简化我们的问题。就在片刻之前，他又出现了一个使事情变得如此不可救药的特征。忠诚，正如我们所定义的，是一个人心甘情愿地献身于某一项事业。在回答道德个人主义者的问题时，我们坚持认为，所有高级类型的忠诚都涉及自主选择。能吸引我的事业，对我来说一定有某种本质的魅力。它必须激励我，唤醒我，取悦我，并最终占有我。而且，的确，我的社会秩序必须把它摆在我的面前，把它当作一种可能的、实际意义重大的、活生生的事业，把许多自我联结在一个生命的统一体中。但是，尽管如此，如果我真的意识到自己道德选择的重要性，我就必须接受这个原因：我的事业不能仅仅强加于我。是我让它成为我自己的。是我心甘情愿地说："我没有眼睛可以看，也没有舌头可以说话，除非有必要。"无论我的社会地位如何赋予我这项事业，在我完成忠诚的行为之前，我必须在选择这项事业时合作。

既然是这样，既然我的忠诚从来不只是我的命运，而总是我的选择，我当然可以，至少在某种程度上，通过考虑我所提议的事业对人类的实际善恶来决定我的忠诚。既然我现在有了判断事业好坏的主要标准，我就可以确定选择的原则。它可以引导我，使我的忠诚不仅对我自己，而且对人类都是一种善。

这个原则现在是显而易见的。我可以这样说：只要是在你们的权力范围内，那么就选择你们的事业并为之服务吧，这样，由于你们的选择和服务，世界上就会有更多而不是更少的忠诚。事实上，你应该选择自己的事业，为自己的事业服务，这样才能最大限度地增进人们的忠诚。简而言之，在选择和服务你应该忠诚的事业时，无论如何，要忠于忠诚。

我认为，这一准则将表明，一个人在选择一项事业时，不仅要考虑自己的至善，而且要考虑人类的至善。这种自主选择是可能的，正如我们现在看到的，倾向于简化我们的道德状况，而不是复杂化。因为，如果你把人们的忠诚视为他们的命运，如果你认为一个人必须仅仅对传统摆在他面前的事业忠诚，而没有任何力量来引导他自己的道德注意力，那么，忠诚的冲突确实似乎是一个无法解决的问题；所以，如果男人发现自己忠诚地卷入世仇，就没有出路了。但是，如果选择确实起了作用，一个真正的，即使有限的作用，在引导个人选择他应该忠诚于的事业时，那么，确实，这个选择可以这样指导：对全人类普遍忠诚的忠诚，将由每一个开明的忠诚者在选择他的事业时所做的实际选择而得到进一步促进……

忠诚是一种善，一种至高的善……不过，这种忠诚并不是我的特殊特权，也不是只对我有好处。这是人类的普遍利益。因为这仅仅是寻找自我与世界的和谐——只有这样的和谐才能使任何一个人感到满足……

因此，忠诚对所有人来说都是一件好事。它存在于任何人身上就像我的忠诚存在于我身上一样是一种真正的善。因此，如果我确实在寻找一个事业，一个有价值的事业，有什么事业会比忠诚于忠诚的事业更有价值呢？也就是说，让忠诚在人类中发扬光大？如果我能在持久而有效的一生中为这个事业服务，如果我能从事一些促进人类普遍忠诚的实际工作，就像众议院之于议长一样，那么我的毕生任务就确实会找到；这样，我就可以随时确信我的事业是有价值的，因为我个人在它的服务中发现了非常好的好处。

因此，我们的问题就变成了：是否有一种切实可行的方法来服务于人类以忠诚对忠诚的普遍事业？如果有这样一种方法，它是什么？我们能否亲眼看到，我们如何行动起来，使忠诚在人间取得更圆满的结果，产生更广泛的效力，使其对人类生命的主权更有效？

我立即回答说，一个人，以他有限的权力，只有把他的事业限制在一定的个人范围内，才能为普遍忠诚的事业服务。他必须有他自己的特殊的和个人的事业。但他的这个事业确实可以选择和决定，以构成一种有意的努力，以进一步深思熟虑地努力实现普遍忠诚。当我开始向你说明这是怎么一回事时，我将立刻从你可能认为是非常不切实际的生活计划，进入一个熟悉的、司空见惯的德性活动的领域。因此，我的总计划的唯一价值将在于这样一个事实：根据这个计划，我们仿佛可以看到普通的德性由于它们与所有的最高目标的关系而得到改变和美化。我的主题是，所有平凡的德性，只要它们确实是站得住的和是有效的，都是忠诚于忠诚的特殊形式，都应该由一种最高的行善努力来证明、集中和激发，这种努力就是使忠诚在所有人的生活中获得胜利的努力。

我在这里要强调并坚持的第一个问题是：正如我们一直所明白的，忠诚取决于自然兴趣和自由选择之间一种非常独特而微妙的结合。没有人仅仅根据他的自然冲动行事是忠诚的。然而，没有人能够不依赖和使用他的自然冲动而且能够忠诚。如果我要忠诚，我的事业必须时时刻刻让我着迷，唤醒我肌肉的活力，激发我对工作的渴望，即使这是一种痛苦的工作。我不能忠于空洞的抽象概念。我只能忠于我的生命通过肉体行为所诠释的东西。忠诚对我的整个身体都有本质的吸引力。我的事业必须与我的人生相结合。然而，这一切必须在我自愿选择的情况下发生。我必须控制我的忠诚。它会占有我，但并非没有我的自愿参与；因为我将接受占有……

为了忠诚，那么，我必须首先选择符合我本性的忠诚行为方式。这意味着，在我生活的一方面，我将不得不像最不开明的忠臣那样行事。我将根据我的自然气质和我的社会机遇为我的事业服务。我将选择我喜欢的朋友。我的家庭、我的社区、我的国家，会得到服务，部分原因是我觉得对他们忠诚很有趣。

然而，在另一方面，我的所有这些更自然的，可以说是偶然的忠诚，都将通过一种原则加以控制和统一，即无论我的原因是什么，就我自身而言，都应该促进普遍忠诚的原因……

然而，在此，我们只是开始说明如何使以忠诚对忠诚的事业成为一个人们能够切实、有效和不断地为之服务的事业。也就是说，忠诚不仅仅是今天或昨天的事。从文明开始，忠诚就存在了。即便如此，以诚报信也不是一个虚幻的承诺。当人们第一次能够在战争中达成并保持暂时休战，第一次认为陌生人受到神的保护，第一次认识到款待客人的责任时，它就开始生效了。因此，对忠诚的忠诚之道被精确地置于传统道德的理性部分，这是人类经验的结果……

我的论点是，所有那些我们已经学会认为是文明人的基本义务的义务，每个人对每个人的义务，都可以正确地解释为忠诚对忠诚的特殊例子。换句话说，所有公认的德性都可以用我们的忠诚概念来定义。这就是为什么我断言，如果得到正确的解释，忠诚是人的全部责任。

让我们来看看关于某些形式的忠诚行为的间接影响最著名的事实。当我说真话时，我的行为直接是对我的个人关系的忠诚行为，这种关系在当时就把我和我同意说话的那个人绑在一起。在这种情况下，我的特殊原因是由这种关系构成的。我和我的同伴是在某种统一中联系在一起的，这种统一涉及我们彼此说话的某些事务。准备对我的同伴讲真话，这时，除了这种心甘情愿接受的关系所要求的以外，就没有眼睛可看，没有舌头可说。到目前为止，说真话是忠诚的一个特殊例子。但是，说真话的人，就会尽他所能帮助大家说真话。因为他的行为是为了增进人与人之间的信任。没有人能预测这种间接影响会扩大到什么程度。

恰恰如此，在商业世界里，诚实是一种服务，不仅是也不主要是对某一单一交易中的其他各方的服务，这种服务在任何时候都显示出这种忠诚。对事业忠诚这一单一行为，乃是对整个事业赖以存在的人与人之间的普遍信任的忠诚行为。相反，不忠的金融家对公众信心造成的伤害，远远超过他的行为对所直接攻击的那些人所能造成的伤害。他们的不忠是引发恐慌雪崩的最后原因。因此，当我们采取诚实的行为时，诚实不仅是，甚至不仅主要是归功于那些我们直接打交道的人；它是对整个人类的亏欠，它有利于社会和商业忠诚的一般事业。

这样的话本身就是老生常谈，但它有助于使我的总体论点具体化，即每一种形式的义务行为都是对忠诚的忠诚。因为，我断言，构成真实和商业诚信的东西，也构成一切形式的尽职行为。每一种这样的形式都是一种特殊的方式，通过具体的行动，忠诚对忠诚。

我们追求的是崇高的事业，我们已经找到了。这一最简单的考虑，可以把我们普通的传统道德准则所包含的杂乱无章的不同戒律，变成一个由普遍忠诚的精神所统一的体系。个人的行为确实不能拯救世界，但你们可以在任何时候做你们力所能及的事情，以促进对你们和人类世界都构成最高善的事业，即普遍忠诚的事业。这是你的全部责任……

大型组织中工程师的伦理责任[①]：平托车公案

理查德·T.德·乔治

认为伦理学在工程领域没有立足之地的神话已经受到了攻击，至少在工程专业的某些角落已经被打破了。[②]然而，另一个神话出现了替代答案——工程师是道德英雄的神话。一系列工程圣人正在慢慢形成。这个领域的圣人是告密者，尤其是那些为自己的道德信念牺牲一切的人。然而，一些传教士的热情已经过分，把道德责任一层层地压在工程师的肩上。我认为，这种强调是错位的。尽管工程师是一个把公共安全放在第一位的职业[③]，但我们不能合理地期望工程师愿意每天为了原则而牺牲自己的工作，在他们的公司偏离他们认为的道德正确的行动路线时，随时准备吹响身边的哨子。然而，如果这是一个过分的问题，那么大型组织中工程师的实际伦理责任是什么呢？

我将通过对众所周知的平托案的讨论来解决这个问题，即1980年3月16日陪审团在印第安纳州的威纳马克进行的审判。

1978年8月，在印第安纳州的歌珊附近，三名女孩死于一辆1973年的平

---

① 《商业与职业伦理杂志》第1卷，第1号，1981年秋，理查德·T.德·乔治出版公司。

② 参见《工程专业伦理与社会责任参考书目选集》，由罗伯特·F.拉登森、詹姆斯·乔罗莫科斯、安茹·厄尼斯、皮姆斯勒·马丁和罗森·霍华德编写（芝加哥：伊利诺伊理工学院职业伦理研究中心，1980年）。还有一个有用的两卷读物和案例收集：罗伯特·J.鲍姆和弗洛勒斯·艾伯特，《工程中的伦理问题》，第二版（特洛伊，纽约：伦斯勒理工学院，科学和技术的人类维度研究中心，1980年）。参见：罗伯特·J.鲍姆的《伦理学和工程课程》（黑斯廷斯哈德逊，纽约，黑斯廷斯中心，1980年）。

③ 参见，例如，《工程师协会职业发展准则》（1974年）第一条、《全国联盟工程师检验准则》第一条及《工程职业道德规范》草案（由A.欧登丘斯特和E.斯洛特撰写）。摘自：鲍姆和弗洛雷斯的《工程伦理问题》。

托汽车，这辆车被一辆面包车撞倒。汽车尾部"像手风琴一样"[①]倒塌了，油箱突然着火了。这不是平托车第一次发生这样的事故了。平托车于1971年推出，其油箱外壳直到1977年才改变。在1971年到1978年间，大约有50起针对福特平托汽车追尾事故的诉讼。

威纳马克案与其他50起案件的不同之处是，根据1977年印第安纳州的一项法律，该州检察官对福特提出了三项（最初是四项，但有一项被撤销了）鲁莽杀人的刑事指控，该法律允许对一家公司提起这样的刑事指控。如罪名成立，每项罪名最高可被罚款一万元，合共罚款三万元。这是近年来第一次有企业以刑事犯罪的罪名被起诉，因此备受关注。福特公司在辩护上花费了近100万美元。

事后看来，我认为这个案例在错误的时间提出了正确的问题。

控方必须证明，福特将油箱放置在哪里，如何放置是不顾后果的。为了证明这一点，控方必须证明福特公司有意识地忽视了它可能造成的伤害，而根据"鲁莽"的法定定义，这种忽视必须包括"严重偏离可接受的行为标准"[②]。

控方提供了7名证人，他们作证说，平托汽车被撞时正以15到35英里/每小时的速度行驶。曾经的福特高级工程师哈利·科普声称，平托车没有一个平衡的设计，而且由于成本原因，油箱只能承受20英里/小时的冲击而不泄漏和爆炸。检察官迈克尔·科森蒂诺（Michael Cosentino）试图提出证据，证明福特知道油箱的缺陷，高管们知道一个6.65美元的零件会让汽车更安全，为了增加利润，他们决定不做这个改变。

联邦安全标准直到1977年才出台。美国国家公路交通安全管理局（NHTSA）称，1971年至1976年生产的平托汽车的油箱存在安全缺陷，并下令福特召回190万辆平托汽车。福特对这一命令提出了异议。然后，在从

---

① 本文所述事件的细节是基于审判中的证词，《纽约时报》和《芝加哥论坛报》都报道了审判的情况和背景。

② 《纽约时报》，1980年2月17日，第4版，第9页。

未承认油箱不安全的情况下，它"自愿"下令召回。该公司声称，此次召回并非出于安全考虑，而是出于"声誉"原因①。虽然其同意召回产品，但首次提出的修改方案未能通过安全标准测试，并增加了第二个防护罩以满足安全标准。该公司直到8月22日才发出召回通知。事故发生在8月10日。检察官称，福特早在1971年就知道油箱有危险，直到1977年才对油箱进行改动。1978年6月，它还知道自己的燃料箱不符合联邦安全标准；然而，它并没有提醒车主这一事实。因此，检方认为福特犯有鲁莽杀人罪。

　　辩方由在水门事件听证会上获得全国声望的詹姆斯·F.尼尔（James F.Neal）负责，他出示了两个对这个案件至关重要的证人的证词。他们是医院的护工，在平托的司机去世前，他们曾在医院与她交谈过。他们声称她说她刚刚给车加满了油。她当时很匆忙，没有给油箱换盖子就离开了加油站。当她在高速公路上开车时，油箱盖从车顶掉了下来。她注意到这一点，停下来转身把它捡起来。停车时，她的车被货车撞了。证词表明那辆车被拦下了。如果汽车被时速50英里的货车撞了，那么油箱的破裂是意料之中的。如果油箱盖开了，泄漏就会比其他情况更严重。没有一辆小型汽车能承受这样的冲击。因此，福特声称，这并不涉及鲁莽行为。尼尔接着制作了一些测试录像，这些录像显示，平托车所遭受的损伤意味着，撞击一定是由于面包车的时速至少为50英里造成的。他进一步表示，平托车的油箱至少与1973年美国汽车公司（American Motors）的葛美林、雪佛兰Vega、道奇柯尔特和丰田科罗拉（Toyota Corolla）的油箱一样安全，这些车在以50英里/小时的速度从尾部被撞时都遭受了类似的损坏。因为1973年没有生效的联邦安全标准，如果福特的安全标准能与竞争对手生产的同类汽车相媲美，那它就不是鲁莽的；那个标准代表了当时的技术水平，把1977年的标准应用到1973年的汽车上是不合适的。②

　　陪审团商议了四天，最后做出了无罪的判决。当判决结果在福特董事会

① 《纽约时报》，1980年2月21日，第A6页；《财富》，1978年9月11日，第42页。
② 《纽约时报》，1980年3月14日，第1页。

会议上宣布时，董事会成员们爆发出一阵欢呼。①

　　这些是案件的事实。我不想质疑陪审团的意见。根据我对案件的了解，我认为他们鉴于证据做出了正确的决定。我也不想对法官的裁决做出负面评论，因为证据涉及1971年和1972年的平托车型，而不是1973年的车型，从而阻止了控方提出的40%的案件。②

　　我认为，我很快就会指出福特被指控的鲁莽行为是有道理的。但辩方在本案中提出的成功策略取决于一辆平托车被一辆时速50英里的面包车撞上。辩方成功地提出，在这样的速度下，任何微型飞行器的油箱都会破裂。因此，这起事故并不能说明平托车比其他超小型汽车不安全，也不能说明福特的行为鲁莽。要证明这一点，必须发生在时速不超过20英里的事故。

　　1979年10月13日，《芝加哥论坛报》刊登了检察官科森蒂诺不允许在法庭上出示的福特公司文件的内容。如果它们是准确的，它们往往会为鲁莽的指控提供依据。

　　福特在欧洲生产了一个安装在1969年的卡普里汽车后轴上的安全油箱。它在卡普里测试了那个油箱。在超过轴的位置，它可以承受高达30英里/小时的冲击。它安装在车轴后面，以20英里/小时的速度从车尾被突出的螺栓刺穿，而6.65美元的零件将有助于使油箱更安全。在1971年的平托汽车中，福特选择将油箱放在后轴后面，没有多余的部件。福特的一份备忘录显示，在这个位置，平托车有更多的后备厢空间，生产成本将低于过轴位置。这些考虑最终胜出。③

　　平托车第一次测试似乎是在1971年，在1971年车型生产后。人们发现，这辆油箱以20英里/小时的速度从后部被击中时发现油箱破裂了。这应该不奇怪，因为在那个位置的卡普里油箱已经被20英里/小时的速度撞击而破裂了。一份备忘录建议，福特应该等到1976年政府预计将引入油箱标准时，而不是

---

① 《时代》，1980年3月24日，第24页。

② 《纽约时报》，1980年1月16日，第16页；1980年2月7日，第16页。

③ 《芝加哥论坛报》，1979年10月13日，第1版，第2部分，第12页。

通过延迟做出任何改变。如果延迟做出任何改变，福特可以节省2090万美元，因为每辆车改变的平均费用是每辆车大约是10美元。[①]

在威纳马克案中，福特正确地宣称1973年没有联邦安全标准。但它为自己的鲁莽辩护说，它的汽车可以与当时的其他微型汽车相媲美。然而，所有的辩护都表明，当以50英里/小时的速度撞击时，所有的微型汽车都是不安全的。由于其他微型车在1978年没有被迫召回，有初步证据表明，福特的平托（Pinto）油箱安装不合格。福特的文件往往表明，福特知道自己给福特车主带来的危险；然而，出于利润原因，它什么也没做。到目前为止，仅在诉讼和召回过程中，平托就让福特损失了5000万美元，这就证明了这些理由是多么短视。大约有四十件案子还没有解决。而且这些数字还没有考虑到由于负面宣传而造成的销售损失。

考虑到这些事实，我们该怎么评价福特的工程师呢？发生这些事的时候他们在哪里，他们对那辆平托负有什么责任？我认为，答案是，他们在他们应该在的地方，做他们应该做的事情。他们在做测试，设计平托，做报告。但他们对自己设计的产品就没有道德责任吗？大型公司工程师的道德责任到底是什么？作为回答，我要强调的是，没有一个工程师能在道德上做不道德的事情。如果被命令做他不应该做的事，他必须抵抗和拒绝。但在福特平托事件中，没有工程师被要求制造一个会爆炸并致人死亡的油箱。工程师们没有被要求制造一辆不安全的汽车。他们在道德上有责任了解技术的发展状况，包括与放置和安装油箱有关的技术。我们可以假设，福特的工程师们在生产他们所生产的模型时，了解其技术水平。1970年和1971年进行测试时，有一份备忘录写着，只要花6.65美元就可以让油箱更安全，[②]这是一项工程评估。无论哪个工程师提出了修改意见并发起了备忘录，他这样做都是合乎道德的。下一步，行政决定不做修改，事后看来，几乎在所有方面都是一个糟糕的决定。最终福特公司不投入这个部件的成本要比投入成本高得多。今

---

① 《芝加哥论坛报》，1979年10月13日，第1页；《纽约时报》，1979年10月14日，第26页。
② 《纽约时报》，1980年2月4日，第12页。

天，福特仍然声称其油箱的安全性达到了当时业界公认的标准。^①它必须这么说，否则针对它的诉讼将会激增。在所有的超小型汽车中，只有平托未能通过国家公路交通管理局30英里/小时的后碰撞测试，这似乎证明了它并不安全。

但不法行为、恶意或鲁莽的问题并不是那么容易解决的。假设普通人买平托时被告知，如果他支付额外的6.65美元，他可能会增加车辆的安全，让它能够承受30英里/小时在尾端的冲击而不是20英里/小时的冲击，并且遭受20到30英里/小时的追尾冲击的概率是二十五万分之一。如果他或她拒绝支付额外的6.65美元，我们会称他或她鲁莽吗？我不知道如何回答这个问题。福特希望为每辆车节省6.65美元，却增加了消费者的风险，这是鲁莽的吗？在这一点上，我自己的头脑比较清楚。如果我选择冒险存6.65美元，风险是我的，6.65美元也是我的。但如果福特省下了6.65美元，而我承担风险，那我显然就输了。如果超小型汽车的现行安全标准是追尾时速达到30英里/小时的安全，福特有权利在不通知我的情况下这么做吗？我认为不是。然而，我承认，情况并不清楚，即使我们加上1976年和1977年期间，平托斯遭受了13次致命的严重追尾事故这一数字是美国其他同类汽车的两倍多。大众兔子和丰田卡罗拉没有受到影响。^②

然而，如果我们因为决定不添加这部分而对任何人提出道德上的指责，我们不会谴责福特的工程师，而是会谴责福特的高管，因为这不是一个工程师问题，而是一个行政决策。

我持这种观点的原因是，工程师不能被期望，也不能有责任对管理决策进行事后猜测。他负责让那些促使他们做出决定的人注意到这些事实。但是，工程师的投入只是决定管理决策的众多因素之一。在审判中，辩方传唤了福特公司负责设计的主力总工程师弗朗西斯·奥尔森作为目击证人，他作

---

① 《纽约时报》，1978年6月10日，第1页；《芝加哥论坛报》，1979年10月13日，第1页，第2部分，第12页，一直以来的说法是，平托"没有严重的危险"。
② 《纽约时报》，1978年10月26日，第103页。

证说他为18岁的女儿买了一辆1973年的平托，保留了一年，然后用它换了一辆1974年的平托，保留了两年。[①]他的证词和行为表明，福特的工程师们对平托的安全性很有信心。至少这个人有足够的信心把它送给他的女儿。福特公司的一些工程师可能认为这款车本来可以更安全。但几乎每一辆汽车都是如此。大型公司的工程师有一种道德责任，尽其所能做好自己的工作，向管理层报告他们对安全的观察和改进情况。但他们没有义务坚持他们的看法或标准被接受。他们不会因此而得到报酬，他们也不会被期望这样做，他们也没有道德或伦理义务去这样做。

除了做好自己的工作，工程师也有忠于雇主的义务，而公司也有权对其内部运作保密。与此同时，工程师的职业道德规范要求他们把公众的安全放在首位。当这些义务发生冲突时，吹哨的必要性和正当性就产生了。[②]如果我们承认双方的义务，我建议作为"拇指规则"，在满足以下条件的情况下，大型公司的工程师和其他工人在道德上被允许公开有关产品安全的信息：

1. 如果该产品将对公众造成严重、重大危害的；
2. 如果他们是否向上级反映了自己的担忧；
3. 如果他们的直接上级不满意，他们就会用尽公司内部可用的渠道，包括向董事会寻求帮助。

如果他们仍然没有采取行动，我相信他们在道德上是允许公开他们的观点的；但他们在道德上没有义务这样做。事实上，前福特高管和工程师哈

---

① 《纽约时报》，1980年2月20日，第A16页。
② 关于这一冲突的讨论，见希斯拉·伯克，《告密与职业责任》，《纽约大学教育季刊》，第2—10页。详细的案例研究见瑞德·内德、彼得·J.佩得科斯和凯特·布莱克威尔的《示警人》（纽约：格罗斯曼出版社，1972年）；查尔斯·彼得斯和泰勒·布兰奇，《示警人：公共利益中的异议》（纽约：普雷格出版社，1972年）；罗伯特·M.安德森、罗伯特·佩卢西、丹·E.桑代尔和雷昂·E.特拉德曼，《分裂的忠诚：巴特的告密》（韦斯特·拉菲也特，印第安娜：普度大学出版社，1980年）。

利·考普从一开始就批评平托，并在威纳马克案的审判中作证。[①]他离开了福特，并表达了他的批评。拉尔夫·纳德等人接受了这一批评。从长远来看，这导致了对威纳马克的审判，并可能有助于许多其他针对福特的诉讼。虽然我钦佩考普先生的行为，假设他这么做是出于道德动机，但我不认为这样做是道德要求，我也不认为福特公司的其他工程师不这样做是道德缺陷。

一个工程师要有道义上的义务向公众说明他的安全问题，我认为除了上面提到的三个条件外，还必须满足另外两个条件。[②]

4. 他必须有书面证据，能使一个理性、公正的观察者相信他对情况的看法是正确的，而公司政策是错误的。

这种证据显然很难获得和提供。然而，这样的证据将工程师的关注带出了主观的领域，并排除了这种关注仅仅是一个人基于有限观点的意见。除非有这样的证据，否则仅仅通过公开曝光，相关工程师的观点就不太可能赢得胜利。如果弗朗西斯·奥尔森的证词是准确的，那么即使是福特的工程师也对平托的安全性存在分歧。

5. 必须有强有力的证据表明，公开信息实际上可以防止威胁的严重损害。

这意味着，在公开之前，工程师应该知道什么来源（政府、报纸、专栏作家、电视记者）会使用他的证据，以及将如何处理这些证据。他也应该有充分的理由相信这会导致某种他认为道德上合适的变化或结果。平托的情况

---

① 《纽约时报》，1980年2月4日，第12页。
② 我在这里提出的观点在我的《商业伦理》一书中得到了更全面的阐述（纽约：麦克米伦出版社，1982年，第157—164页）。这与现有文献中的主流观点有所不同，因为我认为告密是一种极端的措施，只有在满足规定的严格条件时才具有道德义务。对比堪内斯·D.维尔特斯，《员工的检举权利》，载于《哈佛商业评论》，1975年7—8月。

并非如此。经过大量的公众讨论，经过5年的试车，以及未能通过国家安全标准测试之后，福特似乎有理地为其最初声称的油箱是可以接受的安全进行了辩护。如果成功的可能性很小，工程师就没有公开上市的道德义务。因为他或她个人所遭受的伤害不会被这种行为所带来的好处所抵消。[①]

我的第一个实质性结论是福特的工程师在道德上没有义务比他们在这个案例中做得更多。

我的第二个主张是，尽管大型组织中的工程师在制定安全标准和进行成本效益分析方面应该有发言权，但他们不一定有最终决定权。我的理由有两个。首先，虽然风险的程度，例如汽车，是一个工程问题，但风险的可接受性不是。其次，工程成本效益分析并没有包括在企业或社会层面上制定政策决策所需的所有因素。安全是工程设计中的一个因素。然而，这显然只是一个因素。梅赛德斯-奔驰280大概比福特平托更安全。但是价格上的差异是相当大的。要使一辆平托和一辆奔驰一样安全，可能需要相当的成本。制造汽车就像制造许多其他物品一样，必须在安全和成本之间取得某种平衡。在哪里取得平衡的最终决定不仅仅是一个工程决策。这也是一种管理决策，或许更恰当地说，是一种社会决策。

制定标准的困难引发了两个相关问题。第一个是联邦安全标准。第二个是成本效益分析。工程技术的状态决定了任何制造商在道德上都不应该低于这个标准。我们已经看到，平托是否掉到了底端，是一个有争议的问题。如果实现更高安全性的成本相当高——我不认为6.65美元是相当高的——生产者有一种内在的诱惑，那就是比他应该和可能喜欢的节省更多，比他可能喜

[①] 关于揭发者所带来的危险，参见简内·詹姆斯，《揭发者：其性质和正当性》，载于《背景哲学》，第10期，1980年，第99-117页，其中考察了揭发者的法律背景；彼得·勒芬汉森，"告密者的注意事项：为麻烦做准备"，载于《科技评论》，1980年5月，第33-34页，建议如何揭发；海伦·杜达，《揭发者的代价》，载于《纽约时报杂志》，1977年10月30日，审查揭发者的结果；大卫·W.尤因，《坎宁的方向》，哈珀斯出版社，1979年8月，第17-22页，说明"政府如何摆脱麻烦制造者"以及如何绕过保护举报人的法律；以及美国总会计办公室的报告《特别检察官办公室可以改善对举报人案件的管理》，1980年12月30日（FPCD-81-10）。

欢得多。消除这种诱惑的最好方法是建立一套全国性的标准。工程师可以确定技术的发展水平、可行性以及安全生产的成本。一个由知情人士组成的小组（不一定是工程师）应该决定什么是可接受的风险，以及什么是可接受的最低标准。每辆车的最低标准和所达到的标准都应记录在案。一辆更安全的车可能更贵。但是，除非顾客知道他买的车有多安全，否则他可能不知道他想买哪辆车。这个信息，我相信，是一个汽车购买者有权拥有的信息。

1978年，在平托受到公众关注以及围绕它的争议之后，平托的销量急剧下降。这是一个迹象，消费者更喜欢更安全的汽车，以同等的钱，他们去竞争。俄勒冈州把所有的平托车从车队中撤出并卖掉。让一位参与销售平托汽车的经销商感到惊讶的是，它们的售价在1000美元到1800美元之间。[1]我们得出正确的结论是，安全记录可疑的汽车是有市场的，尽管它的价格比安全汽车低得多，也低于福特的制造价格。

第二个问题是成本效益分析的产生和使用方式。我已经提到了福特使用的一项成本效益分析，即通过不增加零部件而将油箱放在后面的预测，公司可以节省2090万美元。我指出，这个预测是严重错误的，因为它没有考虑诉讼、召回和负面宣传，这些已经让福特损失了5000多万美元。第二种类型的成本效益分析有时估计必须支付的诉讼数量和费用，加上罚款，然后从某一特定做法节省的总额中扣除这一总额。如果这个数字是正的，不做安全改变比做安全改变更有利可图。

第三种成本效益分析是由福特和其他汽车公司进行的，它估计汽车特定变化的成本和效益。例如，一项研究涉及与静态翻车相关的燃油泄漏的成本效益分析。这个零件的单位成本是11美元。如果算上1250万辆汽车，总成本为1.37亿美元。这一部分将防止180例烧伤死亡、180例严重烧伤和2100例车辆被烧毁。按每人死亡20万美元、每人重伤67000美元、每辆车700美元计算，福利金为4950万美元。成本效益比略高于3比1。[2]

---

[1] 《纽约时报》，1978年4月21日，第4版，第1、18页。

[2] 参见马克·道伊，《平托疯狂》，载于《琼斯母亲》，1977年，第9—10、24—28页。

如果将这个分析与类似的追尾事故的成本效益分析进行比较，就有可能看到每花费一美元可以实现多少安全。这种用法是合法且有益的。但是，如果不是以比较的方式而是以绝对的方式使用，这个程序会受到非常严重的批评。

这种分析忽略了许多因素，例如受害者及其家庭的人的痛苦。它相当于一个人的生命价值20万美元，这是基于未来损失的平均工资计算的。这里的任何数字都是值得怀疑的，但用于比较的目的除外，在这种情况下，只要使用相同的数字，关于每美元的相对利益的资料就不会改变。然而，这个比率并没有绝对的意义，在上面的例子中，没有任何决策可以正确地基于成本与收益的比率是3比1这一事实。更重要的是，这个数字或比例怎么能与造型成本相比呢？每辆车减少翻车伤亡的11美元应该与11美元的追尾事故或11美元的造型变化相比较吗？谁来决定在安全上多花多少钱，在造型上多花多少钱？这个决定的理由是什么？

在过去，消费者没有机会就此事进行投票。汽车行业已经决定了什么能卖，什么不能卖，并决定了安全系数的多少。美国汽车经销商在销售汽车时通常不太重视安全性能。认为美国司机对款式比对安全更感兴趣的假设是为他们而做的决定，而不是他们自己做的。工程师可以并且确实在成本效益分析中扮演重要角色。他们比任何人都更能预测风险和成本。但他们没有更好的能力来计算风险的可接受性，或人们应该愿意为消除这种风险支付多少钱。然而，汽车公司的经理们本身也不例外。可接受风险的大小是一个公共决策，可以也应该由公众代表或公众本身来决定。

由于我所提到的这些类型的成本效益分析是汽车工业中使用的典型方法，而且由于它们不足以判断一辆汽车应该具备的安全性，鉴于目前的技术水平，很明显，汽车公司不应该在提供多少安全性方面拥有最后发言权或独家发言权。必须制定并执行国家标准。国家公路交通管理局成立于1966年，用来制定标准。到目前为止，只有两个主要标准已经建立和实施：1972年的侧面碰撞标准和1977年的油箱安全标准。然而，它可以强制规定最低标准，并要求汽车制造商告知公众每辆车的安全系数，就像它现在要求每辆车具体说明每加仑汽油能跑多少英里一样，而不是在这个过程中受到游说。这种方法将把基本安全的责任放在制造商身上，但它也会使额外的安全成为消费者利益和竞争的一个特征。

大型公司的工程师扮演着重要的角色。然而，这一角色通常不是制定政策或决定风险的可接受性。他们的知识和专业技能对他们工作的公司和公众都很重要。但是，对于超出他们能力和控制范围的政策和决定，他们没有道义上的责任。然而，这种观点是否让工程师们过于轻易地摆脱了道德的束缚？

让我们再次简短地回到平托的故事上，福特想要一款超小型汽车，以抵御日本进口汽车的竞争。订单下来，生产一辆2000磅以下的车，成本在2000美元以下，符合1971年的车型。这使得一辆新车的设计和生产只有25个月的时间，而不是通常的43个月，工程师们从一开始就很吃力。[①]也许这就是为什么他们没有测试燃料箱的追尾冲击，直到汽车生产。

工程师应该拒绝在25个月内生产汽车的订单吗？他们应该辞职，还是把消息泄露给报纸？他们应该拒绝加快他们的日常生活吗？他们是否应该向他们的专业团体抱怨，他们被要求做一件不可能的事——如果能正确地做到的话？我没有资格说他们应该做什么。但事后看来，我建议我们不仅应该问他们应该做些什么，我们尤其应该问的是，可以做出哪些改变，以防止工程师在未来受到这种挤压。

工程伦理学不应以培养道德英雄为目标。相反，它应该考虑是什么力量在起作用，鼓励工程师去做他们认为不应该做的事情。大型公司的什么结构或其他特征会挤压他们，直到他们的良心受到伤害？然后应该检查、评估这些特性，并提出和做出更改。工程组织的游说是适当的，必要时应该通过立法。一般来说，在可能的情况下，我倾向于采用自愿的方式。但如果这是乌托邦式的，那么立法就是一个必要的选择。

公司需要告密表明有必要做出改变，但我们怎样才能排除检举的必要性呢？

---

① 《芝加哥论坛报》，1979年10月13日，第2部分，第12页。

　　威纳马克平托案表明了一些外部和内部的修改。这是根据1977年印第安纳州的一项法律审理的第一个案件，该法律使审理公司和个人鲁莽杀人的刑事犯罪成为可能。检察官迈克尔·科森蒂诺（Michael Cosentino）在对福特提出指控的过程中表现得非常勇敢，尽管事实证明，对于这样的先例审判来说，这是一个糟糕的案件。但是，关于鲁莽杀人的法律，例如，这是一个问题的指控，并没有考虑到公司被重写。由于公司不能进监狱，罚款最高为每项1万美元——与福特国际1977年的收入111亿美元和利润7.5亿美元相比，这几乎不是一个重大的金额。科森蒂诺没有做的是对福特公司的个人提出指控，这些人要为他所称的鲁莽决策负责。如果高层官员受到指控，全国的管理层就会得到这样的信息：如果个人确实鲁莽行事，为生命和人的痛苦付出过低的代价，为利润而牺牲过低，那么他们就不能躲在公司的庇护下做决定。

　　最近国会提出了一项法案，要求管理人员向适当的联邦机构披露危及生命的缺陷的存在，如果不这样做，或试图隐瞒缺陷可能会被处以5万美元罚款或至少两年监禁，或两者兼而有之。[1]以企业名义计算的罚款可以忽略不计。但监禁管理人员则不是。

　　一些人认为，增加产品责任诉讼是获得安全结果的途径。与刑事诉讼相比，重大损害赔偿会带来更快的变化。福特同意召回平托，此前不久，加州陪审团裁定，一名年轻人95%以上的身体被烧伤，需赔偿1.278亿美元。后来经上诉，赔偿金额降至630万美元但刑事诉讼使诉讼更容易，[2]这就是为什么福特花费100万美元进行辩护，以避免支付3万美元的罚款。[3]然而，因为自己的行为而坐牢的可能性应该是有益的。如果某个人（公司的总裁，而不是其他任何人）被提起刑事诉讼，总裁们很快就会知道他们可以也应该让手下谁负责。在大型公司工作的困难之一是知道谁该为特别决定负责。如果总裁

---

① 《纽约时报》，1980年3月16日，第4版，第20页。

② 《纽约时报》，1978年2月8日，第8页。

③ 《纽约时报》，1980年2月17日，第4版，第9页；1980年1月6日，第24页；《时间》，1980年3月24日，第24页。

承担责任，外部压力就会形成，要求重组公司，以便分配和承担责任。

如果一个公司希望有道德，或者社会或工程师希望对组织变革施加压力，使公司的行为合乎道德，并对工程师和组织内其他人的道德良知做出反应，那么就必须进行变革。除非那些高层的人设定了道德基调，除非他们坚持道德行为，除非他们惩罚不道德行为，奖励道德行为，否则公司就会在不考虑道德问题和公司行为的情况下运作。它可能是偶然的，而不是有意地避免不道德的行为，尽管从长远来看，这是不可能的。

福特的管理层只对达到联邦标准感兴趣，并会尽可能降低标准。独立的联邦标准应该得到制定和执行。对违法行为的联邦罚款不应是象征性的，而应与民事诉讼中支付的赔偿金相当，并应支付给所有遭受违法的受害人。[①]

独立的工程师或工程协会——如果后者没有被汽车制造商采纳的话——可以在提供有关最新技术和现有技术可行性水平的信息方面发挥重要作用。他们还可以制定我之前提到的安全指数，这将代表汽车的相关性和相对安全性。竞争在许多领域都取得了成功。为什么不在安全区域呢？为汽车制造商工作的工程师将必须制作并报告标准测试的结果，比如承受追尾冲击的能力。如果将这些信息作为贴在每辆新车挡风玻璃上的安全指标的数据，工程师就不会在安全领域受到管理层的挤压。

有道德顾虑的工程师能够在不危及他们的工作或揭发的情况下获得公平的听证，这种方法必须成为公司组织结构的一部分。法律上可能需要一名主要负责调查和回应此类伦理问题的外部董事会成员。当这与我提到的国会悬而未决的立法结合在一起时，组织中的道德动力将会得到显著改善。另一种达到类似目的的方法是为所有年净收入超过10亿美元的公司提供一个总监。可以成立一个工程协会的独立委员会来调查工程师对他们正在工作的产品的

---

① 《华尔街杂志》，1980年8月7日，第7页报道，福特汽车公司"同意向两年前在福特平托汽车撞车事故中丧生的三名印第安纳州少女的家庭支付总计22500美元……福特的一位发言人说，和解是在没有承认责任的情况下达成的。他推测，相对较小的和解可能是受印第安纳州某些法律的影响，这些法律严格限制了非正常死亡民事案件中受害者或其家人可以获得的赔偿金额"。

安全性提出的指控[①]；一个不允许对雇员的指控进行适当调查的公司将成为掩盖诉讼的对象。工程行业的人可以提出建议，并努力实现其他想法。我在其他地方概述了道德企业的10个这样的变化。[②]

除了问一个工程师应该如何应对道德困境和矛盾，而不是问如何教育或训练工程师成为道德英雄，那些工程伦理学的人应该问，大型组织可以如何改变，使他们在道德困境上不挤压工程师，把他们放在面对道德困境的位置上，让他们感到必须示警。

现在是时候超越那使学生对道德问题敏感，解决和重新解决陈旧的、标准的案件了。在我们讨论每种情况时，要问的下一个非常重要的问题是，如何改变组织结构，使工程师再也不用面对这种情况。

企业环境中的许多工程伦理问题涉及组织结构的伦理问题，公共政策的问题，因此，这些问题往往只有在比个人更大的规模上——在组织和法律的规模上——才能够接受解决方案。在一个大型组织中，工程师的道德责任不仅与工程师有关，也与组织有关。通过从道德的角度考虑，不仅要考虑单个工程师，还要考虑他或她工作的框架，这样做是最有成效的。我们不仅需要有道德的人。更重要的是，我们需要道德结构和组织。只有重视这些问题，才能充分解决大型组织中工程师的伦理责任问题。

---

① 许多工程师一直主张工程学会应发挥更积极的作用，支持个别工程师采取负责任的行动。参见，埃德温·雷顿，《工程师的反抗》（克利夫兰：凯斯西储，1971年）；斯蒂芬·H.尤格，《工程学会与责任工程师》，《纽约科学院年鉴》，196（1973年），第433、437页（转载于鲍恩和福来利斯，《工程中的伦理问题》，第56-59页）；罗伯特·佩鲁奇和乔尔·格斯特尔的《没有社区的职业：美国社会中的工程师》（纽约：兰登书屋，1969年）。

② 理查德·T.德·乔治，《对社会责任的要求作出回应》，载于《社会需求冲突时的企业指南》，华盛顿特区，商业改善局理事会，1978年，第60-80页。

选定参考书目

第一章

1. 库特·拜尔：《好的理由》，载于《哲学研究》，1953年，第4卷，第1-15页。

2. F.H.布拉德利：《我为什么要有道德》，载于《伦理研究》，伦敦：牛津大学出版社，1927年，第2部分，第53-74页。

3. 丹·布洛克：《道德的正当性》，载于《美国哲学季刊》，第14卷，第1号，1977年，第71-78页。

4. 约瑟夫·巴特勒：《五个布道》，小斯图尔特·M.布朗（编），印第安纳波利斯：波布斯梅里尔出版社，1950年。

5. 乔治·R.卡尔森：《重新考虑道德本我主义》，载于《美国哲学季刊》，1973年1月，第25-33页。

6. 大卫·P.高杰尔：《道德与优势》，载于《哲学评论》，第76卷，1967年，第460-475页。

7. 艾伦·格沃斯：《道德理性》，约翰·布里克（编），载于《自由与道德》，劳伦斯：堪萨斯大学出版社，1976年，第113-150页。

8. 杰西·卡林：《两种道德推理：作为道德理论的伦理本我主义》，载于《加拿大哲学杂志》，第5卷，第3号，1975年11月，第323-356页。

9. 阿拉斯戴尔·麦金太尔：《本我主义和利他主义》，保罗·爱德华兹（编），载于《哲学百科全书》，纽约：麦克米伦和自由出版社，1967年，

第2卷，第462-466页。

10. 罗纳德·米洛（编）：《本我主义和利他主义》，沃兹沃斯，贝尔蒙特，加利福尼亚州，1973年。

11. 托马斯·内格尔：《利他主义的可能性》，牛津：克莱伦登出版社，1970年。

12. 罗伯特·G.奥尔森：《自利的道德》，哈考特·布雷斯·约瓦诺维奇，纽约，1965年。

13. H.A.普里查德：《道德哲学是否基于误会》，载于《思想》，第21卷，1912年，第487-499页。

14. 迈克尔·安东尼·斯鲁特：《心理本我主义的经验基础》，载于《哲学杂志》，第61卷，第18号，1964年10月1日，第530-537页。

15. 罗杰·特里格：《理性与承诺》，剑桥：剑桥大学出版社，1973年。

第二章

1. 露丝·迪克特：《文化模式》，霍顿米夫林，波士顿，1934年，第1-3章。

2. 理查德·B.布兰德：《伦理相对主义》，保罗·爱德华（编），载于《哲学百科全书》，纽约：麦克米伦和自由出版社，1967年，第3卷，第75-78页。

3. 罗伯特·科本：《相对主义与道德基础》，载于《哲学评论》，第85卷，1976年，第87-93页。

4. 布伦达·科恩：《三种伦理谬误》，载于《思想》，第86卷，1977年，第78-87页。

5. A.C.加内特：《伦理学中的相对主义和绝对主义》，载于《伦理学》，第54卷，1943-1944年，第186-199页。

6. 吉尔伯特·哈曼：《捍卫道德相对主义》，载于《哲学评论》，第84

卷，1975年，第3-22页。

7. 爱德华·W.詹姆斯：《理性的伦理不一致性》，载于《伦理学》，第89卷，第3号，1979年，第240-253页。

8. 克里德·克鲁康：《伦理相对性》，载于《哲学杂志》，1955年，第52卷，第663-677页。

9. 约翰·拉德（编）：《伦理相对主义》，加州贝尔蒙特沃兹沃斯，1973年。

10. 马丁·E.利恩：《道德判断难道不是"事实性的"吗？》，载于《人格论》，第51卷，第3号，1970年，第259-285页。

11. J.D.马伯特：《人类学是否与伦理学相关》，载于《亚里士多德社会论文集》，附录系列20，1946年，第85-93页。

12. 杰克·W.迈兰和迈克尔·克劳斯（编）：载于《相对主义：认知和道德》，圣母大学出版社，印第安纳州圣母大学，1984年。

13. W.G.萨姆纳：福克威，吉恩，波士顿，1907年。

14. 保罗·W.泰勒：《伦理相对主义的四种类型》，载于《哲学评论》，第63卷，1954年，第500-516页。

15.《社会科学与伦理相对主义》，载于《哲学杂志》，第55卷，1958年，第32-44页。

第三章

1. 罗伯特·奥迪：《道德责任、自由与强迫》，载于《美国哲学季刊》，第11卷，第1号，1974年，第1-14页。

2. 伊丽莎白·比尔兹利：《决定论与道德观点》，载于《哲学与现象学研究》，第21卷，1960年，第1-20页。

3. C.A.坎贝尔：《自由意志是伪问题吗？》，载于《思想》，第60卷，1951年，第441-465页。

4. 罗德里克·M.奇泽姆：《人类的自由与自我》，约翰·布里克（主编），载于《自由与道德》，劳伦斯：堪萨斯大学出版社，1976年，第23-35页。

5. 蒂莫西·达根和格特·伯纳德：《自愿能力》，载于《美国哲学季刊》，第4卷，第2号，1967年，第127-135页。

6. 赫伯特·芬格莱特：《责任》，载于《思想》，第75卷，1966年，第58-74页。

7. 斯图尔特·汉普什尔：《思想的自由》，约翰·布里克（编），载于《自由与道德》，劳伦斯：堪萨斯大学出版社，1976年，第37-51页。

8. 约翰·霍斯普斯：《意义与自由意志》，载于《哲学与现象学研究》，第10卷，1950年，第307-330页。

9. 威廉·詹姆斯：《决定论的困境》，载于《信仰与道德论文集》，沃尔德克利夫兰，1962年，第145-183页。

10. 罗伯特·F.兰德森：《个人自治理论》，载于《伦理学》，第86卷，第1号，1975年，第30-48页。

11. 莫里斯·曼德尔鲍姆：《决定论与道德责任》，载于《伦理学》，第70卷，1959-1960年，第204-219页。

12. 华莱士·I.美森：《自由意志与道德责任无关》，载于《思想》，第65卷，1956年，第489-497页。

13. 赫伯特·莫里斯：《人与惩罚》，载于《一元论》，1968年，第52卷，第475页。

14. 亚瑟·帕普：《决定论与道德责任》，载于《哲学杂志》，1946年，第43卷，第237-318页。

15. B.F.斯金纳：《瓦尔登二号》，麦克米伦，纽约，1962年。

16. 理查德·泰勒：《行动与目标》，伦敦：普伦蒂斯霍尔出版社，恩格尔伍德克利夫斯，新泽西，1966年。

第四章

1. 圣·托马斯·阿奎那：《神学总论》，载于《法律》，第28章
（la2ae.90-7）。

2. 约翰·奥斯汀：《确定的法理学领域》，英国，普莱斯托，柯文，
1954年，第5讲，第118-191页。

3. 帕特里克·德夫林：《道德的强制》，牛津：牛津大学出版社，1970年。

4. 威廉·K.弗兰肯纳：《爱与基督教伦理学原则》，载于《信仰与哲
学》，密歇根州大急流城，耳德曼斯，1964年，第203-225页。

5. 朗·富勒：《法律道德》，耶鲁大学，纽黑文，1964年。

6. 詹姆斯·M.古斯塔夫森：《伦理学可以是基督教的吗？》，芝加哥：
芝加哥大学出版社，1975年。

7.（匿名）《以神为中心的伦理学》，第1卷，载于《神学与伦理学》，
芝加哥大学出版社，芝加哥，1981年。

8. H.L.A.哈特：《法律与道德义务》，载于《道德哲学论文集》，A.I.梅
尔登（主编），西雅图：华盛顿大学出版社，1958年，第82-107页。

9. 罗纳德·W.赫本：《世俗伦理与道德严肃性》，载于《基督教与悖
论》，纽约：人文出版社，1958年，第128-154页。

10. 约翰·希克：《信仰与生活：基督教伦理的基本本质》，载于《相
遇》，第20卷，1959年，第494-516页。

11. 凯·尼尔森：《关于道德独立于宗教的一些评论》，载于《思
想》，第70卷，1961年，第175-186页。

12. D.Z.菲利普斯：《责任的道德和宗教概念：分析》，载于《思想》，
第73卷，1964年，第406-412页。

13. D.A.雷斯：《神圣命令的伦理》，载于《亚里士多德社会论文
集》，第57卷，1956-1957年，第83-106页。

14. 克里斯托弗·斯通：《法律的终结》，纽约：哈珀与罗出版社，1975年。

15. 理查德·A.瓦瑟斯特罗姆（编）：《道德与法律》，加州贝尔蒙特沃兹沃斯，1971年。

第五章

1. 诺曼·S.凯尔：《职业选择》，载于《伦理学》，1983年，第283-302页。

2. 罗德里克·奇泽姆：《附加与冒犯：伦理学的概念框架》，载于《比例》，第5卷，1963年，第1-14页。

3. W.D.福尔克：《道德、自我和他人》，H·卡斯塔涅达和G·纳克尼克安（编），载于《道德与语言行为》，韦恩州立大学，底特律，1963年，第25-68页。

4. 乔尔·范伯格：《额外工作和规则》，载于《国际伦理学杂志》，第71卷，1961年，第276-288页。

5. 威廉·H.加斯：《热心陌生人的关怀》，载于《哲学评论》，第66卷，1957年，第193-204页。

6. 伯纳德·格特：《道德观念》，载于《道德规则》，纽约：哈珀和罗出版社，1966年，第7章，第128-149页。

7. 大卫·海德：《额外工作：其在伦理理论中的地位》，剑桥：剑桥大学出版社，1982年。

8. 约翰·G.西蒙、查尔斯·W.鲍尔斯和乔恩·P.冈纳门：《伦理投资者：大学和企业责任》，纽黑文：耶鲁大学，1972年。

9. 马库斯·辛格：《对自己的责任》，载于《伦理学》，第69卷，1959年，第202-205页。

10. J.O.厄姆森：《圣人与英雄》，A.I.梅尔登（主编），载于《道德哲学论文集》，西雅图：华盛顿大学出版社，1958年。

第六章

1. G.E.M.安斯科姆：《现代道德哲学》，载于《哲学》，第33卷，1958年，第1-19页。

2. 希瑟拉·伯克：《谎言：公共和私人生活中的道德选择》，纽约：潘增出版社，1978年。

3. E.F.卡里特：《道德理论》，牛津：克莱伦登出版社，1928年。

4. B.J.迪格斯：《规则与功利主义》，载于《美国哲学季刊》，第1卷，1964年，第32-44页。

5. 约瑟夫·弗莱彻：《情境伦理学：新道德》，威斯敏斯特，费城，1966年。

6. 伯纳德·格特：《道德规则》，纽约：哈珀与罗出版社，1966年。

7. 伊曼努尔·康德：《论出于善意而撒谎的假定动机》，载于《实践理性批判和其他道德哲学著作》，刘易斯·怀特·贝克（编译），芝加哥：芝加哥大学出版社，1949年，第346-350页。

8. 诺埃尔·史密斯：《道德规则的目的》，载于《伦理学》，巴尔的摩：企鹅出版社，1954年，第16章。

9. 保罗·拉姆斯：《基督教伦理中的事迹和规则》，纽约：斯克里布纳出版社，1967年。

10. W.D.罗丝：《正义与善》，牛津：克莱伦登出版社，1930年。

10. 马库斯·G.辛格：《黄金法则》，载于《哲学》，第38卷，1963年，第293-314页。

11. 彼得·辛格：《扩大的圈子》，法拉尔，斯图斯，吉鲁，纽约，1981年。

12. 理查德·泰勒：《善与恶》，纽约：麦克米伦出版社，1970年，第2章和第13章。

第七章

1. 汤姆·L.比彻姆和詹姆斯·F.柴尔德里斯：《自治原则》，载于《生物医学伦理学的规则》，纽约：牛津大学出版社，1979年，第3章。

2. 卡尔·克拉诺：《走向对人的尊重理论》，载于《美国哲学季刊》，第12卷，1975年，第303-319页。

3. 斯蒂芬·L.达沃尔：《两种尊重》，载于《伦理学》，1977年，第88卷，第36-49页。

4. 罗伯特·S.唐尼和伊丽莎白·特尔弗：《尊重人》，伦敦：乔治艾伦与安温出版社，1969年。

5. 杰拉尔德·德沃金：《道德自主性》，H.T.恩格尔哈特和丹尼尔·卡拉汉（编），载于《道德、科学和社会性》，黑斯廷斯中心，黑斯廷斯哈德逊，纽约，1978年。

6. 珀皮塔·海兹拉基：《人作为自我目的的概念》，载于《康德：批判文集》，昂科出版社，花园城，纽约，1967年。

7. 斯蒂芬·J.梅西：《自尊是道德还是心理概念》，载于《伦理学》，第93卷，第1号，1983年，第246-261页。

8. 约翰·罗尔斯：《正义论》，哈佛大学，剑桥，马萨诸塞州，1971年。

9. 杜安·威拉德：《对人的审美歧视》，载于《对话》，第16卷，第4号，1977年，第676-692页。

10. 伯纳德·威廉姆斯：《平等的理念》，约尔·范伯格（编），载于《道德概念》，牛津：牛津大学出版社，1970年，第158-161页。

第八章

1. S.I.本恩：《权利》，保罗·爱德华（编），载于《哲学百科全书》，纽约：麦克米伦和自由出版社，1967年，第7卷，第191-195页。

2. 罗纳德·德沃金：《认真执行权利》，哈佛大学，剑桥，马萨诸塞州，1977年，载于《伦理学》，第92卷，1981年10月。

3. 理查德·弗莱斯曼：《权利实践》，哈佛大学，剑桥，马萨诸塞州，1976年。

4. 马丁·P.戈尔丁：《走向人权理论》，载于《一元论》，第52卷，1968年，第521-549页。

5. H.L.A.哈特：《有任何自然权利吗？》，载于《哲学评论》，第64卷，1955年，第175-191页。

6. 韦斯利·霍菲尔德：《基本法律概念》，耶鲁大学，纽黑文，1923年。

7. 大卫·莱昂斯：《人权与公共福利》，载于《哲学与公共事务》，第6卷，1977年，第113-129页。

8. H.J.麦克洛斯基：《人的需要、权利和政治价值》，载于《美国哲学季刊》，第13卷，1976年，第1-11页。

9.（匿名）《权利一些概念问题》，载于《澳大利亚哲学杂志》，第54卷，1976年，第99-115页。

10. 玛格丽特·麦克唐纳：《自然权利》，载于《亚里士多德社会论文集》，第47卷，1946-1947年，第225-250页。

11. 露丝·麦克林：《对权利和义务的道德关注与诉求》，载于《黑斯廷斯中心报告》，1976年，第6卷，第31-38页。

12. 亚伯拉罕·I.梅尔登：《权利与人》，伯克利：加州大学伯克利分校出版社，1977年。

13. 詹姆斯·W.尼克尔：《人权是乌托邦吗？》，载于《哲学与公共事务》，第11卷，第3号，1982年，第246-264页。

14. 马库斯·G.辛格：《权利与义务的根据》，载于《哲学研究》，第23卷，1972年，第43-57页。

第九章

1. 劳伦斯·贝克尔：《德性的忽视》，载于《伦理学》，第85卷，1975年，第110-122页。

2. 理查德·B.布兰德：《性格的特征：概念分析》，载于《美国哲学季刊》，1970年，第7卷，第23-37页。

3. 迈尔斯·伯恩耶特：《行动中的德性》，格雷戈里·弗拉斯托斯（编），载于《苏格拉底的哲学》，大伯的出版社，花园城，纽约，1971年，第209-234页。

4. 爱比克泰德：《指南》，T.W.希金森（译），鲍勃梅里尔，印第安纳波利斯，1955年。

5. 菲利帕·富特：《道德哲学中的德性与恶习及其他论文集》，伯克利：加州大学伯克利分校出版社，1978年。

6. 威廉·K.弗兰肯纳：《普里查德与德性的伦理》，载于《一元论》，第54卷，1970年，第1-17页。

7. 伯纳德·格特：《德性与恶习》，载于《道德规则》，纽约：哈珀与罗出版社，1966年，第8章，第150-171页。

8. 斯坦利·豪尔瓦斯：《性格的共同体》，圣母大学出版社，圣母大学，印第安纳，1981年，第6章。

9. S.哈德逊：《性格特征与愿望》，载于《伦理学》，第90卷，1980年，第539-549页。

10. 斯蒂芬·D.哈德逊：《认真对待德性》，载于《澳大利亚哲学杂志》，第59卷，第2号，1981年，第189-202页。

11. 埃德蒙·平科夫斯：《困惑的伦理》，载于《思想》，第80卷，1971年，第552-571页。

12. 迈克尔·斯鲁特：《善与德性》，牛津：克拉伦登出版社，1983年。

13. J.O.厄姆森：《亚里士多德的中庸之道》，载于《美国哲学季刊》，第10卷，1973年，第223-230页。

14. 詹姆斯·D.华莱士：《卓越与功绩》，载于《哲学评论》，第83卷，第2号，1974年，第182-199页。

15. G.J.沃诺克：《道德的客体》，伦敦：梅松出版社，1971年，第6章。

第十章

1. 布鲁斯·A.阿克曼：《自由国的社会正义》，耶鲁大学，纽黑文，1980年。

2. 克里斯托弗·阿克：《作为平等的正义》，载于《哲学与公共事务》，第5卷，第1号，1975年。

3. 理查德·J.阿内松：《公平原则与搭便车问题》，载于《伦理学》，第92卷，第4号，1982年，第616-633页。

4. 劳伦斯·C.贝克尔：《经济正义：三个问题》，载于《伦理学》，第89卷，第4号，1979年，第385-393页。

5. 斯坦利·I.本：《平等主义和对利益的平等考量》，载于《平等》，第15卷，阿瑟顿，纽约，1967年，第61-78页。

6. 以赛亚·柏林：《平等》，载于《亚里士多德社会论文集》，第56卷，1955-1956年，第301-326页。

7. 诺曼·E.鲍伊：《平等与分配正义》，载于《哲学》，第45卷，第172号，1970年，第140-148页。

8. 罗纳德·德沃金：《什么是平等》，第1部分，福利的平等，载于《哲学与公共事务》，第10卷，第3号，1981年，第185-246页。

9. 詹姆斯·S.菲什金：《正义、平等机会和家庭》，耶鲁大学，纽黑文，1983年。

10. 威廉·K.弗兰肯娜：《关于正义的一些信念》，约翰·布里克（编），载于《自由与道德》，劳伦斯：堪萨斯大学出版社，1976年。

11. 约翰·罗尔斯：《正义论》，哈佛大学，剑桥，马萨诸塞州，1971年。

12. 尼古拉斯·理斯切尔：《分配正义》，纽约：波波斯迈瑞尔出版社，1966年。

13. 约翰·H.沙尔：《机会平等和超越》，载于《平等》，第9卷，阿瑟顿，纽约，1967年，第228-249页。

14. 乔治·谢尔：《努力、能力与个人应得》，载于《哲学与公共事务》，第8卷，第4号，1979年，第361-376页。

15. 罗伯特·西蒙：《价值原则的间接辩护》，载于《哲学论坛》，第10卷，第2-4号，1978-1979年，第224-240页。

第十一章

1. 大卫·布雷布鲁克：《民主的三项测试：个人权利、人类福利和集体偏好》，兰登书屋，纽约，1968年。

2. 艾尔弗雷德·C.尤因：《功利主义》，载于《伦理学》，第58卷，1948年，第100-111页。

3. R.M.黑尔：《道德思维：它的层次、方法和要点》，纽约：牛津大学出版社，1981年。

4. J.哈里森：《功利主义、普遍化和我们保持公正的责任》，载于《亚里士多德社会文集》，第53卷，1952-1953年，第105-134页。

5. D.W.哈斯莱特：《道德正确性》，马丁纳斯尼霍夫，海牙，1974年。

6. I.H.霍奇森：《功利主义的后果》，伦敦：牛津大学出版社，1967年。

7. 大卫·里昂：《功利主义的形式和限度》，伦敦：牛津大学出版社，1965年。

8. 乔治·爱德华·摩尔：《伦理学》，伦敦：牛津大学出版社，1961年。

9. 贾恩·纳维森：《道德与效用》，约翰霍普金斯，巴尔的摩，1967年。

10. 伯纳德·罗森：《伦理策略》，霍顿米夫林，波士顿，1978年。

11. 罗尔夫·萨托里乌斯：《个人行为与社会规范》，迪肯森，恩西诺，加利福尼亚州，1975年。

12. 亨利·西吉威克：《伦理学的方法》，伦敦：麦克米伦出版社，1962年。

13. M.G.辛格：《伦理学的概论》，纽约：克诺普夫出版社，1961年。

14. J.H.索贝尔：《功利主义，简单而普遍》，载于《调查》，第13卷，1970年，第394-449页。

15. 伯纳德·威廉姆斯：《功利主义的批判》，载于《功利主义的支持与反对》，剑桥：剑桥大学出版社，1973年，第75-155页。

第十二章

1. R.S.唐尼：《政府应该承担道德责任吗？》，载于《哲学季刊》，第11卷，1961年，第328-334页。

2. （匿名）《角色与价值观：社会伦理导论》，伦敦：麦修恩出版社，1971年。

3. D.埃米特：《规则、角色和关系》，贝空出版社，波士顿，1966年。

4. 简·英格里希：《成年子女欠父母什么》，奥诺拉·奥尼尔和威廉·拉迪克（编），载于《生孩子：为人父母的哲学和法律反思》，纽约：牛津大学出版社，1979年，第351-356页。

5. 本杰明·弗里德曼：《职业道德的元伦理学》，载于《伦理学》，第89卷，第1号，1978年10月，第1-19页。

6. 彼得·弗伦奇：《哈姆雷特对麦克唐纳·道格拉斯：DC—10》，载于《商业与职业道德杂志》，第1卷，第2号，1982年，第1-13页。

7. 艾伦·H.戈德曼：《职业伦理的道德基础》，罗曼和理特菲尔德出版社，托特瓦，新泽西，1980年。

8. 维吉尼亚·赫尔德：《公共利益与个人利益》，基本书籍出版社，纽约，1970年。

9. 约翰·莱蒙：《道德困境》，载于《哲学评论》，第66卷，1962年，第139-158页。

10. C.P.墨菲：《护理中的道德情境》，E.班德曼和B.班德曼（编），载于《生物伦理学与人权》，布朗利特尔，波士顿，1978年，第313-320页。

11. 奥诺拉·奥尼尔：《产，生和养》，奥诺拉·奥尼尔和威廉·拉迪克（编），载于《生孩子：亲子关系的哲学与法律思考》，纽约：牛津大学出版社，1979年，第25-38页。

12. 让·雅克·卢梭：《社会契约论》，查尔斯·弗兰克尔（编），哈夫纳，纽约，1947年。

13. 丹尼斯·汤普森：《政府顾问的责任》，载于《伦理学》，第93卷，1983年，第546-560页。

14. 迈克尔·沃尔泽：《政治行动：脏手问题》，载于《哲学与公共事务》，第2卷，1973年，第160-180页。

15. 理查德·瓦瑟斯特罗姆：《律师职业化：一些道德问题》，载于《人权》，第5卷，1975年，第1-24页。

名词索引

A

absolutist：专制主义者

agent：主体、行为人

analytical philosophy：分析哲学

anti-consequentialism：反效果论

ascetic：禁欲主义

Atlas Shrugged：阿特拉斯耸耸肩

autonomy：自律

act-utilitarianism：行为功利主义

B

Babel：巴别塔

behaviorist：行为主义

being-（happiness/welfare）：福祉/幸福/福利

C

categorical imperative：定言命令

Clapham：克拉彭

consequentialism：效果论

conventionalist：保守主义者

crimes of passion：冲动犯罪

D

deontological：义务论

deontology：道义论

difference principle：差别原则

distributive justice：分配正义

dogmatism：教条主义

duties to others：对他人的责任

duties to ourselves：对自己的责任

E

egoism：本我主义

egoist：本我主义者

egotist：自恋狂

emotivism：情绪主义

empathize：同理心

empirical theory：经验论

Epicurean：伊壁鸠鲁学派（的）/快乐主义（的）

epistemology：认识论

equalitarian：平等主义

Erewhon：埃勒惠翁

ethical egoism：伦理本我主义者

ethical skeptic：伦理怀疑主义

ethical universalist：伦理普遍主义者

ethical：伦理的

ethnocentrism：种族中心主义

existentialism：存在主义

extreme punishment：极端惩罚

extrinsic good：外在的善

Gini coefficient：基尼系数

good：善/好处/利益/商品

H

heteronomy：他律

holism：整体主义

human rights：人权

human worth：人类价值

humanism：人道主义

humanism：人文主义

humanitarian：人道主义者

hypothetical imperative：假言命令

I

ideal utilitarian：观念功利主义/观念功利主义者

idealist：理想主义

immediate equality：即刻平等

imperfect duties：不完全责任

incrementalist：渐进主义者

indeterminist：非决定论者

individual human worth：个体人类价值

intrinsic good：内在的善

intuition：直觉

intuitionism：直觉主义

Ismailis：伊斯美利派

J

justice as fairness：作为公平的正义

Jesuit：耶稣会成员

K

Kantianism：康德主义

L

laissez faire：自由放任

libertarian：自由意志论主义者

libertarian：自由意志主义者；自由至上主义者

liberty（freedom）：自由

locus standi：发言权

Lutheran pietist：路德派信徒

Lydian：吕底亚人

M

male-chauvinist：大男子主义

mechanism：机械论

meritarian：功德主义

metaethics：元伦理学

metaphysics：形而上学

minimalist ethic：极简主义伦理

minimalist ethics：极简主义伦理学

moral duty：道德责任

moral obligation：道德义务

moral：道德

moralistic：唯道德主义

N

nationalism：民族主义

naturalism：自然主义

nature rights：自然权利

nature：性质

negative rights：消极权利

New Guinea：新几内亚

New Testament：《新约》

no-agreement point：无共识点

noncognitivism：无意识主义

nonconsequentialist ethics：非效果主义伦理学

nonconsequentialists：非效果论者

normative ethical relativism：规范性伦理相对主义

normative ethics：规范伦理学

Nowheresville：无所镇

O

objectivist：客观主义者

obscurantist：反启蒙主义者

Old Testament：《旧约》

opportunists：机会主义者

P

perfect duties：完全责任

pharmacological calvinism：药理学加尔文主义

positive rights：积极权利

principle of generic consistency：通用一致性原则

principle of generic consistency：一般一致性原则

prochoice：支持堕胎合法化

psychological egoism：心理本我者

psychotropic hedonism：精神享乐主义

Q

Quakers：贵格会

R

rational being：理性存在着

rectifying justice：矫正正义

relativism：相对主义

retributive view：报应观

right to equal treatment：有权平等对待

right to treatment as equal：作为平等对待的权利

Rotarian：扶轮社员

rules of thumb：拇指规则

S

scope：范围

self "transcends"：超越自我

self-evidence：自明性

self-respect：自尊

sentient being：知觉存在物

situation ethics：情境伦理学

social context：社会环境

sovereign monopoly of rights：主权垄断

sovereign right-monopoly：主权权利垄断

state of nature：自然状态

Stoic：斯多葛派

Stoic：斯多葛主义

subjectivist：主观主义者

summary rules：抽象规则

system of excuses：借口系统

T

Talmudic scholar：犹太法典学者

teleological：目的论

Ten Commandments：十诫

theology：神学

to each according to his need：按需分配

totalitarian：集权主义

tyranny：暴政统治

U

utilitarianism：功利主义

utilitarianism：规则功利主义者

utilitarianism：行为功利主义者

V

veil of ignorance：无知之幕

virtue：德性

W

weakness of will：意志薄弱

well-being：福祉权、福利

willpower：意志力